〔美〕马克·里布林 —— 著
Mark Riebling

Church of Spies

The Pope's
Secret War Against Hitler

教 / 间
廷 / 谍

焦静姝 —— 译

教宗对抗希特勒的
秘密战争

社会科学文献出版社
SOCIAL SCIENCES ACADEMIC PRESS (CHINA)

作者简介

马克·里布林是秘密情报方面的开创型作家，著有《楔子:联邦调查局和中央情报局之间的秘密战争》（ *Wedge: The Secret War Between the FBI and CIA* ），现住在纽约市。

译者简介

焦静姝，毕业于中山大学历史系，法国格勒诺布尔–阿尔卑斯大学硕士，现任职于法国驻华大使馆文化处。代表译著《小说鉴史》（合译），获2018傅雷翻译出版奖新人奖。

献给罗宾（Robin）

我们该如何代表我们的宗教?
只是作为一个系统,还是一团炙热的火焰?
——德国耶稣会神父阿尔弗雷德·德尔普
(Alfred Delp)

目　录

前　言

1945 年 4 月，纳粹试图击溃一个被他们称作"德国最优秀的梵蒂冈情报特工"的男人。表面上，约瑟夫·穆勒（Josef Müller）似乎只是一个长着大耳朵的巴伐利亚图书出版商，喜欢叼着烟斗，收集邮票。但自从他因给犹太人提供假文件和现金而被捕后，就卷入了一桩具有轰动效应的案件。盖世太保宣称，穆勒"利用天主教神职人员的间谍组织"密谋刺杀希特勒。[1]

然而，他拒绝认罪。一名监狱助理回忆道："穆勒极其强硬并且掌控了局面。"当警卫为他打开镣铐时，他用柔术将他们扔了出去。他的决绝，让其他人误以为他只是个普通喽啰的囚犯，大为敬畏。"他看上去，"一名与穆勒一同被囚禁的英国间谍写道，"只是一个普通的矮胖男人，面色红润，淡褐色的头发，梳着平头，是那种你在任何地方遇到都不会多看一眼的男人，但他却是你能想象出的最勇敢也最笃定的人之一。"[2]

一个党卫队（SS）的独腿巨人走进穆勒的牢房。突击队队长（Sturmführer）库尔特·斯塔维茨基（Kurt Stavitzki）将穆勒的脚镣锁在围栏上。穆勒在弗洛森堡集中营（Flossenbürg concentration camp）的邻居曾看到，穆勒被人将双手绑在背后，强迫着像狗一样吃地上盘子里的东西。[3]

斯塔维茨基翻遍了穆勒的箱子，找出一个信封，里面是穆勒的妻子为了解他的近况，写给他的信。信里还附上了穆勒女儿写的信，信中女儿告诉穆勒她要在下个礼拜日第一次领圣餐了。斯塔维茨基拿起这些信撕得粉碎。[4]

他想知道更多穆勒与梵蒂冈的联系。一份档案将穆勒称为"耶稣会里异常无畏的一个人"，通过他，那些持异见的德国将领"与教宗保持着联系"。正如被截获的政变计划里记录的那样，庇护十二世告诉穆勒，和平的先决条件是德国政权的更迭。[5]

斯塔维茨基拿出一份政变计划与穆勒对质。计划的第一句话就是："'体面的德国人（Decent Germans）'决定通过梵蒂冈与英国人谈判。"斯塔维茨基大声地朗读着，每当他念到"体面的德国人"，就用反手猛击穆勒的上嘴唇。穆勒的牙齿开始脱落。最后，斯塔维茨基出手如此之重，打翻了穆勒和椅子。他边在穆勒身上踢踹边大吼："不说就去死吧！"[6]

到了4月8日，穆勒的脸被打得又青又肿。正当他在牢房里走来走去，跺着双脚取暖时，门被猛地打开了。斯塔维茨基说："游戏结束了。"他冲着走廊尽头大喊："副官在刑场吗？"[7]

绞刑架就立在阅兵场上。六架活梯通向一排钩子，上面吊着套索。"一般来说，被绞死的人都被剥光了衣服，"一份关于弗洛森堡集中营的战争罪行报告写道，"这些不幸的受害者在被执行绞刑前，常常被毒打，直到他们为了得到解脱央求着立刻将他们绞死。将一个人的手腕吊起来，然后在他的脚踝上绑上沉重的木桶是另一种处决方式。这会导致他因内脏碎裂而亡。"[8]

一名苏联囚犯——彼得·普里瓦洛夫（Pyotr Privalov）将军看到穆勒被带往绞刑架。普里瓦洛夫大声呼喊，希望在最后一刻与穆勒并肩而立。但他说的是俄语，穆勒一开始没有反应。当穆勒终于抬起头，他似乎看上去"很满足"。之后他便走出了普里瓦洛夫的视线。[9]

第1章
黑暗笼罩大地

　　第二次世界大战爆发前六个月，天主教会的枢机主教们聚集到罗马。西斯廷教堂的大门缓缓关起，瑞士卫兵的战斧将阻止任何人闯进或离开这次秘密会议，直到这个世界最大的宗教团体遴选出它的新领袖。第二天，即1939年3月2日，数以万计的人聚集在圣彼得广场（St. Peter's Square），注视着教堂顶上的烟囱。它两次吐出黑烟，标志着一场投票未能达成一致决定。像往常一样，当升起的不是白烟，那自然就是悬念；有史以来，这一戏剧性的场景吸引了一大批外国媒体，他们的长焦镜头让一位目击者想到了"反坦克炮"。随着欧洲逐渐走向战争，新教宗的公开言论可能会左右舆论，他谨慎的外交手腕可能改变事态发展方向。"自宗教改革以来，"一名观察家写道，"全世界还从未如此焦急地等待过教宗选举的结果。"[1]

　　下午5时29分，一股白烟从屋顶的烟囱升起。帽子翻飞、礼炮轰鸣、钟声齐响。在宗座宫（Apostolic Palace）的阳台上，枢机团团长俯身靠近麦克风："我以极大的喜悦向你们宣布。我们有教宗了！最可敬的枢机主教尤金尼奥·帕切利（Eugenio Pacelli），将名为庇护十二世。"[2]

　　迈着迟疑的脚步，新教宗来到栏杆前。他高大威严、面色苍白，眼睛好像黑色的钻石。他抬起一只手。整个广场安静下来，人群屈膝下跪。他画了三次十字。人群爆发出巨大的欢呼声："教宗万岁！（*Eviva il Papa!*）"人们口中同时伴着有节奏的呼喊声："帕切利！帕切利！帕切利！"他站在阳台上，做出祝福的手势，袖子像白色的翅膀一样展开。然后蓦地，他转身离去，消失在圣彼得大教堂里。[3]

在宗座宫，帕切利来到一个垂死朋友的房间。马切蒂-塞尔瓦加尼枢机（Cardinal Marchetti-Selvaggiani）试图起身，低声道："教宗。"据称帕切利握着他的手说："今晚，还是让我做尤金尼奥吧。"但帕切利已被宣告继承了大教宗的职位，在他之前有257位圣人和无赖曾任此职。他后来写道，从他当选教宗的那一刻起，就"感受到了责任的重担"。[4]

回到寓所后，他发现一个插有63根蜡烛的生日蛋糕。他对管家表示了感谢，却没碰蛋糕。在诵读了一段《玫瑰经》后，他召见了多年的老朋友路德维希·卡斯蒙席（Monsignor Ludwig Kaas）。随后他们离开教宗寓所，直到凌晨2点才返回。[5]

教宗最早授权的传记作者之一描写了接下来的事。帕切利和卡斯穿过宫殿后面的通道，进入圣彼得大教堂南墙的一间凹室。在圣安德鲁（Saint Andrew）和圣维罗妮卡（Saint Veronica）的雕塑之间有一道门。此门通向一条隧道，并通往另一道有三重门锁、沉重的青铜门。卡斯用他的钥匙打开门，又在他们身后将其锁上，随着帕切利走下一段金属台阶，进入了梵蒂冈古墓（Vatican crypt）。[6]

空气又热又湿，带着从附近台伯河吹来的潮气。有一条弯曲的通道进入地下室，里面安置着死去的教宗和国王。帕切利提起他的长袍，跪到一个低矮的盒状结构前，里面有一个土洞。他在那里沉思了一会儿，很快做出了他作为教宗的第一个决定。他的圣座副国务卿（undersecretary of state）后来认为这个决定是"照亮他艰辛道路的星星之一……是他力量和恒心的源泉，也构建了……他教宗生涯的计划安排"。帕切利想以此决定，寻求解决梵蒂冈诸多谜团中最令人担忧的那个——而他在一路寻索时所遇到的鬼魂将成为他的向导。[7]

帕切利执意要解开的谜团和这座大殿一样古老。在 1 世纪的某个时候，圣彼得去过罗马，领导了一个扰乱国家的教会，在梵蒂冈被钉死在十字架上。当时的梵蒂冈还是一片以大蛇和劣酒闻名的沼泽地。初期的教会因此转入地下，就是按照字面意思，进入地下墓穴，而第一任教宗的继任者对于圣彼得的墓穴位置守口如瓶。但在罗马人中一直有传言，彼得的尸体就埋在以他命名的大教堂的主祭坛上。谣言的焦点是一堆砖石和其他不明材料，这堆砖石和其他不明材料宽 20 英尺、深 40 英尺。没有人知道在它的下面或里面是怎样神秘的存在。有人说，那里面有金银，是中世纪的朝圣者从竖井上倒下去的。也有人说，里面藏着装有骨头的青铜棺材。但从未有人试图组织一支探险队去验证上述传言。按照梵蒂冈自己的说法，一份秘密且具有启示性的文件详细地记载了一个千年之久的诅咒：任何人胆敢打扰传说中的彼得墓地，必将遭受最可怕的厄运。[8]

但在 1935 年，帕切利破除了这一禁忌。庇护十一世要求在主祭坛下留出一小块地方安放他的棺材，这就要求必须扩大墓室。在帕切利的众多职务中，有一项是担任教宗基督考古研究所（Pontifical Institute of Christian Archeology）的负责人，他决定通过降低墓室地板三英尺来增加墓室的净空高度。在地板降到两英尺半的时候，教宗的工程师们用刷子刷出一件意想不到的东西：一座陵墓的正面，装饰有鹤与小矮人的浮雕——一个关于生死决斗的异教寓言。梵蒂冈的墓室位于一个失落的墓地上，这里曾是一座死亡之城，自罗马帝国时代起就无人问津。[9]

帕切利认为彼得的尸骨可能就在其中，请求继续挖掘。但

6 庇护十一世拒绝了。枢机主教们认为该项目会遭天谴；建筑师们认为此举很危险。如果挖掘机损坏了支撑米开朗琪罗设计的大穹顶的柱子，这座世界最大的教堂就有可能倒塌。

但帕切利比此前任何一任教宗都更相信科学。作为一名虔诚的天主教徒，他在一所自由派高中就读时，曾因伽利略受到的不公正待遇而受到奚落，由此他对理性有种补偿性的尊重。"噢，天空的探索者们！"他充满热情地颂扬道，"当你们丈量星星并命名星云时，你们就是巨人。"他赞赏纯科学及其应用：他对铁路和工厂的颂词，读上去就像《阿特拉斯耸耸肩》（*Atlas Shrugged*）里被弃用的片段。工程上的难题吓不住他，神明的诅咒也无法阻挡他探索。"科研的英雄们"，帕切利说，不会惧怕"障碍和风险"。如今，在他继任教宗的第一个晚上，帕切利跪在被中止挖掘的漆黑的洞口前，决定展开彻底的探索。[10]

这次墓室探索就像一次微型演示，预示了他在教宗任职期间史诗级的秘密计划。就在这里，在这个大胆的工程项目现场，他的副手们将会面，并在他的祝福下策划另一桩更加大胆的计划。而这第二次的冒险就像第一次一样，揭示出帕切利统治的特点。这两个计划都体现了他对秘密行动的痴迷。两个计划都依赖于德国流亡者、非专业特工和耶稣会士。两个计划在公开表态和隐秘行动之间相互割裂。两个计划都令世界上最大的天主教会陷入危机。两个计划还都为帕切利招来白热化的争议——让他的统治似乎注定要失败，甚至有人认为他事实上已经陷入对盗墓者的诅咒中。

当帕切利在梵蒂冈地下墓室祷告时，在德国最恐怖的地方，有灯火一直亮到很晚。柏林阿尔布雷希特王子街8号（8 Prinz-Albrecht-Strasse）那座五层楼的建筑曾是一所艺术学校。纳粹将雕塑工作室改造成监狱牢房。在该建筑大门口的台阶上，站着两名配备手枪和警棍的警卫。希特勒的恐怖军团——德国党卫队领袖海因里希·希姆莱，正在顶楼工作。旁边办公室里，希姆莱的梵蒂冈专家正扑在打字机上，为他准备新当选教宗的相关文件。[11]

冲锋队队长阿尔伯特·哈特尔（Albert Hartl）是个堕落的天主教神父。他的脸圆圆的，戴着圆圆的眼镜，头顶那簇头发看上去像莫西干头。他的妻子形容他"不苟言笑、十分严厉、闪烁其词……喜怒无常"。在崇尚自由的父亲去世后，他为了取悦自己虔诚的母亲而成为一名神父。但当他的上级发现他"与女孩子相处时行为不当"时，他的麻烦就来了。在背叛了他最好的朋友，一名神父同伴后，他就悄无声息地离开天主教会加入了纳粹。[12]

"他声称，他在 1934 年 1 月的一个早晨，醒来后发现自己身在慕尼黑盖世太保的总部，"战后一名听审者写道，"身上全是青黑色伤痕并且疼痛难忍。他一只脚上有一道很大的伤口，头部完全肿胀并且化脓了。他的嘴唇又紫又肿，两颗牙齿不见了。他被无情地殴打过，并声称自己什么都不记得。"一个高大的男人站在哈特尔身旁，他长着一张"堕落天使"般的鹅蛋脸。党卫队间谍头目莱因哈德·海德里希（Reinhard Heydrich）解释说，哈特尔是被"天主教会的狂热分子殴打并下了毒"。[13]

海德里希便让他加入纳粹特务机关，成为 II/B 分队的队长。他的队员都曾是神父，在哈特尔的带领下，他们监视反纳粹的天主教徒，并"骚扰、监禁，直到最终消灭他们"。他自己也说："除了德意志，我们不需要其他的神。"哈特尔当场就加入了党卫队。正如一位同僚回忆的那样，他随后"带着一个叛教者全部的仇恨"在军中服役。哈特尔在自己更新的简历中写道："我现在的工作就是与我曾经如此熟悉的世界进行斗争。"[14]

新教宗的当选给了哈特尔一个闪耀的机会。他希望纳粹的高级领导人，以至希特勒，都能读到这份党卫队庇护 - 档案（SS Pius-dossier）。哈特尔在秘密和公开的信息来源中进行挑选，按照自己的经验进行事实的过滤，然后使用忙碌的政策制定者们所喜爱的简短格式对新教宗进行了介绍：[15]

教宗庇护十二世（帕切利枢机主教）

生平：

1876 年 3 月 2 日生于罗马

1917 年，罗马驻慕尼黑教廷大使（Nuncio）——积极参与推进梵蒂冈和平

1920-1929 年，罗马驻柏林教廷大使

1929 年，枢机主教

1930 年，国务枢机卿（Cardinal Secretary of State）——去过美国与法国。

对德国的态度——帕切利一直非常亲德，并且以精通德语闻名。但他对教廷政策的维护致使他时常在原则上与民族社会主义对抗。[16]

这种较量从一次交易开始。纳粹党于 1933 年掌权时，庇护十一世赞赏了希特勒的反共主张，并接受了希特勒恢复天主教徒权利的提议。帕切利通过谈判与希特勒达成一项协定，纳粹德国每年从税收中为罗马教廷提供 5 亿马克。哈特尔写道："教宗通过协定的签署，使数百万迄今为止对纳粹不甚友好的天主教徒，归向希特勒。"但不出几年，希特勒就觉得这协定碍手碍脚。帕切利向柏林连发了 55 份照会，抗议纳粹违反协定。正如一名党卫队军官所说，很显然"指控帕切利亲纳粹是荒

谬的"。[17]

帕切利的公开声明让柏林甚是困扰。1937 年教宗通谕《极度关切》（*Mit brennender Sorge*）指责德国密谋消灭教会。纳粹分析家称，其中最尖锐的言辞都来自帕切利的抗议："仇恨""阴谋""誓死斗争"。哈特尔认为，帕切利使用这样的词"号召全世界起身对抗帝国"。[18]

最糟糕的是，帕切利宣扬种族平等。哈特尔讥讽道："天主教据说把所有种族，无论黑人还是白人，都聚集到了一个独一的天主大家庭中。""由此表明，天主教教会拒绝反犹主义。"在法国发表讲话时，帕切利谴责了"对种族和血统的迷信"。哈特尔则称："整个犹太化的美国媒体都对帕切利赞赏有加。"[19]

这些说法不仅仅是一种修辞，因此被认为十分危险。秘密警察发现，天主教徒"在意识形态上屡教不改"，继续光顾犹太商人的生意。党卫队指出："在那些政治天主教仍占主导地位的地区，农民被天主教的教义过分感染，以至于对任何关于种族问题的讨论充耳不闻。"身为天主教徒的农民，甚至将一条写有"犹太人在此不受欢迎"的标语改成了"犹太人在此十分受欢迎"。[20]

哈特尔将这一强硬姿态归因于一个阴暗的原因。他在圣职班的一个朋友——神父约阿希姆·比克纳（Father Joachim Birkner）在梵蒂冈秘密档案馆（Vatican Secret Archives）工作，他表面上在研究 16 世纪的教会外交，但其实是党卫队的间谍。他把焦点集中在帕切利的耶稣会助手罗伯特·莱贝尔（Robert Leiber）身上，有人称他是"教宗的邪灵（evil spirit of the Pope）"。[21]

党卫队报告称："莱贝尔神父曾对线人说，教会最大的希望，就是民族社会主义制度在不久的将来被一场战争摧毁。""如果战争不来，梵蒂冈期待德国的局势最迟能在元首死后发生变化。"比克纳的报告与帕切利向信奉基督的英雄儿女发出的从异教"假先知"手中"拯救世界"的呼吁不谋而合，这被哈特尔看成是抵抗希特勒的号召。[22]

此时，帕切利看上去就像处在反对第三帝国战争的正中心，而战争不会很快结束。"只要罗马教廷存在，"哈特尔警告说，"它永恒的政治主张就会与任何带有民族意识的国家发生冲突。"所以问题的关键不是新教宗是否会对抗希特勒，而是如何对抗。[23]

希特勒对此表示赞同。正如纳粹宣传部长约瑟夫·戈培尔所记录的："1939年3月4日。正午与元首在一起。他在考虑，鉴于帕切利当选教宗，我们是否应当废除与罗马的协定。在帕切利实施他的第一个敌对行动时，这肯定会发生。"[24]

3月5日，教宗拿起办公桌上的电话，告诉他最信任的助手，他在等他。罗伯特·莱贝尔神父遂前往教宗住所。这名51岁的巴伐利亚耶稣会士在罗马被人称作"小哮喘（the little asthmatic）"，身上有种忧郁精灵的气质。尽管他每天与教宗交谈两次，并阅览过几乎所有教宗办公桌上的东西，但无人知晓他的头衔究竟是什么。他被描述为"德国问题专家"、教宗图书管理员、教会史教授和"某种科学秘书"。[25]

事实上，他没有头衔。"莱贝尔神父从来不是梵蒂冈的官员，"一名耶稣会的同僚说，"他是教宗亲密的合作伙伴，但从未被正式接纳为梵蒂冈的一员。"莱贝尔在梵蒂冈有一间办公室，但未曾出现在名址录中。他是一名非正式官员。[26]

莱贝尔没有头衔，因此是执行秘密工作的理想人选。一名在纳粹时期为美国情报部门工作的神父后来解释说："很显然，如果我们失误或失败了，官方当局不会因此受到牵连。他们必须能够声明，他们对我们说过和做过的事毫不知情。"鉴于莱贝尔并不为梵蒂冈工作，梵蒂冈可以否认与他的任何行为有关联。[27]

还好，莱贝尔懂得如何守口如瓶，尤其是在教会政治方面，正如耶稣会里一名认识他的人所说的："莱贝尔神父保持了绝对保密的态度。"在这方面，他似乎是教宗助手的完美典范，正如 14 世纪的教宗西克斯图斯五世（Pope Sixtus the Fifth）所描述的：他必须知道一切，阅读一切，什么都明白，但什么都不说。[28]

而当莱贝尔开口说话时，他相当直截了当。"他的话锋利得像磨过的刀。"一名外交官曾如是说。20 世纪 20 年代，当帕切利在慕尼黑担任教廷大使时，莱贝尔甚至大声指责这名未来的教宗，因为他与一名巴伐利亚修女帕斯卡丽娜·莱纳特（Pascalina Lehnert）同住。当一名枢机主教视察大使官邸时，莱贝尔曾指出里面的住宿安排很不合宜；据莱纳特自己说，她喜欢看帕切利"穿骑马装，这样的装束很适合他"。得知枢机主教将他的不满呈请了帕切利后，莱贝尔提出辞职，但帕切利说："不不不，你可以自由思考并且表达你的感受。我不会罢免你的。"[29]

然而，这种坦率虽然吸引了帕切利，却让其他人退避三舍。一名神父同事曾称，莱贝尔的行为方式尖锐甚至伤人，他补充道："你看，他变得有点儿不同寻常。"哮喘迫使莱贝尔尝试了"活细胞疗法"——就是将新鲜宰杀的羔羊的组织经过精细研磨后注射到身体里。一些人用一句拉丁语调侃他：*Timeo non Petrum sed secretarium eius*（我不怕教宗，但我怕他的秘书）。[30]

那个周日的早上，莱贝尔给教宗带来一份紧急备忘录。慕尼黑枢机主教米夏埃尔·冯·福尔哈贝尔（Michael von Faulhaber）长期以来一直敦促梵蒂冈公开反对纳粹主义，因为它在永恒之星（eternal stars）等问题上，违反了不可妥协的原则。但现在，在一封标题为《最恭敬的建议》的信中，福尔哈贝尔力劝教宗与纳粹休战。

他担心希特勒会将德国天主教会从罗马分裂出去。许多德国的天主教徒"信仰"希特勒——不是作为天主教徒，而是作为德国人。帕切利自己指出："天主教徒将希特勒当作英雄来崇拜，尽管他对教会怀恨在心。"福尔哈贝尔在"这个带给我们宗教改革的国家"里，看到了教会分裂的危险。德国的天主教徒如果被迫在希特勒和天主教会之间做出选择，许多人会选择希特勒。"主教们，"福尔哈贝尔警告说，"必须特别留意纳粹试图建立一个民族教会的努力。"除非梵蒂冈寻求调解，否则希特勒很可能使教会民族化，就像英国国王亨利八世当年一样。[31]

与此同时，纳粹自己也成了一个教会。福尔哈贝尔指出，"他们的哲学在事实上成为一种宗教"。他们为洗礼、坚信礼、婚姻和葬礼建立了自己的圣礼仪式。他们将圣灰日（Ash Wednesday）变成沃坦日（Wotan's Day），耶稣升天节（Ascension Day）变成雷神之锤宴（Feast of Thor's Hammer）。他们的圣诞树顶端点缀的不是星星，而是纳粹标志。纳粹甚至"亵渎性地宣称，阿道夫·希特勒在本质上和基督一样伟大"。[32]

福尔哈贝尔想与教宗探讨这些不好的兆头。鉴于他将与第三帝国另外三名枢机主教一同前来罗马参加秘密会议，教宗邀请他们第二天在众人面前"提出一些想法"。然而，这次会议让教宗感到不便的一点是，他不信任被邀来与会的其中一名枢机主教。

维也纳的大主教（primate of Vienna）前一年刚引发一桩丑闻。希特勒吞并奥地利后，西奥多·因尼策枢机（Cardinal

Theodor Innitzer）宣称天主教会支持纳粹。时任梵蒂冈国务卿（Vatican Secretary of State）的帕切利将因尼策召回罗马，命他签署了一份撤回声明。如今帕切利当选教宗，依然无法信任因尼策。这个本性善良又多愁善感的奥地利人似乎没什么抗压能力。随着战争的临近，任何进入教宗书房的人都想在离开时说，天主与他们的国家同在；即使因尼策不会公开扭曲教宗在私下说的话，纳粹的宣传机器也会替他这样做。[33]

12

因此，教宗决定为枢机主教们的觐见做一份保密记录。这样一份原版的逐字稿将有利于驳斥一切试图扭曲他观点的言论。为此，在帕切利担任教宗的初期，他在书房里安设了监听装置。[34]

教宗的音频监控是梵蒂冈保守最严的秘密之一。直到 70 年后，纳粹时代罗马教会地下组织最后一名活着的成员、德国耶稣会神父彼得·贡佩尔（Peter Gumpel）才证实了这一点。到那时，贡佩尔已经为帕切利的圣徒地位奔走了 40 年。

"墙上有一个洞，"贡佩尔说，"我恰巧知道这个非常高级别的情报……这事千真万确。我调查过这件事，是从教宗的身边人那里了解到的。"[35]

帕切利当选教宗的时候，监听技术也日臻成熟。在接下来的几年里，希特勒、斯大林、丘吉尔和罗斯福都会进行秘密录音；就在几天前，对西斯廷教堂的清查发现了其中隐藏的录音机，梵蒂冈的监听能力可以与任何世俗权力相匹敌。教廷里的线路是由伽利尔摩·马可尼（Guglielmo Marconi）——无线电的发明者亲自铺设的。[36]

帕切利本人早些时候曾雇马可尼帮助实现天主教会总部的现代化。马可尼免费为教廷建造了一台电话交换机、一个无线电台和一条通往教宗的短波线路。罗马作为回报，废除了马可尼的婚姻，允许他再婚并生了一个女儿，取名为"伊莱克特拉（Electra）"。马可尼的几名工程师随后仍在一名管理梵蒂冈电台的耶稣会物理学家手下为教宗工作。按照教会档案，他们负责执行"机构任务"，如为教宗演讲录音，以及"特派服务"，如窃听教宗的访客。[37]

从表面看，这项工作似乎并不艰巨。梵蒂冈的无线电团队了解场地，并能控制出入：教宗在图书馆里接见访客；图书馆与两个前厅共用一堵墙，马可尼 - 耶稣会的技术人员可以悄无声息地完成任务。但对于 3 月 6 日计划好的有听众出席的德国枢机主教讲话，安装人员只有一天时间调查目标、进入场地、安装麦克风、将电线接到监听站并测试系统。[38]

13 他们考虑过将麦克风藏在图书馆的隐蔽处。相框、台灯、桌腿横梁、电话、顶灯等都是可能的选择。据莱贝尔神父回忆，最后技术团队选择了一套"通过精巧装置，能听到隔壁房间所有声音的"运行系统。他们钻了个洞，将话筒埋了进去。[39]

梵蒂冈电台的技术人员很可能是在 3 月 5 日晚上开始作业的。为了避免弄脏前厅的地板，也为了能更好地整理装备快速离开，他们铺开一张橡胶垫子，将自己的工具摆在上面：钻孔机和钻头、推管器、折叠梯子。由于电力工具会引人注意，团队使用了手摇钻孔机。他们轮流上阵，每个人都使劲地转动手柄，然后休息一会儿，换另一个人接替。然而在最高转速下，即使是手动钻孔机也会发出明显的噪声。技术人员认为润滑钻头可以减少噪声。据称，一名耶稣会士很可能去教宗寓所取来了橄榄油。钻头上过油后，工作得以安静地继续进行。但随着钻头变热，油也被加热了，很快现场便有一种油炸食品的气味弥漫开来。要散掉味道，技术人员就必须停下来，把通往帕帕加洛中庭（Cortile del Pappagallo）的门打开。[40]

经过好几个小时紧张又累人的作业后，他们终于打通到图书馆那边。技术人员用一个小钻子钻出一个针孔，为收音和线路制造出一条通道。图书馆墙壁上的书脊是天然的隐蔽腔。但目前尚不清楚，当时技术人员是将麦克风藏在了莱贝尔神父的镂空书里，还是扩大了他们那侧的墙体以嵌入适合的设备。无论如何，他们显然使用了奶嘴状的电容式麦克风，将它插入一个看着像是棕色皮革公文包的便携式前置放大器里。[41]

他们从前置放大器铺设了一条线到录音站。一条结实的同轴电缆穿过一条地下通道，从梵蒂冈花园的橡树林下，连入一座 19 世纪的龙牙状塔楼。在那里，在以耶稣平息风暴为主题的壁画之中，耶稣会士们操作着有史以来最大的录音设备。这台名为马可尼 - 施蒂勒（Marconi-Stille）的机器比两个并排的冰箱还要大，它将声音录制在带状刀片刺网上，钢丝一旦挣脱会削掉操作员的脑袋。他们只能从另一个独立房间通过遥控进行操作。半小时的录制需要 1.8 英里的钢丝卷。[42]

现有证据显示，3 月 6 日早上，一名操作员轻触了墙壁上的开关。机器上的一盏白灯亮起。操作员用整整一分钟时间等待机器加热，然后将控制手柄推到"录音"的位置。[43]

教宗 8 时 54 分进入宗座图书馆。就在那时，恩里克·普契蒙席（Monsignor Enrico Pucci）从圣达马索庭院中的一间斗室里看到四名枢机主教进入宗座宫。他们戴着红色的小圆帽，系着红色腰带，胸前佩有金色十字架。枢机主教们穿过一众大厅和院落，然后乘坐吱吱作响的电梯上楼。电梯通向一间饰有红色天鹅绒的候客厅，里面装饰着近几任教宗的大奖章。教宗的大管家（maestro di camera）阿尔博里奥·梅拉（Arborio Mella）带领枢机主教们进入图书馆。[44]

从角房可以俯瞰圣波得广场。书架沿墙摆放，书架上面悬挂着 12 幅动物画。天花板上悬挂着水晶吊灯。房间铺有一块长毛绒的地毯。三幅由荷兰大师绘制的深色肖像从壁龛向下凝视。一张红木桌子朝着三扇窗户延伸过去，窗户上的窗帘被拉开，如刀的白光射进来。[45]

教宗坐在一张书桌前，两手紧握，阳光映出他的轮廓。他戴着白色圆帽，穿着没有鞋跟的红色室内便鞋。他身着雪白的长袍，胸前只有金色十字架点缀。布雷斯劳的阿道夫·贝尔特拉姆（Adolf Bertram of Breslau）、慕尼黑的福尔哈贝尔、科隆的约瑟夫·舒尔特（Josef Schulte of Cologne）以及维也纳的因尼策，轮流上前弯腰亲吻他的戒指。

他们坐到面向教宗的椅子上，椅背是藤条编织的。教宗的桌面上有一个耶稣受难十字架和几大摞文件。旁边摆放着镀金的拨盘式电话，指孔是宝蓝色的。一块银色饰板表明，这张桌子是德国主教们的礼物，用以感谢帕切利在德国担任 12 年教廷大使。

教宗开口道："我们想利用阁下们在此逗留的时间，商讨如何就目前形势帮助德国的天主教会。"他用拉丁语朗读了一封致希特勒的信。在官方礼节的各种烦冗表达中，赫然写着一句："愿天主保护您，尊敬的阁下。"[46]

教宗问："你们认为这份文件合宜吗？是否需要我们增删或改动什么？"三名枢机主教对文件表示认同。福尔哈贝尔对此却有异议。

"一定要用拉丁文写吗？考虑到元首厌恶一切非德语的语言，也许他并不想在读信之前先召唤一名神学家。"

"可以用德语写，"教宗说，"我们必须为德国教会着想。在我看来，这才是最重要的。"

然后，教宗直接转向了教会和第三帝国之间的冲突。他宣读了一份由贝尔特拉姆枢机整理的申诉清单。纳粹反对教会教义，取缔教会组织，审查教会刊物，查封神学院，没收教会财产，解雇其教师并关闭其学校。这些冲突预示着一场全面的迫害。纳粹党官员甚至大放厥词："干掉了布尔什维克主义和犹太教，天主教会就是仅剩的敌人。"[47]

教宗接下来请福尔哈贝尔发言，他的报告更加悲观。福尔哈贝尔警告说："对天主教的侵害不会停止。"他援引希特勒最近一次的帝国议会演讲，里面有一句话令人不寒而栗："神父是我们德国人应当消灭的政治敌人。"冲锋队将此话当作许可，破坏大教堂的雕像，把十字架当作靶子练习射击，并用粪便玷污祭坛。一群暴徒最近包围了福尔哈贝尔的家，砸碎了所有窗户上的玻璃，还试图放火烧掉整栋建筑。[48]

福尔哈贝尔将问题追溯至 1937 年的教宗通谕。这份反对纳粹政策的教宗抗议书是福尔哈贝尔自己起草的——但时任国务卿的帕切利使其言辞更加尖锐。福尔哈贝尔专注于描写苦难，而帕切利则将主题转向了战斗，并将标题从《相当忧虑》（*With Considerable Concern*）改为《忧心如焚》（*With Burning Anxiety*）。被尖锐化后的文本提到"民族社会主义从一开始并在原则上就有迫害教会的意图"。希特勒在当选总理的第一次讲话中就提到，他希望与教会和平相处，因此"被上述通谕中的言辞大大激怒，并在此后几乎断绝了与天主教会当局的关系"。尽管福尔哈贝尔没有说出来，但他的意思是帕切利枢机帮助制造了帕切利教宗现在所面临的危机。[49]

福尔哈贝尔还对帕切利在通谕中使用的另一个刺人表述进行了质疑。该表述声称德国"神化了一个敌基督的十字架"。福尔哈贝尔抗议称："元首没有选择用卐字旗取代基督十字架，人民也没有这样看待它。"一个国家有权选择自己的国旗，并

"拒绝对其不友善的评论"。这里，福尔哈贝尔再次暗示，要是帕切利枢机当年没有煽风点火，帕切利教宗现在就不用灭火了。[50]

"福尔哈贝尔阁下所言极是。"教宗如此说道。这是会议上他唯一一次对枢机主教点名道姓的赞赏。通过此举，他发出一个微妙的信号：在制定针对希特勒的政策时，他将依从福尔哈贝尔而非德国天主教会名义上的领袖贝尔特拉姆的意见。

福尔哈贝尔建议的政策分为两个部分。首先是公开的默许。"他们（纳粹成员）看起来太像战斗人员了，感觉他们巴不得找理由向人开战，特别是向教会开战！但我同时认为，我们这些主教必须表现得好像我们并没有意识到这一点。"主教们不应卷入与希特勒的口水战——教宗也一样。"事实上，教宗必须做出一些让步。"

教宗说："我已禁止发动论战。"他已经要求梵蒂冈日报《罗马观察报》（*L'Osservatore Romano*）停止攻击德国的政策。"我已经下令，让他们不要再使用尖锐的言辞。"

政策的第二部分则是幕后调解。反抗纳粹主义要使用"非正式接触"，而不是官方抗议。可信的合作者可以在幕后解决冲突——如果他们有足够的情报支持。"德国主教们必须想办法，及时准确地向教宗阁下发送情报。"必要的话，可以绕过正规官僚机构。[51]

教宗说："不言而喻。"他喜欢把重要的线头都掌握在自己手中。"对我而言，德国问题是最重要的。我要留给自己处理。"[52]

这一前景似乎让枢机主教们感到不安。"我们必须确保教宗阁下的身体健康。"几个人立即发声。

"我很健康，"教宗说。然后他站起来。"主教阁下们，也许我们可以下次再见。"当枢机主教们准备离开时，他试图坚定他们的决心。

"我们不能放弃原则，"教宗宣称，"如果他们想战斗，我们也不要害怕。但我们还是要看看是否有和平解决的方法……如果我们试过所有方法，他们坚决要战斗，我们也一定会反击。"他重申："如果他们拒绝，我们必要战斗。"53

在党卫队的总部，阿尔伯特·哈特尔还在努力工作。他的上级要求他进一步拓展关于新教宗的档案，他们将把其中一些部分制成手册发行。纳粹党将据此制定对教宗的路线，并将在 3 月中付印。哈特尔用战斗场景来塑造帕切利的形象。如果帕切利将继续战斗，了解他将使用的武器和战术就显得至关重要了。

帕切利不会鲁莽行事。他反对纳粹主义的公开声明更多体现了庇护十一世的凌厉风格，而不是他自己的。新教宗不是一个慷慨陈词的潜修者（mystic），而是一个谨慎的观察者，并且能敏锐地察觉粗枝大叶的人会忽略的细节。"他要做的都藏在心里，他不表达自己的感受，也不改变自己的眼神。"帕切利会斟酌每一个字眼，也会控制每一个动作。这让他看上去肤浅、迂腐和挑剔。只有与美国人或小孩子在一起时，他的眼睛才会发光，嗓音才会提高。54

但帕切利回避正面斗争不只是他个人风格的问题。作为一名政治上的现实主义者，他试图避免自己处于弱势。天主教会在专制的群众运动面前显得"过时、松散又无力"。在意大利攻占阿比西尼亚（Abyssinia）、德国吞并奥地利后，天主教会已经暴露出内部的深刻分歧（和平主义的梵蒂冈与民族主义的主教们）。帕切利发现自己在理论上控制着各地教会，但他的领导在实践中大打折扣。55

因此，他会选择间接展开斗争。"教会的权力无法在哪里施展，就会在那里使用更加诡诈的方式。"哈特尔强调了三种方式：军事斗争、反叛暴动和间谍行动。其中最厉害的就是间谍行动。[56]

哈特尔写道："严格来讲，梵蒂冈没有情报部门。"但教廷确有"情报人员"——提交报告的神职人员。梵蒂冈通过对这些报告进行分析和"情报处理"做出自己的决策。教宗的幕僚随后将"情报任务"分派给神职和非神职人员。由于梵蒂冈有情报人员、分析员、报告和特派团，教宗拥有一个"*事实上的*情报部门"。[57]

一些传闻中的军事活动带有近乎中世纪的战斗色彩。例如，哈特尔在报告中指出，福尔哈贝尔枢机在慕尼黑为右翼势力藏匿武器。1919 年到 1923 年在弗赖辛神学院（Freising student seminary）工作期间，哈特尔就听说，"在福尔哈贝尔的准许下，大量武器和弹药被隐藏起来……有步枪、机枪，还有两门小型大炮"。哈特尔在报告中称，他亲眼见过这些武器。"一些武器被藏在一个隐秘处……可以通过主祭坛附近一块石板下的秘密楼梯抵达。"巴伐利亚的反动分子使用这些武器进行秘密军事演习，也许还用其发动过对左翼团体的袭击。如果遭到胁迫，教会可能运用类似的方法，教唆煽动对纳粹的暴力行动。[58]

好战随后会演变成叛乱。"天主教会从根本上声称自己有权罢免国家元首，"哈特尔承认说，"到目前为止，它也多次实现了这一主张。"在反宗教改革期间，据称耶稣会特工曾刺杀法国国王亨利三世和亨利四世，并密谋炸毁英国议会。哈特尔此前就知道，帕切利的耶稣会士助手莱贝尔神父在道义上并不反对对希特勒采取类似的行动。因此，党卫队有必要清除所有与莱贝尔有关联的、好战的德国天主教徒，并且"击垮他们的战斗意志"。[59]

哈特尔坦承，要彻查这些关联"极其困难"。只有教宗的核心圈子知道秘密行动的细节。此外，追踪教宗间谍是德国军事情报局阿勃维尔（Abwehr）的任务，这是一个与党卫队敌对的间谍机构，据传窝藏了希特勒的保守派反对者。因此，党卫队对"梵蒂冈情报机构的相关人物"只有"微不足道"的了解。[60]

哈特尔希望能打开梵蒂冈秘密世界的窗户。弗莱堡的总主教康拉德·格罗贝尔（Archbishop Conrad Gröber of Freiburg）据称有一个半犹太血统的情妇，哈特尔认为，"他是出于对自己婚外情曝光的恐惧"才与党卫队合作的。党卫队还在同性恋夜店里逮到过修道士。天主教慈善机构"博爱（Caritas）"的主席约翰·加特迈耶神父（Father Johann Gartmeier）由于一段三角关系出了错，被发现盗用机构费用12万马克："他落入两个已婚女人的手中，她们离了婚，然后勒索他。"哈特尔手下的一个人向他如此汇报道。但这些失检的行为没能暴露教会的间谍。[61]

此外还有一条路。所有的秘密特工最终都要向他们的联络员发送情报。这是所有间谍面临的最危险时刻：大多数特工是在试图传递情报时被捕的。作为一种预防措施，特工和他们的联络员通过被称为"切口（cutouts）"的中间人联系。因此，按照党卫队所指示的，哈特尔试图"破坏天主教会运作的通信系统"。[62]

起初，他以为自己已经渗透进这一系统。正如哈特尔的报告所指出的，约翰内斯·登克博士（Dr. Johannes Denk）"管理着梵蒂冈情报部门在慕尼黑的一个通信站，他同时也是柏林盖世太保的一名特工"。然而，登克经手的信件中没有任何一份透露过任何特工的信息。哈特尔据此推断，教会应当还运行着另一个尚未暴露的通信系统；由于无法从德国内部成功渗透，他便将手下特工的目光转向了罗马。[63]

教宗于 3 月 9 日再次会见了德国的枢机主教们。录音誊抄本的逐字稿（esatto）显示，教宗手下的局外人从未见过他们。在意大利放松了一个多星期后，德国这些教会大佬像在神父的更衣室里似的互相打趣。他们绘声绘色的笑话近乎无礼，开玩笑地说自己有望封圣。贝尔特拉姆嘲笑教宗见到希特勒后要怎么称呼："教宗阁下也得说万岁万岁（Heil, Heil）！"[64]

"倘若阁下们能够再次安静，"教宗说，"我想继续探讨关于德国的议题。这很重要。"

他提出主要议程并强调其重要性。那天早上关于德国第一个要关注的问题，与天主教徒本身的心灵困境无关，而更多地与秘密行动相关的困难有关。

"第一个问题，"教宗说，"涉及教廷和德国主教之间的通信服务。"他补充说："此事至关重要，因为信使联系是获取秘密情报的唯一途径。"福尔哈贝尔的政治秘书约翰内斯·纽豪斯勒（Johannes Neuhäusler）蒙席此前发来了份建议书。教宗将其宣读了出来：

a）教廷定期（每个月或每两个月）派遣一名外交官，最可敬的主教们可以与他交流问题，并递呈计划送往罗马的书面材料。此种情形下，外交官的途经路线可以类似于：罗马、维也纳、慕尼黑、弗莱堡、科隆、柏林、布雷斯劳、罗马（经由维也纳或慕尼黑）。

b）使用双重通信服务。首先，一人在罗马与柏林之间往返（问题在于中途是否在慕尼黑停留）。然后一人在德国境内往返：柏林、慕尼黑、弗莱堡、科隆、柏林。在中间点，准备递呈罗马的材料可以汇集起来，由一名信使送往柏林，并从那里通过前一种通信系统发往罗马。此外，德国境内的信使或许必须拥有外交官身份，以确保情报访问权限。

随后，教宗用通俗易懂的语言解释了他所说的"技术"问题。"也就是说，信使不是教廷官方派遣的，但足以值得信赖。他会每周出差一次。周六从罗马出发，周一抵达柏林。反过来，教廷将在周一收到从柏林发回的信息。罗马—柏林之间每周一次的联络是可靠的。最好的证明就是，这种联系的隐秘性从教宗通谕《极度关切》那时起一直到今天都没有暴露。没有任何人晓得任何事。"

德国境内的网络则更加棘手。主教统辖的特工必须机敏地躲避党卫队的特务机构，即帝国保安部（Sicherheits dienst，SD）。"那是个大恶魔。"贝尔特拉姆枢机如此说道。这群人于是讨论了如何将不同的教区与柏林联系起来。[65]

贝尔特拉姆枢机：我们必须在暗中行事。当圣保罗在筐子里，被人从大马士革城墙缒下去时，他也没有得到警察的许可。[66]

教宗：是的，我们有一个很好的先例。庇护十一世此前已经同意，可以用教宗献金（Peter's Pence）支付从慕尼黑、布雷斯劳和科隆到柏林的通信费用，使通信服务变得可行且容易！

因尼策枢机：当然，他必须值得信任。

舒尔特枢机：信使不总是同一个人。如果能固定为同一个人就更好了。

福尔哈贝尔枢机：我们在巴伐利亚经常更换信使，不然会被警察抓到。这在慕尼黑很容易做到。旅行的神职人员都住在欧洲庭院（Europäische Hof）酒店；总能在那里找到一个从柏林来的人。[67]

教宗：维也纳怎么样？

因尼策枢机：那里的情况基本上一样。

福尔哈贝尔枢机：主教们不知道信使何时从柏林前往罗马。

教宗：每周六。

福尔哈贝尔枢机：我们可以告诉主教们吗？

教宗：当然！我总是在周一早上收到来自柏林的邮袋。非常规律、确定和安全。正如我说过的，庇护十一世告诉过我，主教们付给信使的钱可以很方便地从教宗献金中支取。

要与纳粹党斗争，确保安全的联络是至关重要的。教宗问道："有任何明确迹象表明他们想与教会讲和吗？"

因尼策认为形势"相当严峻"。在乡村，纳粹党试图阻止神父教授宗教课程。但一些农民表示反对："他们说，学校是我们的。如果没有宗教课程，我们就起义。"

"我们不可丧胆，"教宗说，"我们不能轻易放弃。"

贝尔特拉姆枢机警告说："形势岌岌可危。"[68]

3月12日早上6点，一支仪仗队蜿蜒行进到圣彼得大教堂的铜门前。瑞士卫兵走在队伍的前方，后面跟着系着绳带的赤脚修士。教宗坐在可移动的御座上，被人抬着走在队伍的最后面。鸵鸟的羽毛在两边无声地扇动，好像一对引号。

伴随一阵银色号角声和掌声，教宗走进大教堂。他透过香烛为人们祝福。主祭坛旁，侍从们将一条织有黑色十字架的羊毛披肩披在他肩上。教堂外，警卫阻挡人群向里挤。人们爬上墙壁的凸起处，试图在烟囱上保持平衡，努力地看向宗座宫的阳台。

中午时分，教宗出现了。枢机执事站在他的身边。他将一顶状如蜂巢的珍珠冠冕戴在帕切利长满黑发的头上。"请受此三重冕，"枢机执事说，"并知你是诸王的父，世界的牧人。"[69]

据称德国驻罗马教廷大使迭戈·冯·卑尔根（Diego von Bergen）说起这次加冕仪式时称："非常感人和美丽，但这将是最后一次。"[70]

当帕切利加冕教宗时，希特勒在柏林出席了一场国家庆典。在国家歌剧院的一次纪念日演讲中，海军元帅埃里希·雷德尔（Erich Raeder）说："无论在哪里获得立足点，我们都要守住它！无论在哪里出现沟壑，我们都要跨过它！……德国的打击迅速又有力！"希特勒检阅了仪仗队，在无名战士纪念碑前献上花圈。同一天，他命令士兵攻占捷克斯洛伐克。[71]

3月15日，德国军队进入布拉格。希特勒坐着他的三轴奔驰，随着大军穿过大雪和薄雾，在冰封的道路上行驶，防弹车窗密闭着。希姆莱的800名党卫队军官在追捕那些不受欢迎的人。教宗的一名特工将"秘密获取的细节"用电报发给罗马，报告说所有被捕的人都"曾说过或写过反对第三帝国和元首的话"。很快有487名捷克斯洛伐克的耶稣会士被关进战俘营，一名目击者称，在战俘营里"经常看见一名衣衫褴褛、精疲力竭的神父拉着一辆车，后面跟着一个穿冲锋队（SA）制服的年轻人，手里挥着鞭子"。[72]

希特勒对捷克斯洛伐克的占领使欧洲陷入危机。六个月前他刚在慕尼黑承诺尊重捷克斯洛伐克领土的完整，英国首相内维尔·张伯伦为此声称"我们时代的和平"被保全了。然而，希特勒转眼就撕毁了协定。此时的伦敦谴责"德国统治世界的企图，（认为）所有国家为了自己的利益应奋起抵抗"。波兰政府面对德国要收回但泽走廊的最后通牒，开始动员军队。3月18日，教宗派驻华沙的特工报告，第三帝国与波兰之间的"紧张局势"，"可能产生最严重的后果"。另一份送达梵蒂冈的情报报告称，当前形势"极度严峻"。[73]

或许近一千年来都没有教宗在这番人皆惊恐的光景下当权。这一境况堪比 1073 年查理大帝的旧帝国瓦解，星星之火就能引爆欧洲。"就连教宗的选举都笼罩在纳粹党徽的阴影下，"纳粹党"劳工阵线"领导人罗伯特·莱伊（Robert Ley）吹嘘道，"我敢肯定，他们谈论的全是如何找到一个能或多或少对付得了阿道夫·希特勒的教宗人选。"[74]

政治危机在事实上催生了一个政治教宗。在这愈演愈烈的风暴中，枢机主教们以四个世纪以来最快的速度选出了那个最有政治方略的候选人。帕切利在教宗外交事务上的漫长职业生涯，让他成为教廷外交官的总铎（dean of Church diplomats）。他曾和普鲁士的将领们骑马狩猎，忍受过流亡国王们在宴会上的咆哮，仅用他镶有珠宝的十字架镇住过武装革命者。作为国务枢机卿，他谨慎地与友好国家结盟，从敌对国家争取天主教权利。他对每个政府都有用，但不向任何一个政府屈膝。一名德国外交官对此印象深刻，并形容他是"一名终极政治家"。[75]

帕切利的身体里流淌着政治的血液。他的祖父曾是教宗国（Papal States）的内务部长，教宗国的领土面积比丹麦的还大，这片领土从中世纪起就由教宗统辖。帕切利家族相信这些领土能确保教宗在政治上的独立，为了捍卫这些领土，他们与意大利的民族主义者展开斗争。但帕切利家族失败了。到1870 年，只有梵蒂冈城还归教宗统治，这个钻石形状的王国只有一座高尔夫球场那么大。六年后，尤金尼奥·帕切利出生在罗马，成长在圣彼得大教堂的阴影下，并且继承了家族高度的政治使命感。作为一名祭坛侍童（altar boy），他为教宗国祷告；在学校的论文里，他反对世俗的主张；而作为教宗，他将政治视为其他手段的宗教。[76]

　　一些人认为他以神职身份参与政治是一种自相矛盾。帕切利本身就有许多自相矛盾之处。他比在他之前的任何一位教宗访问的国家都多，也比他们掌握更多的语言，但他是个十分恋家的人，直到41岁还和母亲住在一起。他渴望与孩子相处，也不惧直面独裁者，却在主教和神父面前胆小怯懦。他的生活是这个星球上最为公开也最为寂寞的生活之一。几十亿人都认识他，但他最好的朋友是一只金翅雀。他与陌生人在一起时开朗，和朋友在一起时深沉。他的助手看不透他的灵魂。在一些人看来，他是一个"缺乏冲动、情感和激情的人"，但另一些人却记得他曾为犹太人的命运哭泣。一位观察者认为他"可怜又可畏"，另一位则认为他"专横又不安"。他的一半似乎总是与另一半互相对抗。[77]

　　他对天主的虔诚和对政治的热情深深地将他一分为二。没有人可以简单地称他为一个马基雅维利主义者，或一个美第奇教宗：他每日主持弥撒，与天主交流数小时，报告耶稣和玛利亚的幻象。许多访客评价他有圣洁的外表，甚至有人称赞他"犹如一道光芒"。然而，那些认为教宗不属于这个世界的人都错了。他对超精神性，即完全退回到纯粹的宗教领域，没有兴趣。一名在罗马的美国情报官员指出，教宗在政治上投入了大量时间，并密切监督梵蒂冈外交事务的方方面面。他在撰写《基督奥体》（*Mystical Body of Christ*）通谕的同时，也在评估原子武器潜在的战略影响。他认为它们是一种"有效的防御手段"。[78]

　　甚至一些喜欢帕切利的人，也不喜欢他对世俗权力的关注。"不得不说，考虑到教会最基本的职责，他对政治的关注有些过了。"法国二战后驻梵蒂冈大使雅克·马里坦（Jacques Maritain）这样写道。毕竟，教会最基本的职责是拯救灵魂。但在实践中，这一灵性的目标牵扯出一个当下的现世目标：实现一种让灵魂能够得救的政治条件。神父必须在没有国家干预的情况下，为人施洗、主持弥撒并祝圣婚礼。对国家权力的恐惧也塑造了教会思想：是恺撒们杀害了彼得、保罗和耶稣。[79]

　　因此，教宗不是只有一项职责，而是有两项。他必须将天主所有的献给天主，还要牵制恺撒的侵袭。每一个教宗在某种程度上都是一个政治家，其中一些还领导军队。帕切利所继承的教宗职分就像他本人一样两极分化。他只是浓缩式地体现出天主教会的存在性问题：如何在一个物质且高度政治化的世界里成为一个宗教信仰机构。[80]

　　这是一个无法解决而只能设法对付的问题。如果说这个难题曾导致教会与国家之间长达二十个世纪的战争，并在帕切利成为教宗时达到高潮，那么在他的眼皮底下，这个难题还将使天主教与自身发生冲突。由于宗教的诉求与时下的迫切需要之间产生了紧张的对立关系，这种对立在天主教会的根基上撕开了一道无法愈合的裂痕。理想情况下，教宗的宗教职能不应与其政治职能发生冲突。但如果发生且确实发生时，应当以哪项职能为优先呢？这样的问题总是难以回答，在这个历史上最血腥的年月里，要找到答案更是前所未有的困难，但庇护十二世必须做出自己的回答。

26　　1939 年 9 月 1 日早晨 6 点，教宗在他的夏宫甘多尔福堡（Castel Gandolfo）醒来，这座中世纪的堡垒跨坐在一座休眠的火山上。他的管家帕斯卡丽娜修女刚把他的金翅雀从笼子里放出来，他床边的电话就响了。他用惯常的语气接起来说，"我是帕切利（E'qui Pacelli）"，对面传来路易吉·马格利奥内枢机（Cardinal Luigi Maglione）颤抖的声音，向他传递来自柏林教廷大使的情报：15 分钟前，德国国防军入侵了波兰。[81]

起初教宗照着日常的惯例，拖着脚步走进他的私人教堂，俯身祷告。随后冲了个冷水澡，用电动剃须刀刮脸，在巴伐利亚的修女们面前主持弥撒。但在吃早餐的时候，帕斯卡丽娜修女回忆道，他小心翼翼地检查着自己的面包卷和咖啡，"就好像在展开一叠邮寄过来的账单"。在随后的六年里，他都吃得很少。到二战结束时，虽然他身高 6 英尺，体重却只有 125 磅。他因道德和政治的负担神经紧张，让帕斯卡丽娜想到"饥饿的知更鸟或过劳的马匹"。他的副国务卿多梅尼科·塔尔迪尼（Domenico Tardini）带着极度悲伤的叹息回忆道："这个在性情、教养和信念上都喜好和平的人，却被称为'战争教宗'。"[82]

梵蒂冈试图在战争中保持中立。因为教宗代表了所有国家的天主教徒，所以必须表现得不偏不倚。在战争中选择立场，会迫使一些天主教徒背叛自己的国家，而使另外一些人背叛自己的信仰。[83]

但波兰不同。几个世纪以来，波兰就像一座天主教的精神堡垒，耸立在普鲁士新教和俄罗斯东正教之间。教宗将承认波兰流亡政府，而不承认波兰是纳粹的受保护国。"中立"只是他的官方立场，而不是他的真实立场。正如他在华沙陷落时对法国大使所说的："你知道我同情哪一边。但我不能明说。"[84]

然而，当波兰沦陷的消息传播开来，教宗不得不站出来发声。到 10 月，梵蒂冈收到消息称，有犹太人被射杀在犹太会堂内，埋在阴沟里。此外，纳粹开始将矛头指向波兰的天主教

徒。他们有可能最终在"非军事杀戮行动"中杀害了大约 240
万波兰天主教徒。对波兰异教徒的迫害虽远不及后来对欧洲犹
太人的工业化大屠杀，但已经出现了近乎种族灭绝的特征，并
且为后来的惨剧做了铺垫。[85]

　　10 月 20 日，教宗发表公开声明。他的通谕《至高司祭》
（*Summi Pontificatus*）［英文名为《黑暗笼罩大地》（*Darkness
over the Earth*）］开头就谴责了对犹太人的攻击。"当'基督的
战士'看到基督的敌人肆意砸碎天主的诫命之桌，用其他石桌
和其他准则代替西奈山上的启示，有谁能不奋起发动更坚决的
抵抗呢？"他写道，一个人即使以"苦难和殉道"为代价，也
"必须抵抗邪恶并说：'退去吧！（Non licet）'"。教宗随后强
调了"人类的团结"。通过强调这种团结，驳斥了种族主义，他
说他将在梵蒂冈古墓中供奉十二种族的主们。他坚称："教会
的精神、教导和工作永远不能背离外邦人的使徒所传讲的：'并
不分犹太人、希腊人。'"[86]

　　世人认为这篇通谕是对纳粹德国的攻击。《纽约时报》头
版头条宣称"教宗谴责独裁者、违约者及种族主义"。"庇护
十二世在通谕《至高司祭》中对极权主义、种族主义政府进
行了无条件的谴责，引发深刻的骚动，"犹太电讯社（Jewish
Telegraphic Agency）的报道如是说，"尽管人们预计教宗会
抨击敌视天主教会的意识形态，但很少有观察家预见到如此直
言不讳的文件"。教宗甚至保证，如有必要，他还会再次发声。
"我们对自己的职责和时代欠下了巨债，没有比为真理作证更
大的债务了，"他写道，"在履行我们的职责时，我们不应当被
世俗的忧虑所影响。"[87]

　　这是一个勇敢但徒劳的誓言。直到 1945 年，他再也没有
在公开场合使用过"犹太人"这个词。同盟国和犹太人的新闻
机构在二战期间仍然因他反纳粹的立场称赞他。但随着时间的

推移，他的沉默让天主教徒和犹太教徒间的关系紧张起来，并让天主教信仰的道德可信度大大降低。由此引发的论争一直延续到 21 世纪，这种沉默的原因和意义，成为庇护十二世的传记以及现代天主教会史的主要谜团。

从庇护十二世的话来判断他，他应得的只有谴责。当他眼睁睁地看着累累的尸骨；看着妇女和儿童在折磨下被迫相互残杀；看着数百万无辜的人像罪犯一样被关在笼子里，像牲口一样被宰杀，像垃圾一样被燃烧——他本应该发声的。他有这个义务，不单是身为教宗，更是身为一个人。在他发布第一个教宗通谕后，他确实重新强调过种族仇恨和基督之爱的差别。但在天主教会的道德立场上，庇护十二世鲜有主张；面对他私下称作"撒旦势力"的东西，他公开表现出温和的态度；在良心无法选择中立的情况下，似乎天主教会保持了中立。在世界最重大的道德危机面前，其最伟大的道德领袖却似乎无话可说。

但梵蒂冈不仅仅靠话语运作。到 10 月 20 日，当庇护十二世署名发布《至高司祭》的时候，他已经卷入这场战争背后的一场战争。那些后来研究他纷繁复杂的政策的学者，并不知道他所参与的秘密行动，还在纳闷为什么他似乎强烈反对纳粹主义，却在后来闭口不言。但当他的秘密行动地图彰显出来，再结合他的公共言论，一种明显的关联就出现了。庇护十二世在战争时期公开提到"犹太人"的那一天，事实上也是有记录可查的、他决定帮助刺杀阿道夫·希特勒的那一天。[88]

第2章
德意志的终结

1939 年 8 月 22 日，德国入侵波兰的十天前，希特勒把他的将领们召集到他在巴伐利亚山上的私人山庄。在通过安全检查后，元帅和上将们进入希特勒的别墅——伯格霍夫（Burnhof），在接待大厅的椅子上坐下来。一扇观景窗以液压方式下沉到地板上，将阿尔卑斯山的全景展现在宾客面前，让人觉得整个房间都悬浮在空中。远处阿尔卑斯山脉的温特斯贝格山（Untersberg）的山峰熠熠发光，守护着传说中的查理大帝的坟墓。希特勒倚在一架大钢琴上，说话时几乎没看左手上的笔记。[1]

在房间后部，一个像老鼠一样的人坐在那里，紧张而不安，他有一双锐利的蓝眼睛和一头浓密的白发。他拿出一个本子和一支铅笔。作为德国军事情报局阿勃维尔的局长，威廉·卡纳里斯上将（Admiral Wilhelm Canaris）可以对德国的秘密军事简报进行记录。其他与会者后来确认了他记录的准确性，其手稿将在纽伦堡战争罪行法庭上展示。[2]

"我把你们召集到一起，"希特勒说，"是为了让你们对我决定采取的行动有所了解。在我看来，与波兰的冲突不可避免，这显而易见。"如果德国不收复所有在上次战争中失去的土地，她就永远无法恢复自己的尊严或重建自己的威望。于是，希特勒决定发动进攻。尽管英国人承诺要保卫波兰，但他们很可能不会出手干预："我们的敌人都是些蠕虫（*kleine*

Würmchen）。"在提到教宗当天早晨于罗马通过梵蒂冈电台所呼吁的和平谈判时，希特勒说，他只是担心"在最后一刻，某个猪狗（pig-dog）会向我提交一份调解方案"。³

在接下来的一个小时，希特勒谈了具体的作战细节，结束后大家一起吃了午饭。穿雪白夏装的党卫队军官为宾客们提供服务，在露台上品尝过鱼子酱后，希特勒重新开始讲话，并且进入一种更加癫狂的状态。卡纳里斯再次拿起铅笔在纸上飞快地划过。"我们必须承担这一风险……我们只能在打击或毁灭之间二选一……8000 万人民必须获取他们的权利。必须确保他们的生存……现在是解决问题的好时机，所以必须进攻！……处决：要严酷无情！丢掉你们的怜悯之心！"⁴

希特勒接下来说的话震惊了在场的将领们。卡纳里斯不敢留下纸面记录，但陆军元帅费多尔·冯·博克（Field Marshal Fedor von Bock）将相关细节透露给一名同事。希特勒透露，为了扑灭波兰反抗力量的星星之火，党卫队的骷髅旗特别编队（Special SS Death's Head formations）将消灭上千名天主教神父。正如博克手下的一名上校所述，希特勒坚称"要以无情的严厉对待战后的波兰人……（他）不想让军队承担出于政治原因的'清算'任务，而是让党卫队负责摧毁波兰上层社会，也就是首先摧毁波兰的神职阶层"。⁵

"没有人会质疑胜者的理由是不是正当，"卡纳里斯的手稿里继续写道，"重要的不是我们占不占理，而是我们想不想赢。"希特勒最后说："我已经尽了我的职责。现在到你们了。"⁶

根据博克的回忆，最后一个音落下后，经历了一段"冰冷彻骨的寂静"。最终陆军总司令瓦尔特·冯·布劳希奇（Walther von Brauchitsch）开口说："先生们，请尽快回到你们的岗位。"卡纳里斯合上自己的笔记本，下了山。⁷

31　　那天晚上，希特勒凝视着地平线，在露台上来回踱步。"北方的天色从怪异的青绿色先是变成紫色，然后变成了血红色，"他的副官回忆道，"一开始，我们以为温特斯贝格山背面一定是发生了严重的火灾，但后来红光像北极光一样覆盖了整个北方的天空。这种情形在德国南部很少见。我深受感动，对希特勒说，这预示了一场血腥的战争。"8

　　"如果战争一定要发生，就越快越好，"希特勒回答道，"没人知道我还能活多久。因此，最好现在就开战……基本上一切都取决于我，取决于我的存在，因为我有卓越的政治才能。大概再也没有人能像我这样完全得到德国人民的信任了。我的存在就是一个极有价值的因素。但我随时可能被干掉。"他担心"某个使用配备望远式瞄准镜的枪支的狂热分子"会向他开枪。9

　　希特勒不认为攻击他的人会单独行动。他告诉自己的副手马丁·鲍曼（Martin Bormann），如果他怀疑有人密谋推翻他，他会采取紧急措施打击他怀疑最有可能支持政变的一个派系。"信仰的因素是决定性的。"希特勒在那天的演讲中如此说道。无论是什么主义，都不足以激励真正的理想主义者冒着生命危险来刺杀他。他最大的危险，来自"在忏悔室中受黑乌鸦策动的刺客们"。那些反对他的"蠢货们"，希特勒说，就包括，"特别是政治天主教的（头目们）"。如果有人试图发动政变，他会"将所有政治天主教的领袖在住所里围捕起来，然后处决"。10

　　第二天回到柏林后，卡纳里斯在阿勃维尔的办公室里沉思。当他的腊肠狗睡在毛毯堆成的小床上时，卡纳里斯将他的笔记做成元首讲话的加密摘要。然后在与他最亲密的同事的一次会议上，卡纳里斯带着他特有的轻微的口齿不清，将其中的关键段落朗读了出来。直到那时，他们才注意到他绝望的程度。"他仍然处在极度的恐惧中，"阿勃维尔的官员汉斯·吉思维乌斯（Hans Gisevius）写道，"他一边读，一边声音在颤抖。卡纳里斯强烈地意识到，他是一个骇人听闻的场面的目击者。"[11]

卡纳里斯用一个爱过希特勒的人的狂热仇恨他。希特勒曾承诺会保护德意志的宗教和军事传统，却对旧时的典范进行了异教徒式的嘲弄。卡纳里斯的顿悟发生在 1938 年，当时希特勒在污蔑了两名高级将领在性关系方面的荣誉后，免除了这两人的职务。卡纳里斯没有辞职以示抗议，而是坚守了他间谍首领的职位，好为希特勒的保守派敌人提供一件秘密武器，摧毁他们所参与制造的怪物。通过指挥秘密行动，掌握国家机密，卡纳里斯和他的同僚完全有能力摧毁纳粹。他们可以从内部攻击希特勒。[12]

卡纳里斯向同僚们读过他的笔记后，一群人争论起应该怎么办。他的副手汉斯·奥斯特（Hans Oster）希望泄露希特勒讲话的文本，这样或许能刺激纳粹政权的反对者发动一场维护和平的政变。如果伦敦和巴黎的反应足够强烈，德国的将领可能会听从他们的总参谋长弗朗茨·哈尔德（Franz Halder）的建议。哈尔德曾对英国驻柏林大使说："你必须用斧头砍掉希特勒的手。"[13]

这招似乎值得一试。8 月 25 日，奥斯特将文件偷偷交给美国驻柏林的临时代办亚历山大·C. 柯克（Alexander C. Kirk），但柯克说："噢，把这个拿走……我不想插手。"奥斯特将一份复印件寄给一名英国大使馆的官员，但这份没有署名、记录在普通纸张上的文件并没有打动对方。奥斯特决定，在与外国势力打交道时，秘密行动的策划者必须找到某种被认可的保证、某种合法性的印记和某种能确认德方善意的途径。[14]

与此同时，卡纳里斯尝试了更加积极的措施。卡纳里斯与外交部国务秘书恩斯特·冯·魏茨泽克（Ernst von Weizsäcker）进行了接洽，后者在得知战争即将来临后，在日记中写道："将我的名字与这一事件联系在一起是一个多么恐怖的想法，更不用说这事对德意志的存亡和我自己的家庭有什么不可预见的后果了。"8月30日，魏茨泽克在总理府面见了希特勒，恳请和平。他的口袋里装着一把鲁格尔手枪，里面有两颗子弹。后来他说，他想先杀了希特勒，再了结自己。但他没能鼓起勇气，紧张得浑身冒汗，便离开了。魏茨泽克后来告诉卡纳里斯的中间人："我很遗憾，在我成长的过程中，没有什么能让我杀掉一个人。"[15]

希特勒下令在 24 小时内进攻波兰。阿勃维尔的官员汉斯·吉思维乌斯开车到总部，跑上楼梯，正遇上卡纳里斯和其他官员下楼。卡纳里斯让其他人先走，把吉思维乌斯拉进一条走廊。卡纳里斯哽咽着说："这意味着德意志的终结。"[16]

1939 年 9 月 1 日，100 万德军拥入波兰。两天后，希特勒登上火车前往前线巡视。他的党羽开始在那里清洗被他称作可能会激发反抗的"精神要素"。"我们会把小鱼放掉"，党卫队间谍头目莱因哈德·海德里希说，但"天主教神父……必须全部杀死"。[17]

卡纳里斯飞往波兰提出抗议。他于 9 月 12 日抵达希特勒所乘火车停靠的伊尔瑙（Illnau），并在会议车厢里与威廉·凯特尔（Wilhelm Keitel）将军对峙。"我要指出的是，我知道在波兰会有大规模的处决行动"，卡纳里斯记录道，但没有说过"要灭绝神职人员"。凯特尔回复说："这件事已经由元首亲自解决了。"[18]

希特勒本人随后也参加了会议。埃尔温·拉胡森（Erwin Lahousen）中校作为一名目击者，事后回忆说，希特勒认为"灭绝神职人员尤其必要"。拉胡森补充道："我不记得他具体使用了哪个词语，但他在'杀死'这个意思上毫不含糊。"为了加速他的计划，希特勒将把波兰交给他的党内亲信、律师汉斯·弗兰克（Hans Frank）控制。"弗兰克，我给你的任务是撒旦式的，"卡纳里斯无意中听到希特勒说，"其他手中接过领土的人会问：'你要建造什么？'我要反过来问：'你要毁灭什么？'"[19]

很快，卡纳里斯就亲眼看到了这些命令被执行的结果。9月 28 日，他在华沙的废墟中漫无目的地行走，看到老鼠在啃食尸体，烟雾让太阳变得血红。一名老年犹太人站在他死去的妻子身边，大喊道："世界上没有上帝！希特勒和炸弹是唯一的神！在这个世界上没有恩惠和怜悯！"从一座体育场的房顶上，卡纳里斯的一名朋友回忆道，希特勒看着他的炮兵部队轰炸整座城市，"他的眼睛几乎要从脑袋上掉出来了，他变成一个完全不同的人。他突然被一种嗜血的欲望攫住了"。卡纳里斯回到自己的住处后，吐了。一个朋友说，他回到柏林时"整个人都崩溃了"。[20]

希特勒此时已经决定入侵法国。"革命从本质上说只能加速，无法减速，"卡纳里斯的一名同僚反思道，"有一件事越来越明显，就像一个骑自行车的人要保持平衡只能向前骑行一样，阿道夫·希特勒也只有继续发动战争才能保住权力。"鉴于对法国的进攻定在 10 月下旬，反对此决议的人有四周时间来阻止战争的爆发。将领们作为一个团体"竭尽全力阻止对法国开战"，迪特里希·冯·肖尔蒂茨（Dietrich von Choltitz）上将如此回忆道，而他们当中胆大的则把部队转用于在柏林发动政变。[21]

卡纳里斯草拟了政变计划。两个装甲师坚守柏林，与此同时 60 名阿勃维尔的突击队员突袭总理府。尽管命令温和地要求捉拿希特勒时"不要伤害他"，但突击队实际上应该像对付疯狗一样射杀他。军方将建立一个平民政府，安排选举，并开启和平谈判。为了戏剧化这一政权的变化，新的统治者将解除战时灯光管制，让德意志全境灯火通明。[22]

推行这一计划存在明显的困难。比如需要知道希特勒的日程和活动，而他往往会在最后一刻自己决定这些事。此外，将领们不得不违背对希特勒的誓言，与民政当局作对。他们很可能不会采取这一前所未有的行动，如果行动会导致他们自身的失败和被奴役。除非盟国事先承诺恢复正义的和平，否则他们不会除掉希特勒。

如何将国内计划与外国势力结合起来，构成了进一步的挑战。密谋者在此面临一个双重困境：他们一方面要让同盟国相信，他们说的都是事实；另一方面要阻止纳粹了解事情的真相。他们需要信用，需要掩护。卡纳里斯从教宗的身上找到了两个难题的答案。

35 卡纳里斯对于罗马教廷有着浪漫又不切实际的想象。他是作为福音派信徒长大的，后来却开始欣赏罗马宗教的组织及其信仰的力量；他陷入一种模糊的神秘主义，当他漫步在哥特式的大教堂中时，内心充满了无声的敬畏。"他深受意大利和梵蒂冈的影响，"一名同僚回忆道，"他的很多密谋活动追根溯源，都指向这一影响。"根据一些人的说法，卡纳里斯的"十字架加匕首"的情结可以追溯至第一次世界大战，当时他在一名神父的陪同下前往意大利执行秘密任务。在这个故事的一个版本里，他被关进一座意大利监狱，杀掉一名监狱里的神父后，披上神父的长袍才从里面逃出来。但这些乱七八糟的联系并无法决定卡纳里斯对教宗的看法。他的选择是基于现实的算计。[23]

卡纳里斯认识并且信任帕切利。在 20 世纪 20 年代，当未来的教宗还是"柏林消息最灵通的外交官"时，他们就一起在一名共同朋友的庄园里骑马。卡纳里斯钦佩帕切利的现实主义和谨慎的行事作风——以及他对希特勒的憎恶。卡纳里斯认为，如果教宗能够加入其中，密谋者至少能在西方取得一个申述的机会。反之，如果庇护十二世能够提前斡旋和平的条件，也有可能刺激军队更换政权。[24]

9 月下旬，卡纳里斯开始拉拢庇护十二世加入密谋。但他需要某种途径向教宗提及如此敏感的问题。即使教宗同意接见卡纳里斯，他也无法保证自己前往梵蒂冈而不引发人的猜疑。密谋者需要一个中间人，一个"切口"。因为阿勃维尔是新教徒为主的普鲁士军队的附属单位，卡纳里斯的副手们几乎不知道去哪里寻找能与教宗联系上的中间人。但巧的是，阿勃维尔在慕尼黑的天主教联络人里，有人提供了一个名字和一份档案，这份档案的主人似乎就是为这项使命而诞生的。[25]

第 3 章
公牛乔伊

约瑟夫·穆勒是白手起家的律师，出生于一个殷实的农民家庭。他是个爱喝啤酒的巴伐利亚人，长着一双天蓝色的眼睛，得过第一次世界大战中的铁十字勋章。由于他在上学的时候给人驾牛车，半工半读，所以朋友们戏称他为 Ochsensepp，也就是公牛乔伊（Joey Ox）。这个外号恰如其分地抓住了穆勒的特征：魁梧的身材，农民家庭的出身，以及带给他好运也带给他厄运的坚强意志。[1]

他的一生充满了传奇色彩。穆勒指挥过军队，走私过文件，玩弄过政治，策划过谋杀，撰写过布道文（sermons），救过犹太人，赎回过主教，躲避过追捕，遭受过背叛，忍受过折磨，击败过抓捕他的人，与他的真爱结了婚，并且平平安安地入了土。教宗庇护十二世直截了当地说，穆勒博士"简直就是奇迹"。巴伐利亚人民党（Bavarian People's Party）的同事在介绍他的时候，很少会遗漏这句话："公牛乔伊在 21 岁的时候用两天时间就战胜了处于优势地位的党派。"康拉德·阿登纳（Conrad Adenauer）是二战后联邦德国第一任总理，也是穆勒的政治对手，他斥责对方不过是纯粹的"冒险家"。但巴伐利亚的一则讣告体现了人们对穆勒更普遍的看法："这个活泼、快乐、狡黠、友好且嗜酒的民主党人（democrat）是个好人。"[2]

穆勒博士是慕尼黑天主教里教父式的人物。通过他的律师事务，他进入多家公司董事会并操控公司：他先后成为酿酒商、印刷商、银行家、图书出版商和烟草进口商。随便哪一天去他的候客厅里看看，可能会遇见一个比利时修道院的院长，一个葡萄牙的领事，一个宇宙学的教授，一个被取缔的工会的老板，一个宝石经销商和一个精神崩溃的梅特涅男爵。他的律师事务所毗邻的一个地方，之前是维特尔斯巴赫城堡（Wittelsbach palace），如今是党卫队的巴伐利亚总部。他的客户里有一些人之所以能保住自己的生计或性命，多亏了公牛乔伊。为了报答他，他们和他做朋友，愉快地称呼他为 Ochsensepp，并送给他一些不那么贵重的礼物，比如一桶埃塔尔啤酒（Ettaler beer）或者一桶亲手烘焙的椒盐卷饼（pretzels）。虽然没有明说，但大家心知肚明，有一天穆勒可能会找你帮个小忙作为回报。对于那些受纳粹逼迫的人，他是调停者，是恩人，是守护者和辩护人——有点儿像奥斯卡·辛德勒（Oskar Schindler），也有点儿像维托·柯里昂（Vito Corleone）。[3]

　　截至 1939 年，已经有几百人簇拥在穆勒身边。盖世太保的记录中提到，他是个"受欢迎的同志"，而且不仅仅是因为他帮助了别人。一位美国间谍评价他拥有"能带给人无尽欢乐的相当好的名声"。曾有一次，他在酒桌的赌局上赢回三火车的德国战俘，对手是苏联外交官列昂尼德·格奥尔基耶夫（Leonid Georgiev）。尽管他的蓝眼睛会因为小麦啤酒而放光，但他不是个酒鬼，至少够不上巴伐利亚的战时标准。他只有在可靠的朋友中间时，才会自由地倾诉自己的感情，或者一杯接一杯地喝下去，比如在柏林的凯瑟霍夫酒店（Hotel Kaiserhof）附近的一个酒吧里，与那些反纳粹的常客在一起时。在比较严肃或不太确定的圈子面前，他会用别有深意的举止作为信号。比如，他有时会抓起希特勒的画像——当时在第

37

三帝国，每个房间都有他的画像——然后把希特勒的脸扣在桌子上说："他看上去是歪的，应该把他好好地挂（吊）起来。"[4]

当向下看到那些脸在火光中忽明忽暗时，他心想：如果这火蔓延开，一切就都结束了。"我头一次意识到，当集体将个人变成一群无名的群众时意味着什么"，他（穆勒）会想到，"不是真正的火蔓延开了"，而是一种来自人间地狱的火——仇恨的火。[5]

五周后，大火就烧到了巴伐利亚。在巴伐利亚运动飞行员俱乐部（Bavarian Sport Pilots Club）的一次会议上，一名当地的机场指挥官告诉穆勒，德国当局要在第二天关闭所有机场跑道。有事要发生了。当一名俱乐部成员要求驱逐他们的犹太财务主管时，穆勒的不安加剧了。穆勒抗议说，他们不能因为政治原因就抛弃对朋友的忠诚和情谊，并威胁要辞职。但其他人都不同意他的意见，因为纳粹党员的身份是职业晋升的阶梯。会议通过该动议，穆勒选择退出。[6]

那天晚些时候，他遇到一名与党卫队有关系的银行家朋友。他的朋友告诉他，因为纳粹党从未赢得巴伐利亚的选举，他们将用武力夺取政权。接管将在"明天"发生。穆勒冲到巴伐利亚州州长海因里希·黑尔德（Heinrich Held）的家里，后者长期向穆勒咨询法律意见。穆勒一边帮患有糖尿病的黑尔德注射胰岛素，一边敦促他动员州卫队。但州长犹豫，不想使局势激化。[7]

第二天，穆勒在州长的办公室里啜饮咖啡时，门被突然打开。党卫队首领海因里希·希姆莱砰地一声将一根马鞭甩到办公桌上，让黑尔德立刻交出权力。为了让黑尔德的"主动"请辞更合他的心意，希姆莱提议由他出任巴伐利亚驻梵蒂冈的大使一职。黑尔德请求给他两小时的时间来思考一下，希姆莱大踏步地走出去，起誓要动员"人民意志"。[8]

穆勒催促黑尔德采取严厉的措施。作为被围困的州长，他有权组建一支特别卫队，逮捕希姆莱并将其拉到行刑队面前。但黑尔德不想挑起一场内战。[9]

形势开始变得令人绝望。纳粹冲锋队的人拥上街头。穆勒催黑尔德上了一辆没有标识的汽车，他们驱车前往穆勒的未婚妻玛利亚（Maria）的家，在那里黑尔德不得不承认，"魔鬼在巴伐利亚肆虐"。入夜后，穆勒开车载州长前往瑞士，黑尔德在那里开始流亡生活。[10]

穆勒最好的朋友们开始在接下来的几个月里慢慢消失。经过审慎的询问，他得知他们都被关进了纳粹德国的第一个集中营——达豪（Dachau）集中营。很快有关暴力恶行的传闻就传遍了达豪和慕尼黑之间的荒野。党卫队秘密杀害了犹太人，并羞辱了"政治天主教徒"，这是穆勒从一名集中营的典狱长，也是他的老战友那里听说的。他拍了一张照片，照片上黑尔德的儿子剃着光头，穿着囚犯的条纹衣服，手拉着压路机。穆勒将这张照片拍在巴伐利亚司法部部长汉斯·弗兰克的桌子上，这是穆勒的另一位老朋友。汉斯曾请求希特勒关闭达豪集中营，但希特勒不为所动。[11]

1934年初，穆勒的行为激怒了秘密警察。他的名字出现在党卫队拟定的反政府天主教徒的名单上。达豪集中营的典狱长警告穆勒，他自己也快"进"集中营了。几周后的2月9日，盖世太保在慕尼黑抓住穆勒，并指控他"阴谋叛国……可处以死刑"。[12]

海因里希·希姆莱亲自指导了审讯。他的小眼睛在无框眼镜后面转来转去，一双修剪整洁的双手抚摸着短小的下巴，他看上去更像一名教师而不是刽子手。他是一个注重程序的人，叫人拿来一份问询记录，开门见山地说，在帝国和教会之间没有妥协的余地，因为两者都需要人献上"全部的灵魂"。穆勒对此表示赞同。随后希姆莱指出，穆勒曾代表帝国的敌人。穆勒反驳说，没有法律禁止律师从事本职工作。[13]

希姆莱问穆勒，在接管期间给黑尔德提了什么建议。穆勒实话实说。他承认，他敦促过黑尔德枪毙希姆莱。作为当时的政府首脑，黑尔德这样做是合法的。如果希姆莱当时处在穆勒的立场上，难道不会给出同样的建议吗？[14]

穆勒的勇气让希姆莱不知所措。后来，一位同盟国的情报官员认为，穆勒是"一个双拳硬朗且十分强硬的政治斗士"，"从人民当中脱颖而出，这种人，纳粹更愿意拉拢而不是对抗，因为这种人作为对手令人畏惧"。希姆莱在某种程度上被这名囚犯的意志镇住了，他邀请他加入党卫队。穆勒拒绝了。"我从哲学上讲反对你。我是一名虔诚的天主教徒，我哥哥是一名天主教神父。这哪有任何妥协的空间呢？"希姆莱赞赏了穆勒和他"男子气概的防卫"，就放他走了。[15]

穆勒被释放后不久，一名党卫队成员拜访了他。37岁的汉斯·拉滕胡贝尔（Hans Rattenhuber）以前是警察，现在负责指挥希特勒的保镖。这个高大的男人有着朴素的价值观，他将大多数纳粹头目视为腐败的马屁精，他见穆勒挺身直面希姆莱，对其大为钦佩。自从传言说穆勒亲自承认曾要求对希姆莱执行死刑，拉滕胡贝尔就想见见这个公牛乔伊。

几杯啤酒下肚，两人成了朋友。拉滕胡贝尔很珍惜他们的啤酒兄弟情，因为在独裁统治下，他鲜有机会直抒胸臆。穆勒也喜欢听拉滕胡贝尔大声抱怨，并从中获知纳粹针对教会的计划。如此，在二战中诞生了这样一段独一无二的友情，希特勒的保镖队长会常常向一名梵蒂冈的间谍泄露党卫队的秘密。[16]

慕尼黑枢机主教米夏埃尔·冯·福尔哈贝尔事实上并没有要求约瑟夫·穆勒当间谍。尽管他们是教会的弟兄，并用表示亲近的主语"du（你）"来称呼对方，福尔哈贝尔与穆勒联系时却是通过一个中间人。这个中间人戴着角质边框的眼镜，是一名身材魁梧、长着圆鼻头的蒙席，这个中间人似乎也没有直接要求穆勒从事间谍活动。代号"卡萨诺瓦（Casanova）"的约翰内斯·纽豪斯勒蒙席请穆勒帮忙拯救一家破产的天主教媒体——一个名为里奥·豪斯（Leo Haus）的控股公司。穆勒于是成为梵蒂冈官员口中"值得信赖的合作者"。工作变得越来越隐秘，也越来越危险，直到有一天——用穆勒的话说——变得"近乎渎神"。但在慕尼黑的中心花园——英国花园（Englischer Garten）经过漫长的散步后，纽豪斯勒让穆勒了解到教会的秘传教规（*Disciplina Arcani*）——秘密之道（the Way of Secrecy）。[17]

这条道路由基督自己开始实践。在一个充满敌意的环境中传道，他要求门徒向外邦人隐藏自己的身份、话语和行动。他让使徒结成秘密的小组，由雅各和约翰领导，称他们为"雷子（Sons of Thunder）"，耶稣带他们两个以及门徒彼得来到山上，探讨秘密的事宜。他们在安全屋里会面，耶稣通过隐藏的独立入口进入安全屋，而安全屋的地址是通过暗号传达给彼此的，比如跟着一个拿了一瓶水的人穿过耶路撒冷。基督采取这些措施不是为了躲避罗马政治当局，而是躲避犹太人的大祭司。大祭司一职当时为亚那家族（Annas family）所把控，《塔木德》里记载道："灾殃降到亚那一家：降祸于他们的间谍活动。"[18]

天主教会的神父们在耶稣死后遵循这条秘密之道。信仰最初是以地下方式在罗马存留的；由于福音书的作者以为耶稣很快就会再来，因此早期的基督徒也许巴望着保持这样的地下活

41

动，直到末世到来。在基督教成为罗马的宗教之前的三个世纪里，天主教会隐匿了洗礼、坚信礼、天父、三位一体、圣餐、教义和《圣经》——不只针对异教徒，甚至也向皈依者隐藏，一位教会的权威后来解释说，这是因为"他们也许是间谍，受训是为了可以背叛"。[19]

背叛要付出巨大的代价。"一些人被钉在十字架上，其他人有的被缝上野兽的皮，暴露在疯狂的狗面前；有的被涂上易燃的材料，被当作火把照亮黑夜。"塔西佗（Tacitus）曾如此描写尼禄的迫害。早期的教宗都殉教了：皇帝将他们中的一些人送到撒丁岛，在那里割断他们右膝的神经，将他们的右眼挖出并用铁水烧灼，如果殉道者不足 30 岁，就将他阉割。在随后的几个世纪里，教会几乎没有一年不处于世界的争战之中。教宗被篡位者赶出城的次数有 170 次，有 33 次教宗被杀死在圣彼得王座上。仅在 9 世纪和 10 世纪，我们就经历过下述事件：约翰十二世（John the Twelfth）被斩首，约翰十四世（John the Fourteenth）被饿死，阿德里安三世（Adrian the Third）被毒死，本笃六世（Benedict the Sixth）窒息而死，斯德望八世（Stephen the Eighth）被分尸，利奥五世（Leo the Fifth）被重器打死，斯德望六世（Stephen the Sixth）被勒死，斯德望七世（Stephen the Seventh）被绞死，约翰八世（John the Eighth）被棍棒打死，约翰十世（John the Tenth）被枕头闷死，卜尼法斯七世（Boniface the Seventh）被打到不省人事后丢在马克·奥勒留（Marcus Aurelius）的雕像下面，最后被路人用刀刺死。[20]

于是，教宗学会了自我防卫。到 7 世纪的时候，教宗马丁一世（Martin the First）有针对性地对潜在的绑架者开展间谍活动；之后来自教宗秘密特工的情报拯救了几十个教宗免于死亡或被俘。教会不但用耶稣的例子来证明这类或其他秘密行动的正当性，也依据阿奎那（Aquinas）的学说证明伏击或其他秘密手段是为了打一场正义之战。在反宗教改革期间，耶稣会将阿奎那的教义继续扩大，证明他们谋害新教国王的正当性；在意大利统一运动期间，梵蒂冈利用内奸密探引诱反叛者到佩鲁贾，并在那里由教宗的瑞士近卫队将其斩首。[21]

相较之下，纽豪斯勒的提议就显得平平无奇：他希望穆勒保留一些文件。由于纽豪斯勒雇穆勒来拯救里奥·豪斯公司，当纳粹试图没收这些文件时，他们就可以声称这涉及律师和客户间的信息保密特权。自穆勒答应的那一刻起，他就成为反纳粹特务机构的一名秘密特工。

"我们需要为一场艰苦的斗争做好准备，"枢机主教福尔哈贝尔在希特勒当权后的第一次慕尼黑主教会议上如是说，"我们的防御和抵抗措施要有统一的方向，并且所有情报需要汇集到一处，这至关重要。"福尔哈贝尔要求纽豪斯勒来负责这一"严肃又危险的任务"，并与梵蒂冈协调该事宜。[22]

1933 年 4 月，纽豪斯勒去了罗马。尽管时任国务枢机卿的帕切利此时刚开始与第三帝国进行《政教协定》（Reich concordat）的谈判，但他已经看出有必要建立一个登记违反协定行为的中央登记处（central registry）。纽豪斯勒称当时的情形濒临灾难：叫嚣着的暴徒在街头向募捐者施暴，在礼拜者离开弥撒时用马鞭抽打他们，破坏和捣毁天主教印刷厂，把坏掉的铅字倒在大街上。但纽豪斯勒只是讲述了这些明目张胆的恶行，而没有拿出证据。帕切利听了他的报告说："你得发给我们可靠的报告！否则我们无法帮助你们。"[23]

穆勒的律师事务所成了帕切利想要的中央登记处。公牛乔伊从慕尼黑大主教区和巴伐利亚耶稣会那里收集违反协定的行为报告，巴伐利亚耶稣会的总部位于考尔巴赫大街（Kaulbachstrasse），就在他上班的路上。尽管纽豪斯勒告诉他的线人要"眼观六路，耳听八方"，但他们更关注十个优先目标：

（1）反基督教法令

（2）新闻审查

（3）妨碍神职人员

（4）取缔俱乐部

（5）解散聚会

（6）褒渎十字架

（7）对教会学校施压

（8）针对修会和修道院的诉讼程序

（9）对天主教灵修的伤害和监禁

（10）因财务和性犯罪对纳粹官员的秘密审判

大量的材料涌进来，以至于纽豪斯勒和穆勒不得不每天都把这些文件分散储存，以防党卫队发动非法的突击搜查。[24]

事实证明，评估情报比搜集和储存情报更难。由于穆勒知道这些材料会被送往罗马，给梵蒂冈过目，他不希望所传递的是原始或虚假数据。"我想核对送给国务枢机卿的报告的真实性，"他说，"我有责任在向尤金尼奥·帕切利提供情报时加上评估，比如'接近确定的可能性'，或者只是'有可能'。"[25]

为了验证这些情报，穆勒建立了一个特工网络。他从军队、大学和法学院中与纳粹官员有联系的朋友那里探听情报——这是一群消息灵通人士，他们在报社、银行工作，甚至像汉斯·拉滕胡贝尔一样，在党卫队里工作。也有一些非同寻常的线人，其中一个是"修女"皮亚·鲍尔（Pia Bauer），她经营着一家为纳粹老兵服务的慈善机构，并自称是一名纳粹修女；要从这个泼妇身上套得情报，就要跟她在艾登辛克银行（Eidenschink bank）的侧房里喝酒，而且穆勒记录道，每次他去见她，"她都会把裙子掀起来，露出她光屁股上的伤疤"。
1923年希特勒发动的啤酒馆暴动失败后，她是与希特勒一起
游行的唯一一名女性，这个伤疤就是当时留下的。她太常展示
这个疤了，以至于"她后来连内裤都不穿了"。[26]

　　最后一个难关是如何将情报送往罗马。《政教协定》给了
罗马教宗"与主教们通信的……完全自由"，但纳粹并不给主
教们与教宗通信的完全自由。阿尔伯特·哈特尔的党卫队间谍
会拆开主教的信件，窃听他们的电话，保持着特别的警惕，以
免他们的抱怨传到外面的世界。驻柏林的教廷大使恺撒·奥塞
尼戈（Cesare Orsenigo）将希特勒视为德国的墨索里尼，因
此，"无法执行正常的行动"，穆勒回忆道，"甚至在他向梵蒂
冈提交的报告中也是如此"。这些通信障碍造成一个既特殊又
由来已久的问题：因为要传播信仰，教宗"特别依赖言论和写
作自由"，穆勒如是说。保罗和彼得是通过书信来传播信仰的；
彼得也许甚至在罗马建立了教会，因为条条大路通罗马；因
此，除其他职能外，教宗在某种非凡的意义上还充当了西方的
邮递员。在发送和接收信息上，梵蒂冈长期以来都采用巧妙的
手段。文艺复兴期间，梵蒂冈开创了编码通信的先河，发明了
一种混合密码字母表的记忆钥匙，后来为世俗权力所效法。在
宗教改革时期，闪烁的信号标将教宗的信息传遍欧洲，人们在
白天用镜子、晚上用火把将信息从一个山头传向另一个山头。
20世纪30年代，一座无线电塔出现在梵蒂冈的花园里，很快
被人戏称为"教宗的手指"，那是当时世界上最强大的发射台。
然而经过一番深思熟虑，纽豪斯勒选择了最古老也最简单的
方式。[27]

　　他决定相信人。他所信任的人中有一个是电影评论
家和儿童文学作家伊达·弗朗齐斯卡·萨拉·施耐德胡贝
尔［Ida Franziska Sara Schneidhuber， 出 生 时 姓 瓦 塞

尔曼（Wasserman），笔名是特娅·格拉齐耶拉（Thea
Graziella）]，她皈依了天主教。一名教会官员后来感叹
道："她是犹太人，离过婚，可能是个女同性恋，但对信仰
很忠诚。"重要的报告会通过慕尼黑耶稣会神父鲁珀特·迈
尔（Rupert Mayer）传到她手中，纽豪斯勒记录道，因为鲁
珀特"能神不知鬼不觉地拜访施耐德胡贝尔夫人"，"许多有
价值的情报……得以送抵罗马。很多年间，这一情报渠道运
作得又快又好"。直到1941年，因为施耐德胡贝尔不是雅
利安人，她被党卫队逮捕，并于1942年在特莱西恩施塔特
（Theresienstadt）的集中营被杀害。[28]

　　然而，关键的信使却是公牛乔伊。"他做了很多危险的
事，"一名耶稣会神父后来这样评价穆勒，"他是一个勇士。他
必须拥有坚毅的品格。他驾驶一架小型运动飞机往返于德国和
意大利之间，把这些文件带到梅拉诺（Merano），然后会有某
个人把文件带给梵蒂冈的帕切利。"纽豪斯勒称穆勒是"我勇
猛的邮差"，并补充说："我必须感激并承认，没有他我无法完
成使命，不断地向教宗禀报重要事宜……他是第三帝国最坚定
的反对者之一。这赋予了他勇气、镇定和技巧。没有什么是他
不能处理的。'给我就行了！'他会这么说。他经常把20封或
更多附文的信件塞进他的手提箱或公文包里，然后把它们放在
驾驶舱里。"尽管穆勒会把最敏感的物件都藏在一些看似无害
的教会资料中，但这很难让纽豪斯勒安心。"在穆勒带很多危
险材料去罗马的许多个晚上，我都难以入睡。"他回忆道，"我
知道，如果这些材料被查出来，我们两个都会掉脑袋。"[29]

　　穆勒的间谍行动很快就引起了身在罗马的帕切利的注意。
作为奖赏，帕切利安排穆勒与他的未婚妻玛利亚在梵蒂冈地下
墓穴中传说的圣彼得墓上方举行了婚礼。1934年3月29日，
纽豪斯勒神父将自己的圣带紧紧缠在约瑟夫和新娘握着的双手

上，很长时间，用以强调两人结合的力量。[30]

帕切利使用穆勒的简报（bulletins）向柏林书写抗议信。莱贝尔神父将这些报告收纳在帕切利图书馆一个高高的书架上的大红皮书中，书里有个秘密的空洞。这些藏在红皮书里的报告中有一份令帕切利尤其在意。[31]

希特勒为纳粹党的新精英创建了他称为"骑士城堡学院（Ordercastles）"的特殊学校，并为他们配置了他信得过的党卫队教官。1937年，希特勒在松托芬骑士城堡学院（Order Castle Sonthofen）起誓："我要把天主教会像癞蛤蟆一样踩在脚下！"一名背教的天主教学员良心受到谴责，在一封写给他主教的信中提到了这件事。不久之后，这名学员和一位志同道合的朋友在慕尼黑至柏林的特快列车上意外坠亡。梵蒂冈在党卫队中的新线人汉斯·拉滕胡贝尔说，这场惨剧很像希姆莱在处理可疑叛徒时的习惯做法。[32]

希姆莱还是怀疑穆勒有叛国行为。拉滕胡贝尔定期向穆勒发出警报。尽管党卫队似乎不晓得穆勒在为梵蒂冈工作，但他们知道穆勒的律师事务所有许多犹太人客户，而这些犹太人在1938年11月的水晶之夜后纷纷寻求移民。[33]

穆勒思忖着自己是否也应该离开，但他不想让家人受雇于人甚至成为乞丐。于是他选择留下来战斗，他与帕切利达成一个约定：穆勒会更加努力地为他工作，并将所做的献给天主，而帕切利每天都要为他祷告。这一约定使穆勒得到安慰，特别是在帕切利成为教宗后。教宗似乎将一个护身符塞进他的手中，穆勒从中汲取了力量，特别是在1939年9月27日这一天。这一天在开始的时候平淡无奇，却成为他生命中最具决定性的一天。[34]

早上8点前后，穆勒吻别了他的妻子和女儿，点上他的烟斗，从他那间芥末色的联排住宅出发，步行前往他位于阿米拉广场（Amiraplatz）的律师事务所。那一天晚些时候，他接到一通来自威廉·施密德胡贝尔（William Schmidhuber）的电话，这人是个行事可疑的进出口商人。施密德胡贝尔说，卡纳里斯上将希望穆勒立刻到他办公室。[35]

穆勒飞往柏林，想知道希特勒的间谍头目找他有什么事。他在兰德韦尔运河（Landwehrkanal）沿岸的枯枝败叶中蹒跚而行，担心教会的间谍任务已经危及他的家人。在提尔皮祖芬（Tirpitzufer）大街74/76号，一部老电梯的门在他身后咔嗒一声关上了，他来到二楼。警卫打开电梯的折叠格栅，他鼓起勇气进入一间大厅，进去后就听见空降兵的靴子响声和外国口音四处回荡。[36]

一名风度翩翩的骑兵军官上前一步。Z区负责人汉斯·奥斯特上校将穆勒领进一间办公室，就关上了门。两人互相打量对方。据穆勒回忆，奥斯特先一步谨慎地开口说："鉴于我们是一个间谍机构，我们对你的了解比你对我们的了解多多了。"[37]

他打开一个卷宗，特别对一些细节做出勾选。奥斯特知道穆勒经常去罗马和帕切利讨论"生意上的事"。他知道，由于帕切利施予的恩惠，他得以在圣彼得墓举行了婚礼。卷宗里的一份抄本记录了希姆莱对穆勒的抓捕和审讯。最后，奥斯特指出，穆勒为天主教会领袖提供免费咨询，使他们得以在法律的博弈中与纳粹党对抗。[38]

奥斯特说，这些和平时期的游戏现在必须终结了。纳粹党正处于战时状态，不会再手下留情了。事情一旦恶化，穆勒的妻子和女儿怎么办？但反过来，如果穆勒与他们合作，大家就能互利共赢。事实上，因为他与教会的关系，使他对于阿勃维尔在梵蒂冈城的（分部）有特别的价值。卡纳里斯上将需要一名有门路的特工。阿勃维尔可以对穆勒的过去既往不咎，只要他能以秘密特工的身份造访罗马，并询问教宗对"某些问题"的看法。[39]

穆勒拒绝了。他说，正因为阿勃维尔如此精准地掌握了他的情报，他们一定知道他绝不会从事针对梵蒂冈或教宗的间谍活动。

奥斯特坚持道，这是一项与他脑海中所想的"恰恰相反"的计划。他停顿了一下，似乎是为了让暗示的意义慢慢显露出来。最后他说，他认为穆勒十分值得信赖，因此他将直言不讳。"现在，穆勒博士，我要告诉你的事，以我对你有极大的信任为前提，如果我没有清楚地掌握关于你的情报，我不会告诉你我接下来要告诉你的事，这将使我自己暴露在无法估量的危险中。"[40]

接下来的话标志着从一个世界过渡到另一个世界。"在这段开场白之后——之后可能还说了一两句话——奥斯特对我说：穆勒博士，你现在在德国军事情报局的总部。我们希望有一天你能成为总部领导成员中的一分子。这个阿勃维尔的总部同时也是反对希特勒的德国军队的总部。"奥斯特又补充道："我，以自己的立场，赞成以暗杀的方式除掉那名罪犯。"[41]

10月的第一周，约瑟夫·穆勒凝视着罗马天际线上圣彼得大教堂的穹顶。在威尼托大街（Via Veneto）的阿尔贝格·芙洛拉酒店（Hotel Albergo Flora），他感觉很安全。奥斯特说，这里是德国军官最喜欢的落脚点，酒店有一部分员工的薪资是阿勃维尔支付的。穆勒入住的房间可以俯瞰庭院，不会受到街上噪声的影响。尽管如此，他还是因为思忖与奥斯特的会面，久久无法入睡。[42]

"骰子已经掷下，"穆勒回忆道，"奥斯特事实上是把自己的头放进绞索里，明明白白地表明，自己确实想要除掉希特勒……他想除掉希特勒，因为希特勒迫害基督教会，并想灭绝犹太人。"[43]

奥斯特知道纳粹在波兰杀害犹太人。他翻开一部关于纳粹恶行的卷宗以证明希特勒所行的杀戮，并认为梵蒂冈应当知晓这些暴行，即党卫队残杀天主教神父和波兰的犹太人。他要求穆勒向教宗提交某些证据。[44]

奥斯特接着说，德国人必须在基督里团结起来，重建和平。他自己是个清教徒，又是牧师的儿子；但基督徒不能只是祷告。"一个像希特勒这样的罪犯只能用武力铲除。能以武力对抗武力的只有反对派军人。"然而只有在确保除掉希特勒后，德国可以与西方实现公正和平的前提下，军方才会动手。[45]

因此，这需要教宗的介入。没有谁能像教宗一样，以低调且可靠的方式将希特勒的内外敌人联合在一起。作为欧洲最有声望且超越一切党派压力的人物，他拥有一个统治者能享有的最大优势：在众多无人信任的力量中间，他是唯一值得信赖的力量。只有他有斡旋和平的影响力和声誉——并且能说服同盟国，德国的反对势力不像一个英国间谍所说的，"是一种像半人马和骏鹰一样的神奇生物"。如果欧洲大陆陷入轴心国的控制，中立的梵蒂冈城尚且可能给密谋反抗的人提供一条通往西方的出路，穆勒会以他们的名义去见教宗吗？[46]

奥斯特向穆勒游说了三个小时后，穆勒同意加入。两人以握手宣誓的方式封存了密约。不是希特勒死，就是他们死。但如果他们中的任何一个人被抓，被抓之人会在背叛对方之前死去。他将独自走向绞刑架。[47]

当穆勒许下这些誓言后，他感到无比愉悦和自由。然而当他的飞机起飞后，他的胃开始严重不适。"我回家的时候，有一种与魔鬼邪灵争战的强烈感觉，"他事后说，"当你坐在飞机里，离开地面的时候，你开始在空中整理自己的思绪。"[48]

在罗马留宿的第二个晚上，穆勒坐在葡萄酒庄园的阴影里。在那里，他可以俯瞰亚壁古道（Appian Way）上的奎瓦迪斯教堂（Quo Vadis Chapel）。他在那里与老朋友路德维希·卡斯蒙席见面。卡斯蒙席是少数几个拥有教宗住所钥匙的人，身材肥胖，戴着眼镜，此前是德国天主教中央党（German Catholic Center Party）的主席。该党如今已经被取缔，他在平静的流放生活中作为梵蒂冈古墓的看守人，向教宗提供德国事务方面的建议。[49]

穆勒和卡斯谈到，如果希特勒征服欧洲会发生什么。他会兑现自己的诺言，像践踏癞蛤蟆一样来践踏教会吗？穆勒想告诉卡斯，德国抵抗势力与他进行了接触，但恐惧令他无法开口。他只是听着卡斯向他描述，为了寻找失落的圣彼得墓，对梵蒂冈古墓开展的挖掘行动。穆勒回忆道，当晚餐进行到甜点时，他一直凝视着被灯光照亮的白色奎瓦迪斯教堂。这时，卡斯向他讲述了教堂名字背后的传说。[50]

相传，圣彼得曾经越狱，在逃离罗马的时候，基督在亚壁古道上从他身边经过——传说就在现在教堂所立的地方。彼得问基督，"君往何处去（Quovadis）？"基督说，他来承受第二次被钉十字架的痛苦，因为彼得不愿以他的名义赴死。彼得羞愧难当，急忙回去，让刽子手将自己倒挂在十字架上钉死，因为他不配像耶稣那样死去。[51]

穆勒后来说，这个简单的传说除去了他心中的恐惧。尽管他上过马克斯·韦伯的社会学课程，尽管他穿着羊毛西装，尽管他出席公司的董事会，但公牛乔伊始终没有忘记他的农民出身和信条。有一次，当还是枢机主教的帕切利问他是如何在党卫队的审讯下保持冷静的，穆勒坦承，天主教的神学没能帮到他。他所依赖的是他父亲教给他的"乡村教理问答（country catechism）"。他父亲每次驾马车出行前，都会拿起鞭子在马的面前画个十字说，"以天主之名"。[52]

穆勒将德国抵抗运动的请求转达给卡斯。据他自称，他也和卡斯分享了阿勃维尔关于党卫队在波兰所施暴行的档案。他们协商一致，认为穆勒从那时起就应当受到教宗保密誓约（Secretum Pontificatum）的约束。穆勒说："在我透露任何事情之前，我会先咬断自己的舌头！"他后来表示，他那么说是认真的，"就是按照字面意义"。卡斯承诺会向教宗通报情况，并转达他的回复。[53]

第 4 章
杀死暴君

1939 年 10 月中旬，卡斯蒙席沿着亚壁古道行驶到甘多尔福堡，教宗正在那里润色他的通谕。为什么卡斯等了两个星期才进行这次短途旅行，我们不得而知。这一延迟可能是由于罗马生活的慢节奏，这一点穆勒和其他德国人都注意到了，又或许是因为穆勒没有透露，或者他也不知道，希特勒当月拟定要攻打法国。无论如何，卡斯是在 10 月 16 日之前告知了教宗密谋者的恳求。[1]

教宗用了一天时间来思考。莱贝尔神父回忆道，庇护十二世总是花很长时间深思熟虑，然后才能给出是或否的回答。因此他简直不敢相信，教宗用了不到一天的时间就做出决定，给了德国密谋者一个斩钉截铁的回复。至少有一位研究庇护十二世的历史学家称，这个回复"完全不符合他的性格"。事实上，这个决定与他在教会任职期间所推行的事务是连贯且一致的。[2]

在被加冕为教宗的 38 年前，帕切利就是一名间谍。纳粹的梵蒂冈专家阿尔伯特·哈特尔曾在一份档案中如是说。尽管很难获取关于帕切利全部职责的完整描述，但这么说也不全错。帕切利时年 24 岁，是一名刚被任命的神父，与父母同住在罗马。据称有一次，他正在妹妹的钢琴伴奏下拉小提琴，一名惊慌失措的女仆来报，称"从梵蒂冈来的人"到了。帕切利瘦削的手紧握着无声的小提琴，那名略显富态的蒙席点燃了一支雪茄，他们在火盆发出的橘红色光的映照下聊了一整夜。彼得罗·加斯帕里蒙席（Monsignor Pietro Gasparri）谈到社会主义和民族主义对教会的影响。帕切利恳请为教廷工作。及至黎明时分，圣彼得大教堂的铜钟和上面镌刻的斜体字，像是发出了呼唤："我们需要看门狗去赶走那些捕食天主羊群的狼。"最后，在叹息、点头，以及像使徒多马一样为多疑所困扰的情绪中，灵魂已被压伤的帕切利把话说透后，背诵了一段可畏的保密誓言。[3]

几天后，他从圣彼得广场登上 294 级台阶进入梵蒂冈宫的顶楼。那里有老式的房间，装饰着中世纪的欧洲地图，帕切利坐在一个没有铺地毯的隔间里，开始破译教廷外事部门——"非常教务部（Sacred Congregation for Extraordinary Ecclesiastical Affairs）"的电报。尽管他从教士开始做起，但背后有一股更大的势力将他推上快车道。他显赫的家族出身意味着他前途无量，加斯帕里的扶持为他提供了保护，教宗利奥十三世的栽培使他不断接近权力中心。在维多利亚女王去世后，利奥十三世选中帕切利前往伦敦吊唁，当时他才刚开始工作。仅仅两年后，他就崭露头角被任命为新的蒙席——披着黑色的斗篷，系着紫色的腰带，穿着银色带扣的鞋子。1905 年，帕切利时年还不到 30 岁，已经掌管了教务部的法国分部。然而，他发现自己正身处一场危机的中心。他从中吸取的教训将指导他此后 40 年的教宗外交政策。[4]

庇护十世此前与法国断绝了外交关系。由于天主教报刊指责犹太炮兵军官阿尔弗雷德·德雷福斯（Alfred Dreyfus）犯有叛国罪，执政的法国社会党关闭了 14000 所天主教学校，并驱逐了神职人员。耶稣会士脱下会袍，修女逃往比利时，在此之前他们只有几分钟时间收拾行李；那些没有教区的神父只能忙于养蜂。[5]

派驻巴黎的教廷使节一职被取消后，其职能由卡洛·蒙塔尼尼蒙席（Monsignor Carlo Montagnini）接手，他表面上只是家具和文件的管理员，但实际身份是梵蒂冈的秘密特工，他的任务是在法国警方中培养梵蒂冈的支持者，并对信徒预警即将面临的迫害。在萨瓦（Savoy）的法国军队前往修道院驱赶修道士和修女的路上，数百名农民手持削尖的棍子拦在路中间。法国警方怀疑蒙塔尼尼蓄意颠覆破坏，突袭了教廷使团并没收了其档案，其中就有蒙塔尼尼发给帕切利的信息。一封电报称，一名法国政客敦促天主教会以贿赂的方式与反教权的法律对抗。[6]

帕切利整理出一份事后检讨，详细阐述了在法国所犯的错误，并指出教宗情报系统中存在的问题。教廷大使们的线人网络太受局限——主要依赖于主教、外交同僚和经手宗教事务的当地官员。因此，梵蒂冈的特工可以向罗马充分报告当地的宗教事务，却未能培养出有利的政治资源。罗马教廷的教务部（Congregation）应当拓展情报网，挖掘天主教世俗人士的情报潜能。天主教会可以培养在政党中有影响力的特工，并通过劳工、媒体和其他"前沿"团体间接发挥影响力——这一团体活动被天主教会官员称为"公教进行会（Catholic Action）"。[7]

庇护十世起初采取了不同的策略。比起外部威胁，他更担心教会内部的现代主义内奸。他要求时任非常教务部副部长的翁贝托·贝尼尼蒙席（Monsignor Umberto Benigni）建立一个中央警戒委员会。据加斯帕里回忆称，贝尼尼建立起一个由线人、笔迹专家和密码破译员组成的全球性网络，"一个游离于等级制度之外和凌驾于等级制度之上的秘密间谍组织……某种程度上就像天主教会中的共济会，是教会历史上闻所未闻的"。然而，贝尼尼因为一些有名望的耶稣会士使用电灯就指责其有异端倾向，引发了人们对他的强烈抵制，于 1914 年辞职。同年，加斯帕里被任命为国务枢机卿。一直慎重隐藏在教廷阴影中的帕切利，此时成为教务部的副部长，并在第一次世界大战期间找到了使用世俗特工的机会。[8]

教宗本笃十五世（1914—1922 年在位）想要努力保持梵蒂冈的中立地位。他希望促成并影响和平条约的签订，并确保一个亲天主教的战后秩序。因此帕切利最初的计划是渗透进外国的政治军事圈层，促成停战协定的产生。但贝尼尼任职期间，教务部已经落后于事态的发展，缺乏有才能的探员有效地接近重要人物，并招募他们为天主教事业效力。[9]

因此，帕切利打了一场防守战。他更新了教宗法规（papal codes），使其更加适应现代需求，并为从事外交工作的神父们创建了一套正式的培训项目。梵蒂冈也捉拿外国间谍，并在 1917 年抓到一个。德国人鲁道夫·格拉赫蒙席（Monsignor Rudolph Gerlach）是本笃十五世的衣帽管理员，同时也是德皇的特工，他向柏林通报自己在梵蒂冈的所见所闻。甚至，他还在幕后操纵了德国破坏者轰炸意大利战舰。[10]

教宗的意见和帕切利的政策由此转向反对德国。公教进行会的情报组织很快就庇护了马蒂亚斯·埃茨贝格尔（Matthias Erzberger）。他是德国天主教中央党的领袖，对战争感到幻灭。他开始在罗马的修道院、教堂地下室甚至后街这样的地方，与帕切利会面，两人密谋直接向德国议会和人民提出和会谈倡议，以制止普鲁士军国主义的扩张。[11]

但事情还没开始就被迫叫停了。因为同盟国的神职人员认为帕切利偏袒协约国，因此密谋反对他。教宗希望教廷内部不要分裂，特别是在格拉赫事件之后，因此他派遣帕切利到"异教徒的土地上"挂任有名无实的主教头衔（*in partibus infidelium*），并派他去德国管理教宗事务。[12]

帕切利花了几个月时间研究教务部关于巴伐利亚的档案，那里的教廷使团有着异常丰富的地下行动传统。8 世纪，第一位巴伐利亚教廷大使圣波尼法爵（Saint Boniface）与罗马交换了数量众多的密码信息，在密码学上获得了重大突破，直到他被异教徒杀死。在反宗教改革时期，慕尼黑教廷大使、耶稣会士彼得·卡尼修斯（Peter Canisius），用一位编年史学家称为"像猫步一样狡猾又隐秘"的方式抵挡了路德宗。但自从 1872 年俾斯麦因耶稣会的政治阴谋将其驱逐后，罗马教廷便只能依赖天主教中央党和其盟友巴伐利亚人民党（Bavarian People's Party）来保护天主教会的利益。帕切利将恢复耶稣会的地位作为优先事项来处理。1917 年，通过他的关键人脉埃茨贝格尔的影响力，德意志帝国国会（Reichstag）废除了反耶稣会的法令。[13]

帕切利重新启动他的和谈密谋。一份战后的德国情报显示，帕切利密谋挫败了普鲁士元帅埃里希·鲁登道夫（Erich Ludendorff）于 1917 年在法国策划的一场军事进攻。先是埃茨贝格尔拜访了在瑞士的耶稣会总会长，不久后，法国耶稣会士米夏埃尔·德赫比尼（Michael d'Herbigny）向协约国通风报信，协约国调集了预备队，让鲁登道夫一败涂地。德国军队的士气土崩瓦解，德皇退位，埃茨贝格尔签署了终止战争的停战协定。[14]

在这场风暴过程中，帕切利一直待在慕尼黑。在巴伐利亚苏维埃共和国成立后，他发电报给加斯帕里枢机称"局势飘摇不定且十分严峻"。1919 年 4 月，红色卫队（Red Guards）冲进罗马教廷使团，用手枪抵住帕切利的胸口；他们偷了他的车但饶了他的命。右翼准军事组织很快夺取了政权，但帕切利认为这些人都"敌视信仰"。他们将信仰天主教的工人视为"同情共产主义者"，将其处决并炮轰了教廷使团。当右翼势力的首领鲁登道夫元帅拜访帕切利，要他帮忙追捕"赤色分子"时，帕切利对此表示反对。鲁登道夫于是谴责"罗马教廷"反德国，并称埃茨贝格尔不爱国，是"十一月的罪人"，密谋停战并签署了投降书。[15]

警方警告埃茨贝格尔，右翼暗杀小队已经盯上了他。他在女儿遁入修道院前对她说："杀我的子弹已经铸成了。"朋友都敦促他随身携带鲁格尔手枪，并且学习射击，但他回答说："我不想学习杀戮。"1921 年 8 月，他的敌人尾随他来到黑森林的巴特格里斯巴赫（Bad Greisbach）。当他参加完主日弥撒走上一条偏僻的小路时，两个男人用左轮手枪射中了他的胸膛。埃茨贝格尔从 30 英尺的山沟上跳下去，紧紧地抓住树根以免跌落。杀手又开了三枪，打穿了他的肺、胃和大腿。他在倒下之前躲到了一棵松树后面。杀手们走下斜坡，对着埃茨贝格尔俯下身，又对着他的头部开了最后三枪。在斜坡的底部，警察发现了一枚戒指，是本笃十五世送给埃茨贝格尔的，杀手当时将戒指从他手上扯了下来。[16]

帕切利失去了他在俗的关键线人。为了重现天主教的政治影响力，他与慕尼黑 – 弗赖辛的大主教米夏埃尔·福尔哈贝尔（Michael Faulhaber）枢机，以及巴伐利亚人民党议员弗朗茨·马特（Franz Matt）联合。他们都寻求巴伐利亚和罗马之间更紧密的联结，但他们所信任的身边人对此却知之甚少；帕切利的一位密友称他们的三角协作是"一场神秘的外交剧"。1923 年 11 月 8 日，三人一起在教廷使团进餐时得知，阿道夫·希特勒宣布自己成为新政府的领导人。[17]

帕切利对希特勒了解不多。他听说这位被革职的下士能发表精彩的演说，但他的过去仍不为人所知。当希特勒在 1919 年末开始活跃于政坛时，他给耶稣会神父鲁珀特·迈尔留下了深刻印象，但由于希特勒反基督的言论，鲁珀特和大多数神职人员很快就疏远了他。到 1921 年，明斯特主教克莱门斯·冯·盖伦（Bishop Clemens von Galen of Münster）明确谴责了纳粹思想。当 1923 年希特勒与反天主教的元帅埃里希·鲁登道夫结盟时，加斯帕里枢机下令帕切利"严密监视"这两个人。帕切利的监视行动未能有效地察觉，这名年轻的下士和老元帅会把巴伐利亚内阁成员扣在一个啤酒馆里作为人质。[18]

帕切利给罗马发了一份加密的形势报告。凭借鲁登道夫的影响力，如果政变成功，巴伐利亚将建立一个反天主教的政权，使签署一份协定以保障天主教会在巴伐利亚权利的机会毁于一旦。梵蒂冈的回复揭示出天主教会秘密行动的精髓所在，帕切利在成为教宗后也一直遵循这一模式。因为世俗权力正试图打破教务部的法规，在电报交流中很少使用明确的说法，更多是笼统地说或者使用省略号；但一名梵蒂冈档案管理员后来写道，"偶尔会有一道光照亮真实的情况"。加斯帕里的信息表明，罗马要以间接的方式影响时局并隐藏自身的角色。他发电报下令说："应制止天主教徒支持政变。避免发表公开声明，但允许各地的神父发声。让信奉天主教的巴伐利亚人民党直接介入。"[19]

巴伐利亚人民党议员马特在雷根斯堡（Regensburg）建立了一个流亡政府。某个叫赛克斯特尔的神父（Father Sextel）在暗中监视反叛官员的会议。另一个神父公开指责希特勒是"强盗、恶棍和叛徒"。但耶稣会士、前随军牧师迈尔的影响力最大。巴伐利亚的士兵们崇拜他，因为他曾在战争中救了许多伤员；他自己也在战争中失去一条腿，并且他的黑袍上佩有铁十字勋章。他大肆宣扬"天主教徒不可能是纳粹分子"，让巴伐利亚军队转而反对希特勒。[20]

啤酒馆暴动失败了。鲁登道夫和希特勒因叛国罪受审，但从轻判决。加斯帕里枢机担心巴伐利亚的神职人员立场过分鲜明，害怕纳粹怀恨在心。帕切利自信地给罗马发电报说，他预计希特勒不可能取得任何真正的权力。与此同时，希特勒也明白了让天主教会闭嘴的重要性。[21]

1925 年 8 月 18 日，帕切利登上开往柏林的火车。教宗庇护十一世（1922-1939 年在位）任命他为德国教廷大使，负责改善普鲁士新教地区天主教徒的处境。社会记者贝拉·弗洛姆（Bella Fromm）写道："所有人的目光立刻被这个身披猩红和紫色锦缎的高大身影吸引住了。""他有一张苦行僧的脸，容貌好像那些古老的浮雕，很少能看见微笑的阴影掠过他的面孔。他不多不少的安静性格令我着迷。"如果有时间，他会和新朋友一起在埃伯斯瓦尔德森林（Eberswalde Forest）的一座庄园里见面，并和德国军界人物威廉·卡纳里斯、路德维希·贝克（Ludwig Beck）和汉斯·奥斯特一起骑马。[22]

1929 年末，帕切利回到罗马担任教廷国务卿。当时，他已经谈妥了一个保证天主教会在普鲁士权益的协定。自俾斯麦统一德意志以来，普鲁士的神父头一次可以前往罗马学习。德国同意赔偿天主教会在马丁·路德时代被没收的财产。反宗教改革运动在 400 年后正式结束。

但帕切利在德国的麻烦才刚刚开始。在他离开柏林的同时，纳粹开始攀上权力的顶峰。1929 年 10 月的世界经济危机和随之而来的全球性大萧条，给希特勒制造了机会。资本主义显而易见的失败，让大多数德国选民感到自己不得不尝试一下社会主义。他们最终选择了希特勒的民族社会主义（即纳粹主义）主张。经济危机开始后不到一年，纳粹党在帝国议会中所占席位的比例就从 4.6% 上升至 18.3%。尽管遵照帕切利 1930 年从罗马发出的指示，德国主教禁止教徒加入纳粹党，但很多新教牧师和信徒亲近纳粹主义，天主教徒越来越感到被民族主义的浪潮牵引。随着大萧条的不断恶化，希特勒取得最终胜利不过是时间问题，1933 年 1 月 30 日，他终于达到了自己的目的。[23]

希特勒被任命为总理一事令帕切利感到惊愕。他对莱贝尔神父说，这事"绝不是左派以为的胜利……而是恶兆"。帕切利宣称赞同艾希施泰特主教（Bishop of Eichstätt）康拉德·冯·普莱辛（Konrad von Preysing）的主张："我们现在落入了罪犯和傻瓜的手中。"[24]

教宗为希特勒的胜利感到震惊，试图与他达成合作。1933 年 7 月 20 日晚上 6 点，在圣彼得大教堂的钟声响起时，帕切利枢机草签了一份与德国的协定。该协定以他与普鲁士达成的共识为基础，保障了天主教会在整个德国的权利。但梵蒂冈关于希特勒的一切幻想都在 1934 年 6 月 30 日，即"长刀之夜"那天破灭了。

党卫队在清洗党内反对派的同时，也杀害了在俗的天主教领袖。头戴钢盔的党卫队特工砸碎了信仰天主教的副总理弗朗茨·冯·巴本（Franz von Papen）的办公室大门，炸开保险箱，射杀了他的新闻秘书。他们还处决了公教进行会的主席埃里希·克劳斯纳博士（Dr. Erich Klaussner），并在此之前迫使他签署了伪造的自杀遗书。党卫队把克劳斯纳的副手埃德加·荣格（Edgar Jung）拖进一个郊区的树林里，朝他后脑勺开了一枪。他们把虔诚的天主教徒弗里茨·格利希博士（Dr. Fritz Gerlich）殴打致死，他是反希特勒的杂志《正

59

路》（*Straight Path*）的编辑。他们还枪杀了天主教青年体育协会（Catholic Youth Sports Association）的全国主管阿达尔贝特·普罗布斯特（Adalbert Probst）——就在他"逃避追捕"时。他们还打断了伯恩哈德·施登弗勒神父（Father Bernhard Stempfle）的脊柱，并向他的心脏开了三枪，原因是他起初支持希特勒，后又谴责告发他。党卫队公然蔑视天主教的教义，火化了受害者的尸体，而死者家属通过邮件收到骨灰。[25]

1936年末，天主教会和德国似乎要摊牌了。纳粹党的官员从天主教学校挪走十字架，称其为"迷信的象征"，并开始合并天主教和新教的学校体系。比起三年前慕尼黑有65%的小孩在天主教学校上学，这个比例此时下降到3%。据称那年的圣诞假期，教宗实在太沮丧了，他每天都会在卧室的窗前静坐好几个小时。[26]

1937年1月，帕切利将五名德国主教和枢机主教召至罗马。被问及梵蒂冈应当如何缓和纳粹的侵扰时，福尔哈贝尔枢机建议由教宗发出抗议，只有"一句救赎的真理"才能扭转"向深渊不断下坠"的局面。[27]

教宗认为时机已经成熟。正派的德国人都厌恶纳粹对天主教徒的侵扰。帕切利认为，只要文件单纯提到德国，并避免直接指向纳粹，希特勒出于对国际舆论的忌惮就不会使用暴力回应。[28]

12家地下印刷厂在德国印刷了该文本。一个秘密的信使网络将副本送到各个教区：青年天主教徒们背上背包，徒步穿越巴伐利亚的阿尔卑斯山、黑森林并走遍莱茵河沿岸；祭坛侍童在夜里骑自行车；高中运动员跑过大麦农场；修女们骑摩托车抵达偏远的村庄；信使在教堂的忏悔室里将货物交给神父。神父将文件锁进他们的礼拜堂，在棕榈主日那一天，在德国每一个主日讲堂上宣读了它。[29]

纳粹的反应十分激烈。"帝国不想与教会达成妥协，"希特勒咆哮着说，"只想摧毁它。"希姆莱在柏林对 1000 名修士进行了公审。纳粹党的暴徒在维也纳闯进枢机主教的宅邸，亵渎了他私宅内的小教堂，烧毁了他的礼服，把一个助理牧师从二楼窗户扔出去，摔断了他的腿。[30]

1939 年帕切利成为教宗后，前景变得更加暗淡。尽管表面上双方关系有所缓和，但威胁和压力依然存在。"德国不欢迎帕切利当选，因为他一直以来都敌视民族社会主义，"柏林宣称，并且令人感到不详地补充道，"说到底，世界观是由武器决定的。"[31]

尽管如此，德国的枢机主教们还是奉劝帕切利避免正面冲突，他们认为，直言不讳只会让德国教会的处境更加恶化。无论他以什么方式对抗希特勒，都应该在暗中进行。

在甘多尔福堡，教宗每天下午都会走同一条路。这条路蜿蜒穿过玫瑰园，经过罗马皇帝图密善（Domitian）建造的一座庄园的残垣断柱。在这片被藤蔓缠绕的废墟中，庇护十二世思考着他初任教宗所遇到的最重大的决定。他作为基督在地上的代表，可以在一场推翻世俗领袖的军事阴谋中担任从犯和中间人吗？[32]

天主教会的教义规定了公民可以杀死暴君的条件。天主教的教义允许死刑；尽管神父自己不能杀人流血，但一名基督骑士（Christian knight）可以在神父的命令下挥舞正义之剑。相应地，几个世纪以来，天主教神学发展出了一套细致入微的弑君学说，几乎涵盖了所有可以想到的背景。他们将暴君分为两类：非法夺取权力的篡位者和不公正使用权力的压迫者。希特勒合法执政但施政不公，成为压迫者。因此，他属于阿奎那和一些耶稣会神学家所认为的公民可以暗杀的那类恶人。[33]

但天主教的伦理严格限制政治暴力。弑君者必须有充分的理由相信，暴君之死能够切实改善状况，而不会引发血腥的内战。暴君本人不能只是不公政策的主要煽动者；刺客要有足够的理由相信，那些不公的政策会随着暴君的死亡而终结。如果另一个暴君可能会延续那些政策，刺客的行动就不再具备道德根据。最后，刺客要先穷尽一切和平的手段来除掉暴君。[34]

　　刺杀希特勒的计划似乎符合上述所有条件。首先，共谋者试图建立一个强大的反纳粹政府，在其统治下获得体面的和平，而不会因希特勒的下台导致混乱，抑或戈林或希姆莱的当权。其次，希特勒只能以暴力罢黜，因为他已经废除了他夺取权力的民主程序。正如约瑟夫·穆勒报告的，纳粹意识形态专家阿尔弗雷德·罗森堡（Alfred Rosenberg）曾说："是我们这些民族社会主义者建立了这个国家，我们会牢牢把握它的政权，永远不放开。"最后，也是最根本的一点是，穆勒的情报不仅表明纳粹的政策是邪恶的，而且表明这些政策由希特勒本人亲自指导实施。[35]

　　关于纳粹政策的邪恶之处，看一下穆勒给到的波兰档案就一目了然。之后有一名梵蒂冈神父对这些证据进行了总结："在头一个月里，有数百名神父被纳粹德国逮捕并枪杀，而信仰天主教的知识分子、神职人员或俗世信徒被逮捕，并被送往柏林附近的奥拉宁堡集中营……这一计划旨在铲除知识精英，并根除神职人员的传统影响力。"穆勒回忆，这份档案含有"系统性灭绝犹太人"的证据，包括"影片、照片和报道，描绘了诸如裸体的犹太男女和小孩，像沙丁鱼挤在罐头里一样，站在自己不得不亲手挖掘的战壕里，被机枪扫射致死；在一张照片里，一个警察射杀了一个被夹在他两腿中间的小孩"。[36]

　　庇护十二世认为是希特勒主导了这些事。正如他后来所哀叹的那样，一些德国主教仍然认为希特勒是天主教价值观的捍卫者。事实上，希特勒认为基督信仰破坏了德国部落传统的男子气概，他曾希望穆斯林征服欧洲："拥有错误的宗教是我们的不幸。伊斯兰教远比基督教更适合我们。为什么非要是温顺软弱的基督教？"希特勒还在别处说过，"要不是这种来自东方的可笑仪式，我们的精神和灵魂不会这样完全畸形和萎缩，这种不分优劣的疯狂令人发指，基督教该死的普救论否认了种族主义，还宣扬自杀式的宽容"。庇护十二世没有忘记，希特勒曾发誓要像践踏癞蛤蟆一样践踏教会；据称，希姆莱曾希望在主持一个新足球场的落成典礼时公开处决教宗；莱贝尔神父的红皮书里满是希特勒鼓励和倡导暴行的记录。尽管严厉的措施总被归咎于"某位下属的失误"，但穆勒尖锐地指出，这"不只是偶发事件或临时性的战术，而是民族社会主义的基本要素之一，是系统性的，并经过了精心策划"。因此，教宗在这段时间写信给舒尔特枢机，指出是"纳粹党"指使了对教会的攻击；可能正是出于这个原因，据称，一名同时期的同盟国外交官记录道，帕切利曾将希特勒描绘成"不仅是一个不可信任的无赖，且在本质上是个邪恶的人"。[37]

当教宗第二天起床时，他已经下定了决心。他将参与德国的军事抵抗，并鼓励一场保守的反革命行动。他将以外国秘密特工的身份为抵抗运动效力——向英国转呈抵抗计划，并为其背书。他将与诸元帅合作，不仅是为了终止战争，同时也要通过除掉希特勒消灭纳粹主义。[38]

这一决定震惊了他的助手，以及后来得知此事的其他人。一名教会历史学家称："历史上从来没有一名教宗如此巧妙地参与到用武力推翻暴君的阴谋中。"一名战时美国情报官员将教宗快速同意在密谋中充当中间人的行为，称作"教宗现代史上最令人震惊的事件之一"。莱贝尔神父认为庇护十二世走得"太远了"，会为教宗和天主教会招来危险，堪称鲁莽。如果希特勒得知了庇护十二世所担当的角色，可能会严惩天主教徒，入侵梵蒂冈，甚至绑架或杀害教宗。[39]

但莱贝尔无法说服教宗放弃他的决定。庇护十二世告诉他："必须让英国听到德国反对者的声音。"莱贝尔选择了服从。他开始做笔记，以便告诉穆勒：这就是教宗的原话。教宗亲自为接下来五年的事务提供了一个主导短语。根据莱贝尔的笔记，当教宗被问到德国应试图建立怎样的政府时，他回答说："任何没有希特勒的政府。"[40]

第 5 章
行刺的人

10 月 17 日，约瑟夫·穆勒收到教宗的回复。梵蒂冈古墓的守墓者路德维希·卡斯蒙席在可能是教宗夏宫附近的一家小酒馆里，把最新的消息带给了穆勒。第二天，穆勒带着教宗的答复飞回柏林，他感到一种近乎痛苦的狂喜，因他像一名成功的特工一样带回了好消息，却几乎无法与任何人分享。[1]

穆勒以为他的联络员会相当谨慎地行事。因为他虽然是平民，但他们是专业的。可他很惊讶地发现，10 月 20 日，一名参与密谋的阿勃维尔官员将这一信息写了下来。

赫尔穆特·格罗斯库特（Helmuth Groscurth）少校打开他的保险柜，从里面拿出他的日记，摊在办公桌上。他负责联络卡纳里斯–奥斯特一派人和反纳粹的将领们；他为暗杀行动购置了炸药；他转抄穆勒的情报，并不是出于日耳曼人保存记录的冲动，而是出于两个深思熟虑的原因。第一，军事情报官员都受过训练，将线人的情报记录下来并妥善保存，以供日后参考，因为人的记忆会出现偏差。第二，一些参与暗杀计划的密谋者希望向后世证明，一个体面的德国是存在的，倘若刺杀计划最终没能成功，他们仍然证明了对抗暴政的可能性。因此，他们也算在败局中找到了一条通往胜利的道路。[2]

"教宗非常感兴趣，并认为光荣的和平是可能实现的，"格罗斯库特这样写道，"他个人担保，德国不会遭受在贡比涅森林（一战签订停战协定的地方）里遭遇的欺骗。在所做出的这些和平试探中，有除掉希特勒的明确要求。"[3]

同一天，庇护十二世在夏宫签署了他的第一份教宗通谕。据说他在 10 月 8 日之前就写完了通谕，但《纽约时报》一直到 10 月 18 日才公开发表。《纽约时报》没有做出解释，但记者是 10 月 17 日发稿给报社的——那正是庇护十二世承诺要帮助德国抵抗运动的时间。约瑟夫·穆勒一句战时的评论暗指，庇护十二世的秘密行动，导致他推迟、更改并最终弱化了他在纳粹罪行上的公开立场。

密谋者要求教宗不要抗议。据一份在富兰克林·罗斯福总统的档案中找到的文件称，政变的策划者敦促庇护十二世"避免发表任何针对纳粹的公开声明"，如穆勒对一名美国外交官所说的，因为"这可能使德国天主教徒遭到更多猜忌，并会大大限制他们在抵抗运动中的行动自由"。[4]

在通谕延迟发布期间，庇护十二世确实削弱了他的措辞。他淡化或删除了批评"无限制扩张主义"、"民与民之间是斗争关系"及"武力统治"的概念和言语。庇护十二世确实保留了以人权为目的的告诫，称"没有外邦人和犹太人的分别"。但这是他在战争期间最后一次公开提到"犹太人"。[5]

在阿勃维尔的总部，穆勒的指导者正在计划他的梵蒂冈"秀（show）"。在间谍的行话中，"秀"意味着一个一体两面的整体，包含了秘密行动和它的掩护。卡纳里斯会把穆勒在梵蒂冈的联络伪装成阿勃维尔的项目。尽管希特勒对西部的进攻迫在眉睫（虽然已被推迟到 11 月），但行动的目标不是取得快速成效，而是在防护的幌子下建立一支常备力量。密谋者不指望有好运气；或者说，他们只会按照最坏的情况来谋划。纳粹是一个要花很多年才能解决的问题，只要问题还在，"秀"就必须有看似可信的理由继续下去。

穆勒的伪装行动建立在纳粹的先入之见上。希特勒认为意大利是靠不住的盟友，密谋者决定利用他的恐惧。阿勃维尔表面上派穆勒前往罗马，监视意大利的反战势力。他会假扮成心怀不满的德国人，从意大利方面寻求和谈可能。这样使他看上去像是通过消息灵通的梵蒂冈官员来打探意大利人的小道消息。阿勃维尔会提前告知盖世太保，穆勒只是假装成密谋者。卡纳里斯甚至会把关于意大利人轻率行为的报告发给希特勒。从所有的官僚层面来看，穆勒都是假装和谈以推动战争的继续。

但他只是为了伪装而伪装。事实上他正是那个密谋者。他伪装成扮作密谋者的间谍，但他实际上就是那个密谋者。他好像不费吹灰之力就做了三个后空翻。

这就是卡纳里斯的经典手法，他的招牌布局：将真实动机隐藏在众目睽睽之下。他之后还会反复使用这一手法，帮助密谋者脱离困境，尽管每次都不完全一样。直到战争的最后一个月，这些行动的结果都只能用"死里逃生"来形容。穆勒的伪装行动有多成功，通过中情局事后的一份评估报告便可一目了然。据估计，在战争的头三年里，穆勒为暗杀计划至少造访了梵蒂冈 150 次，而每次都得到了他要推翻的政府的同意。[6]

在 10 月下旬返回罗马前，穆勒拜访了卡纳里斯。他一进上将的办公室就有种宾至如归的感觉。他看到一块旧的波斯地毯，在一个角落里，一只腊肠犬正睡在小窝里。在一张沾有墨迹的 19 世纪的办公桌上，放着轻型巡洋舰"德累斯顿"号的模型。卡纳里斯向穆勒伸出手，好像招呼一个老朋友，让他坐下。[7]

他们谈起希特勒。尽管希特勒自己号称史上最伟大的军阀，但在卡纳里斯看来，他似乎是"史上最恶劣的罪犯"。卡

67

纳里斯曾明确地警告希特勒，西方列国会站在波兰一边，但希特勒还是发动了战争。[8]

更糟糕的是，他计划对荷兰、比利时和法国发动闪电战。卡纳里斯说，希特勒罔顾国际法，就等同于刑事过失。[9]

但这一切与波兰所发生的事情相比都相形见绌。一群暴徒就像追随任何军队行军的乌鸦一样，将所到之处尽数摧毁蹂躏。党卫队行事目无法纪，像一群海盗。但显然纳粹党，特别是希特勒，是鼓励并支持他们这样做的。[10]

这些都是卡纳里斯通过自己安插在纳粹党内安全机构的间谍得知的。盖世太保的首席刑事调查员阿图尔·内贝（Arthur Nebe）良心发现，提交了许多秘密报告。[11]

卡纳里斯因此得知，纳粹针对天主教会的行动不是只针对德国，也包括罗马。四个独立的组织争相监视教宗、教宗的核心顾问圈和梵蒂冈国务院。纳粹政府打破了教宗外交法规，而罗马的宗教机构中充斥着告密者。卡纳里斯答应提供支持证据，以表明他乐意帮助教宗。[12]

随后，上将开始讨论穆勒未来的任务，并强调了三点。第一，卡纳里斯不希望穆勒的地下工作给他的良心带来负担。穆勒除非自愿接受一项任务，否则不会接到任何指令。[13]

第二，穆勒应要求教宗只与英国人接触。为避免被人怀疑他们挑拨同盟国之间的关系，密谋者不应同时与一个以上的政府谈判。如果他们只能与一个政府进行接洽，那必须是伦敦。英国人是更可靠的外交家。尽管他们是很顽固的谈判者，但他们信守诺言。[14]

第三，卡纳里斯要求穆勒在他从罗马发回的每份报告中包含一个题为"当前和平可能性"的章节。穆勒只在这个章节用加密的信息提及刺杀希特勒的计划。卡纳里斯会把这个标题下的内容单独提取，秘密转交给别人。如果报告落入他人之手，

68

这种方式也可以对信息提供一定的保护。[15]

　　然后，卡纳里斯恭敬地提到了教宗。这种恭敬的态度令穆勒既惊讶又开心。他发现，尽管卡纳里斯和奥斯特都是新教徒，但他们仍然认为教宗是世界上最显要的基督徒，并对他寄予了近乎孩子般的信任。他们向教宗寻求的不仅是秘密的支持，还有慰藉和希望。卡纳里斯引用了教宗在战前一周对希特勒的含蓄警告："不以和平为基石的帝国不会得到天主的保佑。脱离正义的政治背叛了那些寻求政治公平的人。"上将将杜松子酒倒入小酒杯中，提议两人为教宗的智慧干一杯："敬元首，愿我们早日干掉他！（Wir gedenken des Führers, uns zu entledigen! ）"[16]

　　教宗加入暗杀计划的消息令密谋者感到振奋，尤其是在由莱比锡前市长卡尔·格德勒（Carl Goerdeler）领导的平民密谋者组织中，这一消息让他们欣喜若狂。格德勒面向德国民众准备了一场广播演讲，并开始在影子政府里安排内阁席位。穆勒认为这种亢奋大可不必。当奥斯特递给他一串部长和秘书的名单时，他看都没看就退了回去。"自己留着吧，汉斯，"他叹了口气，"就算我们成功了，我们也用不上这么多部长和国务秘书。我们现在需要的是能行刺的人。"[17]

　　而且不仅是谁能刺杀，还有如何刺杀的问题。人们为暗杀希特勒、监禁他、审判他或宣判他精神失常的道德问题争论不休。一些新教徒的密谋者反对基于宗教立场的杀戮。甚至以暴力为职业的现役和退役将领们，也反对使用武力。"特别是军队中的路德宗基督徒，反对以宗教的名义进行暗杀，"穆勒回忆道，"他们引用圣保罗的一句话，'没有权柄不是出于神的'，因此他（希特勒）可以要求人们顺服他。"马丁·路德和约翰·加尔文主要依据《罗马书》第13章，反对一切对统治者的不顺服。路德曾写道："我宁可忍受君王做错事，也不愿忍受人民做对事。"正如他所说："悖逆是比谋杀更恶劣的罪。"[18]

天主教则借鉴了不同的传统。继阿奎那之后，耶稣会的神学家认为政治暴力有时不但是可取的，甚至是必要的。法国耶稣会士让·布歇（Jean Boucher）1594年写道："只有一件事是禁止人民做的，即接受一个异教徒的王。"在这种情况下，西班牙的耶稣会士马丁·安东·德尔里奥（Martin Anton Delrio）辩称，基督徒必须"用国王的血来祭奠天主"。因此按照这种逻辑，密谋者转向罗马教廷寻求道义上的支持，并从世俗的天主教徒中找到了刺客。天主教徒愿意到新教徒不敢涉足的地方去。一名阿勃维尔的联络人因此要穆勒向教宗寻求他对刺杀行动的正式祝福。[19]

穆勒知道梵蒂冈不会这么做。他打消了新教徒的希望，称教宗不会直接支持暴力。正如他后来说的，他担心这样"滥用了教宗的权威和地位"。他称暗杀行动"事关个人的良心"。当穆勒被逼问自己是否会向他的告解神父提出这个问题时，穆勒说自己宁愿像疯狗一样射杀希特勒。此举让这件事就此作罢。[20]

与此同时，一名重要的天主教徒元帅似乎准备好了要加入密谋者的行列。陆军元帅里特尔·冯·勒布（Ritter von Leeb）在得知陆军总司令和参谋长都反对希特勒在西线的进攻计划时，向他们保证："在未来的日子里，我已准备好全力支持你们，并促成所有必要和被期待的了结。"但由于笃信天主教的勒布曾公开斥责纳粹党里的反基督倡导者阿尔弗雷德·罗森堡，希姆莱命令党卫队监视勒布，这使勒布无法加入暗杀计划。[21]

到10月下旬，推动政变的力量越来越大。认识穆勒的德国天主教神职人员开始小声地议论希特勒即将到来的灭亡。

10 月 24 日，本笃会修士阿伯特·科尔比尼安·霍夫迈斯特（Abbott Corbinian Hofmeister）去穆勒家拜访并停留多时，回来后便告诉一名神父说，战争会在圣诞节时终结，因为届时会有一次强有力的军事政变为德国除掉希特勒。月底时，在外交部工作的天主教徒埃里希·科尔特博士（Dr. Erich Kordt）决定暗杀希特勒。[22]

科尔特因一句随口而出的话本着良心做出了这个决定。奥斯特在和众人离开一场秘密会议时随口说："如果（将领们）没有宣誓效忠活着的希特勒就好了。"科尔特突然想到，只要希特勒死了，将领们就可以从誓言中解脱出来了。他没有像新教徒的朋友那样，对于弑君一事存有疑虑。阿奎那的一句话成为他的座右铭："在别无选择时，一个把自己国家从暴君手中解放出来的人应当得到最高的颂赞。"[23]

11 月 1 日，科尔特回应了奥斯特。奥斯特抱怨道："我们中间没有人能丢一颗炸弹出去，将将领们从顾虑中解放出来。"科尔特说，他就是为那颗炸弹来找奥斯特的。科尔特作为外交部长约阿希姆·里宾特洛甫（Joachim Ribbentrop）的副手，可以进入希特勒的接待室。他知道希特勒喜欢走出来迎接宾客或发号施令的习惯。[24]

奥斯特答应 11 月 11 日前给他提供炸药。希特勒计划在 12 日展开对西方的进攻。科尔特于是开始找借口去总理府，好让警卫们习惯他的存在。[25]

第6章

魔鬼的运气

纳粹德国的将领不想扩大战争。11月5日，陆军总司令瓦尔特·冯·布劳希奇试图向希特勒传达军队的悲观情绪。但因为希特勒靠得太近，惊慌失措的布劳希奇没能取得太大的进展。他有一次提到希特勒时曾说："当我面对这个人的时候，就感觉好像有人掐住了我的脖子，我再也说不出话来。"[1]

布劳希奇准备了一份关于进攻计划的文件。他警告希特勒，部队的士气已经无法支撑一次新的进攻。在波兰，军官无法控制士兵在部队列车上"醉酒狂欢"。军事法庭报告将其描述为"叛乱"。[2]

希特勒爆发了——据布劳希奇回忆——他用"甚至不会对最愚蠢的新兵使用的语气"训斥了布劳希奇，连外面的秘书都听见了他激愤的长篇大论。哪些部队缺乏纪律？在哪里？他明天就飞过去对那些人强制执行死刑。不，希特勒尖叫道，军队会战斗；只是军队的领袖令他担忧。他们怎么可以因为一些过激行为就谴责整支部队呢？"没有一个前线指挥官向我提过步兵缺乏进攻精神。但当军队在波兰取得如此辉煌的胜利后，我却不得不听这些话，真是岂有此理！"[3]

布劳希奇提出要辞职。希特勒大吼地反驳说，元帅就应该像其他士兵一样尽职尽责。希特勒在提到陆军总参谋部位于柏林之外的办公地点措森时警告说，他不会对失败主义的"措森精神（spirit of Zossen）"听之任之。他咒骂军队的懦弱无能，直到喘不上气来。然后，他抓起布劳希奇的备忘录，扔进一个保险柜，接着大步走出房间，砰地摔上大门，只留下回声在大厅里回荡。[4]

布劳希奇摇摇晃晃地走出来。在接待室等待他的陆军总参谋长弗朗茨·哈尔德回忆道，布劳希奇出来的时候"面色惨白且面容扭曲"，语无伦次又惊恐万状，紧咬着牙关喘不上气来，"看上去抽搐不已"。布劳希奇说到希特勒威胁要粉碎失败主义。难道说希特勒知道了他们的政变计划？党卫队有可能随时袭击措森。谁也没有忘记"长刀之夜"。回到总部后，哈尔德下令烧毁所有政变计划相关的文件。[5]

事情很快变得明朗：希特勒对暗杀计划一无所知。但奥斯特的同事汉斯·吉思维乌斯警告穆勒，不要指望将领们发起新的攻势。"他们只是在和人下棋"，吉思维乌斯在凯瑟霍夫酒店和穆勒一起喝啤酒的时候如此告诉他，不久之后穆勒就坐上了回慕尼黑的火车。"这些绅士骑手们会径直冲向障碍，但绝不会跳过去！"他力劝穆勒不要向梵蒂冈过分吹嘘军方的力量。[6]

11月7日，罗马，穆勒走进尼科洛·达·托伦蒂诺街13号（13 Via Nicolo da Tolentino）莱贝尔神父的公寓。与热情直率的卡斯不同，莱贝尔是一个身穿黑色长袍、说话声低沉的神父，他将自己隐藏在神秘又世故的微笑后面，很少展露自己的任何信息，这是长期从事秘密情报工作造成的。这位耶稣会的"幕后权势人物（éminence grise）"表达了对庇护十二世参与暗杀计划的忧虑，并让穆勒明白了游戏规则。[7]

计划开始后，庇护十二世就不能与穆勒见面了。哈特尔的党卫队特工潜伏在罗马的教宗学校和教区。万一有人撞破了穆

勒的伪装呢？为了让教宗届时的否认显得可信，庇护十二世必
73 须能说他从没见过穆勒。取而代之的是，穆勒通过莱贝尔神父
与教宗联系，莱贝尔神父相当于他们"共同的代言人"。穆勒
后来说，这些话都是"仁慈又合理的命令"。

最后，庇护十二世想以个人身份操控伦敦和柏林之间的
联络。他不想以任何方式将责任转嫁给天主教会。罗马教宗可
以参与暗杀计划，但罗马教廷不可以。暗杀计划在动机上必须
是完全对称的：就像计划暗杀的对象是希特勒而不是德国，因
此它的教唆者是庇护十二世而不是梵蒂冈。"据莱贝尔称，按
照教宗的指令，教宗要求他们（军事密谋者）在讨论召集和谈
的权威时，应引用'教宗'而不是'梵蒂冈'，"穆勒回忆道，
"因为他本人（庇护十二世）特意在教宗和梵蒂冈之间划出一
条清晰的界线，从某种意义上讲，教宗有权利也有义务为和平
做出一切努力，而梵蒂冈则拥有更高的政治地位。"这在外人
看来像是学究式的吹毛求疵，但在庇护十二世看来其中有着
令人信服的逻辑。德国将领和他们未来的英国对话者都是新教
徒；他们喜欢并信任帕切利，但对罗马天主教会，特别是梵蒂
冈，持有一定的保留态度。因此，庇护十二世觉得这样的说法
很合宜，大致意思就是说：战争双方都认识我，也知道我靠得
住。就我而言，我知道你们对梵蒂冈有一些顾虑或意见。那就
让这件棘手的事在我的名下进行吧，既然你们信任我，不信任
我的教廷。因此我的提议是认真的，不管计划成功或失败，我
都以个人名誉作为抵押。严格地说，接下来开展的暗杀计划不
是罗马教廷对第三帝国的秘密行动，而是教宗对希特勒的秘密
战争。[8]

庇护十二世对包括代号在内的行动细节颇有兴趣。穆勒
的代号是"X 先生（Herr X）"。莱贝尔神父因为在格列高
利大学（Gregorian University）任教，就使用"格雷戈尔

（Gregor）"的称呼。他们俩都称庇护十二世为"首领（the Chief）"。穆勒问莱贝尔，教宗是否知道自己的代号。莱贝尔说："当然。""但不觉得它有点儿大不敬吗？"穆勒问，"他有什么反应？"莱贝尔向他保证，教宗只是笑了笑，甚至看上去有点儿高兴。他认为，"首领"的代号表明教宗向密谋者回报了他们对他的信任。[9]

当穆勒和莱贝尔在罗马会面时，希特勒正乘坐他的专列前往慕尼黑。每年的 11 月 8 日，他都会在贝格勃劳凯勒啤酒馆发表演说，纪念 1923 年的啤酒馆政变。但他对每年一度的公开露面所带来的安全风险感到不安，认为不规律的行程惯例才是防范暗杀的最佳措施。[10]

在希特勒抵达慕尼黑后，他的边防警察抓到一个人。格奥尔格·埃尔泽（Georg Elser）是一个 36 岁的施瓦本（Swabia）钟表匠，他试图从博登湖（Lake Constance）非法入境瑞士。在他的口袋里，警察发现了一把钳子、几截炸弹导火线和一张印有贝格勃劳凯勒啤酒馆内部景象的明信片，并在他的翻领下面发现一枚前"红色阵线（Red Front）"运动的徽章。但直到几天之后，埃尔泽才告诉党卫队的审讯人员，他为何在当晚试图离开德国。因为知道希特勒每年 11 月 8 日都会在啤酒馆发表演讲，埃尔泽便将一枚炸弹藏在那里。他不是卡纳里斯一伙的。埃尔泽是独行侠。尽管如此，他巧妙地策划了这场袭击。他先在采石场找到一份工作以便偷取多纳里特（donarit）——一种含有他所需特性的炸药。他用了 35 个夜晚，设法将炸药藏在啤酒馆的大厅里不被人发现。他在讲台后面的镶板柱上凿了一个洞，然后用一块相称的镶板像门一样把洞堵起来。在洞里面，他放了一个用偷来的 75 毫米弹壳临时制作的炸弹。11 月 5 日，埃尔泽安装了两个威斯敏斯特钟

（Westminster clocks），用软木将其包裹住，以掩盖钟表的嘀嗒声。[11]

晚上 8 点，希特勒进入啤酒馆。当他站到有党旗垂下的讲台上时，3000 名纳粹党人欢呼起来。在全场安静下来后，希特勒只发表了一个小时的演讲，而他通常都会讲三个小时。他痛斥了英国，说伦敦很快会知道：“我们民族社会主义者一直都是战士。这是一个伟大的时代。我们在这个时代里更要证明我们是战士。”然后，他向围过来的纳粹党官员致意。一些围观群众坐在周围喝酒，其他人则从大厅里鱼贯而出。[12]

8 分钟后，即晚上 9 时 20 分，讲台后面的柱子消失在白色火焰里。爆炸掀翻了桌子，把纳粹党的老兵们掀倒在地。从房顶掉下来的横梁压死了 8 人，伤了 60 多人，包括希特勒的情妇爱娃·布劳恩（Eva Braun）的父亲。啤酒馆的老板回忆说：“一声巨大的爆炸，伴随可怕的轰鸣声，天花板掉下来了。有人尖叫，空气中充满了灰尘和刺鼻的气味。尸体埋在废墟下，受伤的人拼命想要挣脱，没受伤的人拼命逃出去。”[13]

不过，希特勒在 8 分钟前已经离开了。当出事的消息传到他那里时，他已经登上了回柏林的火车。列车到达纽伦堡站时，事实浮出水面。希特勒宣称，他能幸免于难简直是“奇迹”。正如他的副官所记，该事件表明“希特勒的敌人会不惜一切代价除掉他”。[14]

11 月 8 日晚，穆勒身在罗马。当希特勒躲过一次爆炸袭击的消息传来时，他正和约翰内斯·舍恩赫费尔蒙席（Monsignor Johannes Schönhöfer）一起坐在传信部的办公室（Sacred Congregation for the Propagation of the Faith）里。穆勒回忆道：“与我们一同在房间里的还有一名意大利神父和一名法国神父，他们都诧异地盯着我。”他们的眼神表明，穆勒身为一名德国异见分子的"伪装"是立得住的。他自己也怀疑是不是他的朋友们安置了炸弹。[15]

四天后，穆勒在柏林发现他的战友们陷入了困惑中。这次爆炸事件完全出乎奥斯特一群人的意料。据他们所知，埃尔泽是个独来独往的共产党人。因为他独自行动，所以没有任何人可以背叛他；党卫队几乎无法识破他的计谋。如果不是希特勒莫名其妙地缩短了他的演讲时间，埃尔泽的炸弹一定可以炸死他。这不是穆勒最后一次思忖，希特勒是否真有"魔鬼的运气"。[16]

贝格勃劳凯勒的爆炸事件破坏了埃里希·科尔特的计划。11 月 11 日下午晚些时候，科尔特到奥斯特家拿他行刺当晚要用的炸药。尽管希特勒以天气原因为借口推迟了他对西方的进攻，但科尔特还是坚持要行刺。然而，奥斯特见到他时却难过地说："我给不了你炸药了。"在爆炸事件后，纳粹党警将所有弹药库置于监视之下，包括阿勃维尔的弹药库。科尔特轻声说："那我只能用手枪一试了。"奥斯特开始焦躁起来："科尔特，不要做出疯狂的举动。你连百分之一的机会都没有。你不可能单独见到希特勒。而在接待室里，当着副官、勤务兵和来访者的面，你根本没有开枪的机会。"[17]

慕尼黑爆炸案也让教宗的人感到不安。卡斯蒙席认为这事"令人费解"，是个"谜"，尤其因为穆勒只能转述阿勃维尔的推测。卡斯认为这次袭击或许是纳粹的自导自演，就像他们为了达到自己的目的，策划了国会纵火案（Reichstag fire）一样。似乎没有人为此感到震惊或视其为不正常，卡斯认为，这正表明希特勒已经使帮派斗争成为一种被普遍接受的事实。

在柏林的罗马教廷大使给德国外交部送去一封信。罗马教廷的国务秘书处向希特勒转达了教宗对希特勒躲过暗杀的祝

76

贺。但是，希特勒质疑教宗的诚意。

他在不久后举行的一次晚宴上对宾客说："他巴不得看到暗杀得逞。"时任波兰总督汉斯·弗兰克反驳说，庇护十二世一直是德国的好朋友。希特勒说："很有可能，但他不是我的朋友。"[18]

这次失败的暗杀给密谋者带来一个好处，即激起了英国方面对参与德国政变的兴趣，使约瑟夫·穆勒通过梵蒂冈传达的信息变得更加可信。英国首相内维尔·张伯伦（Neville Chamberlain）曾说，要让伦敦支持反纳粹行动，"德国必须做些事情以表诚意"。现在德国人做了一件事情。在爆炸事件发生的第二天，英国人派出两名间谍去会见一名德国官员，这名官员答应提供一份除掉希特勒和结束战争的详细计划。[19]

他们在荷兰和德国边境的城镇芬洛（Venlo）见面。英国官员佩恩·贝斯特（Payne Best）和理查德·史蒂文斯（Richard Stevens）不知道对方人员的真实姓名，他们只知道对方的代号是"沙梅尔（Schaemel）"。

一个哨兵拉起升降栏，英国人开车驶入一片无人区。只有几棵树环绕着一座海关大楼和一家咖啡馆。当德国一侧的大门升起后，沙梅尔出现在咖啡馆的门廊里。他挥手示意，一切正常。[20]

在毫无征兆的情况下，一辆汽车冲出德国一侧的大门。汽车两侧踏板上的党卫队军官用机关枪瞄准两名英国人。沙梅尔命令贝斯特和史蒂文斯下车。他们的荷兰司机迪尔克·克洛普（Dirk Klop）拔出他的左轮手枪逃跑了，一边跑一边向党卫队开枪。党卫队向他还击，克洛普倒在一排树中间，死了。沙梅尔解除了贝斯特和史蒂文斯的武装，把他们带到德国。[21]

英国人落入了纳粹的圈套。党卫队情报官员瓦尔特·施伦堡（Walter Schellenberg）假扮成一名反对派的将领——沙梅尔，给英国提供了假情报。在啤酒馆爆炸案后，希姆莱看到一个能将德国人团结在希特勒周围的机会，因此宣称埃尔泽为英国情报机构工作。他命令施伦堡逮捕几个英国特工，并宣称他们是埃尔泽的联络员。纳粹希望借此激起民众对纳粹进攻西方的支持，同时在同盟国面前抹黑一切真正的抵抗运动。他们没能实现第一个目标，但实现了第二个目标：伦敦开始对所谓推翻希特勒的计谋产生了本能的怀疑。[22]

芬洛事件也让梵蒂冈感到诧异。11月21日，英国驻罗马教廷大使达西·奥斯本（D'Arcy Osborne）在与卡斯蒙席会谈后致电伦敦说，这名梵蒂冈古墓的守墓者似乎"一如既往的友好"，并明确表达了他对希特勒和纳粹政权的憎恶。德国人"天生顺从"，在长期的严格控制下，几乎无力组织反叛。尽管有很多人谴责纳粹统治的原则和做法，但大多数人还是团结在希特勒周围。打击可恨的波兰人的行动取得的所谓成功，甚至让该政权的批评者也感到震惊。纳粹用令人瞠目结舌的暴行迫使其他人默许。

奥斯本欣赏卡斯的现实主义。他希望能保持梵蒂冈情报渠道的畅通，请求伦敦对他和卡斯之间的谈话保密。卡斯蒙席的名字"绝不能被提及"。他察觉到卡斯在德国与抵抗组织有很深的联系，要求英国外交部的上级官员追踪梵蒂冈提供的一切线索，但前提是必须证明这些线索不会让英国陷入"另一个芬洛事件"。[23]

约瑟夫·穆勒在11月的下半月一直在柏林寻找这样的证据，却发现难以寻得。陆军总参谋长弗朗茨·哈尔德仍然支持政变密谋者，但仍为希特勒誓言摧毁"措森精神"所麻痹。穆勒从希特勒的保镖队长汉斯·拉滕胡贝尔那里听说，总理府花园增加了安全巡逻的次数，希特勒房间外面设立了新的指挥所。部分出于这个原因，卡斯告诉奥斯本，一种"麻木的宿命论"正折磨着密谋者。紧接着局面再次发生变化。密谋者的处境从暗淡变成了灾难。一名党卫队间谍识破了教宗在暗杀计划中的角色。[24]

第 7 章
黑色礼拜堂

被识破只是时间问题。因为太多的人知道太多的事，太多的人也说了、做了太多的事，而这些都逃不过阿尔伯特·哈特尔及其奸细的耳目。一名被免去圣职的神父掌管了党卫队情报二处，他已经关注约瑟夫·穆勒很多年了。哈特尔不光怀疑穆勒是一个隐藏的耶稣会士，即当年渗透了伊丽莎白时代的英格兰的便衣耶稣会士，而且相信帕切利已经赋予穆勒特许权，可以拥有自己的妻子和家庭。当战争进行到第三个月时，哈特尔的一名特工了解到穆勒在罗马执行的任务。[1]

赫尔曼·凯勒（Hermann Keller）天生心脏就有一个小洞。由于被禁止服兵役，他在博伊龙修道院（Beuron Abbey）成为一名本笃会修士，这座修道院像城堡一样居高临下俯视着多瑙河。八个世纪以来，博伊龙的黑衣修士都遵从圣本笃（St. Benedict）的规条，每天白天祈祷七次，晚上祈祷一次。厌倦了这样的律例，凯勒修士开始在酒精、艳情和间谍活动中寻求刺激。哈特尔回忆说："凯勒……是驻梵蒂冈的党卫队所拥有的最好的外籍特工之一。"而且对哈特尔而言最有用的是，这个修士痛恨穆勒，在监视穆勒的事情上根本不需要人催。[2]

两人的宿怨可以追溯到好几年前，并且和犹太人相关。1933年，博伊龙修道院的大主持（Archabbot）是拉斐尔·沃尔泽（Raphael Walzer），他向罗马发出一封由伊迪丝·施泰因（Edith Stein）执笔的请愿书。伊迪丝·施泰因从犹太教皈依天主教，成为一名加尔默罗会的修女。她恳求说："针对犹太血统的灭绝行动难道不是对我们救主最神圣的人性的亵渎吗？"在帕切利将信件转交给教宗后，纳粹就密谋除掉沃尔泽。哈特尔为此提供了伪造的证据，证明沃尔泽违反了货币法。当沃尔泽脱离党卫队的势力范围来到瑞士，凯勒的同侪们便让他来管理博伊龙修道院。[3]

对此疑虑重重的本笃会领袖要求穆勒对此展开调查。穆勒从一个检察官朋友那里得知，政府并没有起诉沃尔泽的打算。党卫队如此捏造罪名，不过是要安插自己的特工凯勒接替沃尔泽的位子。愤怒的本笃会将凯勒调去他们在巴勒斯坦锡安山上的修道院。[4]

穆勒意识到他并没有听到这个纳粹修士最后的想法。"凯勒可能会成为针对我的危险人物，"穆勒记得自己当时是这么想的，"聪明如凯勒，一旦被他发现是我挫败了他的计划，并证实了沃尔泽的清白，他一定会复仇。"[5]

凯勒继续为哈特尔执行间谍任务。在巴勒斯坦时，他渗透进耶路撒冷反犹太大穆夫提（Grand Mufti）身边的随行人员中。凯勒1937年回到德国，同时开始向阿勃维尔的斯图加特站汇报工作。哈特尔回忆道："他习惯于伪装成中世纪手稿影印品的收藏家，掩饰自己的情报活动。"11月，他在瑞士跟踪了柏林律师阿尔弗雷德·埃茨海特（Alfred Etscheit），这名律师是穆勒的朋友。[6]

埃茨海特是一名次要但热诚的抵抗特工。他是哈尔德将军家的常客，为穆勒加入这个秘密小团体提供了便利。卡纳里斯派埃茨海特去瑞士，探听驻瑞士的同盟国外交官的口风。埃茨海特假装是去执行一项为德国儿童采办牛奶的军方任务。埃茨海特就是在那里遇见了凯勒，或许这次相遇并不是偶然。在一个有白兰地和雪茄的快乐夜晚，埃茨海特无意中透露说战争即将结束，因为某些元帅策划了政变。他们已经派一名使者前往梵蒂冈，通过教宗寻求和平途径。[7]

为了抢先得到独家消息，凯勒匆忙赶到罗马。他询问了一些本笃会的联系人，得知他的老对头公牛乔伊在过去几周来过梵蒂冈好几次。有谣言称他跟异见将领们有联系。但凯勒对穆勒表现出的兴趣太大了，再次引起本笃会长老的怀疑。当穆勒再来罗马的时候，他们向他发出了警告。

81

庇护十二世此时已经通过其他途径得知了凯勒的恶行。他在伯尔尼的教廷大使菲利普·贝尔纳迪尼蒙席（Monsignor Filippo Bernardini）从凯勒在博伊龙时的一个教友那里得到一则内幕消息。卡尔·亚历山大·赫尔佐格·冯·符腾堡（Carl Alexander Herzog von Württemberg），又名多姆·奥多（Dom Odo），值得成为伊夫林·沃（Evelyn Waugh）笔下的人物。此人满腔雄心壮志，并号称与罗斯福总统有私交，尽管他不会拼写罗斯福的名字。多姆·奥多在伯尔尼遇见凯勒，并将他们的对话告诉了教廷大使。11月22日，贝尔纳迪尼致电罗马的马格利奥内枢机：

> 我万分谨慎地向阁下传递以下情报：阁下在去年8月18日第5152号信中提到的人（多姆·奥多）坚持请我（该处句子不完整）告知您，德国正在酝酿一场重要的军事政变，以推翻希特勒和民族社会主义，并将与英法缔结和约。慎重起见，我不会将知道的姓名和细节付诸纸笔。[8]

凯勒此时已经回到德国，向他的联络员做了汇报。由于此案涉外，凯勒的报告被送到阿勃维尔的总部。当穆勒从柏林回来时，奥斯特给他看了凯勒的报告。"我们料到他们会从所有可能的方向狙击你，"穆勒忆起奥斯特说道，"但我们几乎不担心要保护你免受神职人员的攻击。"更糟糕的是，凯勒做了第二份报告发给哈特尔，声称穆勒能够进出教宗的住所，并认定他就是为教宗传递情报的信使。这份报告引起了轩然大波，海德里希把凯勒召到柏林要听取他的汇报。据称，海德里希曾说要在几日内逮捕穆勒。奥斯特警告穆勒暂时避免前往罗马，直到阿勃维尔堵住这个安全漏洞。他们最好去见见卡纳里斯。[9]

穆勒担心最坏的事情发生，但上将只是做出安抚的姿态。他说自己会处理他的党卫队朋友。一开始，穆勒不明白上将对他的指示。卡纳里斯让他坐下来，按照他的口述写下一份表面上"来自梵蒂冈的秘密情报报告"，详细描绘了"战争前不久"的军事政变计划。卡纳里斯援引了凯勒的报告，发出警告说一些元帅试图推翻希特勒的统治，并继续称，梵蒂冈的线人不晓得政变阴谋的规模，但他听说维尔纳·冯·弗里奇（Werner von Fritsch）上将涉嫌参与其中（此人随后在波兰的战斗中死亡，因此逃过一劫）。卡纳里斯让穆勒加上沃尔特·赖歇瑙（Walter Reichenau）元帅的名字，众所周知他是希特勒的支持者。当穆勒反驳说，赖歇瑙绝对不会反抗希特勒时，卡纳里斯说这就是重点。希特勒会力挺赖歇瑙，否决整个报告——从而不相信凯勒的指控。[10]

几天后，穆勒问起这份伪造的报告。卡纳里斯讲述了他如何向希特勒提交了这份"由在梵蒂冈的一名特别可靠的特工发来的报告"。当希特勒读到赖歇瑙的名字时，他直接把报告扔在地上并大吼："一派胡言（Schmarren）。"之后卡纳里斯去了海德里希的家。卡纳里斯闷闷不乐地说："你能想象吗，我带着一份非常重要的报告给元首，是我在梵蒂冈最得力的特工约瑟夫·穆勒博士发来的，他提到一场军事政变的计划。但元首读完后，直接扔了。"[11]

密谋者暂时避免了灾难的发生，但恐慌也产生了负面影响。一家瑞士报纸声称，哈尔德和其他将军很快将试图推翻希特勒的统治。在 12 月的大部分时间里，穆勒都离罗马远远的。整个暗杀计划停滞了。[12]

凯勒修士一直持续施压。在哈特尔的帮助下，他派了另一个本笃会修士达玛苏斯·泽林格（Damasus Zähringer）前往罗马。泽林格向莱贝尔神父打探穆勒的所作所为，甚至想向庇护十二世的管家帕斯卡丽娜·莱纳特修女核实，穆勒到底有没有进过教宗的住所。帕斯卡丽娜回复说，她不能透露教宗访客的信息。[13]

凯勒并没有因此灰心丧气，他又向罗马教廷派出第二名间谍。瑞典记者加布里埃尔·阿谢尔（Gabriel Ascher）是一名皈依天主教的犹太人，受到哈特尔纳粹思想的影响和控制。阿谢尔设法使自己被引见给卡斯蒙席，凯勒怀疑卡斯是穆勒与教宗沟通的渠道。但卡斯不信任阿谢尔，把他打发走了。[14]

哈特尔于是将凯勒派回罗马。穆勒的联系人看见这名修士在一个叫比尔阿尔德·德雷尔（Birreria Dreher）的小酒馆里像水手一样喝酒，这家酒馆专门服务墨索里尼的德国盟友们。为了迷惑凯勒，两名本笃会修士表示，因为他的"亲纳粹言论"，他们不信任穆勒。最终，凯勒因过分公开吹嘘自己与德国情报机构的关系而自取灭亡。卡纳里斯向海德里希报告了凯勒的轻率行径，于是海德里希将凯勒调去了巴黎，在那里凯勒再没有得到任何有关穆勒参与密谋的消息。[15]

然而，海德里希始终心存怀疑。一天晚上，他把自己的副手瓦尔特·施伦堡叫来，示意他坐下。施伦堡回忆说："在差不多一分钟的时间里，我们只是围着桌子默默地坐着。"后来，海德里希用他高亢的鼻音开口问道："那些慕尼黑阿勃维尔的人调查得怎么样了——约瑟夫·穆勒……和其他人？就是这群人正在通过梵蒂冈寻求和平谈判，这点再清楚不过了吧？"[16]

施伦堡只了解凯勒报告的内容，知晓穆勒与罗马教廷高层人士有直接往来。他是"一个相当聪明的人，尽管不能被完全信任，但他的报告不是没有看头"。

海德里希若有所思地点点头。"你要确保这个圈子里的所有人都被严密监视。"该案件档案的代号是"黑色乐队"（*Schwarze Kapelle*），因为神父的法衣都是黑色的。鉴于乐队（*Kapelle*）又有礼拜堂（chapel）的意思，因此这个双重含义就变成了党卫队对一路追查到梵蒂冈的叛国罪的隐喻。海德里希留着这个他称为黑色礼拜堂的"炸药包"，直到给予致命一击的时刻到来。[17]

第8章
绝对机密

随着被发现的危机渐渐解除，庇护十二世开始重新推进刺杀计划。1939年底，他开始隐秘地向伦敦摊牌。英国大使达西·奥斯本在与卡斯蒙席共进午餐后，于12月1日向伦敦发出电报，讲述了通过教宗除掉希特勒并实现和平的计划。

卡斯称，德国军方的一名特工曾接近他。卡斯显然认识并信任这名特工。特工请求梵蒂冈充当中间人，以确保实现"公平和体面的和平"。如果德国确信可以得到公平的对待，密谋者"随后将从纳粹政权手中夺权"。

庇护十二世"感激地欢迎"密谋者的提议。但他要求梵蒂冈保持最大限度的警惕，以避免直接的政治干预。像1923年加斯帕里给慕尼黑发的电报一样，奥斯本向伦敦提交的注解，罕见地披露了教宗的秘密政策："这是梵蒂冈非政治性原则的惯常主张；在实际行动中，我认为它是可以逾越的，只要不出现对公正性的*明显偏离*"（表强调的斜体为原文作者标明）。

接着卡斯分享了他的个人见解。他认为提议和平会谈为时尚早。会谈的基础不仅包括确保密谋者拥有除掉希特勒的意图，也包括他们拥有除掉希特勒的能力。他们究竟打算如何对付希特勒尚不明朗。

奥斯本也认为该计划似乎"混沌不明"。无论如何，在促成有效会谈之前，伦敦需要德国保证，放弃现行政策，继续执行分期赔款计划。奥斯本记录道："与此同时，我不排除最终可以通过梵蒂冈建立联系的可能性，或者至少通过梵蒂冈的圈子。"他希望卡斯能够告知他未来与密谋者的进一步接触。当奥斯本问到自己是否可以将他们的对话报告给伦敦时，卡斯同意道："只要保密措施得到严格的执行。"[1]

与此同时，穆勒与梵蒂冈的联系也以出人意料的方式挫败了希特勒的计划。1月，一份报告传到阿勃维尔总部，称希特勒可能入侵瑞士以掩护他的左翼。穆勒看见卡纳里斯因此气得差点儿背过气去，"这个蠢货现在想把瑞士也拉下水"，上将口齿不清地说道。他说，这个全世界最大的恶棍已经在密谋进犯低地国家了，如果现在又进攻欧洲具有象征性的中立国家，德国的荣誉将永远无法恢复。他还说，如果这件事发生，未来不会有任何人"从德国人手里接受哪怕一片面包"。[2]

卡纳里斯试图警告瑞士。他们可以刺激瑞士做出足够明显的军事行动以阻止希特勒的进攻吗？穆勒建议利用阿勃维尔的特工汉斯·吉思维乌斯，他已经在苏黎世执行任务了，而且了解瑞士的情况。但这一提议违反了卡纳里斯的行动原则。"你必须记住一件事，"他说，"如果你要帮助一个国家，一定不能在这个国家本土做事。如果我让在瑞士的手下执行这个任务，他之后会面临太大风险。因此吉思维乌斯也不能做，你做会更好。"穆勒接受了任务，但是强调他必须避免做任何可能危及梵蒂冈的事情。

在罗马，穆勒尝试用多种方式来解决问题。首先他与瑞士卫队的牧师保罗·克里格（Paul Krieg）接洽。但克里格想知道的太多了，穆勒选择了回避。之后，穆勒又决定通过意大利外交大臣加莱阿佐·齐亚诺（Galeazzo Ciano）开展工作，他的相对和平主义思想和对柏林的不信任态度为阿勃维尔所熟知。穆勒通过中间人向齐亚诺传递了一条信息。齐亚诺向伯尔尼发出警报，瑞士开始进行军事演习。[3]

卡纳里斯将这些夸大其词地报告给希特勒，称这是"局部动员"。卡纳里斯知道希特勒是怎么思考的，于是写了一些关于阿尔卑斯山防御的报告，并指出这些报告来自"一名教会的高级权威"。该情报据称来自穆勒的朋友和经常一起旅行的同伴，即来自梅滕（Metten）的阿伯特·科尔比尼安·霍夫迈斯特。他经常去瑞士处理教会事务，这足以让这种附带活动显得可信，并且通过他对瑞士国防措施的虚拟研究，他以"秘密特工"的身份出现在阿勃维尔的名册中。卡纳里斯利用这些报告力证，全面征服瑞士所需的时间，远不止一些人建议的六周。希特勒于是放弃了进攻瑞士的计划。[4]

1 月 8 日，卡斯蒙席得知穆勒回到了罗马。按照奥斯本的记录，卡斯同一天向他重申了"梵蒂冈充当中间人的意愿"。政变计划再次变得很急迫，因为纳粹"劳工阵线"领导人罗伯特·莱伊最近在罗马吹嘘，希特勒将发动一场大规模的进攻。[5]

三天后，庇护十二世召见奥斯本。"他告诉我，他刚接见了一名德国代表"，奥斯本在发给伦敦的报告中这样写道。这名特工代表德国的高级军事将领，但教宗倾向于对这些名字保密。庇护十二世觉得有义务向他传达所得知的情报。"无论如何，他都觉得除非把我找来，否则他的良心无法安宁。"奥斯本写道，"德国正在准备一场浩大的攻势，最晚 2 月中旬，甚至可能更早。"奥斯本转述了庇护十二世的话。届时德国会进攻荷兰。"那将是暴力、痛苦和完全肆无忌惮的。"

但这种情况不必发生。如果将领们能确保与英国达成公平的和平——他们没有提到法国——他们将推翻现行的德国政府，

87 由一个可以谈判的政府取而代之。他们希望保留奥地利的领土，但会归还波兰和捷克斯洛伐克的领土，同时也会"处理"俄国问题，据此奥斯本了解到至少希特勒和斯大林之间的协定被打破了。

奥斯本仍然持怀疑态度。这些含混不清的计划让他想起芬洛事件。"教宗陛下说他可以为中间人的诚信负责"，奥斯本写道，但他无法保证委托人的诚信。他更不能保证这些委托人可以促成政府的变化，或他们建立的政府能比希特勒的更可靠。

尽管如此，庇护十二世表现出他是信任密谋者的。他向奥斯本保证，德国的委托人与纳粹党没有任何关系。他还说，如果伦敦需要通过教宗向德国密谋者传递任何消息，奥斯本随时可以来见他。此外，"他恳请我务必（对此事）绝对保密。如果事情暴露，将有不知名的将领付出生命代价"。

奥斯本承诺会谨慎行事。他只会以机密信件的方式向外交大臣哈利法克斯勋爵（Lord Halifax）报告此次会面，信件通过信使袋寄送，如此一来便不会被译电员或速记员看到。奥斯本会亲自用打字机打出这封信，且不保留任何副本。[6]

尽管庇护十二世行事小心，但他并没有完全隐瞒希特勒的进攻计划。在1940年1月的第二个星期，一种普遍的恐惧笼罩了在罗马的西方外交使节，教宗的助手们提醒他们防备德国的进攻，希特勒刚刚将进攻改期到14日。10日，梵蒂冈的一名高级教士警告比利时驻罗马教廷大使阿德里安·尼乌文胡伊斯（Adrien Nieuwenhuys），德国人很快就会进攻西方。尼乌文胡伊斯在次日打电话给梵蒂冈，询问当时的圣座副国务卿乔瓦尼·蒙蒂尼（Giovanni Montini），即未来的教宗保罗六世。[7]

一开始蒙蒂尼对此事只是泛泛而谈，但当尼乌文胡伊斯向他施压时，他让步了。蒙蒂尼说："我们确实收到一些情报。"
但由于情报来源很敏感，他敦促大使再向更高一层询问此事。
尼乌文胡伊斯接受了他的建议，前去拜访了国务枢机卿路易
吉·马格利奥内。马格利奥内小心翼翼地暗示说，德国的进攻 88
迫在眉睫，但他将此观点归结于自己的猜测，而不是秘密特
工的情报。尼乌文胡伊斯和法国驻罗马教廷大使弗朗索瓦·夏
尔 – 鲁（François Charles-Roux）怀疑，庇护十二世在 1 月 9
日到 10 日收到了特别报告，但他刻意隐藏了消息来源以保护
德国线人。8

夏尔 - 鲁做了一些外交侦查。1 月 16 日，他拜访了非常
教务部副部长多梅尼科·塔尔迪尼，但塔尔迪尼巧妙地回避
了关于秘密情报的询问。他只是引用了来自柏林的传闻：希
特勒发现自己掉入了一个陷阱，为了自己的尊严，他要在今
春或更早时候发动对同盟国的进攻。塔尔迪尼拐弯抹角的
回复只是让夏尔 – 鲁更加确信，教宗在德国有一个秘密情
报源。9

庇护十二世事实上早已发出警告，并隐去了信息来源。1
月 9 日，马格利奥内枢机就指示在布鲁塞尔的教廷代理人克莱
门特·米卡拉蒙席（Monsignor Clemente Micara）警告比利
时人，德国即将发动进攻。六天后，马格利奥内向海牙的代理
人保罗·焦贝蒙席（Monsignor Paolo Giobbe）发出类似的
信息，要求他警告荷兰人。10

同月，庇护十二世含蓄地发动了一场对公众抗议的佯攻。
他在梵蒂冈的电台公告里披露了关于波兰暴行的新细节。但当
波兰神职人员抗议说广播造成了迫害的加剧时，庇护十二世在
公众面前恢复了沉默，并重新投入地下行动。11

教宗再次以密谋者代理人的身份接触了英国人。2 月 7 日，

他再次召见了奥斯本。梵蒂冈实施了一套更加复杂的新保密措施。这名特使在信中提及一位当时很受欢迎的间谍小说家的名字，"这一次很有菲利普斯·奥本海姆（Phillips Oppenheim）的风格"。教宗的大管家，也是他私宅的负责人，首先拜访了奥斯本的住处。他要求奥斯本午夜十二点半到梵蒂冈的办公室来。大管家届时则在教宗的住所中等待，一名中间人会来引领奥斯本，再由大管家悄悄地带他谒见教宗。奥斯本一定不能穿得太正式，教廷不会宣布他的来访，也不会做任何记录。如果有人问起，奥斯本就说他是来见大管家的。为了让这个谎言在技术层面上成立，奥斯本可以向大管家询问一些伦敦也许想要知道的事。

到了约定的时间，奥斯本向一名贵族警卫出示了他的证件。大管家悄无声息地踩着厚厚的地毯走近他，示意奥斯本学着他的样子，在隔壁的一扇门前屈膝行礼。奥斯本发现自己身处一个堆满书籍的角房（cornerroom）里，房间里有三扇高大窗户，从里面能俯瞰圣彼得广场。

教宗坐在一张橡木书桌前，桌上摆着一台白色的打字机和一部白色的电话。他根据一份四页的德文打字稿笔记对他说话。

"教宗告诉我，德国军方的'可靠中间人'再次与他接洽，"奥斯本回忆道，"我追问这些军方人士的身份，但他一个名字也没有告诉我；他只说其中有一个是很有名的重要将领。他隐瞒了对方的姓名，因为他不想因疏忽造成情报泄露，进而导致对方的死亡。但他向我保证，这个人的重要性足够引起我们的重视。"

教宗剖析了一个神秘事件以强调德方特工的重要性。在1月10日一个多雾的黎明，两名晕头转向的德国空军军官紧急降落在比利时的一片田野上。其中一名军官携带着机密文件，但只成功地销毁了一部分。比利时官方因此截获了德国通过低地国家发动进攻的战争计划。盟军指挥官怀疑这是德军的诡计；奥斯本以为此举是为了给比利时施压。[12]

但德方特工称，这些资料都是真的。希特勒不顾安全漏洞，拒绝取消入侵计划。只是极端的寒冷天气使计划推迟了。希特勒会在春天发动进攻，教宗警告说："希特勒夸口说他夏天就会抵达卢浮宫，他的首要任务就是为米洛斯的维纳斯找到一个更有价值的陈设地点！"

庇护十二世终于讲到了关键。"德国军方有一部分人（比例和影响力不明）想要改变政府，除掉希特勒。"他们不会在以新教信仰为主的柏林发动政变，而会选择以天主教信仰为主的慕尼黑、科隆和维也纳。德意志帝国一开始会有两个政府，可能还会发动一场内战。反希特勒的势力将建立一个军事独裁政权，之后转换为民主国家政体。一旦新政府夺取权力，将缔造和平。该计划的支持者想知道，能否以"德意志帝国继续持有被吞并的奥地利"为和谈的基础。[13]

奥斯本对此表示怀疑。他告诉庇护十二世，这一新提议似乎没有消除先前的所有批评，提议未能确保政变的真实性、成功的概率，以及这个新的德国政府是不是更值得信赖或鲜有侵略性。至关重要的问题——叛军是否想在政变之前开启谈判——似乎模糊不清。

庇护十二世对此没有表示反对。这次政变至多只是燃起一个希望。但"他的良心不允许他对此事完全置之不理，以免错过那可能拯救生命的哪怕百万分之一的机会"。

教宗再次强调了极端保密的必要性。他坚持要求奥斯本不留任何其他纸面记录，除了发给伦敦的报告——报告要奥斯本亲自打字，并不得留存任何副本。教宗进一步恳请英国首相内维尔·张伯伦只对法国人进行口头简述，并声明连自己的国务

90

卿都对此一无所知。如果英国有任何消息要传给德国密谋者，奥斯本就必须重复今晚的隐秘流程，通过大管家取得联络。

庇护十二世显然对政变计划相当认真。奥斯本写道："我认为教宗陛下如此坚持绝对保密，是因为他确实相信线人的诚意。"庇护十二世对计划如此投入，以至于表现得有点儿强人所难。他甚至询问说，哈利法克斯勋爵能否以个人名义担保后希特勒时代的德国领土完整："他很不情愿放弃这个想法。"

教宗的热情造成了一定的影响。"我得到的印象是，"奥斯本打字说，"德国的倡议比我想象的更重要也更真实。"庇护十二世如此努力地为政变进行游说，以至于奥斯本觉得，伦敦也许不得不做出回应。14

91　　　伦敦的最高权威聆听了教宗的请求。哈利法克斯勋爵将奥斯本报告的副本呈递给英国国王乔治六世。国王陛下就德国当下发生的事情进行了深思：两周前，他从表妹、南斯拉夫的玛丽皇后（Queen Marie of Yugoslavia）那里得知了"干掉"希特勒的计划。2月15日，张伯伦草拟了一份通过教宗进行未来接触的指南："G.B.（大英帝国）愿意讨论所要求的任何条件，只要确信此事是认真的。"15

在等待英国官方回复的同时，庇护十二世又出手推了一把。这一次，他使用了一种用于秘密事务的官方仪式。哈利法克斯勋爵的妻子和儿子于2月16日访问罗马，庇护十二世召见了他们，奥斯本也在场。奥斯本记录道，教宗"把我拉到一边告诉我，我此前信中提到的德国军方已经证实了他们想要更换政府的意图和愿望"。奥斯本认为，即使政权更迭了，英国也不会完好无缺地保留德国的战争机器。另外，如果密谋者真的想夺权，他们为何不"推进"？庇护十二世反驳说，他们在等待英国做出保证。因为哈利法克斯夫人在等待，他中断了对话。但奥斯本承诺会转达庇护十二世的话。[16]

哈利法克斯勋爵第二天回复奥斯本，允许他继续推进。"我仔细思考了你（2 月 7 日）发来的信件内容，并与首相探讨了此事。"这句开场白表明，伦敦现在在认真对待这个计划。另外还有一个更加明显的迹象表明英国人支持该计划：他们提议不向法国人"透露事情的任何经过"。

哈利法克斯提到教宗在此事上的个人利害，以作为推进的理由。"鉴于教宗陛下对于与他进行的接触十分重视，我们认为你应该通过指示给你的途径再次与他取得联系，并传达我们的反馈。"如果德国的委托人有意愿也有能力实现他们所承诺的，英国政府会考虑他们可能提出的任何诉求。哈利法克斯请求密谋者提供政变相关的具体措施，并提议通过教宗与德国抵抗势力交换意见和想法。[17]

在 2 月的最后一周，奥斯本传达了英国方面的回复。"今天 O 与首领见面，告诉他一些事，会让你马上回家。"莱贝尔神父在约瑟夫·穆勒下榻的旅馆名片上潦草地写道，"我们今天必须谈谈。"当他们晚上见面时，这名耶稣会士细语道："事情有进展了。"[18]

第 9 章
X 报告

经过几个月的秘密外交，庇护十二世将纳粹德国内外的敌人联合了起来。1940 年 3 月，他主持了双方的谈判。双方各发表了七项声明。谈判在紧张的气氛中进行，因为希特勒随时可能在西边发起进攻。[1]

教宗建立起一条错综复杂的通信链。奥斯特向穆勒提出"是"或"否"的问题，穆勒将问题转交给教宗，教宗再告诉奥斯本，奥斯本将这些问题通过电报发给伦敦。英国方面的回答以相反的方向传递。刺杀希特勒的计划信息始终都在梵蒂冈汇集：真正是条条大路通罗马，而且是通往一张放置了简单十字架的书桌，从那里可以俯瞰圣彼得广场的喷泉。[2]

庇护十二世依赖于他最亲密的副手们来对信息分流。莱贝尔神父负责德国方面的信息渠道，他与穆勒在耶稣会学院（Jesuit College）的屋顶或幽暗的罗马教堂里见面。通常情况下，莱贝尔向穆勒口述情报。但如果莱贝尔在深夜觐见了教宗，而穆勒需要第二天离开，莱贝尔会在穆勒下榻的酒店留下便条，署名"R.L."（罗伯特·莱贝尔的缩写）。莱贝尔从来没觉得这种行为有风险。大多数情况下，他会在德国人的编号问题下用简短的回答来概括英国人的回复，而穆勒则会阅后即焚。[3]

卡斯蒙席负责英国方面的信息渠道。他的公寓与奥斯本大使的住所毗邻，都在梵蒂冈的花园里，因此可以大胆会面而不用担心被侦查，两人在2月底开始了直接对话。

卡斯提到的一点让奥斯本觉得很重要。如果除掉希特勒后，密谋者接受了屈辱的和平条约，他们的处境将变得岌岌可危。奥斯本记录道："除掉希特勒主义的日耳曼之怒（*furor Germanicus*）后，德国人特别是年轻又不安的一代人心中将出现一个精神真空，如果不将其填满将造成另一次社会爆炸。"于是梵蒂冈倡议欧洲统一，作为替代的秩序原则。卡斯认为，一个经济联盟可以防止独裁的出现、爱国主义的加剧、侵略以及战争。[4]

伦敦的一些人对此持怀疑态度。2月28日，英国副外交大臣贾德干（Alexander Cadogan）抨击说："只要我们保证不趁机'占便宜'，德国反对派就准备推翻希特勒，这是老掉牙的荒谬故事。"他说这已经是"差不多第100次"听到这个故事了。四天后，英国外交部警告说这可能成为第二次芬洛事件："我们有理由相信盖世太保已经控制了卡斯蒙席。"伦敦向奥斯本发出一个最高机密的警告，称卡斯蒙席可能通过在罗马的德国神学院学生受到了纳粹的影响。[5]

"我很了解卡斯蒙席，"奥斯本反驳道，"毫无疑问，他是坚定的反纳粹人士。"奥斯本认为卡斯在圣彼得大教堂的事务太多了，根本没有时间去见德国神学院的学生，而这些学生也不太可能是间谍："他们穿着最鲜艳的猩红衣裳，根本不利于特工的工作。"[6]

庇护十二世在3月10日到11日间收到了伦敦的最终条件。英国要求，与后希特勒时代的德国进行谈判的必要条件包括："消灭民族社会主义政权。"莱贝尔将一整页印有"P.M."（Pontifex Maximus 的缩写）水印的梵蒂冈信笺纸交给穆勒，并在左上角画了一个鱼的标志，该符号来自圣彼得，因为彼得曾经是渔夫。[7]

莱贝尔以为穆勒会在进行编码速记后，将此字条焚毁。但
95 穆勒认为整个计划可能取决于英国提出的条件在德国产生的
影响。他认为此时双方也许还摇摆不定，于是迅速决定保留而
不是烧掉这份带有水印的文件。3 月 14 日前后，他带着教宗
的笔记以及莱贝尔的名片来到阿勃维尔的总部，希特勒潜在
的暗杀者们为此欢欣鼓舞。穆勒将其视为梵蒂冈密谋的高潮
时刻。8

穆勒后来在罗马见到莱贝尔时说："你的字条（Zettel）帮
了我大忙。"莱贝尔因此大发雷霆。"但你答应过我，你会销毁
它们"，他如此抗议道，并要求穆勒将字条还回来。穆勒说，
他已经将字条上交了，已无权处置它。他说，因为这些材料，
他对柏林的反应更加乐观了："德国认为调停结果对他们非常
有利。"政变可能最早于 3 月中旬发生。穆勒的反馈如此积极，
让莱贝尔感到安心。教宗和梵蒂冈的极少数知情者于是安静下
来等待。9

密谋者为德军将领制定了一套最终行动方案。从莱贝尔神
父那里获取的一页信纸和一个口头陈述，不足以支撑一个决定
性的开局策略。要使出全力驱使军队叛变，需要一份涵盖整个
行动的最终报告。

在经过一整夜的疯狂努力后，这份报告诞生了。穆勒为了
免遭打扰躲进奥斯特的副手杜南亿（Hans von Dohnanyi）的
家里。在杜南亿的客房里，穆勒将教宗策略的施行结果摊在
床上，这张床平时是给杜南亿的妹夫——信义宗牧师潘霍华
（Dietrich Bonhoeffer）用的。除了莱贝尔神父的信件，穆勒
还有自己用巴贝尔斯堡语（Gabelsburg）速记在纸巾上的加密
笔记。杜南亿向他的妻子口述了一份报告，直到深夜。第二天
早晨，穆勒起来查看，发现打出的报告厚达 12 页。10

出于安全的原因，这份文件没有标题、日期和签名，而提到穆勒的时候只称其为"X 先生"。于是，这份报告在密谋者中间被称作"X 报告"。报告勾勒出英国与"体面德国（Decent Germany）"进行和平谈判的条件，一共有七条：（1）除掉希特勒；（2）德国实现"法治"；（3）不与西方开战；（4）奥地利留在德国；（5）解放波兰；（6）其他领土归属由公民投票自决；（7）通过教宗实现停战。这些条件的潜台词成为日后争论的主题：比如莫斯科会声称，该报告包含了一份梵蒂冈–英国–德国之间的三方协定，为进攻苏联铺平了道路。但有一点是所有看过报告的人的共识，正如一名读过报告的人指出的：教宗在帮助密谋者的问题上"走得太远了"。庇护十二世以逾越中立的姿态劝说伦敦与密谋者会面，并以教宗权威遮盖英国提出的条件。他已经把计划推到了行动的边缘。哈尔德将军在面见希特勒时，开始在口袋里藏一把手枪。[11]

但一直到 3 月末，希特勒依然活着。3 月 27 日，奥斯本会见了卡斯，并记录道，卡斯的"德国军方联系人似乎暂时放弃了和平计划"。沮丧的卡斯称他的同胞们过于唯命是从，以至于无法组织起反叛行动。[12]

三天后，教宗召见了奥斯本。当奥斯本大使询问教宗陛下是否从密谋者那里听到什么风声时，教宗称，自从大约 20 天前他转达了英国的最终条件后便再没有收到任何消息。庇护十二世说，他感觉到伦敦已经开始失去希望。奥斯本承认，如今只有除掉希特勒，才能表明"德国委托人的诚意"。但他坚持认为，伦敦"将始终带着兴趣接受，并带着尊重处理"一切密谋者通过梵蒂冈传达的消息。奥斯本可以看出，庇护十二世"大失所望"。[13]

在会面期间，奥斯本收到哈利法克斯发来的信息，并转达给庇护十二世，教宗收到信息后似乎"十分高兴"，并要奥斯本转达他的祝福和感谢。这张便条后来也许是在梵蒂冈的要求下被销毁了，它的内容或许只是简单地重复了伦敦愿意与希特勒死后的德国军方展开对话的意愿。三天之后，这样的保证通过穆勒传到密谋者那里。[14]

　　然而在这样的关键时刻，密谋者中的新教徒动摇了。虽然他们的心动了，但是依照基督的教导，他们勒住了自己的手。哈尔德参谋长摸了摸口袋里的手枪，但"作为一名基督徒"，他不能向一个手无寸铁的人开枪。为了使哈尔德挣脱路德宗的约束，穆勒请萨克森前王储、如今的耶稣会士格奥尔格·萨克森（Georg Sachsens）与哈尔德谈一谈。萨克森以他敢在圣餐饼前跺鞋跟而闻名，他将基督徒的道德权利推崇至反叛的程度，通过交谈似乎给哈尔德注入了一股莽劲儿。哈尔德原本断然拒绝使用原初的刺杀方法，但最终同意读一下 X 报告。[15]

　　随后，在由谁来呈报和介绍文本的问题上出现了僵局。密谋者首先选择了德国驻罗马前大使乌尔里希·冯·哈塞尔（Ulrich von Hassell），他在战前就得知了政变计划。3 月 16 日，哈塞尔在日记中写道，他看了"关于天主教特工与教宗之间会谈的一些异常有趣的文件……总的假设自然就是政权的替换和恪守基督教道德"。然而就在那时，党卫队开始怀疑哈塞尔，密谋者不得不让他出局。[16]

　　于是游说哈尔德的任务就落到了格奥尔格·托马斯将军（General Georg Thomas）的肩上。4 月 4 日，托马斯将文件带给哈尔德，里面有迄今为止的一揽子计划，还包括一份梵蒂冈的声明，称英国仍会遵守他们提出的条件，此外还附有一份杜南亿的备忘录，强调了德军必须与党卫队的罪行划清界限。[17]

　　这些材料激起了哈尔德的兴趣，但也令他困惑。在他看来，报告极其啰嗦，且在关键问题上含糊其词。他认为无法确定其中涉及的德国方面人物的可信度，因为报告没有指明他们的身份，也没有说明他们的梵蒂冈联络人"X先生"是谁。[18]

尽管如此，哈尔德认为X报告值得一读。因此，他将文件包带给他的上司，陆军总司令瓦尔特·冯·布劳希奇，并请他连夜读完。

第二天，他发现自己的上司心情很不好。"你不应该给我看这个，"布劳希奇说着将文件递还给他，"我们正在打仗。在和平时期可以考虑与外国势力建立联系。但在战争中，一名士兵不可能这么做。"布劳希奇指着X报告说："这是彻头彻尾的叛国行为。"哈尔德回忆道，布劳希奇"于是要求我逮捕带来文件的人……我回答说：'如果一定要逮捕什么人，请逮捕我。'"[19]

布劳希奇陷入沉默和沉思。他看着X报告叹了口气说："我要拿这张没有日期和签名的废纸怎么办呢？"在一番苦恼后，他和哈尔德决定再用10天时间研究梵蒂冈的资料。在此期间，行动的前景发生了剧烈的变化。[20] 98

几个月来希特勒一直计划入侵挪威。他预见到与同盟国的战争将旷日持久，特别是在他入侵法国后。希特勒希望抢在英国之前获得斯堪的纳维亚的金属及其他战略资源。新出现的挪威危机给政变的策划者们提供了一个新的机会：对同盟国发出警报可能促使英国展示其海军力量，从而对希特勒起到威慑作用，或直接击败他。于是公牛乔伊通过打给约翰内斯·舍恩赫费尔蒙席的加密电话将希特勒的计划告知了教宗。3月底，卡斯警告奥斯本说，德国可能会进攻挪威，奥斯本将消息转达给伦敦。但一直到4月9日希特勒发动进攻时，英国方面都没有做出回应。[21]

在阿勃维尔的总部，约瑟夫·穆勒和其他人正在研究一张北海的地图。他们彼此打赌，猜英国舰队会在哪里把德国海军打得落花流水。但卡纳里斯预测，英国不到生死关头不会让自己的舰队冒险。事实证明卡纳里斯说对了：英国人没有以武力回击。[22]

希特勒的民望直线飙升。他几乎没有付出任何代价就取得了又一场胜利。德国的老将们原本瞧不起这个行事出格的下士，如今他们也开始改变看法。哈尔德开始畏缩害怕，陷入无尽的疑惑猜忌中。4月中的时候，他把 X 报告还给托马斯上将，什么都没有说。

差不多同时，灰心丧气的穆勒回到罗马，他说，那些将领缺乏发动政变的意愿。"一切准备就绪，"他对莱贝尔神父说，"那天，我坐在办公桌前等一个电话，一直到 5 点钟。但电话始终没有响。"[23]

这个消息令庇护十二世大失所望。几个月的谋划最终却一无所获。但就在希特勒对西方发动进攻前的最后几天里，密谋者又冒险执行了一项新的大胆任务，以恢复教宗对他们的信任。[24]

第 10 章
警告西方

希特勒终于确定了西线战争的日期。1940 年 4 月下旬，纳粹的德国内部秘密敌人得知希特勒将于 5 月初发动进攻，他们再一次感到有必要通过教宗警告受害者。[1]

但如今这样做的成本似乎变得更高了。因为梵蒂冈的密谋至今未能引发政变，密谋者必须提高赌注来表明他们的诚意。除非他们可以兑现其过度乐观的预期，否则伦敦可能会认定他们其实是纳粹的特工。如此一来，不但英国人，教宗也会关闭梵蒂冈的沟通渠道。反之，如果他们能以希特勒的战争计划有效地警告同盟国，密谋者至少可以让教宗这条情报渠道保持畅通，为未来的政变做准备。为此，卡纳里斯认为有必要挽回罗马。正如他的一名副手所说："我们必须自证清白。"[2]

5 月 1 日，约瑟夫·穆勒与梅滕的阿伯特·科尔比尼安·霍夫迈斯特一起来到罗马，表面上是为了教会事务。卡纳里斯团队精心拟定了给教宗的口信，让穆勒带给莱贝尔神父。穆勒回忆道，信中说："商议无法继续进行，没有任何成功的指望。不幸的是，将领们无法被说服采取行动。希特勒将发动进攻，且一触即发。"[3]

向莱贝尔传递完消息后，穆勒紧忙赶往下一个地址。他想要警告一位比利时密友，普雷蒙特雷修会（Norbertine）修道院院长（Abbot-General）胡贝特·诺茨（Hubert Noots），告诉他他的国家将面临怎样的命运。两天后，穆勒又将更详细的计划告知诺茨，然后于 5 月 4 日飞离了罗马。

在威尼斯停留期间，穆勒陷入多疑的妄想中。他意识到泄露战争计划将给自己带来多大的危险，于是试图掩盖自己的行踪。在纳粹统治下，他数百次经过威尼斯，并用雪茄和其他礼物让一名海关官员成了他的朋友。他从这名官员手中借了一枚官方的橡皮图章，用它涂改了护照上进出意大利的日期。[4]

与此同时，希特勒一直在改变进攻日期。5 月 1 日时，他预定 5 日发动进攻；5 月 3 日时，他将日期改到 6 日；5 月 4 日时，他又改到 7 日；5 月 5 日时，他又改到 8 日。随着局势的不断发展，卡纳里斯认为有必要将信息与教宗同步。但在 5 月 4 日至 5 日，穆勒已经回到了柏林，为了几句话就往返一次似乎没有太大意义，而且另一名阿勃维尔特工威廉·施密德胡贝尔即将前往罗马。穆勒给了他一张写给莱贝尔的便条，只写了目前确定的进攻日期——5 月 8 日。如果日期更改，穆勒会给施密德胡贝尔下榻的芙洛拉酒店打电话。鉴于他们都是艾登辛克银行的董事会成员，穆勒会将所谓董事会会议日期作为加密的方式传达进攻日期的信息。[5]

施密德胡贝尔飞往罗马，并于 5 月 6 日向莱贝尔发出警告。在 5 月 7 日和 8 日，他都收到了穆勒的电话，更改"董事会会议"的日期。每次，莱贝尔神父都会向教宗报告。[6]

庇护十二世迅速做出回应。正如他对一名助手所说，近期关于挪威警告的精确程度令他立刻就接受了最新的情报。对中立国的入侵激起了他特别的愤怒。5 月 3 日，庇护十二世指示国务枢机卿路易吉·马格利奥内向驻海牙和布鲁塞尔的教廷大使发送警告电报。为了让警告更有分量，教宗在 5 月 6 日的一次私人会见中，亲自向比利时公主玛丽·何塞（Marie José）传达了这一严峻预警。[7]

更重要的是他向同盟国发出的警报。由于同盟国已对德国　₁₀₁
宣战，梵蒂冈不能以人道主义姿态向他们发出警报。向巴黎和
伦敦泄露希特勒的计划意味着在战争中偏袒其中一方。

教宗将这项微妙的任务交给一名助手来处理，这名助手后
来也成了教宗。5月7日，蒙蒂尼蒙席，即未来的教宗保罗六
世，与奥斯本和法国外交官让·里维埃尔（Jean Rivière）举
行了庄重的会谈。他说，本周末前，德国将入侵低地国家。蒙
蒂尼提供了关于预期作战方式的战术情报，包括伞兵和破坏行
动的部署情况。[8]

此外，莱贝尔神父也开了另一条警报线：他将情报告知了
在格列高利大学的比利时同事、耶稣会士西奥多·蒙内斯神父
（Father Theodor Monnens）。蒙内斯径直赶到比利时大使阿
德里安·尼乌文胡伊斯面前，而尼乌文胡伊斯此前已从修道院
院长胡贝特·诺茨那里收到几乎完全相同的警报。情报引起了
尼乌文胡伊斯的注意，他于5月2日向布鲁塞尔发了一份加密
电报，警告下周会有德军的进攻。比利时外交部要求提供更多
细节，尼乌文胡伊斯于5月4日向布鲁塞尔提交了更加全面的
报告，此时约瑟夫·穆勒正在威尼斯涂改他的护照。尼乌文胡
伊斯强调，这次警告不仅仅是一种意见，而且是来自一名"同
胞"——一个比利时人——的线报，情报来自"一个从总参谋
部获取了信息的人"。[9]

此人于4月29日离开柏林，5月1日抵达罗马，周
五晚上重新与我们的同胞（诺茨）进行了几小时的讨论，
他证实总理（希特勒）已经做出入侵荷兰和比利时的决
定，该决定不可挽回，依照他的说法，此次进攻很快就
会发动，并将不宣而战……他补充说，战争将使用一切手
段：毒气、细菌、全面掠夺，包括银行的存款箱……从外

部形势来判断，我很难相信此事很快就会发生。[10]

接收情报的人无视了梵蒂冈发出的警报。"我对他们现今
的预测不是特别相信，"奥斯本在转达教宗的警报时如是说，
"他们此前也做出过类似的预测。"例如，3 月 19 日，奥斯本
就预计德国将在不到一个月的时间内发动进攻；庇护十二世的
最新情报也显示进攻会发生在 4 月中旬。但经过 6 个月与梵蒂
冈的密谋沟通，哈利法克斯勋爵已经从心理上将 5 月的警报视
作"教宗在喊狼来了"。[11]

纳粹德国于 5 月 10 日入侵了荷兰和比利时，随后侵入法
国。5 天后，法国自视已战败。盟军开始了为期 5 周的撤退，
并于敦刻尔克大撤退时达到顶峰，最终结果就是 卐 字旗飘扬
在埃菲尔铁塔上。

听说纳粹发动了入侵后，庇护十二世便准备发表抗议。马
格利奥内枢机起草了一份简短的声明供他签署，预备当晚刊登
在梵蒂冈的日报《罗马观察报》上。但庇护十二世因为其言辞
太过温和将这一稿退回。马格利奥内的第二稿也同样被退回。
一直到当晚 8 点，连报纸延期截稿的最后期限都快过了，教宗
决定采取更直接的方式——为遭受入侵的主权国家写了一段慰
问词，谴责"残酷的"入侵"违背了所有正义"，并要求报纸
在下一期刊登。教宗用自己的白色奥利维蒂（Olivetti）打字
机打出这份笔记，再自己加以修改。由于当时时间已晚，他伪
造了马格利奥内的会签。[12]

该声明激起了轴心国的强烈反对。也许是受到了柏林的刺
激，墨索里尼试图恐吓教宗。5 月 13 日，庇护十二世与意大利
特使迪诺·阿尔菲耶里（Dino Alfieri）的会谈剑拔弩张。阿
尔菲耶里称，墨索里尼不只读了教宗的声明，而且将其在梵蒂

冈报刊上发表的行为视为"其对自己政策的反对"。鉴于法西斯阵营已恼羞成怒，阿尔菲耶里不排除"严重的事件将发生"。面对这一隐晦的威胁，庇护十二世说，他不害怕"去集中营或落入恶人之手"。[13]

之后他发出了自己的警告。作为教宗，他"应该以事实说话，反对在波兰正在发生的事情"。一名助手记录了他的言辞。"我们想对该行为表示强烈反对，唯一阻止我们发声的，是我们害怕因此使受害者的处境变得更糟。"[14]

希特勒的胜利让梵蒂冈成为轴心国海洋中的一座孤岛。6月，意大利决定加入德国一方，一同参战，庇护十二世在他的城邦里为同盟国的外交官提供避难所，奥斯本觉得自己在那里"像一头困兽"。墨索里尼将庇护外交官的罗马教廷视为"间谍的巢穴"，并夸口自己随时可以入侵那里。穆勒警告莱贝尔神父，党卫队正密谋对教宗实施保护性的监禁。在梵蒂冈的报纸发表了庇护十二世对被入侵的中立国的同情声明后，法西斯的暴徒殴打了报童，并将报纸都扔进特莱维喷泉（Trevi Fountain）。当庇护十二世冒险去罗马做弥撒时，法西斯分子在一个十字路口拦截了他，摇晃着教宗乘坐的汽车并吼叫着"教宗去死！"[15]

庇护十二世加强了他周围的警戒措施。梵蒂冈警方创建了一个反间谍特别部门（Special Section for counterespionage），该部门人员着便衣。瑞士卫兵保留了他们的羽毛帽子和古董剑，但储备了防毒面具和冲锋枪。梵蒂冈的工程师建造了防空洞和钢制装甲室（asteel-armored room），以保护珍贵的书籍和手稿。[16]

梵蒂冈对于庇护十二世与德国抵抗势力的联结变得越来越担忧。莱贝尔神父的秘密行动在耶稣会高层引发了恐慌。耶稣会的总会长（superior-general）反对莱贝尔因参与"模糊且可疑的阴谋"而危及在纳粹德国的耶稣会士，庇护十二世因此将莱贝尔与穆勒的会面转移到郊区的一个教区里。罗马的烟囱升起浓烟，那是穆勒的线人们在烧毁手上的文件。但当莱贝尔和稍后加入的卡斯蒙席劝说庇护十二世断开与德国密谋者的一切联系时，庇护十二世严厉地命令他们"管好自己的事"。[17]

庇护十二世坚称自己不怕性命受到威胁。他告诉阿尔菲耶里："我们没有被指向我们的手枪吓倒，下一次就更不会怕了。"显然，他指的是1919年慕尼黑教廷使团被突袭事件。但在接下来的几个月里，随着他与德国抵抗势力的联系再次使他处于党卫队的监视下，庇护十二世将意识到他的处境是多么危险。[18]

第 11 章
棕色鸟

　　一名党卫队军官称，这是"战争中最严重的叛国罪"。约瑟夫·穆勒于 1940 年 5 月 17 日得知此事，当时他在慕尼黑通过阿勃维尔特别安全网接到一通令人震惊的电话。卡纳里斯的一个亲信告诉穆勒即刻赶回柏林。他要开车来，避免乘坐火车和飞机，以防行踪被追查。[1]

　　穆勒给约翰内斯·纽豪斯勒蒙席打了个电话，两人约定在慕尼黑的英国花园见面。"乔瓦尼，"穆勒用朋友的意大利绰号称呼他，"我想我要死了。"他请求朋友照顾好他的家人，特别是他的女儿。他担心女儿作为一个被定罪的叛徒的孩子，将来的日子会很难过。[2]

　　穆勒到柏林后去了汉斯·奥斯特的家。据穆勒回忆，这名阿勃维尔 Z 部门的头儿忧伤地看着他问道："你还记得我们两人的约定吗？如果我们中的一人搞砸了，就独自上绞刑架。"当穆勒回答说，他当然记得，奥斯特说："好吧，现在我们俩都深陷泥潭了。"他不愿透露更多的细节。"但把头抬起来，"奥斯特说，"愿天主帮助我们。"[3]

　　穆勒在阿勃维尔的总部遇见卡纳里斯。卡纳里斯上将正要去参加部门领导的每日例会。穆勒马上看出他很焦虑。他低声和穆勒说话，并且用了非正式的人称"你（Du）"。"棕色鸟！"他用嘶嘶的声音说。"去看棕色鸟。"当卡纳里斯眯着眼睛问他"那个人是不是你"时，穆勒就更加摸不着头脑了。

穆勒说："我应该是谁呢？"但卡纳里斯没有回答他，转身离开了。[4]

最终，穆勒在奥斯特副手的办公室里得知了真相。杜南亿解释说，几年前，纳粹空军总司令赫尔曼·戈林（Hermann Göring）在帝国空军部（Reich Air Ministry）创立了一个研究室来读取外国通信信息。研究室将截获并破译的信息发送到各相关部门。由于这些解密文件是通过印有帝国鹰（Reich eagle）图案的棕色纸分发的，阿勃维尔的官员称其为"棕色鸟"。

研究室破译了两份驻梵蒂冈的比利时特使发出的电报。阿德里安·尼乌文胡伊斯于 5 月 2 日和 4 日发送的信息披露了希特勒详细的战争计划。一份电报中提到警报的来源是一名比利时"同胞"，并透露"此人"于"4 月 29 日离开柏林，5 月 1 日抵达罗马"。[5]

"是你吗？"卡纳里斯回来后问他。穆勒平静地回答道："也许吧。"卡纳里斯说："得了吧，你肯定知道！"然后他笑了，一只手搭在穆勒的肩头，称赞他在混乱中能保持镇定。卡纳里斯问他："你准备好从我这里接受一项任务了吗？"穆勒说，这取决于是什么任务。"我命令你去罗马执行一项特殊任务，调查此次泄密事件。"卡纳里斯如此说道。

穆勒必须立即出发。飞机一起飞，卡纳里斯就会展开对"此人"的搜捕行动，并对所有前往意大利的人实施边境管控："我必须在海德里希出手之前控制此事。"穆勒到罗马后应拜访那里的阿勃维尔办事处，负责此事的上校会接到命令帮助他。整个调查行动将由穆勒负责。当希特勒问起泄密事件的调查时，卡纳里斯只需向希特勒保证，他已经有合适的人选负责此事：一个叫约瑟夫·穆勒的人，与梵蒂冈有无可匹敌的关系。正如穆勒此后所说的："上将让我领导针对我自己的调查行动。"[6]

穆勒再一次飞往罗马。他首先拜访了莱贝尔神父，做了个简短的汇报。他们一致认为电报的发送者，比利时大使尼乌文胡伊斯，必须消失一段时间，隐藏在有上千个房间的宗座宫里。然后，穆勒和莱贝尔必须想办法转移纳粹对诺茨修道院院长的注意力，正是他把情报传递给了尼乌文胡伊斯。于是穆勒在天黑后悄悄探访了诺茨。

紧接着，穆勒拜访了阿勃维尔的办事处。在那里，他向奥托·黑尔费里希（Otto Helferich）上校索要了一份迄今为止泄密调查的总结报告。看到文件中并没有任何应迫切担忧的事情，穆勒松了口气。他接着向对方要到一份阿勃维尔和党卫队在梵蒂冈执行任务的特工名单。最后，因为他知道自己的朋友会担心，也为了给上校留下深刻印象，显示自己的任务很重要，他当着黑尔费里希的面给卡纳里斯打了个电话，说黑尔费里希很好地启动了调查，且两人进行了"令人满意的交谈"。黑尔费里希是个随和的人，似乎很高兴有穆勒负责这些额外的工作。于是穆勒开始调动当地阿勃维尔的资源为自己的目的，即调查他自己效力。[7]

事情开始有条不紊地推进。穆勒拜访了诺茨，警告他要保持低调。同一天晚上，穆勒还见了莱贝尔，把意外收获的纳粹间谍名单给了他。这份名单里有：本笃会修士达玛苏斯·泽林格，他是凯勒的朋友；加布里埃尔·阿谢尔，他是转信天主教的犹太教徒；约阿希姆·比克纳（Joachim Birkner）神父，他是梵蒂冈秘密档案馆里的内奸。[8]

第二天早晨，穆勒见到莱贝尔满脸带笑。"我突然有个想法，"这名耶稣会士调皮地说，"我们中间有一名神父是比利时人，刚去了刚果，根本遥不可及。为什么不把事情全归咎于他，说他就是尼乌文胡伊斯提到的'同胞'呢？这应该可以帮助诺茨转移注意力。"[9]

穆勒现在可以编造一个可信的故事，把诺茨的比利时"同胞"身份嫁祸给别人，并呈报柏林。穆勒容光焕发地回到黑尔费里希上校那里，他说，自己通过在梵蒂冈的关系网发现，比利时的耶稣会士西奥多·蒙内斯逃离罗马隐匿了起来。很显然，这就是截获电报中提到的比利时"同胞"。

但问题只解决了一半。穆勒还得找个人来顶替自己的角色，就是警告"同胞"的那个"此人"。诺茨院长利用纳粹分子之间的嫌隙编造出一个故事。党卫队首领海因里希·希姆莱痛恨德国外交部长约阿希姆·冯·里宾特洛甫，也很讨厌意大利外交大臣加莱阿佐·齐亚诺。据称，齐亚诺在罗马的鸡尾酒会和晚宴圈里铺设了一个社交间谍网。穆勒有理由相信，是齐亚诺的间谍从里宾特洛甫的 35 名随行人员中，套出了希特勒的战争计划。这 35 名随行人员中包括法律和经济专家、两名理发师、一名按摩师、一名医生和一名健身教练。比利时公主玛丽·何塞也在齐亚诺的社交圈里活动，情报计划可能由齐亚诺传给比利时公主，又由比利时公主传给比利时的耶稣会士蒙内斯。[10]

不过，危险还没有过去。阿勃维尔的反间谍官员约阿希姆·罗勒德（Joachim Rohleder）上校得知了被截获的信息内容，而他不是卡纳里斯的人。罗勒德筛查了问题时间段穿越德意边境的人员名单，并看到了约瑟夫·穆勒的名字。[11]

罗勒德决定派一名特工跟踪穆勒。他得知加布里埃尔·阿谢尔此前曾帮助赫尔曼·凯勒搜集关于穆勒的情报。鉴于阿谢尔依然有朋友在教廷身居高位，罗勒德给了阿谢尔一些钱，把他派去了罗马。[12]

两周后，阿谢尔带着一份确凿的报告返回，里面有罗勒德认为"逻辑上令人信服"的证据指认穆勒有罪。阿谢尔罗列了一份不得了的名单，上面都是被推定为有特工身份的人，包括米兰和热那亚的神父,以及一名被称为莱贝尔神父的梵蒂冈人士。罗勒德拿着这些情报拜访了奥斯特,但后者对阿谢尔的断言不屑一顾,认为这不过是来自一个对立宗教团体的闲言碎语,因为他们嫉妒穆勒的人脉。罗勒德随后将此案上呈给卡纳里斯,但后者说这"没有说服力"。[13]

密谋者再次将穆勒叫到柏林。杜南亿在火车总站附近一个隐秘的角落里与穆勒进行了一次秘密会谈。杜南亿给穆勒看了阿谢尔的报告和罗勒德的指控。为了登记备案,穆勒必须承诺并签署一份抗辩书。穆勒来到他的律师朋友马克斯·多恩(Max Dorn)的办公室,这个朋友欠他一个人情。于是由多恩打字,穆勒口述了一份要交给卡纳里斯的反驳声明。[14]

随后卡纳里斯召见了罗勒德,对他说,在经过全面的思考后,他认为最好放弃这条线索,然后甩掉阿谢尔。罗勒德提出抗议,尤其反对奥斯特继续使用穆勒。卡纳里斯坚持自己的立场,罗勒德别无选择,只能服从。

这次险些成真的灾难使庇护十二世深感懊恼。他通过穆勒,恳求所有的密谋者销毁一切牵涉罗马天主教会的文件。但退役将军路德维希·贝克拒绝烧毁所有反抗运动的文件,而是让他的门生奥斯特将文件都保存在措森的一个保险箱里。贝克想要为后代保存证据,以证明一个体面的德国存在过。穆勒通过奥斯特提出抗议,认为这样会危及在罗马和德国的密谋者。他要求奥斯特以名誉担保,会销毁莱贝尔的信件。当着穆勒的面,奥斯特叫一名下属这样做了。只是事后穆勒才反应过来,奥斯特事实上并没有以自己的名誉来担保。[15]

希特勒在西线的胜利严重打击了他国内外对手的士气。密谋者保全了自己的荣誉,却失去了下手的时机。德国国防军没有攻击希特勒,而是攻击了盟军——先是在北部,然后在西部。英国内阁现今改由温斯顿·丘吉尔领导，他们表示，在德国人罢黜希特勒之前，不会开启进一步会谈。而德国民众沉醉于战争的胜利，不想让希特勒下台。不列颠之战更是恶化了丘吉尔对所谓"体面德国"的看法。提到德国的抵抗运动，丘吉尔下令说："我们的态度……应该是绝对的沉默。"[16]

尽管如此，庇护十二世没有关闭沟通的渠道。尽管他无法获取英国的承诺，但他与德国的密谋者保持着联系。穆勒继续在梵蒂冈执行任务，指望德国的抵抗运动能在命运之轮上起死回生。也许早在 1940 年 9 月，穆勒就向罗斯福总统派驻梵蒂冈的私人代表迈伦·泰勒（Myron Taylor）简述了暗杀希特勒计划的基本情况。[17]

由于党卫队开始怀疑莱贝尔，穆勒与卡斯的会面变多了。法国沦陷后，被监视的危险变大了，穆勒和卡斯开始在梵蒂冈古墓中见面。圣彼得墓的挖掘工作一直在进行。穆勒走下楼梯，穿过一条通往大教堂的底部的狭窄地下通道——几秒钟的路程将他带回到二三世纪时的罗马。在墙上的马赛克壁画里，他不可避免地瞥见了自己生活和使命的暗示。在一片田园风光中，两头套着轭的牛在等待他们的主人，后面拉着一辆满载葡萄的拖车。一个红白蓝的标志被嵌进十字拱顶上，让人想起英国的国旗。拱顶下，一个名叫弗拉维乌斯·阿格里科拉（Flavius Agricola）的自由人题词道："当死亡来临时，土与火吞灭一切。"不远处，约拿从船上跳进鲸鱼的嘴里。在古墓的深处，大教堂的主祭坛正下方，有人写道：*Petr[os] en[i]*，即"彼得在里面"。[18]

1940 年夏天，约瑟夫·穆勒开始与密谋者的领袖有了更多接触。他开始与退役将军贝克会面。作为教宗最信任的政治特工，穆勒通过这些会面与"体面德国"的指定摄政者，即后希特勒政权的领导人建立了直接联系。穆勒说服贝克接受了一个理念:"一个欧洲经济联盟是迈向欧洲统一的根本步伐,也能防止过激的民族主义和不同国家间战争的产生。"该想法成为抵抗计划的一部分,旨在构建一个后希特勒时代的欧洲。[19]

穆勒与贝克提出的第二个想法是抵抗运动需要向泛基督化的方向发展。因为信仰路德宗的将领更严格地遵行他们的忠诚誓言,因此德国的潜在盟友会将政变视为天主教中央党策划的阴谋;而由于教宗在策划中出面领导,潜在的外国朋友会将其视为一个梵蒂冈的计划。如穆勒所述,贝克希望"转变"这种以天主教为主的"反响"。

为此,抵抗组织招募了新教神学家潘霍华。他的姐姐克里斯特尔(Christel)嫁给了杜南亿,而潘霍华从姐夫那里知晓了密谋的大致情况。潘霍华加入了慕尼黑的阿勃维尔,而穆勒是他的负责人。到 1940 年 10 月,穆勒已将潘霍华安置在埃塔尔(Ettal)的本笃会修道院里,阿尔卑斯山的风在那附近止息,而盖世太保则鞭长莫及。[20]

在那里群山遮蔽了阳光,修道院只有正午时分才有一点日照。约翰内斯·阿尔布雷希特神父(Father Johannes Albrech)是个啤酒酿造大师,他穿着黑色的带帽外袍,给了潘霍华一把打开图书馆的钥匙。潘霍华每天早上在那里写论文,把天主教和新教的诫命融合起来。[21]

大约在这个时候,潘霍华接受了天主教在弑君一事上的立场。耶稣会神父鲁珀特·迈尔当时住在埃塔尔,也许曾鼓励潘霍华放弃新教关于顺服权柄的教义;但无论如何,潘霍华离弃新教教义最早的征兆,就是在埃塔尔逗留期间显露出来的。穆勒在天主教会的情报联络人阿伯特·霍夫迈斯特和约翰内斯·纽豪斯勒蒙席,都成为潘霍华最亲近的新朋友;他开始接受天主教的主张,比如"普世基督教合一(Unity of

Christendom）"；在给他信任的兄弟写信时，他开始拐弯抹角地用新约中的希腊经文，敦促他们"大胆与谨慎并行"。在回应伊格内修斯（Ignatius）的"灵修（Spiritual Exercises）"时，他写道"基督是毁灭者"，视其敌人为"是时候要焚烧的"。在"严峻的形势下"，潘霍华以耶稣会的案例论证说，叛国就成了"真正的爱国"，在过去被认为是爱国主义的行动就成了叛国。[22]

1940 年的圣诞节，基督徒密谋者在埃塔尔召集会议，商讨他们下一步的行动。他们在阿伯特的私人餐厅里，围着壁炉坐了半个晚上，参与者有穆勒、杜南亿、迈尔神父、阿尔布雷希特神父和潘霍华牧师，此外还有来自慕尼黑阿勃维尔的施密德胡贝尔和海因里希·埃克哈特上尉（Captain Heinrich Ickhardt）。据一些说法，梵蒂冈也派了三名高级教士参加会议，包括莱贝尔，可能还有耶稣会神父伊沃·泽格（Ivo Zeiger），他是罗马的德意志学院院长。[23]

几杯香甜的弗兰肯冰镇红酒（Franconianice-wine）下肚后，他们的交谈变得严肃起来。他们想知道教宗是否可以恢复与英国人的联系。那位耶稣会神父希望如此。但穆勒告诫他的朋友们，不要期望过高。现在整个环境都变了。意大利加入纳粹一方，而英国又在与德国进行真正的战争，和谈的时机已过。"体面的德国人"必须采取行动。如果他们行动，教宗就会帮助他们。否则，教宗的帮助也没什么用。现在到处都有希特勒的凯歌，欧洲正在变成一个异教的帝国。希特勒的副手马丁·鲍曼刚发动了"修道院风暴（*Klostersturm*）"，没收了宗教财产，将十字架从学校移除，又将教堂的钟熔炼掉制作成子弹。阿尔布雷希特神父称，教宗的忧虑为此日益增加，担心"这相当于对德国的天主教会下了死刑判决"。[24]

当教牧人员回去休息后，间谍们留下来权衡他们的选择。

他们必须继续尝试与同盟国取得联系。但所有人一致同意，真正的推动力必须来自德国本身。穆勒已经和潘霍华讨论过如何建立由虔诚基督徒组成的小社群。而杜南亿接下来则要想办法让这些基督徒组成的社群与劳工和军事圈联合，一起组成一个好战的人民阵线。[25]

在巴伐利亚的乡村地区，反抗的迹象已经出现。当纳粹党的头目要移除乡村学校的十字架时，敬虔的妇女们掀起了一波公民反抗的浪潮。她们通常会先为阵亡士兵做完弥撒，然后一起游行将十字架放回去。在费尔堡（Velburg）的村镇里，500名妇女冲进镇长的家里，在他伸手要掏手枪时将他按倒在地，并迫使他妻子交出了教室钥匙。在其他村庄，妇女们将自己的丈夫也召集起来，公共广场上因此站满了挥舞着干草叉的农民。巴伐利亚政府意识到，民众中正兴起"一道心理抵制的防线"和"接近革命的情绪"，因此将十字架又都装回去了。[26]

手无寸铁的妇女战胜了征服世界的纳粹。该事件让埃塔尔的密谋者既振奋又羞愧。现在他们觉得必须在德国国内带头采取一些直接行动。

然而，游击战已经不适合老人了。"老年人宁愿一切都像过去一样，并且不惜一切代价希望避免不愉快的事。"当月，一个来自帕绍（Passau）的年轻神父给81岁的德国主教团主席写信时，表达了这种新的好战情绪。"在这样一个责任重大的职位上，拥有决断力和精力做出有力而无畏的行动，并有勇气随时准备赴死，是多么必要且重要啊！"本着这种精神，天主教的行动责任从梵蒂冈转到了德国的天主教会，埃塔尔的密谋者将与一群更年轻也更果敢的神父联合，发起一轮新的反对希特勒的谋划布局。[27]

112

第 12 章

铸造钢铁

阿勃维尔官员赫尔穆特·詹姆斯·冯·毛奇（Helmuth James von Moltke）认为，法国似乎"时不时就被重拳击打"。毛奇在 1940 年 8 月巡视被占领的西方国家时，勘察了马奇诺防线，悲叹道，法国"浪费了如此多金钱和土地"用于建造岗哨、路障、坦克陷阱、碉堡和营房，从比利时一直延伸到瑞士。"整片地区，"他给妻子芙蕾雅（Freya）写信说，"除了蓟花和其他杂草，什么都不长，刚刚吹过的风带着大把成熟的蓟种，像瘟疫一样传播开来。"看到被风吹动的荆棘，毛奇反思道："这样的防御系统没有生命力，已病入膏肓。我的意思是，如果我们在欧洲必须使用这样的东西，那我们就没救了。"[1]

当毛奇深入法国人中间后，他的忧虑更重了。他发现他们"友好得令人作呕"。由于指望他们的物理防御工事能保护自己，法国人没能培养出战斗所需的精神品质。提到法国人的"道德沦丧"，毛奇悲叹地描述说，法国女性"都兴致勃勃地想排队和德国士兵上床，显然她们认为德国士兵更强壮，而与更强壮的男人上床更有乐趣"。与此同时，法国士兵简直成了"穿着制服的难民；当听到飞机临近的时候，他们会在车里大喊大叫，推开妇女、儿童和老人，躲进旁边的田野里"。[2]

毛奇认识到："极权主义战争能摧毁精神价值。这一点人们到处能都感觉到。如果战争摧毁的是物质价值，由于人们的思想大多受限于感知，他们会知道如何以及针对什么来保护自己。但如果被摧毁的是人的内在价值，人们便无法将它与可感知的物质世界关联起来。人们会无法理解其中的过程，也无法找到抵挡的手段或自我更新的办法。"[3]

回到柏林后，毛奇便着手政权更迭的准备工作。8 月 14 日，他第一次见到了阿勃维尔的档案员杜南亿，杜南亿当时正在准备一篇关于不服从非道德指令的权利的文章。经过深思熟虑，毛奇从信任的朋友中一次招募一个人，建立了一个圈子，到 1941 年底，这个圈子改变了德国的反对派。对毛奇而言，反对希特勒的斗争主要不是军事或政治斗争，而是元伦理（meta-ethical）斗争：他在法国短暂的停留使他相信，对暴政的抵挡取决于"如何将人的形象重新植入同胞们的心中"。[4]

为了找寻这个新的形象，身为新教徒的毛奇开始与天主教会接触。他认识约瑟夫·穆勒，也很喜欢他，曾因担心穆勒在梵蒂冈的任务而夜不能寐。当希特勒的敌人与教宗联手时，他看到了"一线希望"。在为后希特勒政府寻找精神基础时，毛奇发现教宗的社会通谕不但为他提供了一个连贯的计划，同时也使他感受到内心深处的平静。但当为自己的计划寻找合作伙伴时，他却发现非天主教的牧者们始终拒绝反抗。"［明斯特主教克莱门斯·冯·］盖伦和特里尔（Trier）主教［弗朗茨·鲁道夫·博内瓦瑟（Franz Rudolf Bornewasser）］都在讲道中勇敢地表达反对，"毛奇认识的一名新教徒记录道，"而福音派这边却无人领导反抗。"1941 年 9 月 28 日，毛奇在与贝克将军共进晚餐时劝说他——而贝克也同意了——与天主教会一同"铸造钢铁"。[5]

1941 年 10 月 13 日，一名耶稣会神父走进柏林的阿勃维尔总部。奥古斯汀·罗施神父（Father Augustinus Rösch）又矮又壮，是火车司机的儿子，参加过第一次世界大战。一次密集的炮火曾使他被短暂活埋，因此有时他的四肢会不由自主地颤抖或抽搐，仿佛想从地下爬出来。永不停歇，异常忙碌，总是奔波操劳，罗施神父擅长编织人脉和建立同盟。莱贝尔神父称赞他是"德国天主教会中的最强者"。他肩负着在受逼迫的日子里领导巴伐利亚耶稣会的重任。[6]

罗施神父来慕尼黑探望一位好友。路德维希·冯·翁德·楚·古滕贝格（Ludwig von und zu Guttenberg）此前在被禁的天主教君主主义杂志《白叶子》（*Weisse Blätter*）担任编辑，后来加入军事情报部门，像他的好朋友约瑟夫·穆勒一样，为奥斯特的反抗组织效力。这次罗施神父来拜访柏林的军事官员，表面上是来商讨随军牧师的身份地位，但古滕贝格提议给他新介绍一名反抗组织成员。[7]

古滕贝格实施了周密的安全防范措施。他会先走到集合地点，罗施在他身后 50 米的地方尾随而行。当古滕贝格在一个花园门口停下来点烟的时候，罗施应该走进下一个花园大门，穿过一个大车库，绕到大楼背后，爬上后墙的楼梯。在车库的上方有一间隐藏的公寓，古滕贝格告诉他："按门铃，然后报我的名字。"罗施依指示而行，按照他的回忆，他"不得不东张西望了一阵子，才找到楼梯"。他冲到楼上，按响了门铃。[8]

开门的是赫尔穆特·冯·毛奇。罗施写道："我永远不会忘记我们的第一次会面。"他记得毛奇是一个"瘦削的人，面部轮廓分明"，他的个子很高，进门需要弯一下腰。毛奇友善地引罗施进了一个大房间，里面陈设很简单，但有一套"很棒的藏书"。在房间的一面墙上挂着一张著名的德国国防军宣传海报，大标题写着"敌人正在听"。[9]

古滕贝格随后加入他们。毛奇让客人在一张擦得锃亮的木桌旁就座，然后就离开了。回来的时候，他端着杯子和盘子，还有咖啡、面包卷、酒精炉，以及一碗面糊。毛奇在煎苹果饼的时候，古滕贝格预言，鉴于战争就快取得胜利了，对教会的逼迫会越来越严重。"这对于德国来说太可怕了，事实上我们这一方已经战败了……如果不把领导权从希特勒手中夺过来的话。"[10]

毛奇接着概述了自己的政变计划。"我们的官员可以宣布与西方停火并讲和；然后即可出现一个可接受的和平局面，欧洲也能被拯救，"罗施记得他这么说，"我们必须准备好从希特勒手中夺取军事领导权……他就是个疯子……如果我们的官员也令我们失望——我不太会相信——那德国就输定了。"[11]

他们讨论了纳粹对宗教的战争。毛奇认为希特勒"对教会怀有魔鬼般的仇恨，尤其是对天主教会"，他对耶稣会充满愤怒，对基督教的一切充满愤怒。他哀叹道，尽管天主教会禁止纳粹党员加入，且有 1930 年帕切利枢机从罗马发出的指示，许多新教牧者却没有斩断与纳粹的联系。由于天主教会的立场更严格，且由于它的等级制度以及教宗至高无上的地位，该立场得以被坚持到底。毛奇就此认为天主教会必须引导基督徒起身反抗希特勒。根据罗施的记录，毛奇强调说："我要告诉你我作为一个新教徒得出的结论：德国的基督教只能由德国的主教和教宗来拯救。"[12]

毛奇在这几点上有雄心勃勃的想法。他想让罗施将天主教会带进后纳粹的秩序规划中。假设军队废黜了希特勒，就需要一个建立在基督社会观上的临时政府来保证公共安全。"我们必须像基督徒一样思考，也必须计划和准备重建工作……我们必须战斗，并尽一切努力挽救能挽救的。"据称毛奇当时曾这样说。这些话给罗施留下了极深的印象，他自己后来也经常重复这些话。"现在我问您，神父大人：您准备好了吗？您愿意以这种方式合作吗？您会合作吗？"[13]

116

罗施要求给他一些时间考虑一下。他不能简单地当场就同意，因为毛奇显然"期待能从天主教会得到大量的直接帮助"。毛奇称赞了天主教会的等级结构，这种结构使得耶稣会的主教要向罗马申请汇报。毛奇常去慕尼黑出差，他们同意去慕尼黑继续会谈。毛奇送客的时候说了一句"日安（Guten Tag）"，罗施则回了一句"再会（字面意思是"与天主同行"，德语原文为 Grüss Gott）"。照罗施的说法，毛奇大喜过望，"从今以后，我每次也说'Grüss Gott'"。这几句话确认了毛奇与罗施神父的合作伙伴关系，标志着天主教会正式加入反对希特勒的第二轮战时密谋。[14]

第二轮的密谋计划甚至在 1941 年 6 月 22 日之前就已经成形了。当时 300 万轴心国军队进攻了苏联。卡纳里斯此前已向梵蒂冈透露了这个希特勒命名的"巴巴罗萨计划"。莱贝尔神父非常清楚地记得有这样一个警告；随着计划的不断推进，他还收到过数次情报更新，时间可以追溯到 1940 年末。耶稣会向教宗保证，每次的情报来源都是卡纳里斯。[15]

1941 年 4 月下旬，一个惊人的消息传来。约瑟夫·穆勒来到阿勃维尔的总部，奥斯特交给他一份希特勒下达的命令，这份命令会在两个月后发布。里面有一句关键的话是："在与布尔什维克主义的斗争中，我们不能假定敌人的行为会基于人道或国际法的原则。"有另外两句话引起了穆勒的注意："政治委员们（political commissars）发动了野蛮的亚洲式战争。因此，他们将立即受到最严厉的处治。出于原则问题，如果他们在行动中被抓捕，或表现出抵抗行为，都应立即被枪决。"游击队和疑似提供支持的平民，按纳粹党里的说法主要是指犹太人，必须被就地处死。[16]

德国军队现在必须在苏联实施党卫队在波兰所实施的暴

行。布劳希奇尽管很愤怒，但他既不会对抗希特勒，也不会辞职。而哈尔德会坚守岗位，防止更糟糕的事情发生。他们通过特殊命令或许可以拯救上千条性命，对此穆勒和奥斯特表示赞许。但这种表面上的默许还是玷污了军队的荣耀。[17]

奥斯特带穆勒去见卡纳里斯。老人的狗冲着他们叫，而卡纳里斯从小花园上面的阳台进来，他刚刚喂完鸟。他挥手示意穆勒坐下，自己则坐在一把破旧的扶手椅上。卡纳里斯担心新的纳粹"政委令（commissar order）"将造成永久的伤害，他要求穆勒通过庇护十二世寻求和平的"旧规划"，即 1940 年 3 月英国提出的那些条件。卡纳里斯拍拍他的腊肠犬，并预言道，"那些白日做梦的人幻想"苏联会在 6 个星期内被打败，但希特勒就像拿破仑一样，会在那里遇见自己的末日。[18]

希特勒躲在他的防空堡垒里。开始策划对苏联的战争后，他就很少离开"狼穴（Wolf's Lair）"，即他在东普鲁士拉斯滕堡（Rastenburg）附近的指挥所。黑森林里的三重防线将他与世隔绝。只有当他旅行的时候才有机会接近他。[19]

奥斯特曾计划在希特勒早先参加巴黎的胜利游行时开枪击毙他。但希特勒于 1940 年 6 月 23 日抵达巴黎后，看了看卢浮宫，并没有参加游行。1941 年 5 月，在德军于香榭丽舍大街进行的另一次游行中，两名在致敬站台（saluting base）附近的军官计划射杀希特勒，而第三名军官将从一个酒店的阳台上投下炸弹。但随着阅兵日期的临近，希特勒取消了旅行安排。他待在巴伐利亚的山上策划他的苏联之战。只有在 1941 年晚些时候，对苏战争的滔天罪行逐渐显露，才会有一批新的年轻军事人员决定反抗希特勒。[20]

东线战场的作战军官之一，陆军少将海宁·冯·特莱斯科夫（Major General Henning von Tresckow）领导了这个反抗集团。特莱斯科夫将德国国防军视为"俄罗斯大草原上的一阵风"，德国的战败"就像教堂里的阿门一样切实"。然而他也相信，希特勒的罪行在一百年间都不得不由德国人来背负，他告诉一名副手："不只是希特勒自己，也包括你和我，你的妻子和我的妻子，你的孩子和我的孩子，现在正在过马路的女人，以及正在那边玩皮球的男孩。"1941 年 9 月，就在纳粹要求犹太人佩戴黄色六芒星后，特莱斯科夫向卡纳里斯的团体派去一名密使。[21]

卡纳里斯决定与特莱斯科夫结盟，但也害怕爆发内战。他们必须采取措施填补权力的真空，特莱斯科夫表示同意："这就像一个人在旋涡中航行一样。"在推翻希特勒之前，他们必须凝聚出一个军事、民事和宗教的"核（nuclei）"，为政变创造政治先决条件。[22]

119　　就在那个时候，也正是出于这个目的，毛奇与罗施神父联手。正如毛奇在信中表明的，他合理地认为这名耶稣会省会会长（Jesuit Provincial）"与梵蒂冈关系密切"。但我们不晓得他是否清楚，罗施日后会带给天主教会和国家，远比天主教视角和意见更多的东西。无论如何，罗施将向毛奇提供一把钥匙，可以调用整个天主教会的间谍系统，随时准备参与刺杀希特勒的行动。

第13章
委员会

　　巴伐利亚耶稣会间谍网的建立及其和帕切利的联系，可以追溯到德意志第三帝国的早期。组织的建立起源于约瑟夫·穆勒在慕尼黑的情报库。罗施神父每天都在天主教会的特权问题上与党卫队较劲，并将纳粹的计划透露给穆勒，穆勒随即将罗施的报告送往罗马。等到1940年圣诞节时，一个秘密又安全的管道已将庇护十二世与德意志帝国的神职人员联系起来，天主教抵抗运动的中心从罗马转移到了德意志。[1]

　　这一转变意味着抵抗运动对柏林教廷使团的依赖增加了。但庇护十二世认为他在柏林的代理人在纳粹主义面前表现软弱——他甚至怀疑教廷大使的副手是党卫队的奸细。教宗于是寄重望于德国的主教，但这一群体也被阿尔伯特·哈特尔的间谍渗透了。内奸甚至能获取富尔达（Fulda）闭门会议的会议纪要。[2]

　　还剩一个选择：向天主教会在德国的分支机构［如耶稣会、多明我会（Dominicans）、本笃会］授予教宗的代理权。他们直接向罗马汇报，而不必通过当地的主教们——他们只接受教宗的命令。尽管本笃会似乎有意吸纳纳粹会员，但多明我会特别是耶稣会展现出一种战斗的意志。他们被贴上"帝国敌人"的标签，害怕自己被驱逐至东方。他们中间开始兴起一个更年轻也更激进的神职人员队伍，他们听了梵蒂冈以殉道为题的讲道，决定接受所谓英雄主义的邀请。[3]

　　他们在柏林的一次闭门会议上接受了这一邀请。1941 年 5 月 25 日，德国耶稣会和多明我会的领袖们宣誓，"在自己的良心面前、人民面前、历史面前、教会及天主面前，要坚持和维护天主教的荣耀"。本着这一精神，他们组成一个在官方记录中并不存在的七人小组，以掩饰这一 "天主教会情报机构（*kirchliche Nachrichtenwesen*）"。而他们彼此之间，称其为 "圣品委员会（Orders Committee）"，或只是 "委员会"。[4]

　　罗施神父是委员会的推动力所在。他走遍德国，在主教们之间建立起一个通信系统，传递警报，提出建议对策，并将志同道合的人聚在一起。他们通过秘书、接线员、政府职员、军官甚至盖世太保成员了解纳粹的计划。情报最终都汇集到在慕尼黑的耶稣会办事处。在毛奇与罗施取得联系后，罗施的神父们开始与军事政变者展开密切合作。[5]

　　委员会的特工都在伪装下开展活动。他们获得特许可以不穿神职人员的外袍，并按照要求 "不照修道院的规矩" 生活。多明我会的信使奥德里奥·布劳恩神父（Father Odlio Braun）将他的教士长袍藏在一件浅色的防尘罩衫下面；耶稣会士则穿着黑灰色的羊毛外套。一些特工还保留了秘密的第二住所；布劳恩在柏林一个女性朋友的家里留有一个房间，隐藏他的文件。他们通过角色扮演躲避侦查，比如耶稣会的信使洛塔尔·柯尼希神父（Father Lothar König）会和布劳恩的秘书安妮·弗格斯伯格（Anne Vogelsberg）在柏林的火车站扮演情侣，同撑一把伞散步，以愚弄盖世太保。又或者，弗格斯伯格会买一张车票，在一列等待出发的火车上为委员会的神父保留一个位子，而神父本人为了避免以自己的名字乘车旅行，只买了一张月台通行票；在列车马上要出发的时候，神父会登车而弗格斯伯格会下车，且两人在过道中擦身而过时以掩人耳目的方式交换手中的票。当委员会的神父要寄信或打电话时，会对信息进行加密，例如他们在提到约翰内斯·迪茨主教（Bishop Johannes Dietz）时会说"乔安娜阿姨（Tante Johanna）"。[6]

罗施制定战略，却将大部分战术行动交给一名重要助手，即他的秘书兼情报员柯尼希神父，由他来担任整个纳粹德国抵抗组织的关键中间人。1941 年 2 月，柯尼希罹患胃癌，罗施请求他回教区休养却被他谢绝，他坚持"以战斗为先"。单是那一年的记录就显示，他为委员会的工作奔走了 77000 千米的路程，大多是在夜里的火车上。他温和、镇定的举止压制了他的本能冲动。有一次柯尼希开着一辆卡车，看见希特勒的车队擦身而过，他想如果自己能碾死希特勒，那将阻止多少恶行呀，想到这里他脖子上的汗毛直竖。[7]

罗施已经代表教宗与军事政变者取得了联系。早在 1941 年 4 月，罗施神父就与慕尼黑的耶稣会士开始拜访持异见的国防军总参谋长弗朗茨·哈尔德将军。据哈尔德回忆，他们探讨了如何除掉希特勒，以及军事手段是否"合宜"。总是摇摆不定的哈尔德说，他赞同耶稣会的一切谋划，但自己什么也做不了；他身边的人也不会合作。"在得出这个令人失望的观察结果后，"哈尔德回忆道，"我们谈起了天主教会能用以抵抗希特勒的方法……这件事令我印象深刻，因为我无法想象这样一群宗教领袖如何能有效地对抗一名独裁者。"[8]

1942 年 4 月，委员会招募了其最具魅力和活力的成员，新加入耶稣会的阿尔弗雷德·德尔普，他穿着世俗服装——穿西装打领带，看上去有点儿儒雅又有点儿邋遢。他几乎总是以这样一种形象出现在人们面前：手里夹着一支雪茄，头上顶着一个烟圈儿。他因为民发声而在抵抗运动中变得举足轻重。教区的居民用速记记下他的讲道，然后将纸折叠成顶针大小，以逃避侦查。[9]

123

德尔普拥有自由思想精神。在叛离路德宗之前，他曾与纳粹主义眉来眼去；他的新教根源和政治兴趣使他拥有与巴伐利亚耶稣会士完全不同的眼光。在他的第一本书中，他认为信徒路德和康德应对"人类个性的完全瓦解"负责；而无神论者尼采则为新的基督教发展铺平了道路。比如，德尔普认为教会错误地提倡一种"集体主义"的民主。他喜欢钻研问题和理论，并且热爱辩论。德尔普经常提到圣彼得，他在圣彼得身上看到一种鲁莽、脆弱和火热信心的结合，而德尔普也以这样的品格定义自己，这给他在耶稣会的上级造成不小的困扰。[10]

他好斗的性格使他与其他的耶稣会士疏远，连他的朋友都觉得他很难相处。"别让我妈讲什么关于我的'敬虔传说'，"他在给一名朋友的信里写道，"我就是个小屁孩儿。"当德尔普因未知原因推迟他的最后宣誓（final vows）时，人们私下议论是因为他和女性之间的关系。在严格死板的耶稣会组织中，他是一个罕见的特立独行者，他敦促平民起来反抗希特勒。"没有勇气创造历史的人，"他写道，"都注定被历史辖制。我们必须采取行动。"[11]

圣品委员会与梵蒂冈保持着密切联系，约瑟夫·穆勒是主要的联系人。从20世纪30年代中期起，委员会中七名神职人员中有六人曾利用穆勒充当他们的情报员。他们中大部分人与罗马之间也有自己的联络渠道。罗施神父经常通过他的耶稣会同僚莱贝尔神父与教宗秘密沟通。梵蒂冈通过这些渠道了解委员会的工作情况。罗施神父只有在"与重要的人物讨论过"后，才接受毛奇的提议。毛奇则在他的信件中兴高采烈地引用了罗马"对罗施的赞颂：他是德国天主教会中的最强者"。[12]

庇护十二世对委员会的工作表现出特别的兴趣。1941年9月30日，在贝克将军批准毛奇与天主教阵线一起"铸造钢铁"

的两天后，庇护十二世给委员会发出了书面指导，呼吁天主教会与军事抵抗组织展开合作。教宗的信件特别敦促委员会"集中所有力量"，寻求对抗纳粹主义的"统一信念和行动"。鉴于特莱斯科夫－贝克（Tresckow-Beck）联盟刚刚邀请委员会参与到这一特别计划当中，教宗的指示发出的正是时候。从后来的事件来看，教宗的信件显然没能阻止罗施的委员会密谋除掉希特勒。[13]

124

1941 年秋，庇护十二世在例行的周三接见活动中面见了包含德国士兵在内的 80 个人，其中有一个是被流放的德国犹太人。犹太复国主义的《巴勒斯坦邮报》（*Palestine Post*）的一篇战时报道称，这位非雅利安的谒见者请求教宗帮助遭遇海难的意大利犹太人抵达巴勒斯坦。据称，庇护十二世邀请他第二天带一份书面报告再来，并说："你是一个年轻的犹太人。我知道这意味着什么，我也希望你为自己是一名犹太人而永远感到自豪！"[14]

那时庇护十二世已经开始后悔没有在更公开的场合说出这样的话。及至 10 月 7 日，有报道称一名天主教神父在圣黑德维希主教座堂（St. Hedwig's Cathedral）主持仪式时，圣衣上配有一颗黄色六芒星，就像犹太人此时被迫佩戴的一样。三天后，庇护十二世向罗马教宗外交官安吉洛·隆卡利（Angelo Roncalli），也就是未来的约翰二十三世（Pope John the Twenty-Third），表达了自己的担忧，担心他"对纳粹主义的沉默可能受到不公正的评判"。[15]

也许是出于内疚或沮丧，据说庇护十二世提高了嗓音对这名犹太使者说："我的孩子，只有天主知道你是否比其他人更有价值，但请相信我，你至少与其他活在这世上的人一样有价值。"据媒体报道，庇护十二世在结束接见后对这名访客说：

"在主的保护下离开吧。"

每次接见活动结束后，修女帕斯卡丽娜都会给庇护十二世的主教戒指（bishops' ring）消毒。这枚戒指镶有一颗钻石，当人们按压他的手指时，钻石会刺破他的皮肤。"戒指必须被消毒有一个特殊原因，"正如贡佩尔后来提到的，"就是人们都会紧紧地握住他的手，按在戒指上，这使得教宗回到私人住处时经常双手沾满了鲜血。"[16]

罗施神父和赫尔穆特·毛奇是一对好搭档。两人自 1941 年静静地开启合作，在 18 个月内就将事件推向令人震惊的高潮。在此期间，刺杀希特勒的计划比第一次进展得更快、更深入。如果没有罗施的情报部门，该计划根本无法取得进展。

委员会成为密谋者的战后计划理事会（Postwar Planning Board）。毛奇决定将最重要的社会思想家召至他在克莱绍（Kreisau）的西里西亚庄园，撰写一份政治纲领。罗施神父同意主持对话并提炼共识，正如亚历山大·汉密尔顿在美国独立战争期间所做的那样。深受《联邦党人文集》（*Federalist Papers*）影响的毛奇鼓励罗施这样做。[17]

罗施给自己定下一项艰巨的任务，即事先就一切问题达成一致。出于安全的考虑，罗施无法使用电话或邮件，罗施的秘书柯尼希神父就成了关键人物。他在深夜和浓雾中进进出出，从来不说他要去哪里或从哪里来，他将"没有我做不到的事"作为格言鼓励自己。[18]

柯尼希神父开辟了一个抵抗运动的新领域，第一次尝试发动群众支持政变。密谋者之一乌尔里希·冯·哈塞尔在 1941 年 10 月写道："一个至今无法解决的大问题是，我们去哪里能找到对工人有影响力的人。"那个月底，柯尼希就将斯图加特和科隆被禁的天主教工人运动领导人与柏林和慕尼黑的网络联系了起来。这些劳工领袖反过来又招募了被取缔的天主教中央党的关键人物。[19]

计划进行得如此顺利,以至于到11月时,贝克和卡纳里斯上将就批准了与罗斯福总统主动进行接触。密谋者选定了时任美联社驻柏林分社的社长路易斯·洛克纳(Louis Lochner)作为他们沟通的桥梁。洛克纳在天主教中央党一名中坚分子的家里会见了十几名抵抗运动的领导人,他看出该群体几乎全是天主教人士,并惊讶地发现天主教劳工领袖雅各布·凯泽(Jakob Kaiser)是当中的领军人物。密谋者给了洛克纳一个密码,用于罗斯福和贝克将军之间的无线电通信,洛克纳同意在圣诞节期间与白宫进行接洽。[20]

到了12月,情势已经发展到一个分岔口。陆军总司令瓦尔特·冯·布劳希奇对犹太人遭受的迫害感到不安,开始邀请抵抗运动的领导人一起喝茶。哈索·冯·埃茨多夫(Hasso von Etzdorf)作为外交部和最高统帅部之间的联络官,描述了入侵苏联后的第一个圣诞节的紧张场面。布劳希奇当时在对军官、军士和总部人员的讲话中,指着广场中央的圣诞树大声宣告:"你们必须在两个符号之间做出选择——是选择条顿人炙热的圣诞之火(Teutonic yuletide fire),还是闪耀的圣诞树。至于我,我已经选择了基督的符号。"在结语中,他要求听众"想一想那个应当承担所有责任的人"。这一暗示没有任何疑义。有人高呼"可耻"以及"那个人(希特勒)应该被枪毙"。[21]

政变的各个环节有条不紊地进行着,以至于穆勒可以派遣天主教平信徒夏洛特·雷斯彭德克(Charlotte Respondek)去罗马会见莱贝尔神父。奥斯特随即召穆勒到柏林,由他负责统筹协调梵蒂冈在政权更迭中的角色。有一个说法,虽然没有详细的记载,但也不算难以置信:杜南亿曾计划晚上去看歌

126

剧，当穆勒抵达时，他们迅速为穆勒也预定了位子。中场休息的时候他们在大厅遇见了奥斯特，他建议他们去外面待一会儿。剧院外面，人行道与光秃秃的玫瑰花坛交错而过，奥斯特说，他刚从阿勃维尔的信使那里收到情报：日本人在珍珠港轰炸了美国舰队。[22]

美国参战对于希特勒而言既是毁灭也是拯救。从长远来看，教宗的顾问们如今确认，轴心国必然失败。但就当下而言，德国的抵抗运动没有胜算。希特勒对美国宣战后，白宫官员拒绝了洛克纳的提议。据洛克纳回忆，这实在是"窘极了"。[23]

圣诞计谋由此宣告破产。抵抗运动刚刚经受了这一打击，很快就在 12 月 19 日又挨了当头一棒。德军在莫斯科的攻势停滞不前，希特勒将其归咎于与他日益对立的布劳希奇，并罢免了他。但这样的损失只是暂时令密谋者感到沮丧。他们很快就重振旗鼓，因为罗施神父将"人的形象"[24]重新注入他们心中。

此事发生在克莱绍，毛奇的西里西亚庄园，时间是 1942 年 5 月 22 日至 25 日。在五旬节的周末，密谋者整整三天生活在他们想要寻求的新世界中。毛奇邀请了 24 个人，事后他们一致带着热情回想起当时田园般的美景——阳光下的紫丁香、羊群和甜菜，以及壁炉旁的深夜对谈。五旬节，有火焰般的舌头显现出来，圣灵从天而降，此时使徒正秘密聚集在耶路撒冷。这一传统激发了复兴精神。密谋者视自己为新巴比伦的末世使徒，而罗施神父对他们进行了指导。他根据自己与盖世太保之间的一百多次交锋，教他们如何抵制审讯。他提出一个简单的建议："向你的守护天使祷告"。这便为整个周末注入了原始基督教的基调——带着地下墓穴的精神和回到本源的纯粹。毛奇的妻子写到罗施神父时说："因为他，我们真的觉得自己重生了。"[25]

　　罗施为人处世过于老练和谨慎，不会让人觉得他是教宗的代言人。但正如赫尔穆特·毛奇的秘密记录，梵蒂冈预先协调并批准了克莱绍的议程。5 月 8 日，"一个从罗施那里来的人想知道各样事情，而且他是在与教宗会面之后来的"，毛奇记录道，"罗马提出的主要问题之一，就是'你如何看待经济秩序的问题？'"毛奇与梵蒂冈的特使展开了从清晨到午夜的会谈，他形容对方只是一个"陌生人"。通过毛奇，陌生人将关于后希特勒时代的秩序问题转达给柏林主教康拉德·冯·普莱辛；普莱辛又通过毛奇回答了教宗的问题。最终，他们取得了"众多进展"，毛奇认为："P（普莱辛）显然很满意，我也是。"此次会议宣言（conference manifesto）由耶稣会神父德尔普起草，罗施编辑，并严格遵循毛奇一直以来所钦佩的庇护十一世 1931 年在《四十年》（*Quadragesimo anno*）通谕中规定的天主教社会学说（Catholic social teaching）。[26]

　　罗施在集会上宣读了这份宣言，并引发了巨大反响。该宣言否定了 14 世纪以来的许多政治思想，谴责了"国家的神化（*Staatsvergöttung*）"，并哀叹国家的不断扩张正"使全人类为蟒蛇所缠裹"。为了反抗这个无名怪兽，罗马提出一种社群化的地方主义（communitarian localism）——"尽可能多的最小社群"。基督徒联盟（*Christenschaft*）将成为这一新秩序的基本单位。德国将回归至"有机国家（organic state）"，这一理念曾随着查理大帝而消逝。罗施说服新教抵抗运动和工会的领袖相信，这一模式才适合德国的未来。就好像五旬节的火降在他们头上，一种保守的浪漫主义情绪占据了上风。罗施提出一种新的基督教世界愿景，它更多建立在社会民主主义而不是军事封建主义的基础上；这种政治怀旧情绪让人觉得宗教改革是一个严重的错误，因为天主教会的衰落让绝对国家的崛起成为可能。尽管这属于对德国困境做出的某种一元论的解释，但它为身处崩溃世界中的密谋者指明了方向。他们曾经用来为希特勒辩解的精力，如今被用来反对他。[27]

罗施回顾了天主教对弑君一事的立场。阿奎那曾强调，除掉暴君时不应引发内战。从这种意义上讲，克莱绍集团的建立正是为了避免希特勒下台后引发的内部冲突，因此使整个政变合法化。据罗施回忆："有传言称，又有人试图刺杀希特勒，但没有任何消息公开。"[28]

密谋者宣誓在战争和基督里成为兄弟。随着周末结束，他们用一个秘密记号来纪念他们的荣耀。就像早期的基督徒在罗马坟墓中涂写鱼的记号一样，克莱绍的成员也通过他们自己的记号来辨认彼此：一个包着十字的圆。圆代表他们的圈子，一个可以将生命托付给对方的闭合朋友圈。十字代表他们对基督的信仰。圆和十字加起来，就是他们的信仰加友谊，最终形成一个瞄准器的形状。[29]

克莱绍以宗教手段刺激了反抗运动。在接下来的几个月里，密谋的速度加快了。但在密谋者的圈子形成时，他们的末日也临近了。在环绕克莱绍的群山之外，布拉格所发生的事情让党卫队第三次追踪到密谋者和教宗的联系。卡纳里斯集团逃过了前两次追踪，却因这次犯下的粗心错误，最终被打入酷刑的地牢，死在绞刑架上。

第 14 章
墓穴会谈

　　1942 年 7 月，约瑟夫·穆勒带潘霍华到罗马，与教宗的代表们展开会谈。对话旨在弥合不同信仰之间的鸿沟，让基督徒能够协同作战，一起反对希特勒。穆勒把潘霍华介绍给莱贝尔神父和卡斯蒙席，他们通过让这名新教徒对圣彼得之墓产生兴趣，巧妙地促使他改变了信仰。[1]

　　墓穴会谈唤起了重新统一基督教世界的愿景。潘霍华细品着天主教的教义——关于教会在世界上的地位，关于基督如何在当前事件中显现，关于教会在死亡谷中的位置。与会者从克莱绍会谈中断的地方开始谈起，一致认为新教和天主教的分裂已经"远远偏离宗教改革者起初努力的方向"。莱贝尔神父承认，天主教会"在失去北欧时已经丧失平衡，它因此受到意大利小说里那种母子之爱的影响，创造出一整套对圣母玛利亚的崇拜"。潘霍华方面则承认，新教诸侯利用宗教改革攫取了教会资产。他进一步斗胆提到，天主教的神父们都守独身，能更好地反抗希特勒，因为他们没有附从的家属，纳粹无法针对这些人进行报复。[2]

　　穆勒关于墓穴会谈的报告影响了德国的教会抵抗运动。修订后的委员会宗旨声明强调，天主教徒"不仅要为基督教会在纯粹的教派、规范和灵性问题上代祷，最重要的是要捍卫作为人类的人们"。德尔普神父认为，这一声明是号召人们拯救非雅利安人的生命。1942 年 10 月，他在梵蒂冈批准的日程表中添加了第二次克莱绍会议的议程："恢复基本人权（特别是犹太人）。"他在慕尼黑的教区住所成了犹太人前往瑞士的地下逃亡路线的一个站点。[3]

穆勒和卡纳里斯集团的其他人，同样也在帮助犹太人。在战争爆发的最初几个月里，他在阿勃维尔中的同人把东正教的拉比、哈巴德·卢巴维奇派（Chabad Lubavitcher）的约瑟夫·伊萨克·施内尔索恩（Joseph Isaac Schneerson）从华沙悄悄带到了布鲁克林；到1942年，潘霍华通过一项代号U-7的阿勃维尔特别行动，将犹太人偷渡到瑞士。卡纳里斯急于拯救他所熟识的一些犹太人，便指示杜南亿指导他们的逃亡，表面上声称这些人可以被阿勃维尔作为特工使用，渗透美国。穆勒和阿勃维尔特工威廉·施密德胡贝尔为难民安排了一条"梯绳（ratline）"——该梯绳借由施密德胡贝尔走私得来的美元为犹太人提供临时支持，并动用了从斯洛伐克直到意大利的修道院网络。[4]

但梯绳也可能成为套索。1942年的五旬节，德国海关在布拉格的一个火车站逮捕了一名非法兑换货币的黑市商人，从而开始揭露这个营救计划。警察在搜查该男子的公文包时发现里面有宝石。嫌疑人供认，是施密德胡贝尔让他买卖这些宝石和货币，以完成与犹太人的某些金融交易。海关首席调查员给一名同事打电话，要他逮捕身在慕尼黑的施密德胡贝尔。但这名同事同情反抗者，转而给施密德胡贝尔和穆勒打了电话。他们警告卡纳里斯，大难即将临头。[5]

施密德胡贝尔通过洗钱来营救犹太人。杜南亿曾请求他将10万美元偷偷带给12名年长的柏林U-7，潘霍华已经在瑞士为他们找到了避难所。施密德胡贝尔看到了从中取利的机会，却危及了更大的群体利益。尽管施密德胡贝尔不了解教宗在暗杀计划中的角色，但他的确接听过穆勒从芙洛拉酒店打来的电话，并将纳粹进攻的日期告知过莱贝尔——因此帮忙将希特勒的战争计划泄露给庇护十二世。汉斯·奥斯特警告卡纳里斯，如果施密德胡贝尔的嘴巴不严，他"可以轻而易举把我们送上绞刑架"。[6]

与此同时，犹太人的苦难将庇护十二世推到公开抗议的边缘。1942 年 1 月 20 日，党卫队间谍头目莱因哈德·海德里希在柏林郊区的万湖（Wannsee）主持了一场会议，计划消灭欧洲的犹太人。五周后，皮罗·斯卡维齐神父（Father Pirro Scavizzi）报告说，德国人已经开始灭绝整个犹太群体。作为马耳他骑士团（Maltese Order）的随军神父，斯卡维齐曾随一列意大利的军事医院列车穿越波兰和苏联，列车上那些受到良心谴责的军官告诉他："被逐入集中营的……据说很少有人能活着回来……集中营里有成千上万的人……被灭绝，没有经过任何司法程序。"神父的线人说，他们在奥斯维辛附近能闻到令人作呕的火葬场的烟味。斯卡维齐给克拉科夫的大主教写了一份报告，但后者命令他将其销毁，以防德国人发现后"射杀所有主教，也许还殃及其他人"。神父听从了命令，但先抄了一份秘密副本，只供教宗阅览。斯卡维齐后来说，当他在 5 月 12 日的接见活动中分享了报告后，庇护十二世情绪失控，向天举手，并且"哭得像个孩子"。[7]

到了那个夏天，世人只是听说过关于犹太人大屠杀的传闻，但庇护十二世已经有一摞报告了。教廷大使朱塞佩·布尔齐奥（Giuseppe Burzio）从斯洛伐克发来电报称，有 8 万犹太人消失在波兰。驻布达佩斯的教廷大使安杰洛·罗塔（Angelo Rotta）写道，斯洛伐克的犹太人已经"走向必然的死亡"。日内瓦的世界犹太人大会（Jewish World Congress）代表格哈德·里格纳（Gerhard Riegner）告诉驻伯尔尼的教廷大使，犹太人被"毒气和致命液体注射"所屠杀。就连亲轴心国的柏林教宗代理人奥塞尼戈，也对被驱逐者面临的命运做出"恐怖的预测"，并补充说："任何代表犹太人进行的善意干预都是不可能的。"荷兰的主教们发出公开谴责；结果纳粹作为回应，驱逐了 4 万荷兰犹太人。[8]

荷兰遭遇的祸患让庇护十二世倍感压力。1942 年 7 月底或 8 月初的一个晚上，莱贝尔神父走进教宗寓所的厨房，发现两张有教宗特有草书笔迹的纸张，上面写明了梵蒂冈迄今为止对犹太人迫害提出的最强烈抗议。教宗计划当晚就通过《罗马观察报》发表这份抗议。但莱贝尔提醒教宗陛下，不要忘记荷兰主教们的牧函。如果荷兰的谴责已经导致 4 万犹太人丧命，来自更知名人士的更强烈的抗议，可能会让更多人付出生命的代价。教宗最好在公共场合保持沉默，而在暗地里做任何能做的事。庇护十二世将稿纸递给莱贝尔，莱贝尔将它们扔进厨房的壁炉里看着它们烧尽。[9]

但几个月后，庇护十二世确实做出了对种族灭绝的抗议。在他的年度圣诞致辞中，他痛斥"成千上万无辜者被处死，或注定要慢慢灭亡，有时只是因为他们的种族"。尽管他没有说出"犹太人"，而是用了"种族"一词——意大利语用这个词委婉地指代犹太人。尽管同盟国的外交官认为庇护十二世做得远远不够，但他们没有反对——甚至没有注意到——他没有使用"犹太人"一词。正如梵蒂冈文件所记录的，他们只是抱怨他没有直接"提到纳粹"。[10]

但纳粹的反应好像他们被直接点名了。德国外交部长里宾特洛甫给驻罗马的大使迭戈·冯·卑尔根拨去电话。一份针对教宗发言稿的党卫队情报分析称，这是"对我们所捍卫之一切的远程攻击……他说，上帝认为所有民族和种族都值得被同等对待。这里他显然是为着犹太人说的……他实际上是在指责德国人民对犹太人不公正，而自己则充当了犹太战犯的代言人"。新教牧师弗朗索瓦·德·博利厄（Francois de Beaulieu）是一名中士，在措森担任无线电操作员，他因为散播而不是销毁教宗圣诞致辞的秘密副本遭到逮捕。一个军事法庭指控博利厄传播"具有颠覆性和致人道德败坏的文件"，并且"在精神上被犹太环境吸引，同情犹太人"。在上级的干预下，博利厄免受死刑。但他不同意有些人对教宗的批评，这些人认为教宗应该做出更大胆的姿态。"教宗在梵蒂冈面前引火自焚有什么益处呢？我们需要德国所有的天主教神父和新教牧师起来反抗。" [11]

133

　　到 1942 年末，基督徒的反抗力量开始集结。随着教宗的秘密政策在慕尼黑、科隆和柏林悄悄传开，不同信仰间的团结成为一种行动共识。墓穴会谈继续支持委员会的外联工作。德尔普神父写道："天主教会有义务通过由意识形态驱动并整合的人员，重新联系与其日渐疏远且不断扩大的其他圈子。"他强调，是新的普世主义激励他，使他促成了地下天主教徒与劳工领袖之间的联盟："我们应当努力协调教会以外的团体，从而获得足够强大的力量推翻这一体制。" [12]

　　但就在德尔普协调各方势力的同时，卡纳里斯正面临一个道德困境。施密德胡贝尔搅乱的"梯绳"危了整个事业，而这一事业也许可以拯救数百万人的生命。据有些人的说法，奥斯特曾敦促卡纳里斯除掉不太正派的施密德胡贝尔，以防他背叛他们。但卡纳里斯拒绝了，他一直因自己在 1919 年革命者罗莎·卢森堡（Rosa Luxemburg）被谋杀事件中所负的事后共谋责任而深受困扰。施密德胡贝尔惊慌失措地逃到梅拉诺的一家旅馆，被意大利警方抓获，并被戴上手铐送回慕尼黑。 [13]

倒计时开始了。毛奇在 10 月 25 日给妻子的信中写道："未来的 8 周将充满紧张不安，这在我们的生活中是罕见的，也许是前所未有的。"这段时间，他和穆勒及耶稣会士的会面变得尤为频繁。"稀奇的是，突然有无限多的事情都取决于一个单一的决定。而功败垂成突然完全取决于一个男人，这是世界历史上少有的时刻。"[14]

第15章

大教堂里的交火

五句节刚过，布拉格很安静，安静到人们几乎可以听到老旧的四轮马车在鹅卵石路面上嘎吱作响的声音。卡纳里斯上将一周前来到这座城市，一边走过带有围墙的蜿蜒街道，一边欣赏各样华丽的教堂；这些教堂的尖塔甚至还有尖顶。他的手下带他领略了这座隐秘的城市，光顾了只有当地人才知道的地下餐厅。如一名卡纳里斯的耶稣会线人回忆的，几瓶托卡伊葡萄酒（Tokaj wine）下肚后，布拉格变得更加凶险也更加美丽了，"它的阴影和幽魂"、"已湮没的记忆"，以及被模糊的塔楼轮廓在月光下的薄雾中闪闪发光。"这是一个神奇的景象，因为人们看不到支撑着金色穹顶的墙壁，只看见穹顶独自悬浮在空中，笼罩在神圣的神秘氛围中。"[1]

在卡纳里斯布局的隐秘群岛中，布拉格是一座珊瑚礁。卡纳里斯花了近两年时间来建立这座抵抗运动的暗礁；但党卫队只需要一个月就能摧毁它。然而，在捷克保护国（Czech Protectorate），希特勒的秘密敌人将在垮台前赢得一场惊人的胜利，希特勒甚至会声称在其中看到了天主教会的秘密之手。正如布拉格上空悬浮的穹顶，这些事件也显得格外不可思议，因为其背后的支持体系不为人所知；而事实也似乎独立悬浮在空中，它们的根基则隐藏在神圣的隐秘之中。[2]

党卫队间谍头目莱因哈德·海德里希住在布拉格。他从布拉格的城堡区（Hradschin Castle）指挥纳粹党反对天主教会的行动，以及对欧洲新闻的扼杀。5 月 18 日，卡纳里斯给海德里希打电话，讨论军事间谍和党内间谍之间的秘密分工，该事项被非正式地命名为"十诫"。会谈中，海德里希隐晦地提到"1940 年的梵蒂冈泄密事件"。他还没有终止黑色礼拜堂的调查。[3]

五天后，捷克抵抗组织的特工得知了海德里希的出行时间表。他们决定在他乘车返回城堡时，在一个急转弯处刺杀他，因为在那里，他的司机为了转弯不得不刹车。[4]

5 月 27 日上午 9 时 30 分，两名捷克游击队员站在路边。扬·库比什（Jan Kubiš）和约瑟夫·加布奇克（Jozef Gabčík）将冲锋枪和手榴弹藏在雨衣下面。第三个人蹲在树篱后，当海德里希的车驶近时，他会用镜子示意。[5]

镜子在 10 时 31 分时闪了一下。海德里希乘坐的深绿色奔驰驶入视野，加布奇克上前射击，但枪卡住了。库比什遂向汽车扔了一枚手榴弹。受伤的海德里希从汽车的残骸中摇摇晃晃地出来，拔出手枪，然后跌倒了。一周之后他就死了。[6]

捷克特工逃进布拉格大教堂的地下室，睡在石墙的壁龛里，这些石墙是用来存放修道士尸体的。地下组织的成员计划让他们逃往摩拉维亚山地，再从那里逃至英国。他们将在大教堂里举行一场纪念死难者的活动，因为盖世太保在海德里希死后发动了清洗行动。没有人会想到，特工届时将被藏在棺材里偷偷运走。[7]

但有人背叛了他们。据党卫队侦探海因茨·潘威茨（Heinz Pannwitz）回忆，阿塔·莫拉维克（Atta Moravec）是刺杀行动支持网络中的一名特工，当审讯者"向他展示了漂浮在鱼缸里的母亲的头颅"时，他崩溃了。莫拉维克坦白说，有人告诉他，如果遇上麻烦可以藏到大教堂里。[8]

潘威茨率党卫队的军队包围了大教堂。他在附近的每一个井盖和屋顶周围都布置了警卫。潘威茨希望了解刺杀阴谋的全貌，因此命令突击队活捉嫌疑犯。

136

　　党卫队于 6 月 18 日凌晨 4 时 15 分进入教堂。"我们传唤了神父们，"潘威茨回忆道，"但他们否认知晓任何关于秘密特工的事情。"然而，弗拉基米尔·佩特热克神父（Chaplain Vladimír Petřek）无法解释为何他窗户上的一根铁条不见了。突袭者一边拖着佩特热克，一边搜查半明半暗的大教堂。他们刚穿过教堂中殿，就遭到从唱诗班阁楼而来的狙击。[9]

　　炮弹击中一名侦探的手部。武装党卫队的步兵用机枪从圣所发起回击。捷克人被压制，无法再瞄准射击。他们扔出一枚手榴弹，把圣所的幔子点着了。德军试图冲进阁楼，但狭窄的螺旋楼梯使他们始终处于上方枪手的视线范围内。据潘威茨回忆，德军于是向上投掷手榴弹，直到防御者"渐渐陷入死寂"。一支戴着钢盔的党卫队小队小心翼翼地绕着楼梯走上去。[10]

　　他们在阁楼上发现三个人。两个已经死了，另一个在垂死挣扎。那个垂死的人就是库比什，正是他扔出手榴弹杀了海德里希。试图维系他生命的努力在二十分钟后宣告失败。"国家的主要证人死了，"潘威茨称，"这是一个重大损失。"[11]

　　在路边开枪的加布奇克仍然在逃。但党卫队还没有搜查地下墓穴。佩特热克现在承认，他在教堂里庇护了七个人，有四个藏在地下墓穴。他们移走一些遗骨，将棺材变成睡觉的隔间。另外三个人躲在阁楼，因为他们有幽闭恐惧症。佩特热克为他们勾画出墓穴的布局，并说明只有一条路可以出入。他举起一块石板，告诉党卫队活板门在哪里。[12]

　　潘威茨把佩特热克叫到墓穴口，希望他说服里面的人出来。但里面的捷克人说他们永远不会投降。潘威茨回忆说："他们在下面，装备精良，任何人只要把一条腿伸进墓穴门内，立刻就会被射击。"[13]

137　　潘威茨叫来消防队，向墓穴里灌水。但捷克人将输水管扔出来，并向党卫队猛烈开火。催泪瓦斯也不好用，因为瓦斯会透过地缝渗出来，盖世太保也中招了。最后，一个三人突击队试图强行冲下去。捷克人开枪击伤了这队人，另一支后备部队不得不前去营救他们。党卫队站在齐膝的水里往棺材洞里开枪。加布奇克和同伴们持续回击，直到弹药不足。当只剩最后一盒子弹时，他们依次轮流射杀对方，直到最后一个人开枪自杀。[14]

　　神职人员在藏匿凶手一事中所扮演的角色激怒了希特勒。这些神父来自东正教还是罗马天主教，对他而言无关紧要。教派差异似乎只是梵蒂冈使用的巧妙伪装。事实上，教宗已经发布了一个秘密的自动诏书（*motu proprio*），允许东正教神父秘密皈依天主教。党卫队中的梵蒂冈专家哈特尔声称，教宗通过位于斯洛伐克东部杜拉克山口（Dukla pass）的一座修道院，与捷克的东正教会协同行动。据哈特尔的说法，自20世纪20年代起，帕切利监督指导了一个大计划，利用伪装成东正教神父的耶稣会士，渗透中欧和俄国的欧洲部分。哈特尔怀疑，马特伊·帕夫利克（Matěj Pavlík）就是其中一名神父，他于1921年脱离天主教，成立了一个捷克国民教会。帕夫利克与罗马保持着友好关系，且他脱离天主教会的理由很肤浅：他想服事带着俄国妻子从大战中归来的捷克军团。他后来成了布拉格的主教，海德里希的刺客就藏在他的大教堂里。[15]

　　帕夫利克承认他帮助了密谋者。同年晚些时候，他和手下的神父佩特热克被处刑。罗伯特·约翰内斯·阿尔布雷希特也因为支持刺杀者而被清算，他是驻布拉格的德军军事翻译，承认自己私下是一名耶稣会士。尽管党卫队的调查未能将密谋者与庇护十二世联系起来，但希特勒还是引用这一事件表明，自己为什么要与教宗"算账"。[16]

"只要回想一下天主教会和暗杀海德里希的人之间的密切联系就知道，"希特勒对马丁·鲍曼说，"天主教神父不但允许他们躲藏……甚至允许他们躲进祭坛的圣所里。"[17]

神职暗杀者牵动了希特勒偏执的白日梦。他于 11 月 16 日告诉三名纳粹官员"有人设计想要他的命；目前为止，他都设法让那些暗算他的人落入悲惨境地"。其中一名官员记得希特勒曾说："这事尤其令人悲哀，因为暗杀者根本不是狂热的共产党人，他们从一开始就是知识阶层，即所谓神父。"[18]

1942 年 11 月，纳粹空军的军事审判员（luftwaffe judge-advocate）曼弗雷德·勒德博士（Dr. Manfred Roeder）开始审问阿勃维尔特工威廉·施密德胡贝尔。"他声称自己曾奉慕尼黑军事情报局之命前往罗马执行公务，与在梵蒂冈的德国神职人员中有影响力的成员建立联系。"党卫队军官瓦尔特·胡彭柯腾（Walter Huppenkothen）在战后如此作证道：

> 其意图不仅是利用这类关系获取军事和一般政治情报信息，也包括通过梵蒂冈与反对势力建立联系，探讨和平的可能性。施密德胡贝尔进一步说道，慕尼黑律师和预备役中尉约瑟夫·穆勒博士在梵蒂冈有特别良好的人际关系，可以在罗马执行相似的任务。他知道这些行动背后有一个"元帅集团"，但他不知道成员都有谁。负责这些事务的官员是奥斯特部门的帝国大法官杜南亿，他本人去过罗马很多次，穆勒安排他与梵蒂冈有影响力的人物建立了联系。这些都是施密德胡贝尔未经催促自己说的……尽管如此，我们需要首先谨慎评估一下这一情报的可信性。由于施密德胡贝尔的性情飘忽不定，人品难以令人信服，我们必须考虑到，他有可能操弄我们，通过向包括卡纳里斯

138

在内的高层人士施压，使他们也可能接受调查，从而获取刑事诉讼中的宽大处理。[19]

由于卡纳里斯位高权重，他的敌人不得不小心行事。希姆莱需要得到最高统帅部总长威廉·凯特尔将军的许可，方能打破卡纳里斯一直小心翼翼守卫着的阿勃维尔保密措施。仅提出货币违规的指控是不够的。但勒德发誓，如果这个案子牵涉的不止于此，他一定会查出来。他以"猎犬"的称呼闻名：他最近刚刚起诉了一个抵抗团体"红色乐队（Rote Kapelle）"，处死了该团体的领导人。[20]

11月27日，杜南亿飞往罗马。他原本希望通过与梵蒂冈的持续会谈，争取同盟国对后希特勒政府的支持。具体来说，他寻求批准一份摄政名单（list of Landesverweser），或地区专员名单，以承担希特勒下台后的临时责任。但现在杜南亿不得不警告教宗的顾问们，施密德胡贝尔的被捕使奥斯特集团及其与教宗之间的联系要经受全新的盘查。莱贝尔神父再次要求军方密谋者烧掉所有涉及庇护十二世的文件，特别是教宗照会中提到的关于英国和平条款的文件。"文件都销毁了。"据说杜南亿这样回复道，但他撒谎了。军方只是将主要文件转移到地下深处，放在措森陆军总部的一间地下室里。[21]

杜南亿在罗马期间，穆勒在慕尼黑面临质询。幸运的是，空军军事审判员卡尔·绍尔曼（Karl Sauermann）似乎对施密德胡贝尔的案子持怀疑态度。穆勒确实曾向施密德胡贝尔借钱买过斯洛伐克邮票，但穆勒可以证明他是个集邮爱好者，以掩盖他和阿勃维尔线人之间的会面。当绍尔曼暗示，卡纳里斯身边的一些官员可能不忠，穆勒装出一副义愤填膺的样子："你觉得如果这话里有半句是真的，[元首]会留他在现在的位置上吗？你觉得元首会那么天真吗？"[22]

审问结束后，卡纳里斯去慕尼黑见了穆勒。在里贾纳酒店（Hotel Regina）的大堂里，旋转楼梯的脚下，穆勒透过拱门向餐厅里望去，看到一张桌子，那是留给上将及其随行人员的。三名党卫队成员坐在邻桌，盯着大门。穆勒认出其中一名是海德里希的继任者——党卫队间谍头目恩斯特·卡尔滕布鲁纳（Ernst Kaltenbrunner）——他比其他人身材高大，脸上有条长长的刀疤。[23]

穆勒上楼进入卡纳里斯的房间。卡纳里斯看起来不太对劲，卡尔滕布鲁纳在这里的消息似乎让他失去了镇定。他开始敲打墙壁，寻找麦克风。他把墙上的挂画拿下来，仔细检查画后面的墙壁，又用手摸遍桌子和椅子的边缘。卡纳里斯显然对搜寻结果感到满意，便用外套罩住电话，询问他审讯的情况。穆勒说，他们问起过他在梵蒂冈的任务，但他在绍尔曼来之前就销毁了所有文件，他们什么都没找到。不过，卡纳里斯担心杜南亿给施密德胡贝尔用于 U-7 任务的钱。他们似乎身陷桎梏。上将跌坐在椅子上嘀咕，半是自言自语地说："这持续不断的压力。"他的神经似乎崩断了。[24]

穆勒认为只有一条出路。卡纳里斯应当重新考虑凯特尔的建议，在军事情报部门内部建立一支警察部队，由卡纳里斯自己调查部门内的犯罪情况。在当前的困局中，这无疑能帮助他们控制调查。[25]

但是，卡纳里斯不会考虑，因为罗莎·卢森堡的案子始终困扰着他。1919 年卢森堡被准军事组织自由军团（Freikorps）杀害后，卡纳里斯作为一名下级军官参与了军事法庭的审判，法庭对罪犯的判决出奇的宽大。有人怀疑他参与合谋杀害了卢森堡。他告诉穆勒，他并不想参与"寻凶追捕（manhunt）"，因为"过去的日子"已经给他带来太多情感的负担。他突然站起来，提议一起下楼吃饭。[26]

140

　　鉴于楼下有党卫队监视，穆勒建议他们去其他地方吃饭。但卡纳里斯不同意。他说，他们总要做出人意料的事。当狙击手瞄准某人时，目标人物必须冲出隐蔽处迷惑他。然而他们下楼时，卡纳里斯需要抓住穆勒才能稳住自己。"那个罪犯，"他大声说，"还在牺牲数百万人的生命，让自己苟延残喘。"穆勒吓了一跳，把他拉回房间，让他重新冷静一下。当他们再次步入大厅时，卡纳里斯用一只胳膊揽住穆勒说："好烦，好烦！我再也忍受不了了。"没人知道自1933年以来，他到底承受了什么。他喃喃地说到一根越套越紧的绳索，然后强迫自己故作常态。他们一起来到餐厅和敌人碰面，点了四道菜。[27]

　　卡纳里斯坐下，向卡尔滕布鲁纳点点头，穆勒则坐在卡纳里斯身边。他们谈笑风生，宛如老友重逢。这顿离奇的晚餐有种希腊人和特洛伊人在一起谈判的感觉。战争刚结束，马上又重启。在接下来的几个月里，穆勒将回到梵蒂冈，教宗将再次成为一名活跃的共谋者——密谋者加速了他们的计划：要在希特勒消灭他们之前，消灭希特勒。[28]

141

第 16 章
两瓶白兰地

"起来！走吧！醒醒！"耶稣会神父阿尔弗雷德·德尔普在 1942 年的圣灵降临节（Advent）讲道中这样说道。他在日常生活中也常讲这些话，这些话可能曾是他的座右铭。他所在教区的一位居民回忆说，他追求一种"直击心灵、深入骨髓的震撼"，一种突然的觉醒，一种能催逼人民清醒过来、幡然悔悟的力量。[1]

在 1942 年的大部分时间里，德国人仿佛在梦游，与希特勒一同沉浸在虚幻之中。德国国防军挺进高加索，隆美尔向开罗进军，希特勒似乎不可战胜。然而到年底的时候，一切都变了。[2]

苏军坦克在斯大林格勒包围了纳粹第六集团军。及至圣诞节，党卫队报告国内出现人民不满的抱怨声。普通德国人如今意识到，大撤退已经开始，且不会止于德国边境。[3]

密谋者看出这是他们的机会。特莱斯科夫少将设计引诱希特勒前往斯摩棱斯克（Smolensk）的中央集团军司令部。密谋者控制着那片区域，也可以更好地躲避拉滕胡贝尔手下的保镖。特莱斯科夫的副官法比安·冯·施拉布伦多夫（Fabian von Schlabrendorff）前往柏林，与奥斯特和穆勒取得联系，再通过他们，借由梵蒂冈联络到同盟国。一名美国间谍在战争期间见过施拉布伦多夫，认为他"绝顶聪明"，并注意到，每当谈到自己感兴趣的事情时，他的眼睛"会像蛇一样闪动"。

他在日常生活中是名律师，却在抵抗运动中赢得了代号 *Der Schlage*，意思是"职业杀手（the hit man）"。[4]

奥斯特召集抵抗运动的成员到他的办公室，并在他的军事地图上画了一个圈，圈住斯大林格勒。他派一名密使去见特莱斯科夫，后者说要在希特勒下次访问斯摩棱斯克时"逮捕"他，这是一种杀死他的委婉说法。此后不久，特莱斯科夫抵达柏林，带来消息称，弗里德里希·奥尔布里希特（Friedrich Olbricht）作为本土兵团总务处（Home Army General Office）的头目，发誓要建立一个秘密军事影子组织，以便希特勒一死就能夺取政权。[5]

民间密谋者也聚在一起更新他们的计划。12月，约瑟夫·穆勒和赫尔穆特·毛奇每隔几天就与慕尼黑的耶稣会士碰面。委员会的神父们认为有必要与军方建立政治联盟以扩大军事政变的影响力。但德尔普神父称，民间抵抗运动有一个棘手的问题。[6]

"这个问题"名叫卡尔·格德勒。实话实说，这人并不缺乏勇气或魅力。格德勒经常戴一顶灰色软帽，穿一件宽松大衣，拿一根弯曲多节的手杖，看上去像个四方行走的传道者，浑身散发出传教士的热情。1937年，他在纳粹摧毁了费利克斯·门德尔松（Felix Mendelssohn）这名犹太作曲家的雕像后，辞去了莱比锡市市长的职务。他甚至在1939年给帕切利写信，恳请他帮忙推翻希特勒和墨索里尼的统治。[7]

然而，作为"体面德国"的总理人选，格德勒却是个"扫把星"。被取缔的工会和政党的领导人都认为他十分反动，也有很多人认为他是个安全隐患。格德勒在向柏林主教康拉德·普莱辛做自我介绍时，一边握手一边说："毫无疑问，纳粹政权必须被根除。"慕尼黑枢机主教米夏埃尔·福尔哈贝尔和维也纳枢机主教西奥多·因尼策也报告了类似的会面经历。穆勒怀疑格德勒是否有能力保持足够的审慎来完成他们的共同目标。毛奇和德尔普试图将劳工巨头排除在格德勒的阵营外。[8]

但德尔普认为格德勒还是有用的——甚至是至关重要的。克莱绍集团需要一个团结的政治领导群体来获取将领们的信任。鉴于将领们信任像格德勒这样年长的保守派，其他人都不得不接受他。德尔普为发动政变和刺杀希特勒已经付出太多精力，他绝不会让这个机会溜走。[9]

因此，他推进并找到了一个全新的方法。在一次行动中，一个年轻的派系既寻求了格德勒集团的帮助，也联合了反对他的势力。多明我会的神父劳伦丘斯·西默（Laurentius Siemer）成为格德勒的联络人，协调政变过程中与天主教劳工团体相关的部分。与此同时，德尔普与天主教及劳工首领之间达成一项协议，这使格德勒发现自己与一个更强大的势力结成了同盟。最终他们将指引领导者。[10]

但他们将指引他前往何处呢？德尔普在他的《德国和平理想宣言》（Declaration of German PeaceIdeals）中回答了这个问题。这份宣言坚持丘吉尔和罗斯福在 1941 年 8 月《大西洋宪章》中提出的原则。只有当同盟国不担心"反动的军国主义分子"在幕后操纵时，"德国大胆的内部翻转"才能带来和平。为了消除这种不信任，德国人必须接受"所有欧洲国家的平等联合"，并恢复"基本人权，尤其是犹太人的"。[11]

德尔普随后又敦促举行一次面对面的座谈，以团结民间力量。1943 年 1 月 8 日，毛奇手下的年轻派与贝克手下的年长派在柏林见了面。这次会晤的地点安排在克莱绍集团的彼得·约克（Peter Yorck）家，德尔普虽协助组织了这次会晤，但他本人并未到场。[12]

贝克主持了会议，并让年长派先发言。德国驻罗马前大使乌尔里希·冯·哈塞尔哀叹说，他们已经等了太长时间，任何新政权都将成为"一个清偿委员会"。格德勒则表现出乐观和假道学的态度，并尽量避免深入探讨有争议的问题，以免使共识达成的过程复杂化。他拒绝将计划定性为暗杀或政变，而是建议他们在一个假设下行动，这个假设就是他——格德勒本人可以说服希特勒辞职。[13]

毛奇和他的年轻派则认为格德勒言辞含糊且天真幼稚。他们希望对现实主义的观点——关于教会和国家、资本主义和社会主义，以及独裁和民主——进行批判性的公开讨论。新教牧师欧根·格斯滕迈尔（Eugen Gerstenmaier）尖锐地回应了格德勒的言论，后来，他将此言论称为"对议题的学究式糊弄（pedagogic obscuration of the issues）"。毛奇因为嘀咕了一句"克伦斯基"而得罪了年长派，因为他把格德勒含蓄地比作俄国革命中的傀儡——被利用完便弃如敝屣。毛奇第二天向妻子坦白道："我射了一支在箭袋里藏了很久的毒箭。"[14]

年轻派内部的团结令其无所畏惧。亚当·冯·特罗特·祖·索尔兹（Adam von Trott zu Solz）是一名外交官，他清楚地表达了德尔普对统一欧洲的呼吁。毛奇则敦促教会和工会按照德尔普的思路进行合作。年轻派达到了目的。正如毛奇所记录的："此事戏剧性地结束了，好在不是平淡无奇地结束。"所有与会者都签署了德尔普旨在统一平民阵线的理想宣言。克莱绍集团与贝克－格德勒集团将一同与军方密谋者合作。在大家就着面包片喝黄豌豆汤的时候，贝克郑重其事地说，他们必须评估己方的作战实力。所有人都认同，政变必须尽快发生。[15]

当耶稣会士寻求达成一致意见时，他们的军事盟友正着手制造炸弹。特莱斯科夫委托情报局的官员鲁道夫·冯·格斯多夫男爵（Freiherr Rudolf von Gersdorff）前往东部战线获取炸药。格斯多夫参观了阿勃维尔的仓库，并要求他们展示一下从英国突击队缴获的"蛤壳炸弹"。这种炸弹使用无声的酸性引信，体积和一本口袋本《圣经》差不多。在一次试验中，一枚蛤壳炸弹炸掉一辆苏联坦克的炮塔，并将它抛出 20 码远。[16]

格斯多夫拿了四枚这样的炸弹，特莱斯科夫准备将它们藏在希特勒的奔驰里。若此计不成，他打算将其装进包裹偷运到希特勒的飞机上。密谋者必须把希特勒引到斯摩棱斯克。[17]

特莱斯科夫执着于促成此事。"必须说服希特勒离开他的东普鲁士总部，"特莱斯科夫的副官回忆道，让他前来参观中央集团军司令部，"特莱斯科夫想让希特勒置身于一个我们熟悉但他不熟悉的地方，从而创造一种有利于发动政变的环境。"[18]

2 月，穆勒开车去了贝克在柏林－利希特菲尔德（Berlin-Lichterfelde）的别墅。正当他们讲话时，杜南亿来了。但贝克让杜南亿先到花园去，他想和穆勒单独聊聊。[19]

他们聊了三个小时。贝克认为，1 月 23 日，同盟国在卡萨布兰卡要求德国无条件投降的决议改变了一切。穆勒还记得他们的谈话，"问题就是，我们能否将卡萨布兰卡的决议转为己用，通过发动政变来阻止盟军的反攻？……必须在任何反攻发生前推翻希特勒。特莱斯科夫的暗杀计划进展这么快，这也是原因之一"。贝克批准了特莱斯科夫的计划。"将领们基于道德考量，认为他们有义务采取行动。放心吧，"贝克说，"我的手指已经放在扳机上了；这事终于要发生了。"[20]

他们又讨论了如何通过梵蒂冈再次与伦敦取得联系。穆勒强调，自 1939/1940 年以来，和谈成功的概率已经大大降低。然而贝克认为，他们必须尝试让伦敦参与进来。他派穆勒去见庇护十二世，向他通报迫在眉睫的政变，并请求教宗再次充当他们的秘密外国特工。[21]

146

接下来的两周，穆勒都是在罗马度过的。外部证据显示，他于 2 月 9 日后飞离柏林，直到 22 日才回来，这也许是他战时在罗马逗留时间最长的一次。除了向庇护十二世汇报政变计划，穆勒还肩负了两项重任。[22]

第一项任务就是转达罗施神父的紧急状况报告。作为耶稣会的副总会长（deputy Jesuitgeneral），罗施在转交给莱贝尔神父的报告中，暗示了委员会反对现政权的计划。在"未来几周即将发生的严重事件"中，他的耶稣会士不但会协调"劳工力量"，也会担任"教宗的冲锋队"。如果他们失败了，罗施预计他们会"像犹太人一样被驱逐"。他会与莱贝尔神父保持一致，如果这个计划看起来太冒险了，"请他反对我"。罗施坦承，他需要更多而不是更少地从罗马接收指引，特别是当那些"关系密切的圈子"始终"对犹太人的命运保持沉默时"。[23]

穆勒在罗马的第二项任务与原子武器相关。"我从一个受雇于梵蒂冈和美国的人那里，获取了一份关于原子研究状况的详细报告，"他后来说，"我也和卡纳里斯讨论过这个问题。我们俩谈到，希特勒迫使犹太研究员和化学工程师移民至美国，这就是他们对希特勒的报复。"穆勒收到的"详细报告"，也许是从为宗座科学院（Pontifical Academy of Sciences）提供建议的五名美国物理学家中的一位那里拿到的。庇护十二世自己于 2 月 21 日在宗座科学院描述了核爆炸可能发生的方式——他的描述如此细致，以至于他的先见引起了哈特尔的党卫队教会分队和英国情报局的注意。[24]

但穆勒在罗马教廷的主要任务是即将到来的政变事宜。他通过莱贝尔，可能还通过卡斯接近教宗。"贝克将军命令我通知教宗即将到来的德国革命，并再次请求他为一个可接受的和平而努力，"穆勒记得自己这样对莱贝尔说，"将领们认为有必要消灭这个令整个世界陷入不幸的犯罪团伙。""体面德国"

希望庇护十二世知道它新的战后计划，穆勒对此计划的总结如下：

> 有必要在希特勒倒台后的一年内，建立一个军事独裁政权，直到能够建立民主团体，这些民主团体将不再类似任何旧有意义上的政党。德国军队将暂时留在被占领国家，直到与抵抗运动组织取得联系，形成新的政府力量。这不是继续占领被征服土地的借口。更确切地说，卡纳里斯上将有准确的情报——如来自巴黎警察局长（Prefect of Police in Paris）的情报——表明，如果德国军队突然撤离，将有无法控制的无政府主义运动在当地发展起来。

穆勒不仅告知了他们的战后计划，也告知了他们的预备工作。莱贝尔次年告诉一名美国间谍，政变计划"直接源于斯大林格勒的灾难"，比起先前的努力，这次计划

> 得到的支持更加严肃认真，范围也更加广泛。领导者是路德维希·贝克将军，而其文职支持者包括……魏玛共和国时期除了极右和极左之外的各种政治势力。科隆市前市长（康拉德·）阿登纳（[Conrad] Adenauer）作为中间派，拒绝加入抵抗运动，因为他认为在反对派推翻纳粹政权之前，该政权必须承担战败的责任。政变的关键人物是在（陆军）元帅（埃里希·）冯·曼施坦因（[Erich] von Manstein）领导下的东线的将军们。在斯大林格勒战役失败后，这些将领已经对守住战线绝望了。

148

莱贝尔怀疑将领们真的会有所行动。但他"以老朋友的身份"感谢穆勒通报该信息，并承诺会传达。[25]

庇护十二世在三个方面迅速做出回应。首先，他对计划给予了道德上的认可，赞同密谋者直面"魔鬼的力量"。据穆勒回忆，他甚至强调即使他们炸毁希特勒的飞机，在道德上都是合理的，"因为我们必须向邪恶势力开战"。由此，穆勒便可以向贝克将军保证，刺杀行动"在道德危机下，帮助人民保护了他们的自由意志，这种自由意志是他们的造物主赐给他们的"。

其次，庇护十二世制订了承认后希特勒政权的实际计划。为加快步伐，他建议在实际发动政变前，按照惯例寻求正式协议，即一份声明，表明一方愿意接受另一方所举荐的特使。他提议，如果政变成功，穆勒将被认可为梵蒂冈派往后希特勒政权的特别使臣，拥有候任大使（ambassador-designate）的头衔和地位。这便是向世界表明，德国开启了全新的局面。新政权此时要派出穆勒，请求教宗出面调解和平。

最后，庇护十二世将寻求与西方同盟国缔结单独的和平协定。尽管《卡萨布兰卡宣言》使教宗的调解不受欢迎，但庇护十二世仍然反对同盟国要求无条件投降的决议。"没有国家会接受这个条件，"莱贝尔记得他曾这样说，"如果以此威胁德国，只会延长战争。"庇护十二世想要快速促成和谈有许多原因，其中之一就是防止苏联攻打欧洲。他向穆勒保证，只要他们能在盟军反攻前除掉希特勒，和谈的机会很大。也许就是基于这样的保证，特莱斯科夫少将不久就谈到，寻求与西方列强达成协议，在西线单独投降。[26]

英国方面没有与庇护十二世达成这样的协议。卡斯蒙席去找英国大使奥斯本，但1940年X报告里提到的条件已不再有效。丘吉尔受制于罗斯福在卡萨布兰卡会议上单边发布的宣言，也许会对穆勒的提议感兴趣。但丘吉尔从没有机会收到提案，因为渗透进英国情报局的苏联间谍金·菲尔比（Kim Philby）将提案告诉了他在莫斯科的联络员，而不是他在伦敦的上司。[27]

　　华盛顿方面对这些提议表现得更加热情——或者至少是收到了这些提议。从 2 月 11 日起，莱贝尔开始将从穆勒那里得到的消息传递给驻罗马的美国耶稣会士文森特·麦考密克神父（Father Vincent McCormick），再由他将这些消息转达给美国驻梵蒂冈的外交官哈罗德·迪特曼（Harold Tittmann）。穆勒则通过另一批完全不同的中间人，包括流亡中的德国耶稣会士弗里德里希·穆克曼神父（Father Friedrich Muckermann），向驻伯尔尼的美国战略情报局（US Office of Strategic Services，OSS）欧洲负责人艾伦·杜勒斯（Allen Dulles）进行了汇报。一份战后的 OSS 报告提到穆勒时平淡地说："他是我们在对德战争期间的特工和线人。"尽管罗斯福拒绝谈判，但杜勒斯和战略情报局局长威廉·多诺万（William Donovan）不但与穆勒保持联系，还暗示他希特勒的死会使《卡萨布兰卡宣言》一夜之间全部失效。[28]

　　这正是德国将领想听的。少将亚历山大·冯·普弗尔施泰因（Alexander von Pfuhlstein）回忆说："英美对西部的攻击不应遭到反对；德国军队将被撤回到第三帝国境内，并派往东部战线。"政变一旦发动，普弗尔施泰因的精锐部队勃兰登堡师将在柏林消灭党卫队，而密谋者"将通过梵蒂冈与英美取得联系，商议停战协定"。普弗尔施泰因在 1944 年补充说："我认为梵蒂冈会被选为有关外交官的中立会晤地点。"同时，庇护十二世还要求，作为交换条件，在未来 15 年内罗马教廷拥有任命德国主教的自由裁量权，这赋予了这一虚拟情境一种真实感。尽管穆勒尽量不夸大其词，但他认为罗马愿意出面调停的态度还是让他"身处德国至暗时刻的"朋友们大受鼓舞。[29]

　　穆勒还按照罗施的要求带回罗马的指示。庇护十二世在 2 月向德国主教们发出一连串信件，而在接下来的六周里一封信也没有，就好像预料到政变发动后的混乱期中双方会有一段时间失去联系。2月24日，在屏息静气等候政变来临之前，庇护十二世批准了奥德里奥·布劳恩神父所说的委员会的"人为代祷（manly intercession）"计划。那时候，德尔普神父诙谐地对在俗的助手们说："从来没有暴君死在自己的床上。这对我们而言不是问题。"德尔普补充道："要留心，哨子会被工人们吹响。"[30]

尽管如此，教宗在密谋中的角色还是造成了一些麻烦，最主要的就是如何隐藏他在其中扮演的角色。穆勒回忆道：

> 我们不能让教宗看上去是暗杀计划的主要从犯，因此，按照贝克和我拟定的声明——我们已经探讨过我应当具体如何起草这份文件——一切都在政变之前就准备就绪，好让政变发生时，教宗看上去对所有的事一无所知……但我们必须考虑到，如果政变失败了该怎么办。教宗不能站在一边好像明显准备好要迎接政权的更迭——这会让他看起来像个闯了祸的学生……真到那时候，主要就看教宗的态度了。[31]

因此需要有人挡在庇护十二世前面，于是穆勒去拜访了柏林主教。普莱辛会同意在政变发生时成为教宗的特使吗？普莱辛答应会认真履行教宗派给他的任务，但他难以掩饰自己的怀疑态度。"将领们会犹豫不决，直到苏联人打进柏林，"他对穆勒说，"也许那时候他们才会试着做些什么。"[32]

但就在普莱辛这么说的时候，一些事件正在酝酿之中，而这些事件将会证明，他是错的。

2月18日，党卫队在慕尼黑逮捕了两名大学生。汉斯·

朔尔（Hans Scholl）和他的妹妹索菲（Sophie）领导着一个
名叫"白玫瑰（White Rose）"的抵抗小组。他们夜里在公寓 ₁₅₁
后面的木棚里印刷被他们称为"白玫瑰"的传单，谴责希特
勒。他们用行李箱装着传单，坐火车去到别的城市，把传单邮
寄到各家的邮箱里，或直接抛撒在马路上或火车站。有一次，
警察打开了索菲的行李，却没有找到藏在她内衣里的传单。[33]

　　然而，朔尔兄妹开始放松警惕。出于过分强烈的公然蔑
视，索菲在慕尼黑大学的一个阳台上向下面的四方院抛撒传
单。在传单缓缓飘落之时，一名学校的看门人看见了正逃离现
场的朔尔兄妹。盖世太保把两人带到曾是维特尔斯巴赫王宫
（Wittelsbach palace）的总部进行盘问。为了迫使汉斯供出在
背后支持他们的人，他们在汉斯面前审问索菲。一名党卫队成
员把传单摔到他的脸上，逼问他传单是谁写的。汉斯承认传单
是他写的，并求他们放了他妹妹。[34]

　　四天后，人民法庭法官罗兰·弗莱斯勒（Roland
Freisler）从柏林抵达，准备审判朔尔兄妹。索菲在法庭上称，
他们只是写了许多人敢想但不敢说的话。她说，弗莱斯勒跟他
们一样清楚，德国赢不了这场战争。为什么他就没有勇气承认
呢？弗莱斯勒勃然大怒，宣称党卫队对她太宽容了。他们应该
打断她身上的每一根骨头。但他不会不伸张正义。索菲宣告，
天主的公义凌驾于国家的正义；弗莱斯勒用最终的国家审判回
应她：死刑。朔尔兄妹的母亲尖叫着，当场倒在过道里。同一
天，盖世太保将她的孩子们斩首了。[35]

　　朔尔兄妹至死也没有透露他们与天主教抵抗运动的联
系。他们的地下工作是从分发一篇主教讲道文开始的，克莱
门斯·冯·盖伦主教在一次讲道中谴责希特勒对体弱者和精神
病患者使用毒气。索菲·朔尔征求了主教的许可，重印了文
本并在慕尼黑大学分发。德尔普神父通过一个朋友与朔尔兄

妹保持联系。毛奇也许是通过约瑟夫·穆勒收到了最后那张致命的传单，并且知道传单的作者正是库尔特·胡贝尔教授（Professor Kurt Huber）。"胡贝尔教授带着一本白玫瑰（小册子）来到我住所的楼上，"穆勒回忆道，"我把白玫瑰（小册子）和其他东西一起带到罗马，它又从那里抵达英国，最后又通过伦敦的电台回到这里。"由于白玫瑰事件与穆勒和德尔普的联系，它几乎成了黑色礼拜堂事件的学生篇章。[36]

朔尔兄妹的案子惊动了政变密谋者。有人认为审判是纳粹释放出的警告，否则有什么必要派一名最高法院的法官从柏林过来呢？[37]

两周后的 3 月初，希特勒落入密谋者的陷阱。他同意前往斯摩棱斯克进行访问。那里的骑兵官员自愿执行刺杀任务，希望趁他坐下用午餐或开车穿过树林时射杀他。特莱斯科夫则决定炸毁他回国的班机。3 月 7 日，卡纳里斯和奥斯特飞往斯摩棱斯克，此行表面上是为了召开一次情报会议，实际上是运送一批炸药。特莱斯科夫的副官施拉布伦多夫将炸弹锁在一个箱子里，自己拿着唯一一把钥匙。[38]

"只要在点火器的顶部施加一点点压力，就能打破一个非常小的瓶子，释放出腐蚀性的物质。"施拉布伦多夫如此回忆道。酸性物质会腐蚀电线，使一根撞针猛地向前撞击，引爆炸弹。"为了确保刺杀成功，我们用了两包炸药，而不是一包，并将它们包裹起来，就像一个装着两瓶白兰地的包裹。"[39]

希特勒将于 3 月 13 日清晨抵达斯摩棱斯克。一切准备就绪。罗施神父的委员会已经在柏林、慕尼黑和维也纳做好相关政治准备。奥尔布里希特将军对施拉布伦多夫说："我们准备好了；是时候点火了。"[40]

3 月 12 日，庇护十二世在西斯廷大教堂为自己加冕四周年进行了庆祝。驻罗马的各国外交使团集体出席。美国临时代办哈罗德·迪特曼回忆说，英国和美国驻罗马教廷的代表——达西·奥斯本和迈伦·泰勒交换了意味深长的笑容。迪特曼声称，这微笑是因为墨索里尼女儿的美貌。埃达·齐亚诺（Edda Ciano）引起人们的注意，因为她有一双闪闪发光的眼睛，披着貂皮披肩，且有"像小喇叭一样的卷发修饰在她的前额上"。直到后来，他才意识到同侪们那会心的微笑似乎别有深意。两人都接到线报——奥斯本通过卡斯，泰勒通过穆勒——刺杀希特勒的行动迫在眉睫。[41]

153

第二天，3 月 13 日，希特勒飞往斯摩棱斯克。希特勒乘坐专机福克－沃尔夫秃鹰（Focke-Wulf Condor）落地后，汉斯·拉滕胡贝尔领导的保镖们身穿田野灰色的党卫队制服，举起手中的冲锋枪。舱门打开，舷梯降下，希特勒疲惫地弓着腰走下来。在与他的将领们举行了一次紧张的会议后，他回到了飞机上。陆军中校海因茨·勃兰特（Lieutenant-Colonel Heinz Brandt）随希特勒一同登机。施拉布伦多夫在楼梯那里拦住了他。[42]

螺旋桨卷起他们周围的雪花，他们不得不冲着对方大喊才能听见彼此的声音。施拉布伦多夫问勃兰特要不要带一瓶白兰地给赫尔穆特·斯蒂夫将军（Genenral Helmuth Stieff）。勃兰特说他十分乐意。[43]

施拉布伦多夫递给他一个包裹，并祝他一路平安。飞机起飞时，施拉布伦多夫退后站立，注视着飞机直到它消失在纷飞的大雪里。[44]

第 17 章
齐格菲蓝图

　　3月13日，约瑟夫·穆勒在柏林军事情报局总部附近的一家酒吧里等待希特勒的死讯。卡纳里斯上将加满油的私人飞机停靠在滕珀尔霍夫机场（Tempelhof airport），随时准备带穆勒经最快路线飞往罗马。如果一切按照计划进行，穆勒一旦进入梵蒂冈境内，就可以将国书递呈庇护十二世，并接受教宗对后纳粹政权的官方承认。几个小时过去了。随着每一杯喝掉的啤酒，穆勒的希望也渐渐破灭。暗号一直没有出现。[1]

　　斯摩棱斯克方面，特莱斯科夫和施拉布伦多夫坐在一起，希望等到护送希特勒所乘飞机的任何一架战斗机通过无线电发出紧急呼叫。引信烧尽的时间设定为30分钟，炸弹应该在飞行里程约125英里到150英里处，位于明斯克上空的某个地方爆炸。但三个小时过去了，他们什么都没听到。当电话铃响起，特莱斯科夫夺过电话得知，希特勒安全地降落在拉斯滕堡。[2]

　　施拉布伦多夫打电话给柏林，用暗号通知刺杀行动失败。之后他突然惊慌地意识到，他们必须不惜一切代价把包裹立即收回。否则，毫不知情的斯蒂夫将军可能会打开它，给自己倒一杯战后的白兰地。"我们处在一种难以描述的焦虑状态中。"
施拉布伦多夫如此回忆道。经过一番匆忙的思考，特莱斯科夫给勃兰特打了个电话，装作很随意地请他留好包裹，说是他们搞混了。

第二天早晨，施拉布伦多夫飞往东普鲁士的毛尔瓦尔德（Mauerwald）。他紧张地通过安检，并且记得勃兰特"对手里的物件一无所知，微笑着把炸弹递给我，并且猛烈地摇晃包裹，我很害怕炸弹会爆炸，因为它已经被点着了"。

施拉布伦多夫赶紧跑到一列载着旅客停靠在站边的火车上。"我走进为我预留的车厢，把门锁上，小心地用刀片划开包裹。我揭开包装纸，发现两瓶炸药都原封不动。我小心翼翼地拆开炸弹，把引信拿出来。"[3]

酸性物质腐蚀了金属线。撞针也击打了引爆器，并且点着了底火。然而出于某种意外，炸弹没有爆炸。天气又湿又冷。也许是因为机舱的供热系统出了问题，或者是因为行李舱没有暖气，导致触发开关结冰了。[4]

几天后，密谋者有了第二次机会。机缘巧合，上校鲁道夫·冯·格斯多夫男爵被派去参加柏林英雄日（Berlin Heroes' Day）的庆典，在庆典中希特勒将检阅所缴获的苏联武器。格斯多夫发誓要以自己的性命为代价刺杀希特勒。[5]

他要引爆身上的炸弹与希特勒同归于尽。格斯多夫的妻子已经死了，战争也失败了，他想让自己死得有些意义。为此，他自然想让政变按计划实施。特莱斯科夫说，教宗已经与西方列强达成协议，在西部单独投降，而德国的耶稣会士则将制订一套民主形式的政府计划。[6]

3月20/21日夜间，特莱斯科夫用外人无法理解的暗号，将行动计划告知施拉布伦多夫。特莱斯科夫通过他在总参谋部的联系人，冒着因泄露最高机密而被"判处死刑"的风险，得知了希特勒的日程表。他推断希特勒将为访问留出半个小时时间。

第二天一早，施拉布伦多夫前往伊甸旅馆（Hotel

Eden）。格斯多夫还在睡觉。施拉布伦多夫回忆说："我叫醒他，在他还没来得及吃早饭之前就把炸弹递给他。"[7]

格斯多夫将炸弹放在外套口袋里，前去参加庆典。他将作为希特勒的向导，为他讲解展示的内容。当希特勒穿过一排排战争伤员进入军械库博物馆（Zeughaus museum）时，一支管弦乐队在饰有国旗的大厅里奏起庄严的音乐。格斯多夫将两枚蛤壳炸弹包在一起，设定炸弹 10 分钟后引爆。然而，希特勒匆忙略过展览，几乎没看一眼苏联的物资。他 3 分钟后就离开了。格斯多夫冲进一间盥洗室，砸碎引爆器，把它冲进了厕所。[8]

1943 年 3 月的失败让耶稣会的密谋者沮丧不已。毛奇写道，"就连罗施神父和柯尼希神父，他们本该从纪律中学会等待，但他们却做不到"，"当一次行动不可避免地遭遇挫折时，他们就会变得焦躁不安，无法让眼光超越目前的困难"。经过 18 个月的政治推进工作，圣品委员会的耶稣会士不想再拖延了——特别是当希特勒直接来到他们的后院时。[9]

希特勒在慕尼黑以南 10 英里、普拉赫市（Pullach）的郊区为自己建造了四个地下掩体，这些掩体包含了 30 个房间，并有通风系统保护他免遭毒气的攻击。这个备用的元首总部代号"齐格菲（Siegfried）"，毗邻耶稣会现代又宽敞的贝克思曼学院 (Berchmanskolleg)——纳粹曾试图强占这里。为了不让学院落入纳粹之手，耶稣会聘用约瑟夫·穆勒与军方谈判并达成协议，允许军方将校园的一部分用作医院。但关于普拉赫的争论至此并没有结束。希特勒的党卫队保镖们威胁要提起诉讼，声称耶稣会的污水污染了他们的饮用水。罗施神父再次雇穆勒来驳回纳粹党的指控。[10]

然后，希特勒本人出现了。1942 年 11 月 9 日到 12 日，他第一次在齐格菲停留，他与密谋者在空间上的接近激发出一些创造性且有目标导向的思考。耶稣会士意识到，他们要刺杀的人就住在他们地盘上的一间公寓里。德尔普神父敦促被排除在兵役外的神父们加入托特组织（Organization Todt），该组织负责元首地堡的维护工作。由此，他们便可以在齐格菲总部安装定时炸弹。德尔普甚至询问军方联系人能否让他加入托特组织。[11]

157

然而，希特勒周围的安全漏洞已经出现了。柯尼希神父在与党卫队沟通污水泄漏事件时，获取了齐格菲地堡的建筑图纸复印件。他将齐格菲蓝图交给穆勒。穆勒通过他的酒友、希特勒的保镖队长汉斯·拉滕胡贝尔，能得知希特勒安保流程中的最高机密细节，但一直没找到一个绕过拉滕胡贝尔的保镖的好方法。但关于希特勒老巢的建筑蓝图改变了一切。通风口、竖井、门、管道——这些都是绘图师酝酿出的可能性。穆勒将此事通报给奥斯特，奥斯特想在空袭的掩护下消灭地堡中的希特勒。据穆勒称，1943 年 4 月 4 日，当元首的专列穿过图林根森林前往慕尼黑时，他家中的书桌里有一份蓝图副本。希特勒至少会在慕尼黑待到 4 月 5 日。但就在那一天，当一切都朝着有利于密谋者的方向发展时，党卫队出手给了他们致命一击。[12]

威廉·施密德胡贝尔开口说话了。他从意大利被引渡回国后饱受折磨，最终泄露了密谋者通过 U-7 行动营救犹太人的计划。4 月 5 日，军事调查员曼弗雷德·勒德和党卫队督察弗朗茨·桑德雷格尔（Franz Sonderegger）突袭了奥斯特的办公室。勒德出示了他的搜查令，要杜南亿打开他办公桌的抽屉，并提议搜查房间以寻找罪证文件。他逼近一个饰有卷轴浮雕的绿色保险箱，向杜南亿索取钥匙。杜南亿一开始否认自己带在身上，之后不情愿地把钥匙掏出来。勒德把保险箱里的文件拿出来，铺在杜南亿的桌子上。这些文件包含了掩饰海外秘密任务的暗语，以及关于犹太人外逃的报告。[13]

158　　杜南亿盯着一个标有"ZGrau"的文件夹。他意味深长地瞥了一眼站在桌旁的奥斯特，用嘴型示意他："那些文件！那些文件！"这些文件被伪装成"情报材料"，对3月13日政变失败的原因做出解释。随附的备注是写给贝克将军的，通知他4月9日潘霍华牧师将陪同穆勒前往罗马，与莱贝尔神父探讨政变事宜。[14]

奥斯特从身后伸手抽取那些文件，但勒德此时转过身来。他后来这样描述了事情的经过："按照奥斯特和杜南亿之间的安排，奥斯特上校站在首席调查员的对面，左手背到身后，拿走了上述文件……并藏在他的便服下面。桑德雷格尔……和首席调查员……看见了，立刻对他发出质疑。"[15]

勒德逮捕了杜南亿，奥斯特只是暂时被软禁，而卡纳里斯认为他的日子也不多了。密谋者不能再从内部刺杀希特勒了——他们的敌人现在掌握了书面证据，证明他们通过穆勒与教宗联系。[16]

穆勒得知杜南亿被捕的消息后，立即飞奔回家。快到中午时，慕尼黑的阿勃维尔打来了电话。尼古拉斯·费希特中校（Lieutenant Colonel Nikolaus Ficht）冰冷的语气让穆勒知道，这下轮到他了。[17]

穆勒不知道他们将对他发起怎样的指控。费希特说，帝国最高军事法庭（Supreme Reich Court Martial）的首席检察官曼弗雷德·勒德上校已经下令逮捕他。德国空军总司令赫尔曼·戈林和德国最高统帅部总长威廉·凯特尔联名签署了逮捕令，称他犯有破坏战争罪。据称，指控他的证据包括威廉·施密德胡贝尔的证词，该证词称穆勒给犹太人提供了伪造证件和现金，帮助他们逃跑。此外，据党卫队称，穆勒"涉嫌与西方列强勾结，参与推翻希特勒的阴谋"。[18]

为了拖延时间，穆勒请求获准给卡纳里斯打电话。费希特说，你可以试试运气。但穆勒没能联系到卡纳里斯，只联系到他的秘书施瓦特夫人（Frau Schwarte）。"这里乱成一团，"她冲着电话喊道，"*他们*来了！"[19]

穆勒开始清理书房的桌子。自从施密德胡贝尔被捕后，在将近一年的时间里，始终有一把利剑悬在他们头上。现在剑终于落下来了。他好奇盖世太保所掌握的是否比施密德胡贝尔告诉他们的还多。他们是否发现了藏在措森的文件？如果是这样，他就算咬掉自己的舌头也救不了任何人。穆勒知道，那些文件里有足够的证据让所有人都被绞死。

他惊恐地意识到，他无法销毁藏在他书桌里的那份最确凿的证据。在一个隐蔽上锁的抽屉里，放着希特勒在普拉赫的住所——齐格菲地堡的图纸，这些图纸与他在梵蒂冈的任务也有关联。出于安全的考量，穆勒从不把秘密隔层的钥匙留在家里，而是锁进他律师办公室的一个保险柜里。他知道自己来不及赶去办公室，再及时折返。他的秘书安妮·哈泽尔（Anni Haaser）知道保险柜的密码，可以开车把钥匙送来，但他给她打过电话后，她已经开始忙着销毁成箱的文件，无法同时在两个地方帮助他。[20]

他开始为牢狱生活打包东西，在一个旅行箱里塞进十五条手帕、六件衬衫、五双袜子、一些内衣、两本口袋字典、两个橙子、一套三件套的灰色西装，以及一条绿色领带。[21]

穆勒亲吻了妻子玛利亚，抱了抱她。他一直试图使她远离密谋，但他凭经验知道，纳粹会通过威胁或逮捕无辜的家庭成员达到他们的目的。[22]

他叫来八岁的女儿克里斯塔（Christa），一起去书房旁边的门廊喂了笼子里的金丝雀汉西（Hansi）。他告诉女儿，如果他不得不在柏林待得比平时久，她要记得喂鸟。[23]

刑事警官弗朗茨·桑德雷格尔出现在门口。他是一个瘦削的莱茵兰人，有一副溜肩和一张满是皱纹的脸。当穆勒下楼时，桑德雷格尔用警用胶带封住了书房的门。[24]

一名军官在前门廊拿出一副手铐。穆勒挤进等候着的黑色轿车的后座。他转过身，举起被铐的双拳，向站在前门台阶上的妻子和女儿挥别。她们目送他，直至他从她们的视野中消失。[25]

第18章
白色骑士

1943 年 4 月 7 日，阿勃维尔官员汉斯·吉思维乌斯穿过圣彼得广场，走近约瑟夫·穆勒的密友约翰内斯·舍恩赫费尔蒙席在梵蒂冈的住所。吉思维乌斯从门垫下找到一把钥匙，开门自己进去。在门厅里等待的时候，他紧张地盯着窗外。突然，他看见"一个黑色的东西飞快地穿过院子，就像一只黄鼠狼，我只能勉强辨认出藏在巨大黑色耶稣会帽子下面那个瘦小的身影"。吉思维乌斯走上楼梯平台，俯视螺旋楼梯，看见那顶帽子盘旋而上，越变越大。[1]

莱贝尔神父患有哮喘，咳嗽着进来了。他形容庇护十二世"对穆勒的命运充满担忧"。莱贝尔自己则担心，记录在印有教宗水印的信笺上的 1940 年英国和平条款声明，可能会落入希姆莱的手中。吉思维乌斯承诺会向贝克提出这件事。至于穆勒，他是否在军事监狱里备受折磨，很大程度上取决于他是否被党卫队关押。对他的指控似乎相当严重。[2]

吉思维乌斯从梵蒂冈回来后，向人在柏林的卡纳里斯上将做了汇报。莱贝尔神父建议密谋者，通过他在慕尼黑的耶稣会同僚罗施神父，协调未来的政变计划。失去穆勒后，莱贝尔称赞罗施是"德国天主教会中的最强者"。[3]

奥斯特的骨干团队被逮捕后，很遗憾，密谋者除了掩盖他们的行事痕迹外，什么都做不了。"在盖世太保如此猛烈的打击下，"吉思维乌斯回忆说，"精神上的冲击使得行动也麻痹

了，形成一种密谋的真空。"⁴

然而，就在吉思维乌斯与莱贝尔神父见面的那一天，一场发生在北非的大屠杀召唤出一名天主教战士，成为所有希望的寄托。这么多年来，在错过了那么多机会和经历了那么多失败后，德国的抵抗运动终于靠着一个人的力量跨过了行动的门槛。

4月7日，德军进攻突尼斯。尘沙弥漫，烟雾滚滚，由于能见度太低，坦克的指挥官们只能站在舱门处指挥战斗。当他们看见美国战机机翼上的白星时，为时已晚。克劳斯·冯·施陶芬贝格上校（Colonel Claus von Stauffenberg）从他的吉普车上跳进沙漠，将脸埋在双臂中。⁵

医务人员事后在吉普车的挡风玻璃上发现一个弹孔，在后座上发现一个死去的中尉。施陶芬贝格躺在几码远的地方不省人事，手和头都在流血。在一家战地医院里，医生为他做了截肢手术，切除了他的右手，以及左手的两根指头，然后摘除了他的左眼。⁶

施陶芬贝格在师部的同事十分想念他。战俘集中营的秘密麦克风记录了一些战俘在战争时期对施陶芬贝格的赞赏："施陶芬贝格是德国即将到来的这一世代的典范"，"一个善良、诚实、信奉基督和勇敢的人"，他"关心他的部队"。如果说他有一个缺点的话，那就是他"相当轻率"，但他的同事们认为这是"他诚实品格的一部分"。当有人第一次见到他时，"他立马……就对人敞开了心扉"。⁷

此后，他变得有点儿像一个偶像。"克劳斯就是这样一个有魅力的人"，他的一个朋友回忆道，他"好像会在所有靠近他的人身上施展一种魔法"。甚至连阴郁的哈尔德将军都承认，他发现施陶芬贝格有一种"磁性般的吸引力"，而另外一个不那么拘谨的同僚则称赞他"像阿尔西比亚德斯（Alcibiades）一样光彩照人、英俊潇洒"。一名英国调查员1947年在采访他的前同事时记录道，他们"眼睛发亮"，似乎"仅是回忆就把他们迷住了"。也许在纳粹时代，除了希特勒本人，没有其他任何一个德国人能像施陶芬贝格一样对他的同胞施展这样的迷惑力。鉴于施陶芬贝格后来的所作所为，以及凭着这番作为他变得怎样声名大噪，那些认识他的人难免倾向于用夸张的言辞来回忆他；而他的魅力正源自他作为反神话的偶像地位。一个人如果没有亲眼见过他，会很难理解他的影响力。比如，当他身穿白色夏日制服，胸前别着一枚铁十字勋章，看起来——正如他的一个同事回忆的那样——"既英俊又强壮，宛如年轻的战神"。他与下级军官促膝长谈至深夜，左手插进裤兜，右手拿着红酒杯，不是在翻译荷马的《奥德赛》就是在批评希特勒。[8]

他与希特勒产生隔阂是因为希特勒迫害犹太人。就像大多数欧洲的非犹太人一样，施陶芬贝格从小接受到各种混杂的种族信息；但他的一个兄弟娶了一名犹太女飞行员，这名女飞行员在1936年被德国空军解雇，这使得反犹主义成为一个家庭问题。尽管施陶芬贝格对犹太大屠杀的了解加深了他对纳粹主义的厌恶，但对犹太人的迫害早在几年前就已经让他对希特勒产生了反感。水晶之夜是一个分水岭：事发两个月后的1939年1月，施陶芬贝格和朋友鲁道夫·法尔纳（Rudolf Fahrner）一起在伍珀塔尔（Wuppertal）的树林里散步。法尔纳是名文学教授，有一头乱蓬蓬的灰发和一双闪闪发亮的眼睛，他提到这场大迫害时，抡起一把斧头，砸碎了希特勒的半身像。当法尔纳问施陶芬贝格，军队是否会受命焚烧犹太教堂时，施陶芬贝格头一次公开地说起推翻纳粹政权。[9]

然而，三年来他没有响应自己的号召。当卡纳里斯一伙人接近他时，他找借口拒绝了：想法是没错，但时机不对。只有当他失去了行动能力，因重伤无法动弹时，他才承诺自己将参与行动。当慕尼黑的医生们割开他的身体时，一个新人出现了。"他开始确信，希特勒……确实被一种邪恶的力量所控制"，冯·翁德·楚·古滕贝格男爵夫人伊丽莎白（Elizabeth, Baroness von und zu Guttenberg）回忆道。她曾在1943年5月中旬探访过他，"他终于确信，刺杀希特勒将除掉一个事实上身体和灵魂都被魔鬼掌控的受造物"。[10]

他的热情来自他的信仰。他对犹太教徒的同情使他憎恨希特勒，他的天主教信条帮助他抵抗希特勒。党卫队的调查发现，施陶芬贝格是一个"虔诚的天主教徒"，他的"教会关系在他参与的秘密阴谋中扮演了*主要角色*"（斜体为原文所有）。盖世太保的报告称，显而易见他是一个"天主教反动分子"，且不仅仅体现在他佩戴的金色十字架项链上。中世纪以来，施陶芬贝格家族的人一直在施瓦本地区的大教堂担任法政（canons），其中有一个是康斯坦茨采邑主教（Prince Bishop of Constance），另一个是班贝格采邑主教（Prince Bishop of Bamberg）。家族与教宗职权间的这种关系，对小克劳斯产生了持久的影响。克劳斯9岁玩角色扮演时，就在城堡阁楼的一座祭坛上做弥撒，他还讲道说，如果路德当时多一些耐心，现在世上就只有一种真正的信仰了。早在加入德国抵抗运动之前，他所寻求的就不仅仅是铲除德意志第三帝国，他还要复兴神圣罗马帝国。[11]

施陶芬贝格的思想也像教堂的彩绘玻璃。他的笔记本上写满了诗歌，颂扬中世纪的天主教帝国。当时的英国人寻求重建他们的建国神话，把丘吉尔塑造成从阿瓦隆回来的亚瑟，而施陶芬贝格也幻想着神圣罗马帝国的腓特烈二世能从沉睡的山里醒来，拯救欧洲。当施陶芬贝格站在10世纪城堡的废墟中给军校学员们讲论时，他好像不是一个有智识的观察者，而是一个最初的参与者，被召回现世，做出具有世界历史意义的选择。肉体上，他参与了第二次世界大战的战斗，但精神上，他与秘密的圣者一起生活在一个秘密的德国，不向纳粹的新秩序效忠，而是忠于奥古斯丁的《天主之城》（*Civitas Dei*）。对施陶芬贝格而言，就像对罗施神父的克莱绍集团成员来说一样，只有通过恢复查理大帝时代的那些理念，就是那些铸成了西方文明的理念，才能真正拯救西方文明。如此一来，天主教的理念就像人文主义、古典主义、基督世界、贵族统治和诛弑暴君一样，同属一类，就像一串项链上的诸多珠子那样，毋庸置疑。[12]

"好吧，我是一名天主教徒，而我们有一个悠久的传统，就是可以刺杀暴君。"施陶芬贝格的一名同伴记得他曾这样说。为了使违背军官誓言的行为合理化，一名军官记得他引用凌驾于一切的自然法概念说道："作为一名有信仰的天主教徒，我有责任……违背这一誓言。"他引用阿奎那的话为刺杀希特勒一事辩护，但他没有仅靠自己对教义的个人见解，也询问了天主教会的权威，包括圣品委员会的普莱辛主教和德尔普神父。[13]

施陶芬贝格在做出这一重大决定后不久，就与委员会取得了联系。鉴于他们都身处慕尼黑，事情就容易多了。他很可能还在医院的时候，就通过冯·古滕贝格男爵夫人，与慕尼黑的耶稣会士取得了联系。男爵夫人的丈夫曾在1941年秋将罗施神父介绍给毛奇，从那以后，她每周都在慕尼黑的家中为德尔普主持一次讲道。罗施神父的一名在俗手下，委员会律师格奥尔格·安格迈尔（Georg Angermaier）于5月9日便听闻了施陶芬贝格的计划。安格迈尔住在班贝格，就是施陶芬贝格生活的地方，他通过约瑟夫·穆勒知晓了密谋者与教宗间的联系。[14]

164

1943 年 4 月 7 日，施陶芬贝格还因伤躺卧在突尼斯的时候，党卫队洗劫了穆勒在慕尼黑的家。党卫队督察弗朗茨·桑德雷格尔怀疑公牛乔伊已经将所有的罪证清理干净了。但他还是迫使穆勒的妻子玛利亚进入书房，希望她在急难中会泄露隐匿之处。从玛利亚那里什么都没得到后，两名盖世太保开始拷问她。"他们试图从我这里拿到我丈夫的合谋者的名字"，她后来说道。他们将所有反纳粹嫌疑人的名字都过了一遍，问他们是否去过穆勒家，"我回答得总是支支吾吾"。[15]

与此同时，桑德雷格尔用放大镜仔细检查了那张办公桌，发现了那个隐藏的抽屉，但撬不开。他怀疑抽屉里有反纳粹活动的关键证据，于是脑子里记着，下次要喊一个党卫队的锁匠过来。他打算稍后再继续搜查，于是再次关上了书房的门，并用一份正式通知将门封了起来。[16]

第二天桑德雷格尔回来时，发现封条破了。鉴于房子里只剩下穆勒的女儿和岳母，他便把老奶奶叫来问话。她说她们养的金丝雀汉西在外面的门廊里叫个没完，她就让克里斯塔去喂它。克里斯塔去门廊要穿过客厅，再从窗户里爬回来。桑德雷格尔严厉地训斥她们说，破坏封条就是犯罪，他现在就能逮捕她们。"这么说，"桑德雷格尔还记得老奶奶责骂他，"你已经逮捕了我女婿，你还想把我也关起来，甚至还想对小克里斯塔下手。再之后，我看你连金丝雀都要抓走了！"桑德雷格尔当时就想，如果他的家人都能反抗到这种程度，公牛乔伊一定也很难对付。[17]

差不多同一时间，埃塔尔的阿尔布雷希特神父去了穆勒的办公室，是穆勒的秘书安妮·哈泽尔开的门。党卫队督察桑德雷格尔已经逮捕了哈泽尔，但强迫她继续履行工作职能，作为诱捕行动的一部分。为了识别穆勒的联系人，桑德雷格尔安排了一名盖世太保留在办公室，每当电话铃响的时候，就以"穆勒博士"的身份接起来。他还要求哈泽尔接待所有来访者。好在阿尔布雷希特神父没有穿教士服，而是穿了一套简单的黑色西服。桑德雷格尔问他想干什么。他看见哈泽尔小姐向他眨眼示意，便正确地领会了她的意思，随机应变道，他是来"咨询离婚的"。[18]

穆勒透过警车的玻璃望向柏林。外面的一切都漆黑模糊。逮捕他的人拿断头台开着玩笑，而穆勒思考着自己的命运。"我很害怕，"他说，"他们发现了海宁·冯·特莱斯科夫的暗杀计划，纳粹的人会顺藤摸瓜盯上我，再从我这里追查到教宗。"[19]

汽车停在位于勒尔特大街（Lehrterstrasse）的军事监狱前。他透过黑暗，只能看见灰色的堡垒、瞭望塔和有栅栏的窗子。他进了门口的院子，一扇铁门砰地在车后面关上了。一名中士咆哮着说："禁止你说'希特勒万岁'，即刻生效！"两名卫兵带穆勒穿过由铁质螺旋楼梯连接、装有格栅的走廊，把他推进死囚区的 7 号牢房。[20]

牢房有 9 英尺长、6 英尺宽。左前方的角落里有一个棕色提桶，用作厕所。一张硬纸板遮着窗户，它的玻璃在空袭时被炸碎了，所以房间里接收不到自然光。当穆勒把耳朵贴到墙上时，能听见人哭的声音。[21]

4 月 14 日前后，穆勒在柏林的第二天，指挥官传唤了他。奥托·马斯上校（Colonel Otto Maas）为保罗·冯·哈斯将军（General Paul von Hase）效力，而哈斯是潘霍华和杜南亿夫人的叔叔。马斯用友好的声音对他说："我替你的上司和你真正的上司，向你问好。"他指的只能是卡纳里斯和贝克。穆勒看着他问道："上校先生，你愿意给我一个真正的老式军人的承诺吗？"马斯站直做出军人的姿态，伸出他的手。穆勒说："请向我的上司和真正的上司问好，告诉他们我会信守承诺！"他希望以此向朋友们确保，如有必要，他会独自走向绞刑架。[22]

第二天早晨，军事审判员勒德坐在审讯台上。他想知道穆勒在梵蒂冈的任务情况。"关于这些在罗马的耶稣会士，你可以打开天窗说亮话。"勒德提到了莱贝尔神父和舍恩赫费尔蒙席，并要求穆勒指出他在罗马教廷的其他联系人。穆勒坚称，只有得到卡纳里斯的允许，他才能说出这些名字。[23]

勒德从公文包里拿出一张纸。穆勒一下就知道，党卫队找到了希特勒在普拉赫的地堡的图纸。"你是从哪里拿到这些图的？"勒德粗声粗气地问。穆勒说他无权讨论齐格菲蓝图，否则就是违反了律师与客户间的保密特权，"我不能违背我的职业保密誓言，我甚至不能告诉你谁可以解除我的誓言"。这为穆勒争取了一些时间，因为勒德不得不向阿勃维尔询问。[24]

两周后，法庭再次提起地堡图纸。军事法庭顾问埃尔温·诺亚克（Erwin Noack）发现了图纸原件，上面备注道，普拉赫市曾将一份副本给了耶稣会贝克思曼学院的洛塔尔·柯尼希神父。代替勒德进行审讯的警官瓦尔特·默勒（Walther Möller）开始大叫："你要是不把我们想知道的都说出来……"他用手比了一个动作，好像砍掉了一颗头。诺亚克警告穆勒，他们横竖都会很快得知真相，因为他会亲自去慕尼黑审问柯尼希神父。[25]

回到牢房后，穆勒让人去请了天主教神父。海因里希·克罗伊茨贝格神父（Father Heinrich Kreutzberg），这位帮助死刑犯做死亡准备的神父很快就来到了他身旁。穆勒一开始有点怕他，就像怕赫尔曼·凯勒和所有与政府有关联的神职人员一样。但穆勒曾让克罗伊茨贝格带一个口信给普莱辛主教手下的副主教（Vicar- General）马克西米连·普朗奇（Maximilian

Prange），而克罗伊茨贝格也带回了回信，确认了普莱辛主教对纳粹的憎恶后，穆勒便决定信任他了。[26]

穆勒将地堡图纸的事告诉了克罗伊茨贝格，他害怕柯尼希为了保护自己而破坏整个计划。他认为如果被诺亚克逼得走投无路，柯尼希应该承认，他是在耶稣会与党卫队的污水纠纷案中拿到图纸的——是他把图纸给了穆勒，因为穆勒是耶稣会的律师。[27]

克罗伊茨贝格当天晚上就乘车去了慕尼黑，诺亚克也乘坐了同一趟火车。第二天，克罗伊茨贝格争分夺秒地前去警告柯尼希。当诺亚克来到教区住所时，却得知柯尼希刚刚赶了班火车去柏林了。[28]

正当柯尼希神父乘火车北上时，教宗给普莱辛主教发送了一条秘密信息。几周前，罗马教廷又收到大量关于犹太人命运的新报告。汾屠立神父（Father Pietro Tacchi Venturi）是教宗与墨索里尼之间的联络人，他试图阻止克罗地亚的犹太人被驱逐，但失败了。他说："众所周知，这是迈向不远的、最艰难的死亡的第一步。"刚恒毅（Celso Constantini）主管教宗的宣传事务，他记录道，自己看见"一张照片，成群的犹太人挖完壕沟后，被大规模杀害并扔进壕沟里；其中有妇女、儿童、老人和男人。一场冷血的屠杀，一种野蛮的行径"。与此同时，普莱辛（据毛奇称）"显示出自己对犹太问题最新的发展非常了解"，并请求罗马帮助受迫害的犹太人。"对于我们而言，在柏林没有什么比新一波的犹太人驱逐更让人痛苦的了，"普莱辛在3月6日写给庇护十二世的信中指出，受害者也包括有犹太血统的天主教徒，"教宗陛下能否再次为这些不幸的无辜者代求？"[29]

教宗的回复再次重申了自他成为密谋者的外国中间人以来

168

一直采取的路线方针。"这事要交给身处其中的大主教们，"他4月30日给普莱辛回信说道，"由他们来评估，是否以及在何种程度上保持克制，以防止报复行为造成更大的恶行。"他很遗憾，主教们隐秘且温和的抗争被证明毫无效用，但他也不会命令他们在公开场合进行更强烈的抨击。事后有人谴责他实施"僵化的中央集权"，但事实上他表现出完全相反的倾向。他没有发出指令，只是表达了他的希冀。[30]

他希冀德国的神职阶层可以效仿普莱辛的做法。"从不允许剥夺一个外来种族的个体的人权"，普莱辛在最近的一次讲道中说，并强调"从不允许向这样的人实施暴行"。庇护十二世不仅称赞了普莱辛的"讲道清晰坦诚"，也称赞了他手下人的作为。他的教堂法政伯恩哈德·利希滕贝格（Bernhard Lichtenberg）因公开为犹太人祈祷而死在前往集中营的路上。"这让我们感到欣慰，"庇护十二世写道，"因为天主教徒，特别是柏林的天主教徒，将那么多爱带给饱受磨难的非雅利安人。"[31]

庇护十二世承认他也觉得必须出手帮助犹太人——不是通过言语，而是通过行动。他告诉普莱辛，要与"犹太领导层"合作，梵蒂冈从银行调拨了"大量美国货币"帮助犹太人逃离欧洲——这是一项巨大的工程，需要与"玻利维亚、哥斯达黎加、南非、智利、美加正统派拉比联盟（Union of Orthodox Rabbis of America and Canada）以及萨格勒布的大拉比（Grand Rabbi of Zagreb）"等犹太社群进行全球协调。至于有犹太血统的天主教徒，庇护十二世能做的就少多了，因为犹太救援组织不接受他们："很不幸，在目前的情况下，我们无法提供任何有效的帮助，只能为他们祈祷。"然而他说，他看见"一条出路"，不仅能拯救纳粹欧洲的受迫害者，也能拯救所有不需要牺牲的无辜者。[32]

"看着疯狂增加、确凿无疑的暴行，想到这样的互相残杀
还要持续更长时间，简直令人无法忍受，"庇护十二世写道，
"战争问题现在迫使我们……通过隐秘的斡旋来行动。"关于
这些隐秘行动，教宗在信中说的不多，尤其是因为普莱辛作为
圣职委员会的成员已经通过约瑟夫·穆勒了解了这些谋划。庇
护十二世确实提到，他慎重的计划"需要最大限度的耐心……
以及妥善处理不断出现的外交难题的能力"。此外，这一计划
还需要被他拐弯抹角地称为"行动武器（action arms）"的
成功。[33]

169

克劳斯·施陶芬贝格已经学会了用牙齿系鞋带。他用残存
的那只手给弗里德里希·奥尔布里希特中将写了封信，请求他
允许自己在三个月后回柏林的陆军总部报到。奥尔布里希特曾
在两个月前密谋炸毁希特勒的飞机，而施陶芬贝格则津津乐道
于"果断干预的机会"。当施陶芬贝格于7月出院时，他的妻
子发现他表情凝重，近乎凶狠。[34]

接下来的几周，他和两个兄弟在祖上留下的城堡里度过。
他们翻译了《奥德赛》的第七卷，克劳斯标出了里面的格言：
"每次冒险都令勇者脱颖而出。"他爬山时一开始还需要拐杖，
后来完全不用了。[35]

7月19日的时候，他已经与毛奇的克莱绍集团取得了联
系。通过他的兄弟贝特霍尔德（Berthold），施陶芬贝格得知
了建立幽灵政府的计划，该政府在慕尼黑耶稣会士的指导下最
终成形。[36]

约瑟夫·穆勒觉得自己像被封在棺材里，特别是在晚上，
当走廊里所有的喧嚣都停止的时候。白天的时候，卫兵不让他
在院子里走动，以免他想办法与杜南亿通气。[37]

毛奇在 6 月 20 日写道："一切仍悬而未决。"起先，希特勒的保镖队长汉斯·拉滕胡贝尔似乎能保护穆勒使他免受绞刑。但情况突然"急转直下"，以至于毛奇预测："最终一切都要完蛋。"军事审判员勒德不光审问了党卫队里的修士赫尔曼·凯勒，甚至审讯了卡纳里斯。卡纳里斯承认自己违反了规定：Z 部门无权选派特工。他只能没有说服力地说："杜南亿与穆勒（由于他与罗马圈子的联系）之间的交集……对于军事和军政情报服务有益。"[38]

就在这险恶的时刻，穆勒得到两个意想不到的人的帮助。赫伯特·米尔考中士（Sergeant Herbert Milkau）之前是共产主义者，他读过穆勒的背景资料，得知公牛乔伊领导过巴伐利亚人民党左翼，于是同意在他和杜南亿之间传递消息。另一个是军法署署长（Army Judge Advocate）卡尔·萨克将军（General Karl Sack），他是卡纳里斯的朋友，向穆勒透露了他将面对的审讯战术："有时我比审讯者准备更充分。"当勒德声称奥斯特已经全招了的时候，穆勒并没有上当。[39]

勒德那边越没有进展，他就越生气，言语越来越具侮辱性，而且无法提出合乎逻辑的补充问题。穆勒利用这点来对付他，想方设法激怒他。当穆勒漫不经心地提到自己曾在一名犹太律师手下实习时，勒德勃然大怒，完全打乱了整个审讯，不得不中止问询。[40]

勒德愤怒的谴责太过口无遮拦，以至于萨克催穆勒去投诉他。穆勒给凯特尔将军写了封信，指责勒德诋毁梵蒂冈的要人，并破坏保密法，在未经许可聆听审讯的人面前对穆勒的一些特工指名道姓——莱贝尔、舍恩赫费尔、霍夫迈斯特——玷污了国防军的名誉。萨克支持了这份请愿书，并暗示勒德的目的是损毁阿勃维尔，使武装部队的一个重要组成部分隶属党卫队。[41]

　　投诉被采纳了。凯特尔就此事拜访了希姆莱，而据一名党卫队的证人称，希姆莱"对整个事件没有丝毫兴趣"。凯特尔指示勒德不要继续调查穆勒非政治性的犯罪行为了，比如违反海关规定。对所谓黑色礼拜堂成员——穆勒、奥斯特、杜南亿、潘霍华和施密德胡贝尔——的叛国罪指控暂时撤销，何时重启另行通知。此外，凯特尔在7月26日发布的命令，提到了前一天发生的转折性事件，该事件动用了阿勃维尔的全部力量。[42]

　　墨索里尼倒台了。这是"穆勒的调解所促成的第一场政变"，杜南亿的妻子事后说。尽管穆勒在工作取得成效之前已经入狱了，但法西斯主义的失败先是令他兴奋，随后却令他惊恐。"致力于消灭希特勒的团体因意大利事态的发展，受到极大鼓舞，事实证明，推翻一个独裁者是可行的。"艾伦·杜勒斯给华盛顿发的电报中如此说道。墨索里尼的倒台使得贝克从病床上爬了起来，使特莱斯科夫赶往柏林，使施陶芬贝格取消了安装假肢的日程。据杜南亿夫人称，按照德意两国抵抗运动之间的荣誉协定，一国的政变是对另一国发出的信号，"德国抵抗运动应采取相应的类似行动"。然而，这一政变行动和意大利的覆灭，将促使德国军队包围梵蒂冈，使希特勒起意绑架教宗。[43]

171

第 19 章
梵蒂冈囚犯

　　"一座火山开了口。"刚恒毅枢机如此回忆道。1943 年 7 月 19 日，他坐火车来到罗马城外，火车震动了一下后停住了。他和其他乘客一起跳出车厢，却发现自己被笼罩在烟雾中，很难睁开眼和呼吸。他摸索着回梵蒂冈，却被脚下的电线、一个破婴儿床和一匹死马绊倒了，他在那里得知美国轰炸机炸死了 1000 多人，并将宝贵的历史遗迹夷为平地。刚恒毅悲叹道："连废墟都被毁了。"[1]

　　第二天，当阿尔布雷希特·冯·克塞尔（Albrecht von Kessel）抵达罗马时，空气中弥漫着草和石头被火烧后的气味。克塞尔的官方身份是德国驻罗马教廷使团新上任的一秘，但实际上他是来接替约瑟夫·穆勒的。第二年起，他将负责在施陶芬贝格和教宗之间进行沟通。克塞尔听见酒店的窗台下传来"打倒墨索里尼！"的喊声后便想，美国的进攻不仅能毁灭法西斯主义，也能削弱纳粹主义。他对这些后果的预判没有错，却弄错了起因。事实上，推翻墨索里尼的计划是在几年前通过梵蒂冈的渠道孵化的。[2]

　　"过程大概是这样，"穆勒说，"（佩特罗·）巴多格里奥元帅（Marshal [Pietro] Badoglio）曾任意大利军队总参谋长（Chief of the Italian General Staff），他曾强烈反对意大利（于 1940 年 11 月）进攻希腊。他是墨索里尼和希特勒的坚定反对者。"通过梵蒂冈传信部的一名联系人，穆勒了解到墨索里尼曾在意大利军官中传播一份请愿书，要求对巴多格里奥进行军事审判。墨索里尼的动议促使巴多格里奥主动寻求与德国抵抗力量的联系。正如穆勒所说："我有理由相信——我必须小心地表达自己——我们可以与巴多格里奥做交易。"巴多格里奥宣称，只要国王和教宗支持，自己随时准备推翻墨索里尼。穆勒促成了德国和意大利的密谋者之间的"关联（connecting）"协议：如果一方发动政变，另一方必紧随其后。[3]

　　在近两年时间里，巴多格里奥一直拖延不决。他在等德国人先动手。最终，1942 年 11 月，美国进攻北非的行动迫使他出手了。盟军现在离西西里岛不到 100 英里，墨索里尼的位子不稳了。11 月 24 日，巴多格里奥委派皮埃蒙特公主（Princess of Piedmont）与教宗的副手蒙蒂尼探讨政权更迭的事情。几乎就在同时，卡纳里斯与穆勒在慕尼黑的里贾纳酒店见面。在他们与卡尔滕布鲁纳共享了一顿离奇的晚餐后，卡纳里斯让穆勒"试着与巴多格里奥达成共识"。一个月后的 12 月 21 日，巴多格里奥秘密派自己的侄子去见国务枢机卿马格利奥内，为一项针对意大利国王维托里奥·埃马努埃莱三世（Victor Emmanuel the Third）的叛国行动，寻求教宗的祝福。通过这些秘密关系，同盟国的外交官开始与巴多格里奥商谈和平条件。穆勒记得：

　　　　1942 年底，我收到消息——消息的来源不是莱贝尔，而是梵蒂冈那边的一个党派——一个颇有名望的意大利要人做出和平的试探，一个关于和平条件的建议和问询，一个与意大利单独缔结的和平……（针对这个问询的）答案——我相信是从华盛顿，而不是从伦敦来的——具体内容如下：（1）（意大利放弃）在北非的殖民地。（2）潘泰莱里亚岛（Pantelleria，靠近突尼斯的一座意大利岛屿）

归英国。（3）关于（意大利撤离）阿尔巴尼亚的提议……（4）在某种意义上，这对我们来说是令人兴奋的。具体的措辞大致如下：（意大利）蒂罗尔（Tyrol）将成为在南方建立的新德国的一部分。这不仅关系到（卡纳里斯集团中的）我们，我也告知了莱贝尔……他用手拍了一下头，因为（同盟国造成的）德国分裂严重破坏了我们与英国（先前的）讨论。我曾请莱贝尔通过他的联系人了解美国人如何看待这个问题：他们主要持反对意见呢，还是和英国人想的一样。

德国被肢解的前景给柏林的密谋者敲响了警钟。当 1943 年 4 月被捕时，穆勒仍然希冀通过莱贝尔神父得到对同盟国条款的"一种权威解读"。[4]

一个月后，庇护十二世掌握了巴多格里奥政变的脉络。当罗斯福公开劝说意大利离开轴心国阵营的时候，他派驻罗马教廷的私人代表迈伦·泰勒与庇护十二世采取了类似的秘密行动。"你还记得吗，你曾通过梵蒂冈电台让华盛顿与教宗陛下保持不间断的联系，"泰勒后来提醒罗斯福道，"为墨索里尼的覆灭所做的第一个准备，就是那天我给你带去的秘密消息，此消息回应了我之前一封关于墨索里尼倒台和意大利退出战争的信，而你称之为'整个轴心国集团的第一个缺口'，这个消息正是通过（教宗的）渠道传到我这里的。"[5]

梵蒂冈从 5 月 12 日起就开始为墨索里尼的覆灭做准备。马格利奥内召见了意大利驻罗马教廷大使齐亚诺伯爵（Count Ciano），并交给他一份照会。马格利奥内说，教宗为意大利，也同意大利一起受苦，并将"尽一切可能"帮助这个国家。因此，教宗希望墨索里尼知道他的想法，同时避免进行直接干预。但作为梵蒂冈最了解帕切利的人，贡佩尔神父事后轻笑着说："当然，这是一种隐晦的说法，意思是：我们能作为调解人提供任何帮助吗？"齐亚诺看出了这层言外之意，粗暴地说："哦，领袖（the Duce）是不会同意的。"墨索里尼发誓要继续战斗，但庇护十二世已经为接下来的谈判开辟了一条道路。[6]

　　5 月 20 日，庇护十二世写信给罗斯福，要求他不要轰炸意大利的城市。尽管他没有直截了当地说出来，但他将同盟国和轴心国的轰炸都视为恐怖主义；不管在伦敦还是在柏林，轰炸都会导致妇女和儿童的死亡，且更多是出于政治而非军事的原因。教宗的书信暴露了他更深层次的想法：当他请求罗斯福在未来的和谈中宽容意大利时，他正在表明梵蒂冈期望同盟国赢得胜利。庇护十二世悄悄地将自己置于两个对立的阵营之间，并向双方提出同样的问题："我能帮什么忙吗？"[7]

　　尽管庇护十二世与罗斯福联手除掉了墨索里尼，但梵蒂冈声称自己没有积极参与密谋。"当提到直接参与和影响时，我们必须非常小心，"贡佩尔神父后来说，"因为梵蒂冈不该干涉这么多外国事务……他们的方式非常谨慎……也更加圆滑，他们行事谨小慎微，以避免自己受到严厉的指控。"1929 年的《拉特兰条约》（Lateran Treaty）禁止梵蒂冈干涉外国政治，如果希特勒知道意大利是通过教宗的策动退出战争的，会如何反应呢？"教宗认为必须做些什么，"他的副手塔尔迪尼在收到一份关于政变的美国加密情报后记录道，"他不能不干涉，但必须保密。"[8]

　　6 月 11 日，庇护十二世收到一份重要的政治情报。他从一名线人那里得知，维托里奥·埃马努埃莱三世秘密接见了两名非法西斯的意大利前政治家。连意大利国王，一个臭名昭著的浪荡公子，都意识到他必须采取行动了，这意味着现状很快会被打破。六天后，驻意教廷大使拜访了国王，告诉他除非罗马先退让，否则美国不会手下留情。庇护十二世从最高层，即罗斯福本人那里获取情报，知道未来将发生什么。但意大利国

175

王仍然不确定该怎么做。[9]

一个月后的 7 月 10 日，盟军登陆西西里岛。三个德国师逃往意大利本土，盟军很可能紧随其后。这一前景不但使意大利人民，也使教宗感到极为不安。无论是教宗本人，还是他的副手们——马格利奥内、蒙蒂尼以及塔尔迪尼，从一开始就不希望意大利参战，而如今他们更加努力地让意大利退出战争。教宗要求向他通报法西斯大委员会（Fascist Grand Council）针对墨索里尼的动议。7 月 18 日，刚恒毅在日记中写道："意大利正处于深渊的边缘。"[10]

当第二天罗马遭到轰炸时，大局已定。意大利已经输掉了战争，其领导人跨过了庇护十二世搭建的通往和平的秘密桥梁。六天后，国王逮捕了墨索里尼，并任命巴多格里奥元帅执掌政权。庇护十二世没有发表公开声明，但一名美国外交官认为，他似乎"完全没有不高兴"。他在接下来的一个月秘密主持了多场巴多格里奥与同盟国的会谈，最终双方在 9 月 8 日达成停战协定。鉴于此，希特勒决定将意大利置于德国的保护之下，并入侵罗马。[11]

巴多格里奥和维克托·伊曼纽尔第二天拂晓就逃走了。10 日早上，一名意大利官员警告蒙蒂尼蒙席，一个德国伞兵师正沿着奥勒良道（Via Aurelia）向梵蒂冈进发。他们穿着走起路来铿锵作响的靴子走在笔直的方队中，占领了圣彼得广场。据一名目击者回忆，党卫队的人藏在他们身后的豪华轿车里，"他们的长靴闪闪发光，骷髅头和交叉骨徽章从他们的翻领上狰狞地露出来"。[12]

罗马教廷现在与希特勒的帝国直接接壤。一条白线从贝尔尼尼柱廊（Bernini colonnades）穿过，划定了双方边界。一边站着德国士兵，他们脚踩黑靴，头戴钢盔，肩上扛着卡宾枪，腰上别着鲁格手枪。另一边则站着教宗的瑞士卫兵，他们身穿褶边的紧身制服，头戴羽毛帽子，戴着白手套的手上拿着中世纪的长矛。

11 日晚上 10 点，梵蒂冈接到报告说，德国人要将教宗置于他们的"保护"下。消息来自阿尔布雷希特·冯·克塞尔，他说希特勒将意大利的陷落归咎于庇护十二世，因为"教宗一直以来都和罗斯福保持电话联系"。莱贝尔神父开始将教宗的档案藏进宗座宫的大理石地板下。梵蒂冈国务秘书处的主要工作人员被告知，即刻收拾行李，如果党卫队突击队抓住庇护十二世并带他去慕尼黑时，他们也可以随教宗一同前去。[13]

希特勒听到墨索里尼倒台后，原本发誓要在两小时后进攻梵蒂冈。7 月 26 日午夜刚过，里宾特洛甫的联络官瓦尔特·赫维尔（Walther Hewel）询问，在重建法西斯罗马的计划中应当如何处理罗马教廷。

赫维尔：我们是不是应该占领梵蒂冈的出口？

希特勒：这没什么用。我会直接进入梵蒂冈。你以为梵蒂冈会让我难堪吗？我们要立刻控制那地方。因为一整个外交使团都在那里。对我来说都一样。那群乌合之众。我们要把那群猪都赶出去……之后我们可以道歉。这没什么差别……

赫维尔：我们会在那里找到文件。

希特勒：是的，我们会找到文件。叛国者会被暴露在光天化日之下。[14]

然而，在第二天晚上的会议上，希特勒的顾问们似乎说服他放弃了这一行动。"辩论一直持续到午夜之后"，戈培尔在他的日记中记录道，辩论过后"我们所有人，包括元首，最后

177

都同意不对梵蒂冈实施我们正在考虑的措施"。

元首打算发动一场大政变。具体方案如下：命令一支目前驻扎在法国南部的伞兵师降落在罗马周围。这个伞兵师将占领罗马，逮捕国王和他的全家，以及巴多格里奥和他的全家，全都用飞机带到德国……按照我们收到的报告，梵蒂冈正在开展密集的外交活动。毫无疑问，它正以其世界性的设施，支持（反对墨索里尼的）叛乱。元首最初打算在逮捕罗马领导人的同时，也控制梵蒂冈，但我和里宾特洛甫坚决反对这一计划。我认为没有必要闯入梵蒂冈，而且我认为这样的措施会引发世界舆论，对我们造成尤其不良的影响。[15]

然而另一名目击者声称，希特勒此后又重新启动了该计划。驻意大利的党卫队指挥官卡尔·沃尔夫（Karl Wolff）说，希特勒曾在 9 月召见他，交给他一项"具有世界历史意义"的任务。他希望进行一项研究，研究如何能占领梵蒂冈，确保档案的安全，并将教宗和罗马教廷一起带走，这样他们就不会落入盟军手中。希特勒将以此决定是将这些天主教的显贵们带到德国，还是留在中立的列支敦士登。他认为拿下梵蒂冈会有困难，问沃尔夫多久可以准备好行动。[16]

据称，沃尔夫说他无法确定具体日期，并试图劝阻该计划。战争已经让他在意大利的党卫队实力消耗殆尽，更何况教宗可能反抗；他们也许不得不杀掉教宗。尽管如此，希特勒称，他个人对这一行动非常重视，要求沃尔夫研究这个问题，并写成报告。[17]

"德国会发生什么？希特勒的大限不远了。"在纳粹高层讨论如何绑架庇护十二世的那一天，刚恒毅枢机如此思索着。先是斯大林格勒的投降，接着是突尼斯失守，而墨索里尼的倒台将法西斯的挫败推向了高潮。截至 1943 年仲夏，轴心国在南方和东方同时面临失败。此刻便是发动革命最恰当的心理时机。

纳粹也对此心知肚明。"这些事情如果被人知道，可能会鼓动德国的一些危险分子，使他们认为可以效仿巴多格里奥和他的党羽在罗马所实施的，"戈培尔在 7 月下旬一次马拉松会议后指出，"元首命令希姆莱务必采取最严厉的警卫措施，以防迫在眉睫的危险。"

卡纳里斯将上述所有命令化为最后的制胜绝招。希特勒害怕在德国的外国工人起义。7 月 31 日，德国国防军批准了卡纳里斯的反叛乱计划，代号"女武神（Valkyrie）"，这为施陶芬贝格的刺杀行动提供了完美的掩护：被指定去防止革命的人正是预备发动革命的人。

夏去秋来，施陶芬贝格重启了幽灵政府的计划。德尔普神父制订了一个新计划，将权力下放给当地的行业团体，并充当起施陶芬贝格与科隆地下天主教劳工领袖之间的联络人。毛奇在慕尼黑的圣弥额尔大教堂（St. Michael's Cathedral）与德尔普和其他的慕尼黑耶稣会士见面，为同盟国绘制了一幅战后德国的新地图。毛奇的表兄彼得·约克向施陶芬贝格介绍了耶稣会的政治计划，然后向耶稣会介绍了施陶芬贝格与将帅们的联系。

在从牢房里偷偷带出的便条里，穆勒和杜南亿敦促大家赶紧采取行动。杜南亿强调了密谋者对巴多格里奥政府的"道德责任"。穆勒急切地等待着返回梵蒂冈，以协调与同盟国的和谈。与此同时，一个方济各会的神学院学生——格里昂·戈德曼（Gereon Goldmann）在卡纳里斯和罗马的阿尔布雷希特·冯·克塞尔之间传信。

希姆莱监视着这一切，尽管关于勒德的叛国罪调查中止了。一名盖世太保后来发现，施陶芬贝格"安插神职人员的目的是利用他们与教会圈子（和）梵蒂冈进行联系"。党卫队强调"密谋者向教宗派出最值得信赖的特工和最老练的外交官，以促成最密切的联系"。尽管希特勒的秘密警察能指认施陶芬贝格在其他城市的密使，但在罗马他们只发现"一个不知姓名的人在与教宗协商"。

事实上，施陶芬贝格与庇护十二世之间有两个联络人。第一个是克塞尔，第二个是阿勃维尔的特工保罗·弗兰肯（Paul Franken）。表面上弗兰肯是位于诺门塔纳道（Via Nomentana）一所德语学校的历史老师，他与梵蒂冈有来往，并与英美两国的外交官建立了谨慎的联系。为了掩护他的军事情报活动，弗兰肯为罗马的德国研究协会（German Research Association）编辑教宗使团报告，并领取一份津贴。但实际上，作为天主教徒的弗兰肯接管了穆勒与梵蒂冈之间的联系工作。[18]

像穆勒一样，弗兰肯为人也很低调。他避开了德国反对梵蒂冈的特工可能出没的地方：德国大使馆、盖世太保办公室，以及德国教会学院。取而代之，他住进由德国灰衣修女会（the Grey Sisters）开办的诊所里。卡斯每周去两次诊所，治疗他的胃部不适。每次离开前，他都会去探访一下弗兰肯。周日的早上，弗兰肯会去卡斯在梵蒂冈的家里喝杯咖啡，同他们一起的还有莱贝尔神父。[19]

在这些会面中，弗兰肯向梵蒂冈汇报了刺杀希特勒的计划。1943 年秋，莱贝尔得知了施陶芬贝格的计划。1944 年，一名美国情报员在汇报中提到莱贝尔对一项计划知情："1943 年 9 月到 10 月。关于这第三次密谋，莱贝尔神父从……罗马一名负责文化事务的上校那里获得一份粗略的计划。计划最迟将于 10 月 15 日进行，但取决于苏联前线的稳定程度。如果战局不稳定，则只能放弃谋划。"[20]

弗兰肯将密谋者的想法呈报给梵蒂冈。如果奥尔布里希特的本土兵团可以封锁希特勒的通信中心，就只有全面出击的党卫队可以阻止他们。为了避免这种情况发生，密谋者必须以迅雷不及掩耳之势解除党卫队的武装。各地军事指挥官会动手逮捕当地的纳粹领导人。为了保密，只有一两人有权得知女武神计划的全貌。不知情的将领任何时候有问题，都可以与柏林总部核实——施陶芬贝格会在那里接听他们的电话。施陶芬贝格会释放约瑟夫·穆勒，派他前往罗马请求教宗，请他在希特勒死后呼吁世界停战。教宗应该知道他们这一次会动手。[21]

在传达这样的计划给罗马时弗兰肯常感犹豫。他的恐惧在 1943 年 10 月的一次会面中达到了极点，因为莱贝尔神父为了给教宗做简报而做了书面记录。弗兰肯警告莱贝尔，他的笔记可能让他们所有人送命。第二天莱贝尔宽慰弗兰肯说，庇护十二世读过后当着自己的面用书桌上的蜡烛把字条烧毁了，并说："你可以告诉他，你看见教宗亲手烧毁了字条。"[22]

1943 年 12 月初，希特勒问党卫队军官卡尔·沃尔夫，自己之前让他做一份逮捕教宗的计划，三个月过去了，为什么什么都没发生？希特勒想要一个明确的回答。[23]

沃尔夫说，抓捕教宗需要大规模的行动，可能导致罗马的强烈反抗。在德国的占领下，意大利的状况目前还算平稳。天主教会在意大利拥有独一且无可争议的权威，意大利妇女仍然忠于教会。绑架教宗可能引发法国和德国天主教徒的暴动，并使柏林在国际舆论中饱受诟病。[24]

希特勒推迟了计划，至少在他稳定好意大利局势之前。他命令沃尔夫随时待命，一接到通知就要展开行动。[25]

1944 年 1 月 19 日，克劳斯·施陶芬贝格拜访了毛奇的表兄彼得·约克，约克是罗施神父和圣职委员会之间的联络人。党卫队刚刚逮捕了赫尔穆特·冯·毛奇，有人不小心提到了他的名字。毛奇经由他和委员会的联系，见过约瑟夫·穆勒，并且知道计划与梵蒂冈之间的联系。施陶芬贝格只能希冀毛奇能坚持足够长的时间，让其余的人可以采取行动。[26]

在毛奇被捕后，委员会的神父们都离开毛奇的圈子，加入施陶芬贝格的阵营。通过罗施神父手下的耶稣会士，施陶芬贝格开始与柏林主教普莱辛伯爵协同行动。那年春天，施陶芬贝格至少和普莱辛在黑姆斯多夫（Hermsdorf）见过一次面，据称会面持续了一个多小时。[27]

他们探讨了发动政变的必要性，至少是提到了暗杀涉及的道德问题。一些人后来认为，施陶芬贝格之所以决定刺杀希特勒，这次会面在其决策过程中起到了重要作用。更有可能的是，他们探讨了，政变后由普莱辛担任教宗代表一职，而由约瑟夫·穆勒通过教宗寻求停战。或许是出于这一目的，莱贝尔神父在 4 月写信给普莱辛，提到有必要通过"保密手段"促进更有效的沟通。[28]

据各方说法，普莱辛认可了施陶芬贝格的计划。显然，他说他在施陶芬贝格还没做他要做的事之前，无法赦免他的过犯。但他后来写给施陶芬贝格母亲的信中并没有隐瞒他"作为一名神父的个人祝福"。[29]

1944 年 3 月 3 日，穆勒在柏林的最高法院受审。他穿着灰色三件套西装，戴了一条绿色领带。整个诉讼成为国防军和党卫队一决雌雄的战场。[30]

首席军事法官萨克博士（Dr.Sack）主持了审判。拜伦中将（Lieutenant General Biron）率领高级将领参加法官评议

会。党卫队督察桑德雷格尔代表党卫队出席。勒德作为控方
出席。[31]

勒德指控穆勒滥用他作为军事间谍的权力，通过他在天 　182
主教会的朋友，与敌人合谋。因此穆勒犯了叛国罪，必须被
处死。[32]

拜伦法官说，这是一个有着优秀军绩，连希特勒的首席保
镖都为其作证的人，要绞死这样一个人必须有确凿的证据。[33]

勒德坚持证人的证词，特别是本笃会会士赫尔曼·凯勒的
证词。他警告法庭，"最高领导层将监督"整个诉讼流程。[34]

拜伦反驳说，法庭拥有自己的独立性，不像"其他地方"
未经思考审查就批准各项决定。拜伦问穆勒他有什么要为自己
辩护的。[35]

穆勒说，这些指控都是老生常谈，是跟他有个人恩怨的不
可信之人的道听途说。几年前的一次调查已经驳回了他们的指
控。否则，他怎么可能在一个最敏感最机密的情报岗位上继续
效力呢？他按照上级的指令行事，他的上司们也为此作证，他
所做的都是为了国家的利益。如果法院认同这一点的话，就应
该释放他。[36]

陪审团认为穆勒无罪。然而，党卫队声称要以新的罪名
逮捕他。为了不让盖世太保拘留穆勒，德国国防军再次逮捕穆
勒，将他关回勒尔特大街上的监狱。[37]

克劳斯·冯·施陶芬贝格作为陆军观察员独自坐在旁听席
上。当法警给穆勒戴手铐的时候，他走向穆勒。法院的警卫给
这名伤残官员让出一条路。穆勒花了点儿时间才认出戴着眼罩
的施陶芬贝格。他们会意地对视了一眼。[38]

1944 年 5 月下旬，烟柱从罗马的阿尔班山（Alban Hills）
上升起。庇护十二世和他的副手们从梵蒂冈花园的顶部可以望

见盟军的巡逻队。但梵蒂冈的情报部门没有任何线索表明，德军会保卫城市还是会撤退。庇护十二世害怕罗马的平民和梵蒂冈的神职人员在交火中丧生，遂在 6 月 2 日的一次讲话中发出警告："任何举手反对罗马的人都将在文明世界和天主的永恒审判面前犯下弒母罪。"接近午夜的时候，虎式坦克排成一长列，隆隆地驶过圣彼得大教堂，向北开去。随着盟军不断逼近，德军开始撤离了。[39]

第二天黎明时分，美国和德国军队仍然在罗马南部对决。"6 月 3 日下午晚些时候，我清晰地记得，我们能看见阿尔班山下平原上靠近拉努维奥（Lanuvio）的地方正在进行坦克战。"美国代办哈罗德·迪特曼如此回忆道。从梵蒂冈花园围墙处的有利位置望过去，他看见"一大团烟尘笼罩着战场……一辆坦克从烟尘中慢慢驶出，另一辆紧随其后，双方很快又再次互相开火。几分钟后，坦克又返回烟尘中的大混战里。人们可以听见持续不断的炮声响起"。迪特曼的儿子在日记中记录说，因为撤军的喧嚷，梵蒂冈居民 6 月 3 日晚上没有睡好。"然后俯冲轰炸开始了。十几架我们的飞机飞来，开始轰炸罗马城外的德国人，离得很近，近到我们能看见炸弹从飞机上掉下来。当他们开始用机枪扫射地面时，我们还能看见机翼上喷射出的火焰。看着那些精疲力竭的德国男孩从我们身边走过，然后遭到轰炸和扫射，真是令人难受。"[40]

6 月 4 日深夜，第一批盟军巡逻队进入罗马城。他们像影子一样小心翼翼地在漆黑的街道上滑行，随时准备开枪。很快他们就可以放下提防。当晨光乍现的时候，罗马人齐聚街道，疯狂地欢呼起来。美国坦克的履带驶过撒满玫瑰花瓣的粉色路面，花瓣都是蜂拥而上围住吉普车和卡车的妇女们抛撒的。[41]

"我发现自己不得不牢牢地控制住情绪，"得胜的马克·克拉克（Mark Clark）将军在进入罗马后写道，"威尼斯广场

（Piazza di Venezia）上密密麻麻挤满了人，我们的吉普车以蜗牛般的速度向前行进，鲜花像雨点一样落在我们头上，人们抓住并且亲吻我们的手……我的自我感觉太良好了，觉得自己非常慷慨，非常重要。我就是力量、体面和成功的代表。"克拉克和他的人很快就迷路了，"因为将军从不问路"，他们最后来到圣彼得广场。一名神父不得不指引他们前往卡比托利欧山（Capitoline Hill）。[42]

184

也许那一天没有人比教宗更感到如释重负了。他确实感到已经没有什么可害怕的了，因此他可以奋力地抗议盟军侵犯了梵蒂冈的领土。6月5日上午10点，当他来到书房的窗前为信徒祝福时，看见一辆美国坦克停在贝尔尼尼柱廊附近。在法西斯主义掌权二十年后，他终于有权发泄一下自己的不满情绪了，这令庇护十二世感到心情愉悦。[43]

之后的那个星期天，似乎罗马的所有人都来到了圣彼得广场。下午5点随着教堂的钟声响起，30万人挤满了广场。"那日下午的太阳斜挂在教堂的穹顶上，"一名美国修女在日记中写道，"将金色的光芒像洪流一样倾倒在下面的色彩之海上。"[44]

阳台上的窗户打开了。一切都静止了，所有人都安静下来。庇护十二世穿着白色长袍独自走到护栏处。人群沸腾了。罗马人民挥舞着双手，将孩子举起来，高喊"教宗万岁！"[45]

庇护十二世发表了他在位期间最简短也最直白的演说。他感谢圣彼得和圣保罗保护了这座城市。他呼吁罗马人抛开一切复仇的渴望，大声喊道："鼓起勇气来（*Sursum corda*）！"[46]

当他离开阳台后，人群欢呼他是"罗马的救主"。冷峻刚硬的美国电台记者埃里克·塞瓦雷德（Eric Sevareid）双眼模糊了。尽管他否认对梵蒂冈存有任何敬畏之情，认为其"倾向于法西斯主义"，但他发现自己为教宗的表达能力所感动，教宗表达出全体人类的悲痛和希望。[47]

在之后的几天里，庇护十二世大批会见了盟军士兵，一位美国军官提到他的部队有一些犹太士兵，于是庇护十二世便用希伯来语为他们送上了祝福。这一举动大受欢迎，以至于后来每次会见信众，都有人询问庇护十二世能否为有犹太信仰的士兵祝福。[48]

185　　在德国占领期间，党卫队抓捕了1007名罗马犹太人送进奥斯维辛集中营。其中15人幸存下来。庇护十二世没有公开谈论过此事。同一时期，477名犹太人藏在梵蒂冈城里，4238名犹太人在罗马修道院得到庇护。[49]

第 20 章
此事必发生

随着盟军占领罗马，希特勒的担忧集中在法国这边。他怀疑盟军即将发动反攻，但等待又令他恼火。4 月，阿勃维尔获取了艾森豪威尔向法国人民宣布盟军登陆的尚未公开的公告校样副本。陆军元帅埃尔温·隆美尔（Erwin Rommel）以为盟军会从敦刻尔克海岸登陆，然而对英格兰东南部的侦察结果显示，那里只有少数登陆艇。德国空军的气象学家预测，未来几天都是恶劣天气。负责守卫英吉利海峡的第 15 集团军元帅去参加了一场狩猎聚会。隆美尔返回柏林庆祝他的生日。6 月 5/6 日的午夜，希特勒上床睡觉时，绝不会想到有 5000 艘盟军舰艇已经驶往诺曼底。[1]

那天晚上，有降落伞和滑翔机在诺曼底登陆的消息传开了。隆美尔在大西洋壁垒（Atlantic Wall）上的军队听见了离岸船只的引擎声。但没人敢叫醒希特勒，事实证明战时发出的第一份报告通常有误。天亮之前，局势不会明朗，希特勒的副官们这样告诉自己。[2]

那时盟军已经攻下滩头堡，仅用血淋淋的 12 个小时，就占领了欧洲一段纵深 2 英里、宽 15 英里的地带。盟军掌握了制空权，阻止了德军预备队在白天行动。当希特勒 6 月 6 日的午间会议开始时，他已经丢掉了法国。[3]

那天下午，德尔普神父乘火车从慕尼黑前往班贝格。一名年轻的神父邀请他向一个天主教青年团体发表演讲。自毛奇被捕后，五个月来，德尔普一直小心翼翼，这令他开始急躁不安；他很享受这次演讲的机会。但他此次前往班贝格有着更迫切和隐秘的原因。正当德尔普在北上的火车上查看笔记时，一个在俗的同谋者——巴伐利亚的君主主义者弗朗茨·斯佩尔（Franz Sperr）已经开始准备前期工作。[4]

下午 3 点，斯佩尔拜访了班贝格条件数一数二的一户人家。克劳斯·冯·施陶芬贝格领他进了屋。这位上校已经从柏林请了几天假，因为他不知道何时才能再见他的家人。他向斯佩尔描绘了一幅暗淡的战争景象。人力储备的缺乏令德军陷入困境。据斯佩尔描述，施陶芬贝格说："和平需要内政变革——要消灭元首。"晚上 9 点，德尔普神父结束了他在克莱伯大街（Kleber-strasse）教区的演讲，那时斯佩尔早就离开施陶芬贝格的住处了。[5]

年轻的神父朱普·施耐德（Jupp Schneider）把德尔普领进一间办公室，将已共事很久的托妮·穆勒（Toni Müller）介绍给他。施耐德说她是一个值得信赖的人，会带德尔普去到某个地方。[6]

穆勒骑着一辆自行车在前慢行，德尔普在后面步行跟着。在走了 2.1 千米后，她在许岑大街（Schützenstrasse）的一户人家门口丢下一块手帕。德尔普敲了敲门。施陶芬贝格的妻子妮娜（Nina）开了门。妮娜的丈夫似乎正盼着德尔普来，于是亲切地接待了他。后来有人描述说，要是有耶稣会的人去施陶芬贝格家，他会变得暴怒，因为密谋者的到访会危及家人的安全。但斯佩尔那天的来访，似乎没有引发这样的担忧。德尔普和施陶芬贝格聊了两个小时，直到夜里十一点半，德尔普赶上了返回慕尼黑的最后一班列车。[7]

现有的证据为他们当晚的谈话内容提供了线索。德尔普事后在一篇有意误导的报告中写道，他们"笼统地谈到德国的现状，主教们的担忧，以及天主教会与政府之间的关系"。这版写给盖世太保调查员的报告省略了德普尔与班贝格地下组织的对话，以及掉在施陶芬贝格门口的手绢。相反，德尔普声称自己前往北方是"机缘巧合"——他觉得有必要坐两个小时火车旅行，因为他出于"个人好奇"想了解下诺曼底登陆。施陶芬贝格为什么会接待他，他没有说。德尔普继续说，他决定问问施陶芬贝格，鉴于耶稣会士被排除在兵役之外，他们能否成为托特组织的成员，参与元首地堡建筑的相关工作。[8]

　　盖世太保从斯佩尔那里得到一个看上去更加可信的版本。斯佩尔证实，德尔普知道施陶芬贝格要实施暗杀，因为施陶芬贝格把计划都告诉他了。两人细查了斯佩尔称为"抵抗运动的问题"，讨论了天主教的主教们如何帮助军事政变者。斯佩尔说，德尔普分享了"在某些城市里，他知道的主教和教会组织的全部情况"。德尔普进一步回顾了他和毛奇以教宗社会通谕为基础发展起来的政治理念。施陶芬贝格同意毛奇的方案，至少在耶稣会士所描述的框架内是这样。在后希特勒时代，德国的工人将有权参与工资和工时的决策，并拥有强大的社会福利保障。但德尔普和施陶芬贝格一样，也拥护贵族政治原则。德尔普反对纳粹的"压平（leveling）"原则，呼吁由"创造性精英"进行统治，施陶芬贝格曾撰写共谋者誓词，宣称："我们斥责平等的谎言，我们都顺从于自然建立的等级秩序。"[9]

　　施陶芬贝格大概没有告诉德尔普刺杀希特勒的具体方式。但要协助政变，主教们不光要知道政变会发生，还要知道它什么时候发生。事实上，就在德尔普见过施陶芬贝格后，慕尼黑的耶稣会士得知了政变原初计划的日期和更新后的日期。德尔普自己显然大受鼓舞；他告诉自己的朋友、商科教授格奥尔格·斯莫尔卡（Georg Smolka），他向施陶芬贝格强调"许多

188

人都希望尽快采取行动"。10

在返回慕尼黑之前，德尔普曾在朱普·施耐德的教区长住所停留。施耐德记得德尔普激动地说："我认为我今天为祖国和你们所有人所做的，比我此前一生所做的还要多。祈祷一切都顺利。"11

第二天，德尔普说得更露骨了。据他的朋友汉斯·胡特尔（Hans Hutter）回忆，他在博格豪森（Bogenhosen）宝血教堂（Church of the Precious Blood）的教区长住所里，"不到一个晚上就两次直接提到反抗的权利"。"德尔普神父深信，基督徒出于良心的原因，必须有权进行反抗。特别是要保证，行使反抗权利的人能够打破独裁者的权势，并且接管政府。我仍然清楚地记得，在我们的对话中，他强调政治上的反抗是绝对必要的，以便向世界证明德国依然有力量从内部战胜专制独裁。"在上述情境下，胡特尔认为德尔普的临别赠言别有深意——"此事必发生（It must happen）"。德尔普还将他的书《人类与历史》当作礼物送给朋友，上面的题词是："没有勇气创造历史的人注定被历史辖制。我们必须采取行动。"12

7月初，潘霍华的叔叔来监狱探望约瑟夫·穆勒。保罗·冯·哈斯是驻柏林的军事将领，也加入了密谋者队伍。哈斯告诉穆勒，政变一旦发动，他会封锁政府大楼。本土兵团会出兵。这一切很快会发生。13

几天后，施陶芬贝格圈里的人给穆勒传递消息，递信的正是勒尔特大街监狱的监狱长马斯少校（Major Maass），他也参与了密谋。他说，一旦发动政变，他就释放穆勒。届时，施陶芬贝格会准备一架加满油的飞机送穆勒到罗马。穆勒将与庇护十二世共同发起与同盟国的和平谈判。为了加快事态的进展，庇护十二世再次正式表明，愿意在实际政变前接待一名拟议中的特使，就像 1943 年 3 月时那样。穆勒"在罗马的朋友们"已经预先任命他为新政府驻罗马教廷的特使，拥有候任大使的头衔和身份。有人认为梵蒂冈是第一个承认希特勒统治的外国势力，现在梵蒂冈即将成为第一个使其倒台合法化的外国势力。[14]

7 月 19 日晚上，施陶芬贝格进入柏林一所教堂。他用好手蘸了蘸圣水，做了个十字手势。维尔纳·冯·海夫滕（Werner von Haeften）坐在后排的长凳上，他看见施陶芬贝格走过点着蜡烛的中殿，进入一间忏悔室。据说，他跪在保密栏前，请求圣利奥（Saint Leo）的赦免，就是天主教徒在濒临死亡时祈求的那种赦免。几分钟后，他从教堂出来，坐进一辆等候的汽车里。[15]

回家后，他告诉司机第二天早晨 6：30 来接他。然后，他安全进屋后，拉好卧室的窗帘，将两块重达 975 克的塑性炸药装进公文包。[16]

第 21 章

神圣德意志

7月20日上午7：00，施陶芬贝格抵达柏林的朗斯多夫机场。他在停机坪上与海夫滕碰了面，海夫滕提着一个和他一模一样的公文包。两人登上一架正在怠速运转的亨克尔－111（Heinkel 111）飞机，然后交换了手中的公文包。大雾延误了他们的起飞，施陶芬贝格告诉飞行员，他们必须在8点之前起飞，因为他要在中午之前抵达拉斯滕堡，向元首汇报至关重要的事项。[1]

希特勒在上午9：00醒来，用颤抖的双手刮好胡子。他的私人勤务员林格将一个托盘放在咖啡桌上。据林格回忆，希特勒拖着步子走过来，怀疑地看着那些奶油泡芙。他让林格试毒。林格说拉滕胡贝尔的人已经试过了。但希特勒还是要他再试一遍。林格端着托盘离开时，希特勒打电话给他的副官尼古拉斯·冯·贝洛（Nicholas von Below），让他改变那天做战争简报的地点，从平时的混凝土地堡改到军营的地图室。[2]

上午10：30，亨克尔飞机在东普鲁士着陆。施陶芬贝格和海夫滕走下飞机，钻进一辆专用汽车，驶过一片黑松林。作为统帅部信得过的官员，他们例行公事地通过两个检查站，公文包没被查。他们把车停在总参谋部的地堡前，一些胖胖的军官正围坐在树下的野餐桌边吃早餐。施陶芬贝格和海夫滕在地堡里找到一间休息室，把门关起来。一个风扇搅动着周围的热气。施陶芬贝格把帽子和夹克挂起来，解下皮带，弄了弄他的头发。然后，他去向陆军元帅威廉·凯特尔报到。元帅从办公桌前抬起头看了他一眼，说他在元首会议上这么穿似乎太随便了点儿。施陶芬贝格说，他会在汇报之前梳洗打理好；因为地堡总是很热，他不想现在就让制服被汗弄脏。凯特尔告诉他，希特勒已经将会议挪到木制营房了。[3]

12：15，施陶芬贝格回到休息室"梳洗打理"。他还有多余的时间安装炸弹引信。这个精细的工作要求他把一个装有酸性物质的玻璃容器压碎，他用为假手定制的钳子弄碎了它。地点的更换意味着他们应该引爆两块炸药：木制营房无法像混凝土地堡那样聚敛爆炸能量。但施陶芬贝格刚刚处理完第一块炸药，就有人敲门。"施陶芬贝格，走吧！"一名护送军官在走廊里如此喊道。他们没办法，只能使用一块炸药了。[4]

12：30，施陶芬贝格跟随护送军官进入简报室，他进去的时候，凯特尔和胖军官们站在桌子周围。有人正在用低沉的声音汇报东线战情。希特勒玩弄着一个放大镜，抬起头来。护送军官通报道："克劳斯·申克·冯·施陶芬贝格上校，本土兵团参谋长，突尼斯战役英雄。"希特勒握了握施陶芬贝格的假手，用锐利的目光扫了他一眼。胖军官们为这位伤残英雄腾出地方。施陶芬贝格站到希特勒的右边。他放下公文包，用腿把包推到桌子下面。低沉的汇报声再次响起。希特勒俯身去查看一个地图上的位置。施陶芬贝格装作若无其事地渐渐挪开，靠近凯特尔，跟他轻声说自己要打个电话。凯特尔点点头，但敲了敲他的手表，仿佛在说：快去快回！[5]

在走廊里，施陶芬贝格拿起一部电话。护送军官看了他一会儿后，就回到了地图室。施陶芬贝格挂了电话，匆忙穿过走廊，在外面的草坪上遇到了海夫滕。他们在走到距离军营大约50码，靠近野餐桌的地方时，听到了爆炸声。[6]

蓝黄色的火焰从营房里蹿出。有人被震出窗外，玻璃、木头和纤维板的碎片纷纷落下。军官和勤务兵在伤员的呻吟声中奔走，大喊着呼叫医务人员。有人用担架抬出一具一动不动的尸体，身上盖着希特勒夏天披的斗篷。[7]

施陶芬贝格和海夫滕跳进车里，海夫滕在前往机场的路上把没用的那块炸药丢进树林。到第一个检查站的时候，卫兵没有拦阻他们，但到第二个检查站的时候，已经有人拉响警报。大门降下挡住了汽车的去路，哨兵的手摸向枪带。施陶芬贝格下车给一个认识的警卫队长打了个电话，又把话筒递给哨兵。片刻之后，大门升上去了。[8]

当他们抵达机场时，飞行员已经将发动机预热了。下午 1：15，亨克尔飞机起飞，向西飞往柏林。[9]

军营外，烧焦的人体被放在担架上，有人将其抬到草坪上。希特勒的私人医生西奥·莫雷尔（Theo Morrell）一路走来对这些身体进行分辨：死了、死了、受了致命伤、死了。走到一个俯卧的人那里时他停住脚步。那人的裤子像缎带一样挂在烧伤的腿上，皮肤上覆满了灰尘和木纤维。烧焦的头发像仙人掌上的刺一样立起来。但受害者没有任何大的外伤，也没有流血。在被煤烟熏黑的面孔上，蓝色的眼睛里闪耀着生命的光芒。这时下起了小雨。莫雷尔将手帕淋湿，擦了擦那撮世界上最著名的小胡子。[10]

下午 4：30，施陶芬贝格走进坐落于本德勒大街（Bendlerstrasse）的本土兵团总部，从宽敞的旋转楼梯来到二楼的办公室，与路德维希·冯·莱昂罗德少校（Major Ludwig von Leonrod）和退役将军贝克会合。他们打开鲁格尔手枪的保险，冲进隔壁的本土兵团司令（Home Army commander）弗里德里希·弗洛姆（Friedrich Fromm）的办公室。施陶芬贝格宣布，元首已

经死了。他之所以知道，是因为炸弹爆炸时他就在现场。他们 194
必须现在就启动女武神计划。[11]

弗洛姆拒绝了。他说，没有官方消息，他们必须假设刺杀
失败了。据弗洛姆和其他目击者的证词，他们当时的对话如下：

> 弗洛姆：你怎么知道？
>
> 施陶芬贝格：因为炸弹是我放置的。
>
> 弗洛姆：是你！
>
> 施陶芬贝格：你们这些将领光说不练。是时候结束你
> 们的茶话会和辩论了。
>
> 贝克：说的没错。
>
> 弗洛姆：这是叛国罪！
>
> 施陶芬贝格：错了，先生。这是重大叛国罪。
>
> 弗洛姆：我宣布逮捕你们所有人。
>
> 施陶芬贝格：是我们要逮捕你。[12]

他们扭打起来。海夫滕把枪塞进了弗洛姆的嘴里。弗洛姆
败下阵来，莱昂罗德少校把他带走了。施陶芬贝格拿起电话拨
给通信中心。下午 4:45，本土兵团总部按照施陶芬贝格的命
令，给全国的战地指挥官发出最高机密电报："元首阿道夫·
希特勒已死。"[13]

约瑟夫·穆勒在勒尔特大街的监狱里听见了街上的靴子
声。哈斯将军的警卫营"大德意志（Grossdeutschland）"已
经开始演习了。[14]

那天下午晚些时候，监狱长马斯来见穆勒。"希特勒死
了，"他宣布道，"是被刺杀的。""终于！"穆勒记得自己当时
这么想。他知道有一架飞机在朗斯多夫机场等他。天亮时，如

果政变成功，他就会回到梵蒂冈。[15]

195 　　耶稣会神父洛塔尔·柯尼希 7 月 20 日晚上是在慕尼黑 - 普拉赫市度过的。耶稣会的学校贝克思曼学院被本土兵团征用后，成为备用指挥所，神父当晚与一群忠于施陶芬贝格的本土兵团官兵挤在一台收音机旁。晚上 6:38，电台音乐被掐断，一名播音员突然宣布："有人企图刺杀元首，但他没受重伤。我重复一遍，他没受重伤。目前没有详细信息。"公告每隔 15 分钟就发布一次，一直到晚上 9 点。播音员向听众保证，元首自己会亲自发表讲话。[16]

　　雨打在元首总部茶室的窗户上。希特勒坐在他最喜欢的椅子上，穿着正装，缠着绷带，胳膊被吊起来，心情愉悦。莫雷尔医生跪着为他测量脉搏。周围的秘书们哭哭啼啼。令莫雷尔惊讶的是，希特勒的脉搏显示一切正常。[17]

　　"我是不死的！"莫雷尔记得希特勒这样说，"我是命运之子。我要是没给简报会换地方，我早死了。看见没，木门窗使爆炸威力减弱。这是我见过的最好的运气！现在我抓住那些混蛋了。我现在要采取措施了！"他愤然起身。"消灭他们！是的，消灭他们！"[18]

　　电话响了，是希姆莱向他表示祝贺与慰问。随后又有更多的电话打来，各将领纷纷前来求证元首死亡的传言。希特勒的脸沉下来。他批准电台发布广播，宣布他在刺杀中幸存，但拒绝接起更多的电话。他听着窗棂上雨点的敲打声，陷入了阴鸷的沉默。[19]

　　到晚上 10 点，施陶芬贝格已经打了 5 个小时的电话。他从本德勒大街给全欧洲的指挥官都打了电话，试图促成政变。但到天黑的时候，希特勒幸存的消息已经传开了。这些消息通常和施陶芬贝格从柏林发出的指令同时传到指挥官那里。将领们在不确定希特勒是否死亡的情况下，不愿启动女武神行动。他们都哑火了。当施陶芬贝格的同谋者质疑，继续战斗是否为明智之举时，他指着办公桌上自己孩子的照片。"我这么做是为了他们，"他说，"他们必须知道，有一个"体面德国"存在过。"[20]

局势已经超出密谋者的掌控。在大楼的另一端，一群效忠纳粹的军官，手持冲锋枪和手榴弹，释放了弗洛姆将军，将他带回自己的办公室。弗洛姆召集了一场最高军事法庭的审判，立即宣判将密谋者处死。一支抓捕队包抄了施陶芬贝格的指挥部。施陶芬贝格将手枪夹在身侧，用左手的三根手指扣动扳机。有人放了一枪。施陶芬贝格踉跄了一下，被击中了左边的肩胛骨。他退回弗洛姆办公室的接待室，海夫滕开始焚烧文件。贝克绝望地盯着自己的枪。施陶芬贝格摘下眼罩，揉了揉空空的眼眶，带着难以形容的悲伤神情说："他们都抛弃了我。"[21]

抓捕队从门口将武器伸进来，施陶芬贝格和海夫滕扔掉了自己的枪。施陶芬贝格用简短的几句话，将政变所有的责任揽到自己身上，称所有其他人都只是听命行事。弗洛姆不为所动，并且幸灾乐祸道："你们今天下午要对我做的事，我要对你们全部做一遍。"[22]

午夜 12：13，警卫将施陶芬贝格带到外面的院子，让他站在一个沙堆上。军官们的司机用汽车的远光灯照亮院子。纳粹装备部长阿尔伯特·施佩尔（Albert Speer）当时坐在附近自己的汽车里，据他回忆："柏林陷入一片漆黑……（院子）就像一个漆黑摄影棚里被点亮的电影布景……又长又清晰的影子构成一个不现实、幽灵般的场景。"一个 10 人的警卫队举起他们的步枪。施陶芬贝格将一直挂在他脖子上的金十字架按在嘴唇上，高呼"神圣德意志万岁"。[23]

196

第22章
档案库

7月21日凌晨1点，柏林电台里传出希特勒刺耳的声音。他说：

> 我的德国同胞们，我今天在此讲话，首先是为了让你们听见我的声音，知道我没有受伤，我很好。其次，你们当知道，德国发生了历史上前所未有的罪行。一小撮野心勃勃、不负责任又愚昧无知的军官策划了一起阴谋，想要消灭我，以及与我在一起的德国国防军最高统帅部成员。炸弹由上校施陶芬贝格伯爵放置，在我右边两米处爆炸。它严重炸伤了我的一些忠实合作者，其中一人已经死亡。我本人除了一些非常轻微的刮伤、擦伤和烧伤外，完全没有受伤。我认为这是上帝要我执行他赋予我的任务的明证。这一小群篡位者不成气候，理念与德国国防军的精神之间毫无共同之处，与德国民众之间更是如此。这是一帮犯罪分子，将被毫不留情地灭绝。每个德国人，无论是谁，都有同样的责任无情地对抗这些犯罪分子，并立即将他们抓捕归案，如果他们拒捕，可以不假思索予以消灭。该命令已经下达至所有部队。你们要无条件地执行（这一命令），按照德国军队一贯的服从态度。[1]

当柯尼希神父听到希特勒的演讲后，据一名目击者称，他的脸变得煞白。柯尼希知道德尔普神父几周前见过施陶芬贝格，两人都知道施陶芬贝格的计划。柯尼希让耶稣会的弗朗茨·冯·塔滕巴赫神父（Father Franz von Tattenbach）去警告德尔普，让他尽快躲起来。[2]

塔滕巴赫夜里骑自行车到了博格豪森的教区长住宅，将自行车靠在一棵树上，朝德尔普的窗户扔石子。德尔普穿着宽松的便衣出现在窗台。塔滕巴赫顺着一个梯子爬上去，向他做了简报。德尔普神父脱口而出一句："真该死。"[3]

为了避免看上去有嫌疑，他留在圣乔治教堂继续主持弥撒。德尔普向塔滕巴赫保证，如果需要逃跑的话，他会使用教区住所围墙上的一扇秘门，逃往河兹格斯公园（Herzog Park），在那里与联系人接头。他们可以将他偷偷带进一户农家躲藏。[4]

党卫队在勒尔特大街监狱趾高气昂地走来走去。在7月21日黎明前的几个小时里，这些人不断地对囚犯们叫嚷，戏弄他们，高喊元首还活着。一名被监禁在穆勒隔壁的二等兵，脱口说他希望希特勒死了。一名党卫队守卫听见后，把他拖出牢房，尖叫着说二等兵会为自己的话付出代价。[5]

穆勒和其他被囚的密谋者都想知道到底出了什么问题。他们知道东普鲁士和柏林之间的通信出了问题，但不知道为什么。事实上，当施陶芬贝格抵达柏林时，还以为自己杀死了希特勒，但此时至关重要的四个小时已经过去了。当密谋者终于开始调动军队，一些纳粹领导人已经回过神来，警告了忠于元首的指挥官们。政变还没有开始就已经失败了。

戴着手铐的将领们被大批送进勒尔特大街监狱。穆勒与戴着单片眼镜的斯蒂夫将军交换了眼神，并抬起自己的脚镣，似乎在说他们会站在一起，直到最后。[6]

德尔普神父的同僚催他赶紧逃走。截至 7 月底，党卫队的探子已经摸到了耶稣会秘密圈子的外围。但德尔普说，他不想在"有夜间空袭的艰难时刻"离开他的教区，也不想破坏在 8 月中旬发永愿（final profession of vows）的计划。但德尔普最深的担忧可能是，如果他逃了，他和其他人都会遭到怀疑，就像政变当晚他对塔滕巴赫神父说的。因此他继续留在圣乔治教堂，尽管他的焦虑一目了然。7 月 20 日"刚过"，布劳恩神父就拜访了德尔普和罗施，他回忆道："有一种不祥的预感压在我们心头。没人知道危险究竟有多大，离我们又有多近。但我们没有说起这事。有几次，只有在我们明显没有被人监视时，（德尔普）才向我眨眨眼。他的神情说明了一切：问题在于到底会发生什么？" 7 月 26 日，德尔普的朋友格奥尔格·斯莫尔卡催他赶紧到巴伐利亚的一处农舍里躲藏。但神父微笑着拉开一个抽屉，里面露出一把左轮手枪，他说："用来防身。"他说如果危险迫近，柏林的联络人会用密码通过可靠的线人警告他。[7]

7 月 28 日，警告来了。巴伐利亚汽车制造厂法律部门的负责人恩斯特·凯斯勒博士（Dr. Ernst Kessler）从"我们在柏林抵抗组织的朋友们"那里，收到一份给德尔普的直通电报。凯斯勒回忆，按照预先安排的警报信息，电报称"原定于在德尔普神父和他的社会民主党朋友之间举行的秘密会谈，由于安全原因取消"。凯斯勒跳进车里，赶往圣乔治教堂，给在那里主持早间弥撒的德尔普报信。[8]

当凯斯勒抵达时，仪式已经开始了。德尔普那天所宣读的圣言是："你们甚至会被父母、弟兄、亲戚和朋友出卖；他们会把你们中的一些人害死。"[9]

凯斯勒离开教堂，从侧门进了圣器室。他在万分紧急的状况下，要求协助做弥撒的遣使会修女（Vincentian nun）给圣坛旁的德尔普递一张纸条。当德尔普做奉献身心的祷告时,圣器室的门开了一条小缝,然后又轻轻关上了。圣职人员不忍打断奉献仪式,德尔普举起圣餐的托盘和象征耶稣身体的饼时说:"吾主天主,纳我自由,能力意志,恳请受收。"凯斯勒后来认为,是一个"守护天使……被这一神圣的举动打动",让圣职人员退去,让凯斯勒和修女免于绞刑。因为当时没有人知道,有两名盖世太保的便衣特工就在教堂里。[10]

弥撒过后,圣职人员在圣器室将凯斯勒的便条递给德尔普。德尔普看完后把纸条吞了。他从圣器室的门出去,离开教堂,走进花园,点燃一根雪茄。阳光透过橡树叶子,照在烟雾上。德尔普决定一切照旧。两名戴帽子、穿风衣的人向他走来。[11]

在教堂前面,教士在清扫轰炸过后的碎石瓦砾。教区秘书路易斯·奥斯特雷彻(Luise Oestreicher)回忆说:"那是天色碧蓝、令人愉悦的一天,一切都显得那么不真实,人们甚至无法理解发生了什么。"德尔普与那两个人一起从教区长住所出来,在炎炎夏日穿着一件大衣。他的面色发灰,看上去像是生病了。"我被捕了,"他用低沉又疲惫的声音说,"愿天主与你同在。别了。"[12]

7月24日,一辆军用吉普车驶入圣彼得广场。雷蒙德·G. 洛卡(Raymond G. Rocca)是美国战略情报局X-2(反间谍处)的官员,他进入梵蒂冈的国务秘书处办公室。他与美国耶稣会士文森特·麦考密克神父有约。洛卡能争取到麦考密克的合作,是因为他与麦考密克分享了一份盖世太保渗透格列高利大学的文件,而麦考密克在这所由耶稣会管理的大学里担任校长。麦考密克领洛卡从后面的一条通道穿过大教堂,从楼梯下到地下墓穴。洛卡在那里见到了卡斯蒙席,卡斯当时似乎全神贯注于挖掘工作。洛卡知道这个戴眼镜的德国移民曾经是天主教中央党的主席，并且仍然在德国事务上为庇护十二世提供建议。[13]

洛卡解释了他的来意，长话短说，就是一些被拘留的德国人声称自己反纳粹，X-2需要证实这些人的诚意。特别是据德国驻罗马教廷副大使阿尔布雷希特·冯·克塞尔的说法，整个大使馆都参与了刺杀希特勒的密谋，洛卡需要确认该情报是否属实。如果他们被驱逐出梵蒂冈，是否"一旦重回德国境内，就面临生不如死的命运"。[14]

卡斯蒙席支持了克塞尔的说法，又说了一些让洛卡震惊的话。原来卡斯知道前两次政变的计划。洛卡不明白，为什么一个高级教士会参与到如此危险的事务之中。当洛卡试图了解更多情况时，卡斯让他去找另一个德国移民——莱贝尔神父。[15]

在位于西西里亚大道（Via Sicilia）上的美国战略情报局办公室，洛卡与伦敦的X-2交换了电报。由于德国的战后重建需要反纳粹人士的参与，洛卡的上司要求他追踪卡斯那边的线索。洛卡要见莱贝尔神父，却被中间人告知需要等待。麦考密克神父暗示，更高层的人，甚至是教宗本人，才能批准此次会面。与此同时，洛卡给在华盛顿的战略情报局研究分析部发送电报，要其对天主教会抵抗运动进行背景溯源。[16]

溯源过程中网罗到一些令人惊讶的报告。最令洛卡惊讶的情报来自德国移民维利·勃兰特（Willy Brandt），他后来成为联邦德国的总理。虽然勃兰特是坚定的新教徒和社会党党员，但他坦率地写道："天主教会是德国最广泛、组织最完善的反对势力。"因为神职人员和社会各阶层人士都有交往，他们可以与众人保持联络，甚至与军事圈保持联络，而不引发盖世太保的怀疑。天主教会的抵抗行为，在信奉天主教的巴伐利亚最为激烈，慕尼黑的耶稣会在那里监管着"一个构建良好的组织机构"。被取缔的天主教中央党的贸易工会也在那里,"多年来一直从事地下活动"。[17]

但由于天主教会的抵抗运动是在高度保密的情况下进行的,战略情报局对其具体行动知之甚少,更遑论其中的协调和控制。"德国的天主教会反抗派在国外有一些代表,"勃兰特注意到,"但他们的行动十分谨慎。"莱贝尔神父不愿会见战略情报局的特工,似乎就是出于这种谨慎。因此,洛卡在得知莱贝尔同意在 8 月 18 日与他见面时,感到十分荣幸并心生感激。[18]

莱贝尔承认与密谋者保持着联系。他们"几乎始终如一地向他汇报他们的活动",洛卡记录道。莱贝尔详述了 7 月 20 日之前的三次密谋计划。在密谋者当中,莱贝尔提到国防军前参谋长弗朗茨·哈尔德,战略情报局称其为"天主教圈子里一名强有力的人物"。莱贝尔暗示但没有挑明地说,他也与教宗分享了这些密谋的情况。[19]

洛卡怀疑莱贝尔知道的远比他愿意说的多得多。他好奇,莱贝尔是如何随时得知计划进展情况的?梵蒂冈与德国抵抗组织之间有一个特派的信使或中间人吗?如果有的话,战略情报局如何才能找到他?最根本的问题是:密谋者为什么要大费周章,让教宗最亲密的助手得知他们的计划?[20]

8 月,纳粹政府发起雷雨行动(Operation Thunderstorm),对涉嫌叛国者进行大范围打击。德国国防军抓捕了幸存的政变领导人,这些人没有接受军事法庭的审判,而是来到罗兰·弗莱斯勒法官的人民法庭接受审判。希特勒的愤怒也降临到天主教会的密谋者身上。[21]

党卫队对德尔普严刑拷打,并签发了对柯尼希和罗施的逮捕令。

柯尼希藏在普拉赫市的一个煤仓里,罗施躲进了巴伐利亚乡下的一个粮仓中，然后又躲进一户人家的农场，这家人的儿子是耶稣会士，战死在东线战场。

希姆莱对圣职委员会成员的搜捕已经扩大到多明我会。9月16日至17日夜里，省区主教劳伦丘斯·西默在凌晨1点被一通电话叫醒，是施维希特勒修道院（Schwichteler convent）的看门人打来的，说有两个人要和他谈谈。西默回答说，让他们明早再来，就又回去睡下了。当这两人试图通过窗户爬进去时，看门人再次叫醒西默，西默意识到这两名不速之客正是盖世太保。他和多明我会的奥特马尔·德克尔神父（Father Otmar Decker）商量过后，想出一个转移注意力的方法。当西默从花园大门离开修道院时，德克尔迎面走向秘密警察，不出所料，他们将他扑倒。德克尔带他们进入二楼省区主教的房间，使西默有足够的时间跑进森林。西默溜进施维希特勒村，先是藏在一个木棚里，后又藏进一个猪圈中。

203　　盖世太保试图通过西默的助手奥德里奥·布劳恩神父抓住西默。10月7日，一名女性盖世太保——达格玛·伊姆加特（Dagmar Imgart），出现在布劳恩在柏林的办公室门口。她更为人熟知的名字是"巴布斯（Babbs）"或"巴布西（Babsy）"。几天前，她请布劳恩为一名天主教神父——也是反战主义者——马克斯·约瑟夫·梅茨格（Max Josef Metzger）说情。布劳恩觉得这一请求十分可疑，因为纳粹六个月前已经斩杀了梅茨格。他看见街对面站着一个人，观察着这一切，便告诉他的秘书拖住这个女人。他冲上楼，从山墙上的窗口出去，跳过屋顶逃到邻近的多明我修道院里。[22]

9月22日，党卫队在措森搜查了一栋阿勃维尔的附属建筑。他们钻开里面的一个保险箱，发现了梵蒂冈参与密谋的证据。这个档案库里有一张写在教宗信笺上的便条，列明了英国与德国停战的条件——并列出其必要条件是"消灭希特勒"。[23]

四天后，监狱看守从穆勒牢房外的走廊撤离，监狱长马斯与穆勒展开一场私密的对话。马斯小声说，党卫队发现了措森的罪证材料。他们不把穆勒撕成碎片是不会善罢甘休的。但看守中有一个叫米尔考（Milkau）的，可以把穆勒带到城里的无产阶级社区。那里的社会民主党前成员可以藏匿穆勒。党卫队也许会去巴伐利亚的修道院里搜捕他，但不会想到他躲进了柏林的红区（Redsector）。[24]

穆勒向马斯致谢，但拒绝了他的提议。如果他逃走，会让他的妻子身陷囹圄，朋友们也会受到怀疑。马斯点点头，好像早就料到穆勒会这么说。马斯说，他可以将自己的鲁格手枪留在穆勒床上。但穆勒又一次拒绝。作为一名虔诚的天主教徒，他认为自杀是不可饶恕的罪过。[25]

9月27日早晨，希特勒拒绝起床。他拒绝进食，对战争也完全不感兴趣。他的副官们惊恐万分，从没见过他如此无精打采。他的秘书特劳德·琼格（Traudl Junge）回忆说："在我看来，他就这么躺下了，然后说，'我不会再做任何事了'。"[26]

整整六天，希特勒躺在床上，时不时痛苦地大叫。莫雷尔医生对他进行了检查，并断定他的疼痛并非由生理原因引起。元首似乎只是抑郁了。[27]

莫雷尔询问纳粹核心层，是什么摧毁了希特勒的精神。他们告诉他一个秘密：盖世太保近日在措森的一个保险柜里发现了密谋者留下的秘密档案。自9月26日希特勒得知了档案的具体内容后，他的性情就为之大变。不管档案内容是什么（没有人告诉莫雷尔），希特勒已决定，禁止人民法庭继续对刺杀案进行审理，改由他亲自判决。[28]

当希特勒卧床沉思时，盟军已经逼近了莱茵河。希特勒

204

的高级官员需要他重新振作起来。莫雷尔请来耳鼻喉专家埃尔温·吉辛（Erwin Giesing）给希特勒做检查。[29]

映入吉辛眼帘的，是一个绝望的男人穿着睡衣躺在床上。希特勒抬起头跟他打了个招呼，然后又躺了回去。他的眼神空洞，抱怨头部有压迫感。他提到"上个月持续的精神紧张"。毕竟，7月20日的刺杀行动肯定对他有影响。"此前我一直靠意志将这些都憋在心里面——但现在它爆发了。"[30]

吉辛从他的箱子里取出一个玻璃小瓶。小瓶里装有浓度是10%的可卡因溶液，从8月起吉辛就开始给希特勒服用。吉辛将一个棉花勺放进小瓶，然后取出来擦拭希特勒的鼻子边缘。元首很快就感觉好多了。他下了床，在房间里踱来踱去，开始自言自语。他读过已被绞死的密谋者给妻子写的最后几封信。斯蒂夫将军写道，他已皈依天主教。希特勒放声大笑，他说他"愿意把这个魔鬼的黑暗灵魂交给教宗，不过他得先被绞死才行"。[31]

经过半个小时歇斯底里的咆哮，希特勒的声音变得越来越小。他的眼睛不停眨动。他紧紧抓住吉辛的手，要求给他更多"那种可卡因玩意儿"。吉辛摸了摸希特勒的脉搏，跳得很快但很弱。希特勒又倒回床上，不省人事。吉辛让他继续睡，自己收拾好东西便返回了柏林，只留下莫雷尔纳闷，措森到底有什么档案让希特勒惶惶不可终日。一直到二战结束后，纳粹核心层的幸存者才得知档案内容。根据党卫队对措森档案的最后总结，自战争开始的第一个月起，希特勒的刺杀者们"就与教宗保持着联系"。[32]

第23章
地狱

9 月 26 日，盖世太保来把约瑟夫·穆勒带走了。由于此前已接到马斯的警告，穆勒已经做好了准备。他尽己所能把自己的事情都安排妥当，只带了极少的随身物品——玛利亚的信和一张克里斯塔穿着校服的快照。在他收拾东西时，他看见米尔考中士在门外，一脸担忧。穆勒久久地看着这名忠诚守卫的眼睛，试图向他表达感谢。米尔考已经承诺，无论发生什么，他都会传信给穆勒的妻子和女儿。[1]

驱车穿过柏林时，穆勒发现在目力所及之处，废墟比他想象的还多。一些街道让人想起斯大林格勒保卫战的照片。柏林西区曾是整座城市精神和社交生活的中心，但那里的房子都被烧毁了，只留下空荡荡的窗户。弹坑里积满了水，有气泡从破裂的管道中冒出来。汽车绕过凯瑟霍夫酒店，开进位于阿尔布雷希特王子街 8 号的党卫队总部的大门。[2]

进门后，两名党卫队成员用机关枪顶住穆勒的后背，将他赶下台阶，进入一个小房间，让他脱掉衣服。当他问为什么要脱衣服时，其中一个人给了他的脸一拳。当他们的手在他身上摸索的时候，穆勒将注意力集中在远处的门上。也许他们是想确定他有没有在肛门里藏小瓶的毒药。他们命令他把衣服穿好，带他来到地下室。地下室两边排列着声名狼藉的前雕塑家工作室。到 7 号牢房门口，他们把他推了进去。[3]

牢房没有窗户，天花板上一个光秃秃的灯泡亮着。牢房里

有一个凳子、一张折叠床和一张小桌子。如果不是手腕上戴着
镣铐，穆勒站在房子中间可以摸到四面的墙壁。[4]

防空警报突然响了，门被猛地打开，有人命令他出来。在
阴暗中，他看见了卡纳里斯和奥斯特。[5]

9月27日，穆勒在厕所遇见奥斯特。但他们没法交谈，
因为有一名看守在他们面前踱步。他们试图在冷水淋浴时低语
交谈，用喷头的声音掩盖说话的声音。穆勒问起措森。是的，
奥斯特说，有人直接把党卫队的人领到那里。盖世太保找到了
整个档案库，并会在杀掉他们之前，从他们嘴里榨取一切能
榨取的情报，尤其是名字。他们必须牵制住党卫队——误导他
们，在盟军抵达柏林之前，尽力拖住党卫队。[6]

回到7号牢房后，穆勒听到一阵阵尖叫声。当他以为尖
叫声已经止住的时候，尖叫声变得更响了。就这样过了很长时
间，尖叫一声比一声惨烈，然后就变成了呜咽和呻吟。[7]

穆勒在大厅与卡纳里斯擦肩而过。上将原本就瘦弱，现在
更瘦成皮包骨了。他的眼睛闪烁着，好像灰烬中的余火。他低
声说："博士先生，这地方就是地狱。"[8]

1944年11月下旬，一名党卫队成员把穆勒带上一部电梯。
在竖井的上方，电缆发出嘎嘎的声响。电梯停在三楼，他们下
来，穿过一个长长的大厅来到一个接待室，有一个拿着机枪的
警卫站在门口。双扇门里有一个卫兵的声音召唤他，穆勒走进
隔壁的一个房间，发现对面站着弗朗茨·桑德雷格尔。[9]

桑德雷格尔说，穆勒到目前为止都表现得八面玲珑。但
党卫队早就知道卡纳里斯包庇着一个叛徒巢穴。现在他们有证
据了。他们知道穆勒和他在梵蒂冈的朋友在秘密谋划什么，没
错，甚至还包括教宗。桑德雷格尔从抽屉里拿出一个鼓鼓囊囊
的文件夹放在桌上，让穆勒在抵赖之前先好好看看。[10]

他看了这些卷宗，里面有杜南亿写给贝克和格德勒的宣告声明，有奥斯特为政变手写的研究报告，有穆勒的梵蒂冈报告。没错，穆勒假装松了一口气说：这些都是他上级用来诱捕盟军，并搜集他们战斗意愿的情报材料。穆勒也在其中发挥了作用。正如他一年半前所说的那样，他最初来到阿勃维尔，就是因为他在梵蒂冈的联络人可以为国防军提供有用的情报。[11]

桑德雷格尔说，穆勒这套说辞已经立不住了。他最好不要一再阻挠党卫队的调查，否则事态就要升级了。穆勒的日子已经没那么好过了。党卫队现在拘禁了他，将会采取比军队更强硬的手段对付他。他们已经在措森的军事保险柜里发现很多泄露机密的文件，穆勒最好当自己已经是个死人。[12]

穆勒平静地说他可以接受，死亡只是"从这一生到下一生的通道"。桑德雷格尔后来引用他的话如此说道。桑德雷格尔问穆勒是否祷告。穆勒说，是的。桑德雷格尔问他是否也为党卫队祷告？穆勒说，是的，他最常为他的敌人祷告。桑德雷格尔沉默了一会儿，说他"三分钟后"再回来，临走之前将一张纸放在桌面上。[13]

那是一张莱贝尔神父写在教宗信笺上的文件，上面有渔人权戒的水印，莱贝尔草拟了停战的必要条件。庇护十二世保证用公正的和平作为"消灭希特勒"的回报。[14]

穆勒将文件撕碎塞进嘴里。当桑德雷格尔回来时，他已经将整份文件吞进肚子里。[15]

"我绝对不想死，这点毫无疑问，"毛奇这样写道，"我的血肉之躯疯狂地抵挡着死亡。"很长时间以来，他都像他的普鲁士先祖一样，认为"不应该为被处死这样的事大惊小怪"。但早在10月，盖世太保就正式起诉他密谋政变，这一罪名可

209

判处死刑。自那时起，他的申诉"大大激发了他的斗志，使他极力避免此事发生"。[16]

天主教会利用其网络帮助毛奇隐瞒证据。圣职委员会的约翰内斯·迪茨主教偷递信息进来，帮助毛奇在认供时与其他嫌犯的说法保持一致。尽管如此，据毛奇妻子搜集的情报称，毛奇还是面临"严重危险"。[17]

她到盖世太保总部请求宽大处理。但党卫队将军海因里希·缪勒（Heinrich Müller）与她面谈时称，毫无疑问党卫队想杀掉她丈夫。盖世太保的头目说，第一次世界大战后，德国的内部敌人幸免于难并接管了政权。纳粹党不会再允许这样的事发生。[18]

1945 年的第一周，德尔普神父试图破解自己的命运。他在 1 月 6 日对主显节（Epiphany）进行反思时说："这是一个所有存在都聚焦于一点的时刻，随之而来的是所有现实的总和。"当得知主持审判的首席法官——穿着红色法袍的罗兰·弗莱斯勒——痛恨天主教和神父时，他明白自己"正处在断头台的阴影下"。[19]

"事情似乎变得更加清楚，也更加深刻，"德尔普写道，"人会看到各种意想不到的角度。"在他的新年盘点中，战争成为现代性的一种表达和控诉。"当世界秩序重蹈中世纪和古代文明的覆辙时，我们失去的不止是一种文明或一种丰富的遗产。"然而，很少有人能看见"尸横遍野的战场、我们居住其中的残垣断壁，以及我们精神世界的崩溃瓦解之间所存在的联系"。欧洲正面临现代民粹主义的极端表达。[20]

210   天主教会能在战后重建欧洲吗？德尔普遗憾地写道："就目前具体可见的影响来看，梵蒂冈的姿态已经大不如前了。"他担心教宗的职权尽管还能走走道德过场，但事实上已经今非昔比。

当然，人们最终可以证明，教宗履行了自己的职责，倡导了和平，尝试了一切可能性以促成和平谈判，他宣布了可以作为公正和平基础的精神条件，他分发救济品，不知疲倦地为战俘、难民和与亲人失散的人奔走——所有这些我们都知道，我们的后代也将有大量书面证据展示教宗的全部努力。但在很大程度上，所有这些善行……毫无效果，也没有任何实现预期的真正希望。这才是问题真正的根源——在这出现代世界的悲剧中，所有参演的主角里没有一个人真正关心天主教会说什么或做什么。我们高估了天主教会的政治机器，在它的原动力已经熄火的情况下还让它继续运转了很长时间。关于天主教会的有益影响，一个国家是否与梵蒂冈保持外交关系对此没有任何影响。唯一真正有影响力的，是天主教会作为一支宗教力量在相关国家的固有权力。这就是错误的开端：宗教已死，且死于各种病症，而人性也随之消亡了。[21]

1月9日，德尔普和毛奇在一所被征用的幼儿园受审。看着德国"平民们"穿着周日的礼服挤满房间，德尔普想到了"在一所小到没有合适空间的学校里举行的颁奖典礼"。[22]

弗莱斯勒法官穿着红色的法袍进来。自上一年7月20日以来，他都在人民法庭模仿作秀公审（show trials）讨好希特勒。"他仰靠在椅子上，举起右臂做出一个庄严的手势向世界宣誓……民族社会主义和第三帝国将永垂不朽——亦会战斗到最后一个男人、女人和小孩。"与毛奇和德尔普一同受审的新教牧师欧根·格斯滕迈尔如此回忆道。当弗莱斯勒激动起来时，血涌上他的脸，染红了他的秃头；他的尖叫声太大，以至

211

于一名音响工程师警告他，他会把麦克风喊爆的。[23]

最先受审的是德尔普。"你这个贱骨头，道貌岸然的小孬种，"弗莱斯勒开始说道，"你这臭虫——人们就应该驱赶踩死像你这样的人。"弗莱斯勒继续泛泛地辱骂天主教会："说到丑闻，据说有的主教居然有孩子，说到拉丁语，耶稣会的腐败交易等等。这类事情每隔一句话就被提到一次。"最后弗莱斯勒要求德尔普说明，自己为什么会成为"赫尔穆特·格拉夫·冯·毛奇最积极的叛国助手之一……快点，回答！"[24]

德尔普说："只要人们还活在不人道也不体面的环境下，我们就必须努力改变这些环境。"弗莱斯勒问："你的意思是，国家必须被改变吗？"德尔普说："是的，我就是这个意思。"[25]

弗莱斯勒谴责这些话构成"重大叛国罪"，并继续进行指控。他列举了德尔普与施陶芬贝格的来往，就是那个"后来背信弃义的刺客"。此外，德尔普还安排密谋者在天主教堂内会面，并在"南部法国耶稣会省级主教罗施神父的授权下"行动。即使德尔普没有参加在他教区举行的抵抗运动会议，弗莱斯勒也转而反对他。弗莱斯勒指控道，德尔普以一种"典型的耶稣会"方式，"像（妓院的）小姐一样暂时消失一下，就指望与这事脱离干系"。弗莱斯勒指控道："你的缺席正表明你知道正在酝酿的叛国罪行，而你想让自己看上去置身事外。他们开会的时候，你很可能去了教堂，以取悦上帝的方式为政变成功祈求上帝。"[26]

第二天审判继续进行，这次换毛奇站在被告席上。弗莱斯勒控告他"与耶稣会士和主教们苟合"，他拍着桌子咆哮道：

一个耶稣会神父！所有人里，居然是个耶稣会神父！（在克莱绍会议上）连一个民族社会主义者都没有！一个也没有！好吧，我只能说，现在遮羞布都被扯掉了。一个耶稣会的省级主教，德国最危险的敌人里的一个最高官员，他居然在克莱绍拜访过毛奇伯爵！你居然不为此感到羞耻！没有一个德国人想要跟一个耶稣会士有半点瓜葛！这些人就因为他们的态度，被排除在兵役之外！如果我知道有一个耶稣会的省级主教在一座城市里，我几乎会出于这个原因不去那座城！……你居然会去拜访主教！你和主教有什么关系，和任何主教有关系吗？

弗莱斯勒以在毛奇看来十分深刻的真理之言结束了他的咆哮："我们只有在一点上和基督教相似：我们要得到全人类！"[27]

1 月 11 日，罗施神父在一个农舍做弥撒，刚结束的时候门就被撞开，三名党卫队军官大步走进来。党卫队三级突击队中队长（Untersturmführer）海因茨·斯蒂芬斯（Heinz Steffens）用手枪指着罗施逮捕了他。斯蒂芬斯"立即开始向我逼问他人的名字，并在不到两分钟的时间里列出对我的大约十四项指控"，罗施回忆道，"我解释说，作为一名天主教神父，按照我的行为准则，我不可能泄露别人的名字。所以他使出全力打了我"。[28]

下午 5 点前后，斯蒂芬斯把罗施赶上一辆敞篷卡车。他和庇护他的天主教家庭一起，冒着大雪前往达豪集中营。慕尼黑警察局简要地记录道："耶稣会省级主教奥古斯特·罗施被捕……因其参与了 1944 年 7 月 20 日的事件。"集中营的理发师给罗施神父剃了头，斯蒂芬斯绑住他的手说："在绞死你之前，我们不会让你挣脱这些枷锁的。"[29]

那天下午 4 点，弗莱斯勒宣布判处毛奇和德尔普死刑。德

213　尔普听到判决时，没有流露任何表情，但之后在警车里他彻底崩溃了。他陷入狂笑中，在狂躁的喘息间隙，断断续续地说着俏皮话。其他人则一动不动地坐着。弗莱斯勒放了格斯滕迈尔一马，没判他死刑，但给他贴了一个"猪头（blockhead）"的称呼，德尔普说，"猪头也比没头强"。[30]

被判刑的人都被关在一处，无人问津，好像此前什么事都没有发生。在这些孤独的时光里，德尔普在报纸和厕纸的碎片上潦草地写下最后的遗嘱。"老实说我不想死，特别是现在，我觉得我能做更重要的工作，并将我刚刚发现和理解的关于价值观的全新信息传递出去，"他反思道，"我的内在很自由，也比我曾经意识到的更加真诚……对比我在法庭上冰霜一样的冷静，和在慕尼黑爆炸中的那种恐惧感，我发现自己已经有了很大的改变。"[31]

1月的寒气透过德尔普牢房的铁窗渗进来。日子一天天过去，生活单调乏味：被束的双手，刺眼的灯光，难以辨认的噪声。他不明白为什么折磨他的人不马上绞死他，好把牢房腾出来给新的受害者。难道希特勒要用尼禄时代竞技场里的迫害方式对待他吗？如果是那样的话，鉴于苏联军队已兵临柏林城下，也许纳粹帝国在举行这样的庆典杀戮（festival killings）之前已经彻底倾覆了。因此，德尔普再一次心生盼望。[32]

"事情总是超乎我们的所求所想，"他在1月24日写道，"我坐在悬崖上，完全专注于天主和他的自由……等候他将我一把推到他那边……我相信这很大程度上取决于奥古斯特（·罗施）能否镇定勇敢，守口如瓶。"[33]

第24章
绞刑架

1月13日，盖世太保将罗施神父从慕尼黑转移至柏林，这名耶稣会省级主教发现自己来到了勒尔特大街，就是约瑟夫·穆勒此前被关押了一年半的监狱里。监狱警卫没收了他的祈祷书、数珠和军功章。在接下来的六周里，在大部分的审讯时间里，他日夜都被捆绑着。除了空袭时，他的牢房整夜都亮着灯，墙上有无数的红十字，是他碾碎臭虫后用血画的。[1]

收发信件的权限被拒后，罗施利用了天主教会在监狱里的秘密邮局，两名邮差都叫玛丽安（Marianne），是监狱的洗衣工。通过秘密信件，罗施与德尔普和布劳恩神父在口供上协调一致，并针对审讯官罗列了一些"战术谎言"。比如说，罗施说他"对7月20日的暗杀计划一无所知"。但鉴于党卫队清楚他与毛奇的关系，罗施承认他与毛奇探讨过重建计划，"以防战争出现不利结局"。被问到他对民族社会主义"持有何种立场"时，他说他的立场和纳粹看待天主教会的立场一样："我百分百反对。"他会对弗莱斯勒法官这么说吗？"当然了，会说得像防空警报一样频繁。"狱警之后没有再殴打他，因为他们发现殴打对罗施没有威慑力。自第一次圣餐礼那天起，他每天都在祈祷"殉道的荣耀"。[2]

罗施也担负起他称之为"墓穴神父的职责"。一次，一个犹太人和一个耶和华见证人的信徒联手造成一次停电，让罗施在病人的牢房里举行了临终圣礼。但大体上，罗施是在监狱放风的时间里找机会。"有时，如果我们被领出来在院子里散步，罗施神父会快步追上我们，小声地问他的教区信徒谁想领圣餐，"潘霍华的门徒艾伯哈德·贝特格（Eberhard Bethge）回忆道，"然后，他安排我们暗中写下告解词。早晨，如果他趁人不注意做了弥撒，我们就将圣饼送到指定的牢房。信徒的群体在增长。"[3]

党卫队精心选择了审讯罗施神父的时间。2月1日下午6点，他们的问题像飞镖一样直射教宗在暗杀密谋中的角色。罗施之后凭记忆写下被审问的一连串问题。"我们必须和你弄清这些复杂的问题：你与教宗和梵蒂冈的关系；你和罗马教廷的关系；你和莱贝尔神父的关系。"罗施为此"暗自高兴"，因为只要党卫队还在寻找答案，他们就可能留德尔普神父一条命。关于为什么至今没有对德尔普执行死刑，他们没有给出任何理由；也许他们想要同时审讯两名耶稣会士，以查验他们之间的供词是否相互矛盾。[4]

有一天，在监狱院子里散步时，布劳恩神父设法和罗施说上了话。"神父，他们憎恨这里的天主教徒，"罗施记得这名多明我会的神父说，"但他们对耶稣会士抱着一种深入骨髓、令人惊惧的仇恨。"狱警不止一次告诉罗施："我们迫不及待地要把你和柯尼希还有西默一起绞死——那将是美好的一天。"罗施认为，西默神父逃走一事让纳粹脸上无光，并且丢掉了一个关键的嫌疑人和证人，"与（作秀）公审的延迟有很大关系"。[5]

216 　　2月2日，盖世太保将德尔普带进普罗岑湖（Plötzensee）监狱的审讯室。他穿着橙灰条纹的睡衣，皮肤上有1442号的戳印，看上去骨瘦如柴。监狱将他的死刑时间定在当天中午。[6]

党卫队军官卡尔·诺伊豪斯（Karl Neuhaus）负责监督德尔普的最后几个小时。一名在普罗岑湖监狱工作过的同事回忆起诺伊豪斯时称，这名曾经的新教神学家，"身形瘦削，面目看上去像猛禽"。审讯德尔普以天主教神职人员身份涉嫌参与1944 年 7 月 20 日密谋刺杀阿道夫·希特勒的任务落到了诺伊豪斯身上。[7]

诺伊豪斯后来讲："我想知道德尔普神父对于未遂的刺杀有何看法，以及他作为一名天主教神父和耶稣会神父，如何调和暴力与信仰之间的矛盾。我知道他和施陶芬贝格有联系。有人指控德尔普神父有罪。这些在我审问他的时候已经记录在文件里，大家都知道了。"然而诺伊豪斯不知道的，也是他的党卫队上级命令他盘问的，是德尔普与他的天主教同僚在密谋一事上和教宗的联系究竟有多密切。诺伊豪斯已经拷问过罗施神父与梵蒂冈的关系，现在轮到德尔普了。[8]

他把德尔普的手指放进一个布满尖刺的夹钳里。当诺伊豪斯吼着发问时，他的助理、党卫队一级突击中队长（Hauptsturmführer）罗尔夫·京特（Rolf Günther）转动螺旋把尖刺扎进德尔普的手指缝里。当这般折磨无法使德尔普开口后，京特开始用一根镶着钉子头的木棒从后面殴打他。德尔普每挨一棍子，都脸朝下扑倒在地，但他坚决不说话。京特之后又用衬有钢针的管子将德尔普的腿包住，慢慢把管子拉紧，钢针渐渐刺进肉里。与此同时，为了掩盖尖叫声，他将德尔普的头套进一个金属罩里，用毯子裹起来。但即使如此，尖叫声还是渗了出来，京特用一台留声机开始播放童谣，并把音量拧到了最大。[9]

五小时后，当德尔普神父还是没有把教宗牵连进来时，诺伊豪斯扶着他穿过庭院来到死刑室。阳光从两扇拱形窗里照进来，横梁上吊着 6 个肉钩子。一个三脚架上支着一台 16 毫米的有声摄像机，顶上有灯，装了彩色的胶卷。一张桌子上放着一瓶白兰地、两个玻璃杯和一卷钢琴丝。[10]

剑子手和他的助手喝了白兰地壮胆。助手约翰·赖夏特（Johan Reichart）把钢琴丝做成套索，剑子手汉斯·霍夫曼（Hans Hoffmann）把它套在德尔普的脖子上拉紧。他们把神父举起来吊在钩子上，然后放他坠下来。钢琴丝没把德尔普的脖子勒断，只是割断了他的气管。他们任凭他吊在那里抽搐扭曲了 25 分钟。此后，一个勤杂工在一张监狱洗衣单上发现了德尔普神父潦草写下的遗言："谢谢你。"[11]

在俗的洗衣工玛丽安娜·哈皮希（Marianne Hapig）回忆称，德尔普的死令罗施神父心绪不宁，在接下来的几个月里，他看上去都"可怜兮兮的"。罗施对德尔普的死备感自责，因为是他招募了德尔普。他作为耶稣会的省级主教，原本有义务保护和指导他手下的年轻神父。这种愧疚感令罗施不堪重负。[12]

在这种意志消沉的状态下，罗施又承受了更多盖世太保的审问。在这些日子里，他写了一封密信，信中讲述了他面对审讯者时的态度。"问题所涉及的，可能造成严重的伤害。还有一连串复杂的问题是关于罗马教廷所充当的角色……他们对我们恨之入骨。"[13]

罗施一如既往，出言谨慎，试图使情势向有利于自己的方向发展。他虚弱的身体使他有机会在监狱办公室工作，并在那里找到了自己的档案。他的档案记录了对他可以不经审判就处死的命令。"所以，他只要和一些狱警串通好，就有机会通过操纵档案，拯救自己和其他的许多人。"一名神父同僚如此回忆道。一名同情他的监狱官员将罗施的名字"转移到已经被处决之人的名单上"。[14]

2 月 3 日，柏林遭受了自二战爆发以来最严重的空袭。约瑟夫·穆勒和其他囚犯在阿尔布雷希特王子街的地下室挤来挤去。他看了看天花板，担心它会塌。水从破裂的管道中喷涌而出，灯熄灭了，穆勒很快就感受到了 2 月的寒冷。[15]

三天后，狱警叫他收拾行李，囚犯们聚集在碎石铺成的院子里，被赶上运输卡车。盖世太保的监狱已经损毁了，现在要送他们去集中营。没人指望能生还。党卫队军官瓦尔特·胡彭柯腾吩咐让穆勒和潘霍华一直戴着手铐。当卡车嘎嘎作响地离开柏林时，他们互相承诺：让我们以基督徒该有的样子，平静地走向绞刑架。[16]

玛利亚·穆勒去阿尔布雷希特王子街 8 号为丈夫送一份生日礼物，但到了现场因灰烬和烟雾而无法呼吸。人们像梦游一样跌跌撞撞。空气里弥漫着一股令人作呕的甜味，是被压在潮湿石头下的尸体散发出的味道。盖世太保总部门口的大台阶此时通往一片空地，秘密警察重新在莫斯特大街（Mausterstrasse）建立了一个指挥部，就是被毁的三一教堂（Dreifaltigkeit Church）的地下室。玛利亚从那里得知，囚犯们都被送往南部的一个集中营，名义上是为了保护他们免受空袭，且盖世太保的官员声称不知道具体送到了哪个集中营。玛利亚去见弗朗茨·桑德雷格尔，桑德雷格尔说穆勒可能去了布痕瓦尔德（Buchenwald）、达豪或弗洛森堡。她给三个集中营都打了电话写了信，但那里的书记员检查了囚犯名单，或至少敷衍了事了一下说，他们都找不到约瑟夫·穆勒的记录。[17]

穆勒的临时日程表上写着 3 月 26 日。他知道隔天就是他47 岁的生日，他的妻子很可能来探望他。他希望最好不要。他不想让玛利亚靠近布痕瓦尔德，不想她被玷污。[18]

布痕瓦尔德里挤满了死人和活死人。焚化炉没炭了，党卫队就把尸体丢进坑里。其他尸体就倒卧在他们死时的路旁。尸体上有黑色凝痂的伤疤，这是因为此前有饥饿的囚犯从尸体里掏出内脏来吃。穆勒被锁进一间地下室，里面散发着临时厕所的味道，有一个撒了石灰的瓶子。[19]

穆勒在那间地下室交了一个新朋友。瓦西里·科科林（Vassili Kokorin）是苏联外交部长 V.M. 莫洛托夫（V. M. Molotov）的外甥，曾和斯大林的儿子一起，试图从一条隧道逃离萨克森豪森集中营（Sachsenhausen），但党卫队的德国牧羊犬追上了他们。科科林开始教穆勒俄语，穆勒则向科科林传授基督的信仰。科科林作为苏联人，从小就将宗教视为资本主义的工具，但穆勒"试图让他明白，基督从来都站在被压迫者一边；真正的基督教总是试图帮助弱势社会群体"。2 月 13日，他们正在就福音展开辩论，天空被数百架盟军轰炸机遮蔽，阴沉下来。事后他们才知道，这些飞机向德累斯顿投掷了燃烧弹，烧死了 25000 个平民。[20]

在那几周里，穆勒从女儿的一封信里得到安慰。一名党卫队军官在他们就要离开柏林时，将信递给穆勒。克里斯塔去罗廷根（Röttingen）的亲戚家里住了。那是一座中世纪的小镇，被碉堡和塔楼包围，那里隐藏着一个可怕的秘密：1298 年罗廷根人杀害了 21 名犹太人。这一臭名昭著的屠杀发生在 4 月20 日，也就是希特勒的生日那天；罗廷根的犹太人被杀，是因为他们涉嫌亵渎圣餐礼的祭饼。克里斯塔在信里宣布，她将在 4 月 8 日第一次领圣餐，并穿上祖母特别缝制的礼服，走过过道，跪在中殿，领受基督的身和血。穆勒将克里斯塔的信随身带着，他想这可能是"他所爱之人最后的痕迹了"。[21]

希特勒在柏林做最后的负隅顽抗，新的陆军参谋部则躲进措森。这群死硬派里有一个是步兵将军瓦尔特·布勒（Walter Buhle），他搬进这座阿勃维尔的前办公地，四处查看要找一个更大的办公空间。4月4日，他在检查储藏室时发现了一个保险箱，里面有五个黑色布面活页夹。每个活页夹里有80页到200页文件，并且手写标注了日期。布勒发现的正是一部记录纳粹罪行并试图阻挠罪行发生的编年史。这些记录由杜南亿和其他阿勃维尔的官员编写，明面上被当成卡纳里斯上将的日记加以伪装。[22]

布勒在告发一名不忠官员的问题上没有任何良心的负担。1944年7月20日那天，他就站在希特勒附近，被施陶芬贝格的炸弹炸伤。布勒将日记交给汉斯·拉滕胡贝尔，后者又交给希姆莱的副手恩斯特·卡尔滕布鲁纳。[23]

4月4日，布痕瓦尔德的警卫把约瑟夫·穆勒和其他14名囚犯一起押上一辆烧柴的货车。瓦西里·科科林挤在穆勒旁边，潘霍华牧师坐在后面。货车一路向南疾驶，每隔一小时要停下来给炉膛添柴。[24]

穆勒悄悄绕到后面接近潘霍华，他知道党卫队在布痕瓦尔德对潘霍华做了"工作"，想知道他们到底问了什么——特别是潘霍华回答了什么。潘霍华带着防范地说，他没有穆勒的勇气。穆勒追问潘霍华到底说了什么？"他们胁迫我，"潘霍华说，"他们威胁我，要对我的未婚妻下手。我说我被划归为 *uk*（免服兵役的），这样我就可以为奥斯特组建一个国内情报机构。"穆勒的心沉了下去。这恰恰是潘霍华不该说的，因为这违背了"十诫"，即党卫队与阿勃维尔关于禁止在国内从事军事间谍活动的条约。盖世太保用一个技术性的细节捉住了潘霍华——但总归是捉住了他。"迪特里希，你为什么不躲在我后面？"穆勒问。阿勃维尔本可以为他们打掩护。"他们讹诈

220

我，"潘霍华反反复复地说，"我的未婚妻啊。"25

货车嘎嘎作响，在黑暗中继续向南驶，穆勒忆起他们的罗马之旅。当他们在墓穴进行会谈时，潘霍华曾小心翼翼地说，天主教的神父们都守独身，能在对抗希特勒时成为更好的战士，因为他们的死亡不会牵连任何家眷。26

4 日晚上，卡尔滕布鲁纳熬夜阅读了卡纳里斯的"日记"，因其内容耸人听闻，他决定次日中午带着这本"日记"去参加希特勒的战争会议。27

221 希勒特埋头于这些新揭露的事实。在读过党卫队在"日记"上标记的段落后，他更加确信自己的伟大使命——正受到来自各方的威胁——虽还没有自行败落，但自己已遭到内鬼用阴谋、谎言和蓄意破坏施行的背叛。他的愤怒如火山爆发："立即消灭那些密谋者。"28

黎明时分，货车经过穆勒家乡附近的霍夫市（Hof）。穆勒权衡了一下逃跑的可能性。如果他跑进法兰克林山（Franconian forest），也许可以躲进一个樵夫家。但运送囚犯的看守有一条狗，每当囚犯们下车小便时，狗就呲着大牙站在他们身后。大约中午时分，他们抵达了诺伊施塔特（Neustadt），道路从这里分岔引向弗洛森堡。穆勒知道弗洛森堡是著名的死亡集中营，于是祈祷他们不会被转去那里。货车停下来，看守下车走进一间看上去像警亭的小屋。他们回来时说，弗洛森堡已经人满为患，没有地方了。穆勒感谢天主，货车继续向前开。突然，两名骑着摩托车的党卫队军官开到货车两边并排而行，货车慢慢开到一条路沟边停下来。一个人粗声粗气地喊穆勒的名字，说有一份从柏林发来的紧急电报命令将穆勒送往弗洛森堡。29

穆勒下了车。瓦西里·科科林也一跃而下，从后面追上他。科科林预感到纳粹已经判了他的朋友死刑，于是想跟他道个别。他拥抱了穆勒，并用俄国人的方式亲吻了他的脸颊。[30]

看守把穆勒赶进一辆绿色的货车，里面散发着石灰和氯气的味道，还有一股尸臭味。他们开上一个斜坡，经过成片的房屋和一座小教堂。集中营就铺展在山脊上：塔楼、营房、带刺的铁丝网。一条峡谷像壕沟一样切开山脊。[31]

穆勒穿过一座拱形大门，走进一个满是灰尘的院子。几座绞刑架立在罩篷下，好像正居高临下审视着他们。看守推他走上一条鹅卵石铺的路，来到一座低矮的砖房前，看上去像一家汽车旅馆。在其中的一间牢房里，看守把穆勒拴在墙上并锁上了门。简陋的牢房里只有一张木床和一个凳子，时不时有零星响动的铁链声打破寂静。[32]

穆勒的一个邻居将弗洛森堡的秘密告诉了他。汉斯·伦丁将军（General Hans Lunding）是丹麦军事情报局前局长，他在集中营已经待了快一年时间。他透过牢房门上的缝隙，看见数百名囚犯在刑场被处决，还看见囚犯们用推车把尸体运到集中营外山谷里的焚化炉。他还看见有七八千人被抬走，一个担架抬两人。冬天里，抬担架的人有时会在结冰的小道上滑倒，尸体从担架上掉下来，滚到山里去。在过去一个月里，处决的速度超过了焚化炉的效能，党卫队开始把尸体堆到一起，浇上汽油，然后放火焚烧。有些囚犯是故意被饿死的，但当有饥饿的囚犯表现出顽强的求生欲时，党卫队会把他们的头按在水下淹死。[33]

4月8日，党卫队上校瓦尔特·胡彭柯腾来到弗洛森堡。他在通常用作集中营洗衣房的地方，设立了一个法庭，审判卡纳里斯的同谋者。黑色的窗帘挡住窗户，赤裸的灯泡刺眼地悬

222

在两张桌子上方。胡彭柯腾坐在穿着法官袍、身形肥大的奥托·托贝克（Otto Thorbeck）旁边，突击队队长库尔特·斯塔维茨基站在他们后面。法庭没有为被告提供律师。[34]

胡彭柯腾先对汉斯·奥斯特提起诉讼。经过一番表面流程，托贝克法官让斯塔维茨基宣读判决——重大叛国罪和战时战场上的叛国罪。控方用卡纳里斯上将的日记质询奥斯特，他是否承认参与了密谋。奥斯特发现此时再撒谎已全无用处。是的，他说，他这么做是为了德国。[35]

法庭让奥斯特退庭后，传唤了卡纳里斯。卡纳里斯坚称，自己只是配合了密谋者的计划。他本来打算在政变发生前遣散这个团体的。军事情报部门不得不暗中介入一切危害公共安全的阴谋。党卫队可以因他履行自己的职责而绞死他，但如果再给他一次机会，他还会这么做。[36]

223　　托贝克法官中断诉讼程序，把奥斯特召回来，并将卡纳里斯为自己的辩护转述给他，引发奥斯特愤怒的抗议。他的招牌动作——藏在众目睽睽之下，假装成一名伪装者——最终使他一败涂地。卡纳里斯带着绝望的神情坚称，他所做的一切都是为了祖国。他没有犯叛国罪。奥斯特一定知道卡纳里斯只是假装与他们同谋的。他只是在表演，他无助地哭了。难道奥斯特不明白吗？[37]

不，奥斯特厉声说，这都不是真的。他们不应该再假装下去了。党卫队无论如何会杀了他们。他们应该捍卫自己的所作所为。卡纳里斯应该自豪地承认一切，就像奥斯特所做的那样。当托贝克问卡纳里斯，奥斯特是不是在诬告他时，卡纳里斯平静地回答说："没有。"[38]

突击队队长库尔特·斯塔维茨基打开了穆勒的牢房。他嘲弄道："你会在卡纳里斯和奥斯特之后被绞死。"当看守把穆勒

放出来时，斯塔维茨基在后面喊道："祝你好运啊，绞刑架上的鸟。"³⁹

穆勒已经准备好赴死了。他穿着橙色和灰色条纹的睡衣，双膝跪地，低声呼唤着天父。然后他向自己的一名狱友、俄国将军彼得·普里瓦洛夫示意，请他记下一条信息。他知道有时候死刑犯的遗言会传到外面的世界，他告诉普里瓦洛夫他会对着刽子手大喊："我为和平而死！"⁴⁰

穆勒随后谈到了他女儿的第一次圣餐礼。他一直在为维护德国天主教会而奋斗，这样他女儿才能活到这一天。现在没有一个父亲陪她长大了。但他紧紧抓住一个令他备感欣慰的想法：在他走向绞刑架的同一天——甚至也许是在同一个时刻——他的女儿也走向祭坛接受生命的面包。⁴¹

潘霍华被狗的叫声惊醒。有钥匙在锁里转动，有两个人站在门口。时候到了。警卫带他穿过大厅来到禁闭室，奥斯特和卡纳里斯也在那里等候。他们遵命脱去衣服。一扇门打开，冷风吹进来，警卫带走了卡纳里斯。狗叫声加剧了。一个影子跑出来，门被关上了。过了很久很久，门开了。警卫带走了奥斯特。门关上了。过了一会儿，门又开了。警卫带走了潘霍华。⁴²

弧光灯发出刺眼的强光。潘霍华左边站着胡彭柯腾、斯塔维茨基和一个戴着听诊器的男人，右边是拽着狗的警卫。刽子手把潘霍华的双手绑在背后，然后向他招招手。潘霍华登上三级台阶，然后转过身。有人将套索套在他的脖子上。刽子手将台阶踢到一边。⁴³

224

第 25 章
一个死人

　　一把铁锹挖穿了梵蒂冈地下墓穴的一个拱顶。教宗的挖掘者们在里面发现了一座坟墓。来自中世纪基督世界的硬币在地板上闪闪发光。墓穴的另一端躺着一些尸骨。卡斯蒙席召唤坐在洞旁凳子上的庇护十二世过来。耶稣会神父恩格尔伯特·基尔施鲍姆（Engelbert Kirschbaum）递出一块胸骨，然后是半块肩胛骨，但他找不到脚骨和头骨。[1]

　　矛盾的是，正是因为尸骨残缺，卡斯反而认定他找到了自己所寻求的。一个中世纪的传说称，天主教会从原来的坟墓里挪走了彼得的头骨，用来装饰附近的拉特兰圣约翰大教堂（Basilica of Saint John Lateran）。失去的脚骨也符合一个古老的传闻：如果罗马人是将彼得倒挂在十字架上的，他们很可能从脚踝处砍断他的腿，将尸体从十字架上取下。[2]

　　墓穴的砖块可以追溯到罗马皇帝维斯帕先（Vespasian）的统治时代，也就是彼得死后的一个世代。庇护十二世的私人医生断定这具遗骸的主人是个"强健的"人。在这些骨头中，基尔施鲍姆还发现织了金线的紫色衣服的痕迹。梵蒂冈之后宣布，这就是圣彼得的遗骨。[3]

　　1945 年 4 月 12 日，罗斯福总统在佐治亚州的温泉镇死于脑出血。这个消息让希特勒狂喜了几个小时。戈培尔打来电话，高兴地尖叫道："我的元首，祝贺你！罗斯福死了！星象

表明 4 月的下半个月将是我们的转折点。这就是转折点！"⁴

但纳粹政府已经开始逃离柏林。希特勒开始生出从阿尔卑斯山展开战斗的想法。他命令手下研究将军工厂搬到蒂罗尔州的可能性，并且想把他留到战后进行作秀公审的特殊囚犯也转移过去。尽管黑色礼拜堂的密谋者都被判处了绞刑，但哈尔德将军和其他嫌疑犯还活着：他们应该往南去，先去达豪集中营，然后进入阿尔卑斯山。在盟军找到集中营之前，党卫队应该"处理掉"所有其他的政治犯。⁵

罗斯福去世那天，美国驻罗马的首席间谍捕手詹姆斯·安格尔顿（James Jesus Angleton）派了一名特工前往梵蒂冈。他就是詹姆斯·S.普劳特（James S. Plaut），曾就职于哈佛大学福格博物馆（Fogg Museum at Harvard），在战略情报局担任猎户座计划（Orion Project）的负责人，负责追回被纳粹掠走的艺术品。在安格尔顿的要求下，普劳特拜访了阿尔布雷希特·冯·克塞尔，克塞尔名义上还是德国驻罗马教廷大使馆的一等秘书。克塞尔写了一份手稿，详细描述了他作为施陶芬贝格在梵蒂冈的代理人角色，并将一份副本交给普劳特。⁶

克塞尔在 7 月 20 日的政变中失去了他的战友，并为此一直深受困扰。但他视他们的牺牲为一粒"秘密的种子"，从中可能生长出一些良善的东西。"我的朋友们热爱他们的人民，"克塞尔回忆道，"他们笃信西方文明，并想在我们和我们的邻居心中重新唤醒它；他们跪拜在天主面前，用神圣的愤怒与邪恶之人战斗……他们现在都安息了，我们知道他们身在何处，就在大地之母之下。但他们播下的种子会发芽，人们会在未来的几年或几十年传扬他们的努力和期望；被匠人所弃的石头已经成为房角石。"⁷

庇护十二世在 4 月 15 日上午 9 点进入他的书房，按照惯例开展一天的工作。他按下一个按钮，召来他的非常教务副国务卿。塔尔迪尼蒙席报告说，新任美国总统哈里·S.杜鲁门将延长罗斯福派驻梵蒂冈的私人代表迈伦·泰勒的任期。泰勒赞赏了教宗对罗斯福最杰出遗产——一个战后的联合国的支持，并且说联合国将在旧金山召开第一次会议。[8]

庇护十二世随后签署了一份新的通谕《世间苦》（*Interpreter of Universal Anguish*）。"太多掉落的眼泪，太多泼洒的鲜血，"他写道，"只是向天祈祷是远远不够的；我们必须用基督的道德来更新公共和私人生活。改变人心，工作也将改变。"[9]

苏联红军向柏林发动了猛烈的炮火攻击。4 月 16 日，数千枚炮弹轰隆落下。希特勒的秘书克里斯塔·施罗德（Christa Schroeder）问他，他们是否应当离开。

"不，"他绷着脸说，"冷静——柏林永远都是德国的！"

施罗德坚持说，她不惧怕死亡，她基本上当自己已经是个死人了。但是，元首从阿尔卑斯山继续发动战争的大门正在关闭。美国军队已经抵达柏林西面仅 60 英里处的易北河。现在美苏两边夹击，西线和东线战场很快就隔一条地铁了。

"时间！"希特勒咆哮道，"我们只是需要争取时间！"[10]

在勒尔特大街的监狱里，一名看守打开了罗施神父的牢房门闩。当苏联开始炮轰时，他逃进了地下防空洞。两分钟后，一发炮弹击毁了他的牢房。罗施回忆道："由于柏林被征服的脚步越来越近，我们中间自然会产生巨大的不安。"由于监狱遭到炮火的袭击，看守们似乎变得晕头转向。他们收紧了囚犯们的脚镣，却归还了他们的财物，包括现在已经一文不值的德国马克。[11]

在躲避炮击时，罗施撞见了卡尔·路德维希·冯·古滕贝格男爵。正是这名天主教阿勃维尔官员于1941年将毛奇伯爵介绍给他。"我为他主持了圣餐礼，在他死的那天成了他的临终圣餐，我们在一个隐秘的地下室里举行了社区的望弥撒，这当然是被禁止的，"罗施记录道，"我最后一次看见他是在1945年4月23日的晚上。一支党卫队的小分队将他带走了。"看守们把古滕贝格和其他36名囚犯带进一片离监狱大约100码的建筑废墟里，从后面开枪射穿了他们的后脑勺。[12]

4月23日，美军进入弗洛森堡集中营。一名犹太幸存者，一个刚10岁出头的少年给军队指路。

"他指给我们一条路，那条路通往主建筑，囚犯们必须在那里脱掉衣服，然后走下几级台阶，走到为他们安置了绞刑架的小空地上。"第97步兵师的新教牧师莱斯利·A. 汤普森（Leslie A. Thompson）回忆道，"空地附近有一些房子，他们把尸体就堆在里面，还没来得及烧掉。那里有一堆尸体。在尸体堆附近，我看见一块洼地像个大蓄水池……低头一看，里面几乎全是小骨头。"[13]

穆勒的妻子玛利亚再也没收到过丈夫的信。一名当地的安全官员以玛利亚的名义给在柏林的卡尔滕布鲁纳打了个电话。"我们已经删除了约瑟夫·穆勒的名字，"那边回复说，"不用再提那个名字了。穆勒已经是一个死人了。"[14]

玛利亚现在只想知道丈夫的临终遗言是什么。穆勒之前的秘书安妮·哈泽尔住在达豪附近，她走访了集中营，试图从被转移的囚犯那里得到消息。在集中营之间转移的囚犯通常携带了死者处决的情况、他的遗言或遗书。穆勒的苏联朋友瓦西

228

里·科科林，根据从最近由弗洛森堡转移来的囚犯那里了解的情况断定，党卫队已经绞死了穆勒。[15]

4月的第三个星期，科科林听说有一名新囚犯从弗洛森堡转移过来。为了打听穆勒的遗言，科科林走到新囚犯的牢房门口，敲了敲格栅。有人在铺位上动了一下，走过来。从格栅望出来的那双蓝眼睛，正是公牛乔伊的眼睛。[16]

第 26 章

翡翠湖

4 月 8 日，星期天，汉斯·拉滕胡贝尔离开希特勒的地堡去透口气。他打开三扇铁门，爬了 12 级螺旋台阶，打开一扇防毒气的钢门，来到已成为废墟的总理府花园。正当拉滕胡贝尔在那些粉身碎骨的雕像中翻找时，德国保安局局长恩斯特·卡尔滕布鲁纳也上来抽烟，而且他有事要讲。[1]

近九个月来，卡尔滕布鲁纳一直在调查刺杀希特勒的阴谋。因为拉滕胡贝尔的工作就是保护元首，他既难堪又兴奋地追踪着调查的进展。上周，卡尔滕布鲁纳说整件事有了一个巨大的转折。他们从措森找到的卡纳里斯的日记证实了希特勒长期以来的怀疑：对他生命和权力的许多威胁都来自"梵蒂冈，希特勒……视其为世界上最大的间谍活动中心"。[2]

证据表明，卡纳里斯和他的六个同僚参与其中。针对他们的案子的调查最先是由海德里希开始的，直到现在代号还是"黑色礼拜堂"。党卫队会将他们秘密绞死。其他的密谋者将面临作秀公审，但黑色礼拜堂的密谋者则会消失在黑夜和迷雾中。没人会知道他们的刑罚、罪行或名字。希特勒要求对此事绝对保密，密谋的真正源头不可透露，卡尔滕布鲁纳如是说。[3]

拉滕胡贝尔将一只手搭在卡尔滕布鲁纳的肘上说："但你已经替我把我的朋友约瑟夫·穆勒从名单上划掉了，是吧？"卡尔滕布鲁纳说他不记得了。在"女巫的安息日（witch's sabbath）"里，多一条人命、少一条人命都算不得什么。党卫队挥手之间就决定了人的生死。[4]

然而，纳粹内部的利益斗争给拉滕胡贝尔开了一个口子。他知道卡尔滕布鲁纳认为希姆莱是个胆小可鄙的怪胎，并且一直觊觎他党卫队头目的职位。拉滕胡贝尔就利用这种情感，说起穆勒曾于1934年就告诉盖世太保，他希望希姆莱被枪毙。元首发誓不会让德国内部的敌人在这场战争中幸存下来，就像上次一样。但像公牛乔伊这样的人，胆敢公然藐视希姆莱，难道不该活下来参与灰烬中的重建吗？[5]

卡尔滕布鲁纳没有反驳，拉滕胡贝尔就再次强调，纳粹可以将穆勒作为诱饵，而不是杀掉他。他们可以通过穆勒联合庇护十二世，向西方寻求单独的和平。据称，希姆莱正通过本笃会修士赫尔曼·凯勒对教宗进行试探。但如果通过穆勒，行动不是会更有机会吗？特别是卡尔滕布鲁纳也给希特勒汇报过，"教宗本人"为穆勒在圣彼得的地穴主持了婚礼。[6]

卡尔滕布鲁纳说他会考虑的。他会让副官给弗洛森堡打个电话，了解一下"囚犯穆勒是否按照指示一切安全"。拉滕胡贝尔走下螺旋楼梯，回到地堡里。[7]

穆勒在绞刑架前站了快两个小时。嗡嗡低鸣的轰炸机从弗洛森堡上空飞过，不久传来远处的爆炸声。最后，一名警卫走过来说，"有意料之外的事"发生。他们让他坐在一个主楼和营门之间的木屋里等待。[8]

一群瘦骨嶙峋的囚犯来了。路过的典狱长和集中营的一名官员发生了争吵。穆勒听见有人喊道："他们已经不在乎名字了，而是数字！"党卫队开始殴打入口附近的一名囚犯。斯塔维茨基大步走进木屋，看见穆勒就大声吼道："这个囚犯怎么还在到处走动！"[9]

卫兵们把穆勒带回绞刑场。他等着要上绞索下面的台阶，却没有收到任何命令。什么都没发生。他渐渐开始怀疑，党卫队是不是想玩弄他。也许他们想促成一次"绞刑架前的忏悔"。他紧紧抓住这根稻草，像是找到了活下去的新希望，尽管他不知道怎么才能活下去。[10]

　　暮色降临。指挥官大声宣布，他们只能"明天"继续了。一名卫兵过来对穆勒说："我们今天到此为止。"他们将他带回牢房，把他铐在简易床上。[11]

　　那一夜，穆勒无法入睡。有人猛地打开他的牢门喊道："你是潘霍华吗？"他希望迪特里希一切安好，党卫队无法在混乱中找到他。刺眼的灯光照亮整个牢房，一种奇怪的不安涌上心头。狗一直在狂叫。天快亮时，走廊里开始喧闹起来。警卫开始叫牢房编号，一次叫两个，然后喊着说"出来，快点儿！"穆勒听见卡纳里斯上将熟悉的声音。刽子手又喊道："出来！"穆勒以为接下来会听到自己的编号——7 号。然而，接下来却是一片寂静。[12]

　　一名警卫过来卸下穆勒的脚镣，叹了口气说："我也不知道发生了什么。"穆勒被柏林判定为"恶劣的囚犯"，但他们不知道该拿他怎么办。警卫给他端过来一杯肉汤和一片面包。穆勒来回踱步以加快血液循环。[13]

　　10 点前后，有白色的微粒从装有栅栏的窗户里飘进来，看上去像雪花，但闻上去像烟火。突然，他牢房的门又被打开。被俘的英国特工彼得·丘吉尔（Peter Churchill）说："你的朋友们已经被绞死了，正在山脊后面焚烧。"穆勒因悲痛浑身发颤着哭起来，他意识到这些钻进他口鼻的微粒正是他的朋友们。[14]

　　4 月 11 日，穆勒听见前线战场不断逼近的隆隆声。当突击队队长斯塔维茨基走进穆勒的牢房时，穆勒还以为他要接着

232 把自己打一顿。然而，没想到斯塔维茨基邀请"博士先生"来集中营的办公室收听广播里的战争新闻。听到美军已经抵达易北河，穆勒询问党卫队接下来会怎么处置他。斯塔维茨基说："你会被带离这里，然后会有人决定你的命运。"他还补充说，他很担心自己的家人。穆勒说他也有家人，而且几个月都没有听到她们的消息了。据穆勒的回忆："我当时没有勇气冲他吐唾沫，尽管这是我的第一反应。"斯塔维茨基开始用一个背包打包。由于他装了一把冰斧，像是登山者使用的，穆勒推断党卫队是打算在阿尔卑斯山负隅顽抗。[15]

4月15日，党卫队将穆勒和其他特殊囚犯装上一辆卡车。在他们经过一座长桥时，低空飞行的飞机就从他们头顶掠过。当他们在慕尼黑和弗赖辛（Freising）之间停顿躲避空袭时，穆勒想要扔出一张名片，让他在座堂圣职团（cathedral chapter）里的朋友们知道他还活着。但警卫看上去很紧张，穆勒不想让他们因为误解他的举动而开枪。卡车穿过沼泽地，驶向西南方向。[16]

第二天，穆勒抵达了达豪集中营。警卫押着他走过一座桥，桥上有一条12英尺宽的沟，沟里全是水，被铁丝网围住，他们进入一个专为纳粹敌人准备的特殊掩体里。除了空袭期间，他不能离开牢房。年长的党卫队军官埃德加·斯蒂勒（Edgar Stiller）来告诉他："安妮·哈泽尔小姐会很高兴知道您来了！"这之后不久，哈泽尔就拎着一个手提箱站在集中营的大门口。"这是一次感人的重逢，"穆勒回忆道，"但想到这可能是我们最后一次见面，一切又都变得黯然失色。"穆勒在去见哈泽尔的路上，看见许多火车车厢里塞满了尸体。[17]

瓦西里·科科林寸步不离地守着穆勒，几乎把他当成一个活图腾。4月20日，当穆勒担心如何在战乱中安全回家时，科科林用俄语为他写了一封信。他想给他的天主教朋友做一张共

产主义的安全通行证。"红军已经控制了那里！如果有人跟你
说俄语，你就给他看这封信，他们会马上释放你！"[18]

希特勒希望以最后一搏来堵住前线的缺口。4 月 21 日，
他命令党卫队将军菲利克斯·施坦因纳（Felix Steiner）连夜
率军向南推进。如果施坦因纳成功了，他就能切断柏林以北红
军的进攻；如果他失败了，纳粹德国就完蛋了。[19]

施坦因纳哑火了。他没有足够的部队发动进攻，但也不能
直接违抗命令。第二天，当希特勒得知反击还没有开始，气得
脸色发紫，眼睛暴凸。"完了，"他大吼着，"战败了！但如果
你们以为我会现在离开柏林，你们就大错特错了！我宁愿一枪
崩了自己的脑袋！"[20]

4 月 23 日，希姆莱手下的中将戈特洛布·伯格尔（Gottlob
Berger）来了。希特勒命令他集合达豪集中营所有的重要囚
犯，用卡车将他们运到阿尔卑斯山。希特勒的手、腿和头都在
颤抖，伯格尔记得他不停地说着"把他们都枪毙了！把他们都
枪毙了！"[21]

达豪集中营的警卫将特殊囚犯都装进巴士里，经过慕尼黑
的时候，穆勒几乎认不出这座被炸毁的城市了。有炮弹直接命
中了圣弥额尔大教堂上的救世主耶稣像。穆勒认为他在格东街
（Gedonstrasse）上的住所很可能也被毁了。[22]

他们越境进入奥地利。巴士穿过蒂罗尔山口来到赖歇瑙岛
（Reichenau），靠近因斯布鲁克（Innsbruck）的一座集中营。
眼前的场景意味着他们的悲惨之旅并没有结束。穆勒希冀得到
外界的帮助，就将自己的一张名片交给警卫，请他转交给约瑟
夫·卢布纳（Josef Rubner），他是因斯布鲁克《蒂罗尔人图
文报》（*Tiroler Graphik*）的总经理，此人由穆勒亲自任命为
该报的信托受托人。但警卫回来跟他说，卢布纳说："我不认

识这个人。"[23]

罗施神父经过一番思索，选择在 4 月 25 日下午 4 点去见勒尔特大街监狱的典狱长，因为这一天是圣若瑟和圣马可瞻礼后的第七天，是最神圣的吉时。罗施辩称，赋予典狱长权力的那个政权已经不存在了，现在已经没有人关心他的决定，除了苏联人，而他们很快会了解他所行的所有恶行。他应当释放所有囚犯，并且赶快逃命。典狱长犹豫了几分钟后同意了。罗施冲下通往牢房的铁楼梯，同时大喊着这个消息。[24]

柏林最后一批囚犯像幽灵一样穿过监狱大门。他们在街上四处张望，从监狱外面注视着那些他们曾用灵魂的眼睛渴望看见的建筑。罗施回忆道："突然间，猛烈的炮火向我们袭来。"炮弹鸣叫的声音接近时，他在爆炸中飞奔躲进路边的门廊里。苏联人抵达时，他来到圣保罗修道院避难，那里有和他同谋的多明我会神父奥德里奥·布劳恩为圣职委员会设立的安全屋。[25]

党卫队把他们的特殊囚犯赶到布伦纳山口（Brenner Pass），4 月 28 日，他们越过阿尔卑斯山进入意大利。"我们大约 150 人一组，坐着 6 辆到 7 辆巴士进行撤退，车上有党卫队的警卫，有一辆吉普车装载着手榴弹和枪跟在后面，"英国囚犯吉米·詹姆斯（Jimmy James）回忆道，"午夜时分，我们绕到布伦纳（山口）停下来。我们就停在黑影中，不知道会发生什么。党卫队的人消失了，我们不知道是什么情况。"穆勒怀疑纳粹要把他们当作人质关在一座城堡里。据谣传，纳粹想在战争取得"最终胜利"后，由希姆莱在一次作秀公审中宣判他们。"许多年后我才知道，"詹姆斯在 2000 年时说，"党卫队当时想用机枪射杀我们所有人，然后说我们是被炸弹炸死的。"[26]

　　但是，这些党卫队的看守们已经内部分裂成好几派。二级突击队中队长（Obersturmführer）埃德加·斯蒂勒率领着三十几名年长的应征士兵，"举止正派"，穆勒后来回忆说。一同被囚的新教牧师马丁·尼莫勒（Martian Niemöller）拉住斯蒂勒，强迫他解释到底发生了什么。"我们都觉得尼莫勒对待党卫队军官的方式，就像是上级对待自己的副手，更重要的是，似乎斯蒂勒也默认了这一点。"但在他们的党卫队护卫队里，滋生出一种不太友善的态度："有 20 个凶恶的人武装到了牙齿。"这群人的首领是三级突击队中队长巴德（Bader），他曾在布痕瓦尔德集中营领导过一个清算队（liquidation squad）。[27]

　　穆勒觉得巴德对他颇有敌意。斯蒂勒提过上级有令："律师绝不能活着落入敌人手中。"穆勒想，难道斯塔维茨基从布痕瓦尔德派巴德来，是要把他重新挂上绞刑架吗？他决定紧跟在博吉斯拉夫·冯·博宁上校（Colonel Bolgislav von Bonin）的身边，尽管上校违抗希特勒的命令从华沙撤军，但仍然是一名"荣誉囚犯"，随身带有一把手枪。[28]

　　清晨，党卫队回来了。他们把囚犯带到布伦纳山口的东边，蒂罗尔山谷里。在维拉巴萨镇（Villabassa）的边上有一个铁路交叉口，车队在那里突然抛锚了。党卫队似乎不确定该怎么办，但允许俘虏们下车活动活动筋骨。巴士中有一辆爆胎了，燃油也快用完了，柏林那边的指示还没有下来。所以，党卫队的这支分遣队决定去喝个大醉。[29]

　　一些囚犯在铁道边的小屋聚集，计划逃跑。两名被俘的英国特别行动执行处（Special Operations Executive）突击队员和意大利游击队将军桑特·加里波第（General Sante Garibaldi）一起制订了一个计划，加里波第是 19 世纪意大利英雄加里波第的后裔。那天晚上，在忠于他们事业的当地

235

人的帮助下，加里波第和他的参谋长费列罗中校（Lieutenant Colonel Ferrero）偷偷溜出维拉巴萨，去联络他们在周围山区里的同胞。他们答应带着游击队返回，袭击党卫队守卫。[30]

"与此同时，党卫队负责看守的人全都喝下太多杜松子酒，"詹姆斯回忆道，"其中一个差不多晕过去了，我们中间的一个伙计说，'既然如此，不如再多给他点儿杜松子酒，把他口袋里的笔记本拿走吧'。我们还真这么干了，发现他们接到的一项命令是，盟军军官和其他人都不能落入盟军手中。"巴德告诉过一名囚犯，党卫队已经准备好了一个"特殊房间"。[31]

留守的人质决定不能干等加里波第的游击队了。几个机智的英国囚犯用火线短路发动了一辆老旧的大众汽车，开车翻过山，希望能碰见一个美国指挥部，并带着一支救援队回来。博宁上校在市政厅找到一部电话，请求驻扎在博尔扎诺（Bolzano）、位于他们所在处西南约 60 英里的德国第十集团军的司令，对犯人进行保护性拘押。这位将军的参谋长承诺，会有一支装备精良的队伍连夜前往，并于次日黎明抵达。穆勒回忆道："我们有些战战兢兢地在狭窄的街道上走来走去，因为党卫队原本计划在蒂罗尔这个与世隔绝的地方除掉我们。"没人知道希姆莱最后会下达怎样的命令，抑或盟军何时能够抵达这片地区。施陶芬贝格和格德勒的亲属向当地教区的神父寻求庇护，神父们把他们藏在自己的教区长住所里。[32]

其他囚犯则睡在市政厅里的稻草上。过了午夜，门突然被打开。一名党卫队的军官指着穆勒说："你，现在出来！"冯·博宁上校跳起来，命令他不要过来。穿黑衬衫的党卫队军官挑衅地站在门槛上重复道："你，出来！"博宁拔出他的鲁格手枪说："我数到三。到二的时候，你就死定了！"军官转身逃走了。但没人能轻易休息。詹姆斯回忆说，他清楚地意识到"两边都有手持施迈瑟式（机关枪）的党卫队士兵。那一夜是名副其实的长刀之夜，因为党卫队有所预备，可能是在等待（意大利）游击队的攻击"。[33]

4 月 29 日，希特勒召集他的指挥官们开会。他们告诉他，苏联军队已经抵达波茨坦车站（Potsdam station）附近，国防军已经用尽了巴祖卡火箭筒，也无法再修理坦克了。战斗将在 24 小时内结束。接下来是一段漫长的沉默。希特勒费了很大力气才从椅子上站起来，转身要走。他的指挥官们问他，如果部队弹药耗尽了该怎么办。他回答说，他不允许柏林投降。但若有人愿意，可以结成小团体尝试突围。[34]

第二天下午 3 点，希特勒核心集团的成员聚集在地堡的下层掩体里。希特勒穿着他惯常穿的橄榄绿衬衫和一条黑裤子。他的情妇爱娃·布劳恩穿了一条镶白边的蓝色连衣裙，戴着她最喜欢的金手镯，上面镶着一颗绿色宝石。炮弹从头顶飞过。希特勒两眼无神地与拉滕胡贝尔、鲍曼、戈培尔以及其他不到 24 个人一一握手。他和每个人都低声说了几句话，然后与爱娃·布劳恩一起，慢慢地走回书房，关上了双扇门。[35]

爱娃·布劳恩坐在一张窄沙发上。她踢掉鞋子，将腿放在蓝白相间的布料上。希特勒坐在她身边。他们拧开像口红盒一样的黄铜外壳，从里面取出装满琥珀色液体的细玻璃小瓶。爱娃咬住玻璃瓶，将头靠在希特勒的肩上。她的双膝因痛苦猛地蜷缩起来。希特勒控制着颤抖的手，将瓦尔特手枪举到右边的太阳穴，用牙咬紧嘴里的药瓶，扣动了扳机。[36]

拉滕胡贝尔没有听到任何声音，甚至连一声枪响都没听到。希特勒的勤务员海因茨·林格（Heinz Linge）就站在拉滕胡贝尔旁边，只记得自己闻到了火药味。当希特勒的随从进入房间时，看见鲜血正从他脸上流下。他的右太阳穴处有一个红色的洞，有马克银币那么大。爱娃坐着将头枕在希特勒的肩膀上。临死时，她的胳膊甩到桌面上，打翻了一个花瓶。[37]

希特勒的警卫将尸体搬到总理府的花园里。他的司机在尸体上倒了10罐汽油。拉滕胡贝尔点燃火柴，扔向躺在地上的希特勒和爱娃。火柴一直烧不起来，拉滕胡贝尔从袖口抽出几张纸，卷成一支火把，将其点燃充作简易的引火种，然后抛在尸体上。一条火舌窜起。拉滕胡贝尔立正站好，举起手臂行了纳粹式的敬礼。转身离开前，他回头看了看在火中卷曲的尸体和抽搐的四肢。[38]

4月30日，当维拉巴萨的囚犯们醒来时，外面已经下雪了。市政厅里的党卫队都走了。法国主教加布里埃尔·皮凯（Gabriel Piquet）因向犹太人提供假证件而被捕入狱，此时为了献上感恩，他在当地一个天主教堂里举行了弥撒仪式。"所有人都去了，"英国战俘吉米·詹姆斯回忆道，"不只是天主教徒和新教徒，连苏联的东正教囚犯都去了。场面十分感人。"正在弥撒仪式举行期间，期待已久的国防军连队抵达了。囚犯们去了城镇广场。冯·博宁上校挥舞着一支机关枪，解除了几个还没走掉的党卫队士兵的武装。国防军吸收了少数几名党卫队成员，就是被斯蒂勒认为"信得过又正直"的人，同时也给了其他人逃跑的机会，让他们试试在盟军那边的运气。"巴德和其中一些人下到山谷里，"詹姆斯回忆说，"我后来听说他们被（加里波第的）游击队员拦住后绞死了。"[39]

国防军把囚犯们转移到布拉耶斯湖酒店（Hotel Pragser Wildsee）。该酒店是欧洲贵族们滑雪时会下榻的大酒店之一，俯瞰着由白色悬崖和深色树林环绕的翡翠湖。国防军在山脊上安设了机枪，位于蜿蜒而上通往布拉耶斯山谷的道路上方，可以更好地抵御党卫队狼人部队的进攻。穆勒回忆道："雪一直在下，酒店里冷得厉害。"[40]

　　普里瓦洛夫将军在他的房间里举办了一场五一节派对
（May Day party）。酒过三巡，瓦西里·科科林开始啜泣。如
果他的"乔大叔"斯大林知道，他居然是被"英国那个婊子"
释放的，一定不会再信任他了。苏联安全警察会怀疑英国特工
机关已将他变成双重间谍。因此，科科林决定加入向南 25 英
里外，加里波第在科尔蒂纳丹佩佐（Cortina d'Ampezzo）的
游击队。穆勒试图劝阻他。因为那里光积雪就有三英尺厚，而
科科林在跳伞潜入德军后方时，已经冻伤了双脚，且长期监
禁使他更加虚弱。但科科林说，作为一名游击队军官，他必
须重新加入"战斗"。在一个熊抱和俄式亲吻后，他消失在夜
色中。[41]

　　汉斯·拉滕胡贝尔绑着一个钢盔，在 5 月 2 日破晓前，用
一根撬棍捅破了总理府地下室被砖砌上的窗户。他爬出去，来
到元首房间阳台下威廉大街（Wilhelmstrasse）的人行道上，
手枪立起拿在手上。他停下来，像印度侦察兵一样四处张望，
然后用手势示意身后跟着的六名希特勒的亲信。他们计划从地
铁隧道逃离柏林，从城市西北部穿出，越过苏联控制区。[42]
　　拉滕胡贝尔穿过被火光照亮的威廉广场，有饥饿的儿童从
一匹死马身上撕肉吃。在凯瑟霍夫地铁站拉滕胡贝尔从楼梯间
堆满瓦砾的滑道上滑下，沿着铁轨走了下去，直接走到苏军防
线的正下方。就着手电筒的光线，他小心翼翼地跨过僵硬的尸
体和半毁的楼梯，隧道边上挤满了受伤的士兵和无家可归的家
庭。他从弗里德里希大街地铁站钻出来，又用了四个小时，爬
过洞穴一样的串联地窖，跑过燃烧的建筑，又跌跌撞撞地走过
漆黑的街道。早晨的时候，一名苏联狙击手终于一枪打中了
他，当时他离舒尔特海斯啤酒厂（Schultheiss brewery）只有
几码远。[43]

239

希特勒的秘书特劳德·琼格在日记中写道："两名士兵把受伤的拉滕胡贝尔抬了进来。"琼格蜷缩在啤酒厂的地窖里，这是希特勒的随行人员在四散奔逃前就预先安排的会面地点。"他腿上中了一枪，整个人在发热而且出现了幻觉。一名医生为他治疗后，将他放在一张帆布床上。拉滕胡贝尔掏出他的手枪，取下保险栓，放在他身边。一名将军走进掩体。我们发现自己正身处帝国首都最后的抵抗堡垒。苏联人包围了啤酒厂，并呼吁所有人投降。"[44]

5月4日，一辆福特吉普车沿着盘山公路驶向布拉耶斯湖酒店。车子飞溅着雪花，在黑色的冰面上打转，终于停在翡翠湖旁边。一个梳着平头的中尉跳下车，称自己是美国第15集团军司令伦纳德·T.杰罗（Leonard T. Gerow）的先遣人员。德国士兵走下山脊，交出了他们的武器。[45]

杰罗将军随后带着几个连的部队抵达了。作为诺曼底登陆的第一个军团的指挥官，他获得了头盔上的第三颗星，而德国士兵则对他表现出"近乎宗教般的敬畏"，穆勒后来回忆道。杰罗向囚犯们表示祝贺，随后告诉他们，他不能满足他们想回家的愿望。他奉命在那不勒斯盘问并"清除"他们。[46]

杰罗的部队把他们带到南方。5月7日，他们待在维罗纳的一个兵营里。第二天，穆勒登上一架比奇C-45运输机，飞行了400英里后抵达那不勒斯。途经罗马上空时，他向下远远地看见绿色的教宗花园，以及圣彼得大教堂的轮廓，形状好像一把钥匙。[47]

尾　声

"此刻的任务是重建世界。"随着欧洲的炮声归于沉寂，教宗于 5 月 9 日通过广播发表讲话，"我们在灵里跪在坟墓前，跪在被鲜血染黑的深谷前，跪在无数遭到惨无人道屠杀的尸体前，这些已倒下的生命似乎在警告我们，幸存者们啊：让那些我们播撒过的麦粒从地里破土而出吧，那将塑造和掌管一个更加美好的世界。"[1]

当教宗的讲话在欧洲的广播里噼啪响起时，一艘船快速驶向卡普里岛。一名身材高大且有一半犹太血统的德国经济学家站在船尾。格罗·冯·盖夫尼茨（Gero von Gaevernitz）是 1924 年移民美国的，此时为了帮助欧洲摆脱希特勒的统治，他又回到了欧洲。他是驻伯尔尼美国战略情报局间谍首脑艾伦·杜勒斯手下的办案员，与德国抵抗运动的密使们有良好的关系，其中包括代替约瑟夫·穆勒成为密谋者和教宗的联络人的汉斯·贝恩德·吉思维乌斯。[2]

盖夫尼茨此时穿过那不勒斯湾，开始履行他最后的使命。此前一天，莱曼·兰尼兹尔少将（Major General Lyman Lemnitzer）在位于卡塞塔（Caserta）的战区总部召见了他，递给他一份薄薄的档案，里面记录了 100 多名"特别德国人"的情况。第 15 集团军在意大利的阿尔卑斯山抓住了这些政治犯，并用飞机将之送到那不勒斯。其中一些人似乎是狂热的反纳粹分子，但盟军对他们知之甚少。战区指挥官亚历山大元帅下令将他们"隔离"在卡普里岛上一座特别被清空的酒店里，直到盖夫尼茨可以给出一个意见。[3]

盖夫尼茨在卡普里码头征用了一辆吉普车，沿路驶往坐落在海拔 1000 英尺悬崖上的帕拉迪索酒店（Hotel Paradiso）。头戴白色钢盔的军警包围了酒店，施行了相当严格的安全管控，盖夫尼茨即使带着由哈罗德·亚历山大（Harold Alexander）元帅亲自签署的通行证，仍然费了九牛二虎之力才进去。[4]

"一进酒店，我就被一群情绪激动的德国人围住了，"盖夫尼茨回忆道，"因犯当中有很多人经历过地狱般的生活，他们的神经还在因这些经历而颤抖，他们最近的一次遭遇是从一支党卫队的谋杀队手中逃生。"[5]

约瑟夫·穆勒入住的套房通常是为埃及国王法鲁克（King Farouk）保留的，拥有绝美的景观视野，在盖夫尼茨见过的欧洲酒店里数一数二。从房间向外看，他可以俯瞰那不勒斯湾，还能看到在伊斯基亚（Ischia）和苏莲托（Sorrento）两个半岛间巍然耸立的维苏威火山（Mount Vesuvius）。[6]

穆勒回忆道："盖夫尼茨审问了我很长时间。"他们一起在酒店的花园里度过了好几个晚上。"无论是卫兵单调的脚步声还是热带的月亮，都无法使我的注意力从那些鲜为人知的、德国抵抗运动的非凡故事上转移开，"盖夫尼茨在 1946 年写道，"我认为，这是一个可以为我们所用的人，在盟军占领德国将面临的一切任务中，这个人可以为我们提供不可估量的帮助。"最后盖夫尼茨问道："你愿意与我们一起合作，为我们的部队分享你的经验和知识吗？"这相当于招募穆勒，让他以美国特工的身份回到德国。[7]

穆勒同意了，但他希望在回巴伐利亚的路上，有机会在罗马停留。盖夫尼茨答应他会安排一次愉悦的重逢，但要穆勒先在卡普里岛等 10 天，等他把穆勒所有的故事给美国战略情报局的审讯者们讲一遍。[8]

　　盖夫尼茨回到卡塞塔，给兰尼兹尔少将提交了一份报告。"这些囚犯中有一些人应当被授勋而不是被拘留。"盖夫尼茨在 5 月 13 日如此写道。在 6000 万无所事事的德国人中，几乎没有人曾举手反对希特勒，即使他们也动过念头。但有一群人采取了实际行动，冒着生命危险，也失去了他们的朋友——而盟军却把他们关了起来。盖夫尼茨建议战区总部将他们送回家，他们将对其他德国人产生"良好的影响"。[9]

　　在卡普里岛上，穆勒受到两名美国情报分析员的照顾。其中一个名叫戴尔·克拉克（Dale Clark），他曾在哈佛大学就读，师从德国前总理海因里希·布吕宁（Heinrich Brüning）。穆勒与他谈起"体面德国"，谈起贝克和卡纳里斯、奥斯特和杜南亿、施陶芬贝格和毛奇。他谈到神圣德意志，谈起卡斯和莱贝尔、普莱辛和罗施、潘霍华和德尔普，以及白玫瑰。但他也谈到了自己的政治理念。穆勒与克拉克在帕拉迪索的屋顶上散步时，一边眺望大海，一边分享了自己对建立一个欧洲经济联盟的愿景，这是他和贝克将军共同发展出的愿景。他还谈到一个新的政治运动，是他和克莱绍以及意大利的朋友们一起探讨过的。他希望建立一个由基督教社会民主国家组成的欧洲，通过贸易纽带联系在一起，通过"人类尊严"的理念团结在一起。克拉克同意以穆勒的名义给负责指挥德国占领部队的卢西安·特拉斯科特将军（General Lucien Truscott）写一封信，因为他有权批准穆勒组建一个德国新政党，即基督教民主联盟（Christian Democratic Union）。[10]

　　5 月 26 日，美国陆军反情报部队（US Army Counter Intelligence Corps）在奥地利抓获了党卫队军官阿尔伯特·

哈特尔。这个月早些时候，英国部队已经抓过他一次，但是以"无趣"为由释放了他。美国人把哈特尔送到达豪，后又转去其他战俘营，他在那里暗示自己的党卫队上司和下属都犯有战争罪，但自己从未犯下任何暴行。[11]

"我目睹了约200名男女和各年龄段的儿童，包括婴儿被处决，"哈特尔说，"受害者被强迫跪在一条大沟里，每个人都是从后脑勺被分别射杀，因此都是瞬间死亡的。"他们向执行屠杀的刽子手提供大量伏特加，以压制他们因道德良心引发的抑郁。"有个有趣的医学现象，"哈特尔如是说，"那些常常参与处决妇女和女童的党卫队成员，会在一定时间内变得性无能。"[12]

哈特尔写了一篇关于"梵蒂冈情报局（The Vatican Intelligence Service）"的长篇报告。在该机构取得的重大成就里，他列举了"通过慕尼黑律师和著名的巴伐利亚天主教政治家约瑟夫·穆勒博士，与德国海军上将卡纳里斯之间达成的联系"。哈特尔随后提议，自己可以为美国刺探教宗的情况。他说，他所需要的只是一笔预算、一名员工和一份多年的合同。关于哈特尔的最终审讯报告认定哈特尔"明显地具有一种近乎反常的情感和心理失调"。[13]

尽管盟军怀疑哈特尔犯有战争罪，但还是释放了他。他很快成为一名瑜伽、环境保护和天然食品的倡导者。[14]

罗施神父穿着破烂的衣服和破旧的鞋子四处侦察。整个柏林似乎都挂满了红色的旗帜，甚至连新教教堂也不例外。苏联士兵闯入圣保罗修道院（Monastery of Saint Paul）。罗施神父后来形容他们是一群"独特的亚洲佬"，记得"其中一个看上去通人情"。苏联人想要怀表，其中一个人仔细地检查了一个修女，以至于她把念珠的十字架举到面前。当他问罗施是否

"相信耶稣基督"时，罗施已经准备好殉道了。但这名士兵自称是乌克兰的东仪天主教徒，只是想表达一下他的基督信仰。他之后离开了。后来又有其他人来，拿走了他们想要的东西。一名苏联政委问罗施想要什么时，罗施悲伤地看着被毁的柏林说："我想回德国。"[15]

5月8日，罗施用一辆独轮车推着一个手提箱出发了。他计划步行363英里去慕尼黑。五天后的夜里，他发现自己被困在易北河的北岸，与美国占领区一水之隔。[16]

在月光下，罗施看见有人把一只独木舟放进水里。他呼喊着，又叫又吹口哨又拍掌，直到引起了那人的注意。"我跑过去，他承认独木舟不是他本人的，是他'借来的'。他说他会设法渡到那边寻求帮助。"那时，已有另外六名难民加入罗施这边，向那人不断恳求。他说他无法承诺任何事，因为他和他们一样，都在拼命逃向河对岸。他优雅地划着桨渡到河那边，便消失了。[17]

半小时后，一艘驳船"不知从哪里"冒出来，罗施回忆道。一定是那个划独木舟的人指引它来的。罗施的独轮车刚好能推上驳船。摆渡人说，有机枪射沉了其他试图过河的船只，淹死了乘客。当他们的驳船抵达对岸后，摆渡人让船停靠在灌木丛中，等了几个小时，以防撞上巡逻队。然后，他匆忙系好驳船，难民们下了船。罗施推着他的独轮车继续向南，走上一条土路，靠着星星辨别方向。[18]

1945年6月1日，一辆美军吉普车开进梵蒂冈城。它拐上一条没有标记的通道，宽度仅够一辆车通过，两边都是石墙。车道向前再度变得开阔，车子停在宗座宫的圣达马索庭院。约瑟夫·穆勒从吉普车上下来，身后跟着美国情报官员戴尔·克拉克和乔·考克斯（Joe Cox）。他们进入许多门中的一个，乘坐一部小电梯到了三楼。在非常教务部占用的众多办公室之间，有教宗护卫和佩戴紫色饰带的主教们来来往往，他们在那里碰见了教宗的大管家。他领他们沿着一条露天的柱廊行走，柱廊上装饰着饱经风霜的拉斐尔壁画，随后他领他们从一个背面的楼梯间进入一个铺着柔软地毯的前厅。当他们在门内侧跪拜时，大管家说教宗希望和穆勒单独说话。在穆勒和庇护十二世会面期间，两名美国间谍耐心地等待了三个小时。[19]

"我刚跨进书房的门槛，教宗就走过来，拥抱了我。"穆勒对这次谒见做了详细记述。从加里波第和其他被释放的意大利人那里，庇护十二世已经听说了穆勒的苦难历程。他无法理解穆勒是怎么逃出生天的。穆勒创造了奇迹。教宗说他觉得好像自己的儿子从可怕的危难中回来了。[20]

"我们当时还站在门口，"穆勒回忆说，"他用胳膊搂着我的肩膀。"然后，教宗一直搂着穆勒的肩膀，直到走到一张长桌旁，让穆勒坐下，靠近他，可以握着他的手。"庇护十二世常被指责是一个骄傲冷漠的罗马人，"穆勒事后写道，"但我在谒见过程中完全没有看出来。"[21]

教宗问穆勒是怎么活下来的。穆勒坦率地说，天主教神学于他无益，因为它提出了太多选择。"相反，我依靠的是我小时候学会的祷告。"听到这里，庇护十二世"笑了，并由衷地握紧我的手"。教宗说，他在罗马的朋友们也有为他祷告。他自己每天都为穆勒祷告。[22]

"很长时间里，这都不是一次寻常意义的谒见，"穆勒回忆道，"教宗一直握着我的手，我可以很坦率地和他讲话；如果我可以这么说的话，我们有某种共同的想法。"穆勒说，他试图遵循教宗的教导，即所谓"每个人心中都有善与恶存在并做工"。他感谢教宗践行了这一信念，并将"体面德国"与希特勒的帝国加以区分。[23]

"这并不容易，"穆勒引用教宗的话说，"然而正如你和你的朋友与希特勒战斗到底，我也感到自己不得不尝试一切手段。"他问起那些曾密谋反抗希特勒的军官。穆勒带着怜悯的心情谈到哈德尔和贝克，他们面临的困境，以及忠诚上的矛盾。他们憎恨希特勒，但在很长一段时间里无法背叛自己的祖国。[24]

"庇护十二世聚精会神地听着，我告诉他汉斯·奥斯特和我之间许下的誓言，"穆勒记录道，"在这方面，我们还说到特莱斯科夫的暗杀计划，该计划本来要把希特勒的飞机炸上天的，却在不可能的巧合中失败了。教宗已经知晓此事。"据穆勒说，庇护十二世表示赞同，他说："我们必须向邪恶势力开战。与魔鬼的军队斗争。"[25]

穆勒回忆说，当谒见进行到这个时候，教宗的讲论开始带有哲思。对于基督徒而言，生活中的一切都是有意义的。因此这场战争也一定有某种意义。庇护十二世自己在最近的通谕《世间苦》中就努力地想要寻找这一意义。穆勒在地牢里时也一定思考过这个问题——他在地上的意义是什么，为什么人们要遭受如此多的痛苦。穆勒认为这一切意味着什么？[26]

246

穆勒反思说，他学到很多，也故意忘记很多。他故意忘记了如何去恨，因为他经历了仇恨所有的形态。他思考是哪一种独特的现代力量能激发出如此大规模的仇恨。他得出的结论是，一切都归结于极端民族主义。不管人们手举何种旗帜游行，最终结果都是个人权利被碾压。为了防止这一点，欧洲必须自我更新，以人格概念将个人提升到群体之上。穆勒认为，早期基督教精神可以成为这种更新的基础；因为基督使那些受压制、被弃绝、居无定所的门徒，感到自己生来就是良善的、有价值的，好像手握权柄的君王，无论他们是生是死。穆勒发愿说，这种神圣的自我感将帮助塑造他战后的政治活动。"我将我的计划告知教宗，即跨越教派的阻隔，组建一个由刚强的基督徒组成的新集团。他的认同令我感到莫大的喜悦。"[27]

6月2日，庇护十二世在西斯廷教堂召集了枢机主教们。他们聚集在高高的窗户下，窗户的尺寸复制了旧约时代所罗门圣殿的尺寸。拉斐尔的壁毯画将教宗的权威从摩西追溯到基督，再到彼得，并隐含地追溯到庇护十二世，此时他正举手做赐福祈祷。

"今天，历经六年时间，这场自相残杀的战争结束了，至少是在这片饱受战争蹂躏的世界的一隅，"他说，"今天，整个世界都惊愕地凝视着自己身后的废墟。"他对那些在"种族和血腥的偶像崇拜"中丧命的受害者表示了沉痛的悼念，并谈到"民族社会主义对教会的敌意，这种敌意一直持续到纳粹统治的最后几个月，当时民族社会主义者还自以为是地认为，一旦他们用武力锁定胜利，他们就可以永远摆脱教会。有官方权威且绝对可信的证人们为我们提供了这些计划的情报"。在隐晦地提到穆勒后，庇护十二世说起政变的密谋，并拐弯抹角地提到自己在其中的角色：

> 这是一个人人都欲推翻的暴政。通过适时和及时的政治行动，是否有可能一劳永逸地阻止残酷的暴力爆发，并使德国人民挣脱钳制他们的毒手？是否有可能把欧洲和世界从这场血流成河的浩劫中拯救出来？没人敢做出这样绝对的判断。但我们真切地希望，一旦德国除灭了民族社会主义的邪灵，将会重新获得新的尊严和新生命。当前的形势警告我们，正如我们神圣的主所说：凡动刀的，必死在刀下。这些话在罗马的外交人员当中引起窃窃私语：不是因为话的意义，而是说这话的时机。美国代办哈

罗德·迪特曼记录说，"教宗最近一次的讲话为其招致相当广泛的批评，因为他一直等到德国战败了，才公开攻击纳粹"。[28]

约瑟夫·穆勒回到慕尼黑，参与重建被毁坏的祖国。他作为美国特工人员的代号是"机器人"，同时联合创办了主导联邦德国政治的基督教民主党巴伐利亚派。当穆勒还在中央情报局的特工名单上时，他成为巴伐利亚州的司法部部长，对没有在纽伦堡被判刑的纳粹战犯提起诉讼。从哈佛大学借调到美国战略情报局的美国清教主义权威佩里·米勒（Perry Miller）曾记录道："穆勒是如此重要，以至于一段时间曾被看成是 [巴伐利亚州长] 弗里茨·舍费尔（Fritz Schaeffer）的有力继任者，但据称他的左翼情绪引起了巴伐利亚州老一辈天主教领袖们的敌意。"在保守派看来，他有很多缺点：他似乎"不够拥护联邦主义"，"太随意"，甚至"不够天主教"。用穆勒自己的话说，他觉得在政治左派中感觉最舒服，因为正像他常说的，基督总是站在被压迫者一边。[29]

最终，他成为战后的天主教会和世界的默默缔造者。他在战时的跨信仰努力，包括将潘霍华带到梵蒂冈的地下墓穴，促成了第二次梵蒂冈大公会议（Second Vatican Council）的改革，致敬了犹太教的属灵确实性。穆勒也是教宗跨国主义主张的拥护者，他将德国抵抗运动中的天主教思想融入关于基督教民主、北约、欧洲统一和人权这些更加广泛的讨论中。同时，他也积极倡导建立一个欧洲共同市场，并作为这一倡议在德国的主要支持者，为自己赢得了"欧元教父"的美誉。1979 年离世时，他的统一欧洲的梦想虽还未实现，但已触手可及。他的家乡施泰因瓦森（Steinwassen）竖起一座花岗岩纪念碑，上面画着一头拉车的公牛，以纪念公牛乔伊。[30]

248

当庇护十二世因他在二战期间的沉默受到攻击时，穆勒为他辩护。早在 1945 年回到德国之前，穆勒就明确了他未来几年会坚持的口径。当谒见完庇护十二世，在罗马逗留的时候，他有一次在晚宴上遇到了美国外交官迪特曼。迪特曼问穆勒，庇护十二世为什么没有早点出来说话，并详细地记录了穆勒的回答。

"穆勒博士（原文如此）说，整个战争期间，他在德国的反纳粹组织一直强烈坚持，教宗应该避免发表任何单独针对纳粹并具体谴责纳粹的公开声明，而建议教宗将言论仅限于泛泛之谈。"迪特曼如此写道。此外，穆勒"说到他不得不提出这样的建议，因为如果教宗说得太具体，德国人会指责他屈从于外国势力的鼓动，这将使德国天主教徒遭到更严重的怀疑，因此大大限制他们在抵抗纳粹的事业中的行动自由。穆勒博士说，德国国内的天主教抵抗组织遵循一个方针，即确保教宗不要牵涉其中，而由德国的天主教教权阶层从内部发起与纳粹的斗争。穆勒博士说，教宗在整个战争期间都采纳了这一建议"。[31]

迪特曼将这样的解释转述给华盛顿，并不予置评。他早已报告过，庇护十二世"对人人皆知的暴行采取了鸵鸟政策"。而迪特曼事后反思，教宗不只是单纯把头埋在沙子里，他也秘密推行了他整个的地下计划，并寻求"扮演调停者的最佳时机"。正如迪特曼所写，鉴于无人能知"纳粹被罗马教廷的公开谴责激怒后，会在无情的狂暴中做什么"，他很难谴责庇护十二世——特别是同盟国有时也会要求他不要为犹太人呼吁。达西［·奥斯本］爵士曾打电话来说，"他害怕教宗为匈牙利犹太人呼吁，"美国外交官弗朗西斯·C.高恩（Francis C. Gowen）在 1944 年 11 月 7 日记录道，"达西爵士说，应该采取措施说服教宗不要这么做，因为这会产生非常严重的政治后果。"英国担心由此激怒斯大林，因为对具体暴行的谴责可能会揭露苏联曾在卡廷森林杀了22000名波兰军官。庇护十二世受到各方面的不断施压，与其超越争斗不如在暗中工作。[32]

至于穆勒本人，有一个谜团始终挥之不去。"为什么穆勒没有被处决？"美国战略服务部（US Strategic Services Unit）伦敦站曾在战后这样问道，"所有参与7月20日政变的人都（被杀了），穆勒虽说确实有良好的人脉，但他并不比奥斯特、卡纳里斯和很多其他人更重要，也没有受到更好的保护……他只是单纯的幸运吗？还是说他曾有那么一两次开口说话了？"经过两个月的调查，詹姆斯·安格尔顿的罗马反间谍部门认为穆勒所说的"在外部调查中得到了确切的证实"。而关于穆勒的其他遗留问题，直到1955年10月30日汉斯·拉滕胡贝尔从苏联获释后，才有了令中央情报局满意的答案。当时一名英国间谍按响了拉滕胡贝尔在慕尼黑沙夫拉赫大街（Schaflachstrasse）10号的门铃。[33]

拉滕胡贝尔告诉他，他是如何出手救了穆勒一命的。正当穆勒站在绞刑架前时，一名党卫队副官打电话给死亡集中营："那通电话在生死攸关的最后一刻救了他。"但为什么营救信息能抵达呢？穆勒称之为"奇迹"，是教宗祈祷的结果；党卫队军官瓦尔特·胡彭柯腾认为穆勒只是"幸运"。但事实上，是穆勒的性格决定了他的命运。他的获救归功于他与希特勒保镖队长之间的友谊，而这份友谊的缘起，是穆勒在1934年2月9日，也就是他被盖世太保羁押期间的供词，他说他巴不得希姆莱靠在墙上被枪毙。公牛乔伊得以保全性命，是因他曾预备好丢掉性命。[34]

鸣　谢

　　许多档案管理员和图书管理员帮助我完成了这本书。胡佛研究所（Hoover Institution）的高级馆员和研究员马切伊·西基尔斯基（Maciej Siekierski）解封了罗伯特·莱贝尔神父的文件。纽约社会图书馆（New York Society Library）的苏珊·文森特·莫利纳罗（Susan Vincent Molinaro）设法取得了很难找到的期刊文章。要读取藏于宾夕法尼亚州卡莱尔兵营（Carlisle Barracks）美国陆军战史研究所（US Military History Institute）的哈罗德·C. 多伊奇（Harold C. Deutsch）的论文，我得感谢克里夫顿·P. 凯悦（Clifton P. Hyatt）和档案技术员卡罗尔·S. 冯科（Carol S. Funck）。在美国国家档案和记录管理局（ US National Archives and Records Administration），我像许多人一样，因已故的约翰·E. 泰勒（John E. Taylor）关于战时情报记录所归纳的百科全书式知识而获益良多。

　　在梵蒂冈城，彼得·贡佩尔神父不吝惜时间，一丝不苟地回答了我的问题。沃尔特·帕特里克·朗（Walter Patrick Lang），圣墓骑士团（Papal Order of the Holy Sepulcher）的骑士指挥官（Knight Commander）是我在秘密情报方面耐心的导师。

　　我还要深深地感谢以下各位的贡献。威廉姆·多一诺（William Doino）和迪米特里·卡沃利（Dimitri Cavalli）

在十多年里，坚持开办一系列关于"庇护战争（Pius Wars）"的电邮沙龙。多亏了他们，我的收件箱里装满了其他许多人的真知灼见：约瑟夫·波顿（Joseph Bottum）、约翰·康威（John Conway）、拉比大卫·G. 达林（Rabbi David G. Dalin）、凯文·道尔（Kevin Doyle）、迈克尔·费尔德坎普（Michael Feldkamp）、尤金·费舍尔（Eugene Fisher）、杰拉德·福格蒂（Gerald Fogarty）、帕特里克·J. 加罗（Patrick J. Gallo），约翰·杰·休斯（John Jay Hughes）、迈克尔·赫斯曼（Michael Hesemann）、加里·科鲁普（Gary Krupp）、文森特·拉伯马达（Vincent Lapomarda）、比尔·莫伊尼汉（Bill Moynihan）、马特奥·路易吉·纳波利塔诺（Matteo Luigi Napolitano）、罗纳德·J. 瑞克拉克（Ronald J. Rychlak）和安德里安·托涅利（Andrea Tornielli）。

　　其他人也慷慨地给予我反馈并鼓励了我。我从以下诸位那里得到了颇有价值的建议和支持：迈克尔·伯利（Michael Burleigh）、蒂姆·达根（Tim Duggan）、已故的马丁·吉尔伯特爵士（Sir Martin Gilbert）、山姆·哈里斯（Sam Harris）、霍华德·卡明斯基（Howard Kaminsky）、罗杰·拉布里（Roger Labrie）、保罗·D. 麦卡锡（Paul D. McCarthy）、安德鲁·米勒（Andrew Miller）、亚伦·哈斯佩尔（Aaron Haspel）、杰拉尔德·波斯纳（Gerald Posner）、理查德·艾斯纳（Richard Eisner）、黛博拉·斯特恩（Deborah Stern）、格奥尔格·魏格尔（George Weigel）、大卫·I. 科尔策（David I. Kertzer），以及大卫·托马斯·墨菲（David Thomas Murphy）。

　　我也要向与本书相关的几个领域的专家献上我十足的感谢，他们的作品为我提供了无价的帮助：哈罗德·C. 多伊奇、

252

罗曼·布莱斯坦（Roman Bleistein）、罗伯特·A.格雷厄姆（Robert A. Graham）、彼得·霍夫曼（Peter Hoffmann）、安东尼娅·鲁格斯（Antonia Leugers）、欧文·查德威克（Owen Chadwick）、贝亚特·鲁姆·冯·奥本（Beate Ruhm von Oppen）、大卫·阿尔瓦雷斯（David Alvarez）、约翰·卢卡奇（John Lukacs）和伊恩·克肖爵士（Sir Ian Kershaw）。

我从那些对庇护十二世持有更严厉批评态度的人那里学到了很多。詹姆斯·卡罗尔（James Carroll）、休伯特·沃尔夫（Hubert Wolf）、约翰·康维尔（John Cornwell）、苏珊·祖科蒂（Susan Zuccotti）、丹尼尔·戈德哈根（Daniel Goldhagen）和加里·威尔斯（Gary Wills），他们总是出现在我脑海中的晚餐聚会中。

一个优秀的图书专业团队支持我完成本书的出版。我要特别感谢基础图书（Basic Books）出版公司的劳拉·海默特（Lara Heimert），以及国际创新管理公司（International Creative Management, ICM）的斯隆·哈里斯（Sloan Harris），谢谢你们对我作品的耐心关注。我也得到来自ICM的利兹·法雷尔（Liz Farrell）和希瑟尔·卡帕斯（Heather Karpas）的大力支持；还有来自基础图书出版公司的米歇尔·韦尔什–霍斯特（Michelle Welsh-Horst）、梅丽莎·雷蒙（Melissa Raymond）、珍妮·汤普森（Jennifer Thompson）、克莱·法尔（Clay Farr）、凯西·尼尔森（Cassie Nelson）、艾莉森·芬克尔（Allison Finkel）、丹·格斯特尔（Dan Gerstle）、凯蒂·安东内尔（Katy O'Donnell）和莉亚·斯特彻（Leah Stecher）。凯瑟琳·斯特雷克福斯（Katherine Streckfus）是一个作家所能奢求的最好的文字编辑。

　　我的父亲罗伯特·W. 里布林（Robert W. Riebling）在许多地方、通过许多方式，慷慨地帮助了我——从加利福尼亚州的罗纳德·里根总统图书馆（Ronald Reagan Presidential Library）到意大利的布拉耶斯湖酒店。他的精神和努力总也用不完。爸爸，谢谢您。

　　我的母亲乔伊斯·里布林（Joyce Riebling）给我寄了一些关于这一项目的好书。没有哪个孩子能从母亲那里得到如此多的精神鼓励——像她给我的。

　　南（Nan）和斯蒂芬（Stephen），谢谢你们为我们一家人这些年所做的一切。我爱你们，无法用言语表达。

　　伊登（Eden）和芙蕾雅（Freya）——书终于写完了！我回家了。

　　罗宾，你一路都在支持我。我对你致以最深的感谢和全部的爱意。

注 释

前 言

1. Hartl, "The Vatican Intelligence Service," 9 Jan. 1947, CI-FIR/123. Kaiser, diary, 6 April 1943, NARA, RG 338, MS B‑ 285; Hoffmann, *Stauffenberg*, 185. CSDIC report, "Kopkow's Account of the Plot," 9 April 1946, Lord Dacre Papers, DJ 38, Fol. 25. Kaltenbrunner to Bormann, 29 Nov. 1944, KB, 508 (*"Durch die internationalen Verbindungen... der katholischen Geistlichkeit ist hier ein besonderer Nachrithtendienst aufgezogen worden"*).

2. Huppenkothen, deposition, 24 April 1948; Müller, "Leb-enslauf," 7 Nov. 1945, DNTC. Schmäing, "Aussage," Verfahren Roeder, MB 6/6, 787. Müller, transcript, Sept. 1966, HDP, III, 1/7. Best, *Venlo Incident*, 181.

3. Gaevernitz, "From Caserta to Capri," 5.

4. Müller, "Flossenbürg," LK, 246.

5. Kaltenbrunner to Bormann, 29 Nov. 1944, KB, 508–510.

6. Huppenkothen, transcript, 5 Feb. 1951, HDP, 2/10.

7. Müller, "Flossenbürg," LK, 248.

8. US 3rd Army JAG, War Crimes Branch, "Report of Investigation," 21 June 1945, NCA, IV, 2309‑ PS.

9. Müller, "Flossenbürg," LK, 248, 250; Müller, "Befreiung und

Abschied," LK, 274.

第 1 章　黑暗笼罩大地

1. Hoek, *Pius XII.*

2. Hatch and Walshe, *Crown*, 19–20; cf. Lavelle, *Man Who Was Chosen*, 94–100; Walpole, "The Watch".

3. Doyle, *Life*, 181; Cianfarra, "Hailed by Throngs," *New York Times*, 3 March 1939.

4. Pius XII, *Summi Pontificatus*, 20 Oct. 1939.

5. Lehnert, *Servant*, 64, 66.

6. Doyle, *Life*, 182; Cousins, *Triumvirate*, 27–28.

7. Gumpel, interview, 17 May 2014. Tardini, *Memories*, 80.

8. Tacitus, *Histories,* Book 2, 93; Pliny, *History Naturalis,* Book 16, 201. Toynbee and Perkins, *Shrine,* 133–134 n 3. Walsh, "Beneath the High Altar," *Bones,* 33. Sheridan, *Romans,* 99. Wilpert, "La tomba di S. Pietro," *Rivista di archeologia cristiana,* 13 (1936), 27–41; Kirschbaum, *Tombs,* 52. Poole, "Crypt," in *CE*, vol. 4. Frale, "Petrusgrab," Radio Vatican (de), 2 Feb. 2012. Bartoloni, "St. Peter's Tomb," *L'Osservatore Romano*, 29 Aug. 2012, 6.

9. Toynbee and Perkins, *Shrine*, xv–xvi, 44, 61 n 3; 133–134 n 3; Burton, *Witness*, 93.

10. Leiber, "Pius XII," *Stimmen der Zeit*, Nov. 1958. Pius XII, Address to Pontifical Academy of Sciences, 30 Nov. 1941. Pius XII, Address to Pontifical Academy of Sciences, 3 Dec. 1939; Monti, *La Bellezza dell'Universo.* Pius XII, address to Pontifical Academy of Sciences, 3 Dec. 1939. Toynbee and Perkins, *Shrine*, xvi.

11. Rürup, ed. *Topographie des Terrors*, 70–80; Bleistein, "Josef Roth und Albert Hartl," *Beiträge zur altbayerischen Kirchengeschichte* 42 (1996),98; Ladd, *Ghosts of Berlin*, 157; Moorhouse, *Berlin at War*, 230; Gisevius, *Bitter End*, 43; *Reitlinger*, SS, 46; Dederichs, *Heydrich*, 66–67; Müller, "Aussage," 10 Oct. 1947, IfZ, ED 92, 59; Hapig, diary, 28 Aug. 1944, *Tagebuch*, 39, and diary, 23 Sept. 1944, ibid., 42.

12. Hartl, interrogation, 9 Jan. 1947, CI– FIR/123. Neuhäusler, "2. Mit Staatsminister Esser," AH, 42–46. Kochendörfer, "Freising unter dem Hakenkreuz," 680.

13. Hartl, interrogation, 9 Jan. 1947, CI– FIR/123. Höttl, *Secret Front*, 32.Hartl, interrogation, 9 Jan. 1947, CI– FIR/123.

14. Gestapo conference notes, July 1937, in Neuhäusler, *Kreuz und Hakenkreuz*, I, 371–382. Heiden, *History of National Socialism*, 100. SSU/X– 2 London, "Statement by Dr. Höttl," 19 Dec. 1945, NARA, RG 223, 174/116/880; "Personalakt Hartl: des SS–Obersturmführers Albert Hartl vom 3. Oktober 1936," BA/Zld.

15. Hartl, interrogation, 9 Jan. 1947, CI– FIR/123. "Papst Pius XII," 3 March 1939, TRP, 89–91; SD [Hartl], "Lage– Bericht," 1st quarter [March] 1939, dossier R 58/717, BK (TRP, 91–92); Hartl, "Papst Pius XII," 1939 [c. 12 March]; Patin [Hartl], "Beiträge." Hartl, "Priestermacht," 1939; idem., "The Vatican Intelligence Service," 9 Jan. 1947, CI-FIR/123, Annex I; idem., "Vatican Politics," ibid., Annex II; "Aufklärungs– und Redner–Informationsmaterial der Reichspropagandaleitung der NSDAP," *Lieferung* 20 (Aug. 1935): 1–7 (Kirche: Polit. Katholizismus), GPA; and Höttl, "Vatican Policy and the Third Reich," 26 Nov. 1945, NARA, RG 226, Entry 174, Box 104, Folder 799. Kaas,

"Pacelli," 912 Dec. 1929, *Reden,* 7–24; Pacelli, "Wesen und Aufgabe der Katholischen Aktion," Magdeburg, 5 Sept. 1928, GR, no. 36; and Bierbaum, "Pius XII: Ein Lebensbild," 1939.

16. Eckart [for Hartl], "Papst Pius XII," 3 March 1939, TRP, 89–91.

17. Leiber, "Bandaufnahme," 5. Hitler, *Reden*, 397–398. Hartl, "National Socialism and the Church," 9 Jan. 1947, CI– FIR/123, Annex IV. Leiber, "Mit brennender Sorge," 419. Höttl, "Vatican Policy and the Third Reich," 26 Nov. 1945, NARA, RG 226, Entry 174, Box 104, Folder 799.

18. Guiducci, "Il Papa," TRP, 50; Wolf, *Pope and Devil*, 266; Godman, *Hitler and the Vatican*, 145. Pius XI, *Mit Brennender Sorge*, 14 March 1937. "Bericht über die Arbeitstagung der Kirchen Sachbearbeiter beim Reichssicherheitshauptamt am 22. und 23. September 1941," IfZ, 4920/72, 218; Graham and Alvarez, *Nothing Sacred*, 59.

19. Hartl [Heydrich], *Angriff*, 26. Hartl, "National Socialism and the Church," 9 Jan. 1947, CI-FIR/123, Annex IV. Hartl, "Pius XII," 16. "Innuendo by Nazis Arouses Catholics," *New York Times*, 17 Dec. 1936, 14. Hartl, "Pius XII," 17.

20. Gestapo Munich, 1 Jan. 1937, GSA, MA, 106889; 106411, fols. 103f. Gestapo Munich, 1 Aug. 1937, 42, GSA, MA 106689. Gendarmerie– Station Hohenwart, 3 June 1935, Landrat 72055; Kershaw, *Opinion*, 244–245.

21. Guiducci, "La fi gura Birkner," TRP, 133. On Birkner, see also *Zeitschrift der Savigny Stiftung für Rechtsgeschichte: Kanonistische Abteilung 42* (1956), 555ff.; *Historisches Jahrbuch* 76 (1957), 623–625; Jedin, *Lebensbericht*, 66, 102. Mackensen to Ribbentrop, 28 July 1941, Politisches Archiv,

Federal Foreign Office, Nachlass Mackensen, Bd. 4, fol. 47 (TRP, 290).

22. O. A. Donau (SS– Oberabschnitt Donau), Austria (Department SS Upper Danube), report from Rome, 1938 [no day/month], MfS HA IX/11, 11 PV 270/68, vol. 23, pp. 2–4 (Birkner), reprinted in TRP, 130–132. Hartl, "Pius XII," 16.

23. Patin, "Beiträge," 135.

24. Goebbels, diary, tr. Taylor, 4 March 1939, 10.

25. Rösch to Brust, Feb. 1943, KGN, Doc. 17, 203ff. Leiber, "Unterredung," 26–27 Aug. 1960, IfZ, ZS 660, 2. Poole to Dulles, 10 Oct. 1944, Annex E, OSS, NARA 226/16/1131. For other versions of Leiber's titles, see Hollen, *Heinrich Wienken, der 'Unpolitische' Kirchenpolitiker*, 119 and n. 654; Hudal, *Römische Tagebücher*, 301–302; Leiber, interview, OSS 2677th Regiment, 18 Aug. 1944, NARA, RG 226, Entry 136, Box 14; OSS to OWI– London, 24 July 1944, NARA, 226/16/1015.

26. Gumpel, interview, 1 June 2014.

27. Father Felix Morlion, OP, to Ronald Reagan, undated enclosure to National Security Council memorandum, Rodney B. McDaniel to Thomas C. Dawson, "Subject: Reply to Ambassador Wilson," 23 May 1986, Reagan Library, Wilson Files, NSC 8604016.

28. Gumpel, interview, 1 June 2014. Mackensen to Ribbentrop, 28 July 1941, Politisches Archiv, Federal Foreign Office, Nach lass Mackensen, Bd. 4, fol. 43–45 (TRP, 291). Hoek, *Pius XII*, 60.

29. Deutsch, "Pius XII," Jan. 1966, HDP, VII, 4/8, 9 n 19. Mackensen to Ribbentrop, 28 July 1941, Politisches Archiv, Federal Foreign Office, Nachlass Mackensen, Bd. 4, fol. 43–45 (TRP, 291). Lehnert, *Servant*, 26. Gumpel, interview, 17 May 2014.

30. Gumpel, interview, 17 May 2014. Gumpel, interview, 1 June 2014. Rafferty, "Power Brokers in the Vatican," *Financial Times*, 27 Aug. 1988.

31. Faulhaber, "Denkschrift," 5 March 1939, BPDB, An. 4. ASV, AES, Germania 1936–1939, Pos. 719, fasc. 316, 34. Rauschning, *Revolution of Nihilism and Warning to the West*, 22, 118–119.

32. Per intelligence reports Faulhaber received by 1939: "The Ersatz Religion," PCCTR, 3/VIII, 483–484; "The Neo- Pagan Cult," PCCTR, 3/ VIII/2, 490–491; "Occupational Organizations and Their Publications," PCCTR, 3/ II, 355. "The Neo- Pagan Cult," PCCTR, 3/VIII/2, 489.

33. PCCTR, 1/I, 10 (6 April 1938). "Pacelli at that moment definitely did not trust him." Gumpel, interview, 1 June 2014. Müller, transcript, July 1963, HDP, III, 1/7. Gumpel, interview, 1 June 2014. See the unbylined wireless story, "Pope Pius Sends Blessing to Dear German Children," *New York Times*, 14 March 1939, n.p. (archival PDF).

34. Leiber, transcript, 17 May 1966, 37.

35. Gumpel, interview, 17 May 2014.

36. CIA, "Early Development of Communications Intelligence," 1959, CSI/SI, 3. CIA, "Audiosurveillance," 1960, CSI/SI, 14:3. Dulles, "Some Elements of Intelligence Work," n.d., AWDP, Reports, Subseries 15a. Constantini, diary, 31 Jan. 1941, SVC, 71. UKNA, WO 208/3451; UKNA, WO 208/4136–4140; cf. Neitzel, *Abgehört*, 19. Welles, "Report," 29 March 1940, FRUS, 1940, I. Powers, "The History of Presidential Audio Recordings," CIDS Paper, NARA, 12 July 1996. CIA, "A Different Take on FDR at Teheran," 2005, CSI/SI, 49:3. FBI, "Mrs. Paul Fejos," 9

Feb. 1942, file no. 100- 3816, Hoover Confidential Files, Arvad. Kennedy, diary, 13 March 1939, Joseph P. Kennedy Papers, 8.2.2, Ambassador's Correspondence, Subject File: Pope Pius XII— Coronation, Box 130, JFKL; Ventresca, *Soldier of Christ*, 134, 348 n 24; cf. Cabasés, "Cronistoria". Marconi, correspondence, 1933, and photographs of the equipment and aerial, 1933, in "Papers Concerning Microwave Experiments, 1930-4," MS, Marconi 377, Marconi Archives, Bodleian Library, Oxford; Cabasés, "Cronistoria"; Radio Vaticana, "The Founding of Vatican Radio," 1 April 2014; Baker, *A History of the Marconi Company, 1874–1965*, 202.

37. G.A. Mathieu, "Papers Concerning Microwave Experiments, 1930-4," MS, Marconi 377, Marconi Archives, Bodleian Library, Oxford; Ambrose Fleming, "Guglielmo Marconi and the Development of Radio- Communication," *Journal of the Royal Society of Arts* 86, no. 4436 (1937): 62. Radio Vaticana, "The Founding of Vatican Radio," 1 April 2014. "Activities of Radio Station from the Vatican, February 12, 1931–October 2, 1934," in Cabasés, "Cronistoria." Transcript, "Niederschrift über die zweite Konferenz," 9 March 1939, BPDB, Anhang 9. Cabasés, "Cronistoria." Cf. Conway, "The Meeting Between Pope Pius XII and Ribbentrop," *CCHA Study Sessions* 35 (1968): 116 .

38. Cabasés, "Cronistoria"; Radio Vaticana, "Summario," 1 April 2014. Gumpel, interview, 1 June 2014. Wallace et al., *Spycraft*, 175, 177, 180–181, 185, 187, 201–204, 396, 412–413, 416, 496 n 9. CIA, "Audio surveillance," 1960, CSI/SI, 14:3.

39. Leiber, transcript, 17 May 1966, unpublished portion, n.p.; cf. Safire, "Essay: Happy to Watergate You," *New York Times*, 14

June 1982.

40. G. Raymond Rocca, interview, Jan. 1992. NARA, RG 226, Entry 174, Box 1, Folder 2. Wallace et al., *Spycraft*, 177. "Ground Plan of the Vatican Palace," image file, author's collection.

41. Neuhäusler, "Ein altes Buch," AH, 133–134. Radio Vaticana Museum, Exhibit MI012. Radio Vaticana Museum, Exhibit AA 003.

42. Cabasés, "Cronistoria" ; Radio Vaticana, "Summario," 1 April 2014. Pawley, *BBC Engineering*, 178–182. MS, Marconi 772/773, Marconi Archives, Bodleian Library, Oxford.

43. "Marconi– Stille Technical Instructions," Jan. 1937, research files on Marconi– Stille equipment, c. 1934–1938, MS, Marconi 773, Marconi Archives, Bodleian Library, Oxford.

44. Lehnert, *Servant*, 93–94. Charles– Roux, *Huit ans*, 74.

45. Alvarez, *The Pope's Soldiers*, 311; Baumgarten, "Vatican," CE, vol. 15 (1912); Boothe, *Europe in the Spring*, 43; Cianfarra, "German Cardinals Confer with Pope," *New York Times*, 7 March 1939; idem., "Vatican Machinery Runs Smoothly," *New York Times*, 12 March 1939; idem., *Vatican and the War*, 167; Gumpel, interview, 1 June 2014; Hatch and Walshe, *Crown*, 206; Kertzer, *The Pope and Mussolini*, 41–42, citing Confalonieri, *Pio XI visto da vicino*, 173, 270–271; Lehnert, *Servant*, 86; Wall, *Vatican Story*, 72–76 (recalled from a visit in 1944–1945).

46. "Niederschrift," 6 March 1939, BPDB, An. 6. Pius XII to Hitler, 6 March 1939, BPDB, An. 7.

47. Bertram, "Denkschrift," 4 March 1939, BPDB, An. 2.

48. Faulhaber, "Denkschrift," 5 March 1939, BPDB, An. 4. Hitler, 30 Jan. 1939, *Reden*, 401–402. Müller, "The Refusal of Legal

Protection," PCCTR, 2/IX, 258.

49. Albrecht, *Notenwechsel*, I, 404ff.

50. Pacelli to Schulte, 12 March 1935, PCCTR, 1/I, 3–4.

51. Faulhaber, "Denkschrift," 5 March 1939, BPDB, An. 4.

52. Leiber, "Bandaufnahme," 1963, II.

53. Niederschrift, 6 March 1939, BPDB, An. 6.

54. Hartl, "Pius XII," 7. Hartl, ibid., 5, 7.

55. Hartl, "Priestermacht," 20. Hartl, "Pius XII," 23.

56. Hartl, "Priestermacht," 20.

57. Hartl, "The Vatican Intelligence Service," 9 Jan. 1947, CI–FIR/123, Annex I.

58. Hartl, interrogation, 9 Jan. 1947, CI– FIR/123.

59. Hartl, "Priestermacht," 20. Ranke, *Popes*, 215–216; Cormenin, *Popes*, 2:274, 261. Kaltefleiter and Oschwald, *Spione im Vatikan*, 43.

60. Hartl, "The Vatican Intelligence Service," 9 Jan. 1947, CI–FIR/123, Annex I. Hartl, "The Vatican Intelligence Service," 9 Jan. 1947, CI– FIR/123, Annex I. Ibid.

61. Hartl, interrogation, 9 Jan. 1947, CI– FIR/123. Hartl, "National Socialism and the Church," 9 Jan. 1947, CI– FIR/123, Annex IV. Patin, testimony, OUSCC, 24 Sept. and 3 Nov. 1945.

62. McGargar, *Short Course*, 116. Gestapo conference notes, July 1937, in Neuhäusler, *Kreuz und Hakenkreuz*, 1:371–382.

63. Hartl, "The Vatican Intelligence Service," 9 Jan. 1947, CI–FIR/123, Annex I.

64. Niederschrift, 9 March 1939, BPDB, An. 9. Niederschrift, 9 March 1939.

65. Niederschrift, 6 March 1939, BPDB, An. 6.

66. cf. Acts 9:24f. and 2 Corinthians 11:32f.

67. 欧洲庭院（Europäische Hof）酒店，是一个由神圣之家的修女经营的旅社，位于慕尼黑的主火车站附近。

68. Niederschrift, 9 March 1939, BPDB, An. 9.

69. Hesemann, *Papst*, 123. Coronation details are from Burton, *Witness*, 123; Chadwick, *Britain and the Vatican*, 43; Cianfarra, "Weather Perfect," *New York Times*, 13 March 1939; idem., *Vatican and the War*, 52; Cornwell, *Hitler's Pope*, 210, 220–221; Doyle, *Life*, 176, 179; Greene, "The Pope," 263; Hartl, "Pius XII," 25; Hatch and Walshe, *Crown*, 135–138; Hesemann, *Papst*, 120–123; Hoek, *Pius XII*, 15, 81–83; Padellaro, *Portrait*, 154; Sheridan, *Romans*, 99; Hebblethwaite, *In the Vatican*, 2; *Hofman, O Vatican!*, 10; Lehnert, *Servant*, 70–72; Sharkey, *White Smoke Over the Vatican*, 20, 22n.

70. Graham Greene, "The Pope Who Remains a Priest" (Sweeney, 263).

71. Domarus, *Reden*, 1485–1486. Kershaw, *Nemesis*, 169 n 81.

72. Kershaw, *Nemesis*, 171 n 100. Linge, "Kronzeuge," 2. Folge, 40; Baur, *Ich flog Mächtige der Erde*, 168; NARA, RG 242–HL ML 941, 942; BA, NS 10/124. Shirer, transcript [telephoned to Murrow], 17 March 1939, *Berlin Diary*, 38. Orsenigo to Maglione, 18 March 1939, Report 26.724, AES 1283/39, ADSS, I, no. 3. *Two Years of German Oppression in Czechoslovakia* (Woking: Unwin. Brothers Limited, 1941), 72: "German Crimes Against Czechoslovakia," 5 Aug. 1945, Edmund A. Walsh Papers, Georgetown, "The Churches and Nazi Germany," Box 10.

73. Kershaw, *Nemesis*, 174 n 115. Cortesi to Maglione, 18 March 1939, Report 202, AES 1528/39, ADSS, I, no. 4. Ready to

Cicognani, 15 April 1939, ADSS, I, no. 19.

74. Ley, "Wir oder die Juden," *Die Hoheitsträger* 3 (May 1939), 4–6, GPA.

75. Leiber, "Pius XII" ; Pacelli, most agreed, would be a "political pope" (Leon Poliakov, "Pius XII and the Nazis," *Jewish Frontier*, April 1964). The Berlin paper *Lokal Anzeiger* noted that "the Cardinal with the greatest political experience has been elected" (Doyle, *Life*, 10).

76. Alvarez, *Pope's Soldiers*, 207–252. Giordano, *Pio XII*; Konopatzki, *Eugenio Pacelli*; Padellaro, *Portrait*; Cornwell, *Hitler's Pope*, 31; Hatch and Walshe, *Crown*, 51; Doyle, *Life*, 33. Wall, *Vatican Story*, 78.

77. OSS Black Report #28, c. July 1944, NARA, RG 226; d' Ormesson, *De Saint Pitersbourg a Rome*, 196; Kessel, "The Pope and the Jews," ed. Bentley, *The Storm Over the Deputy*, 71–75; Osborne to *The Times* (London), 20 May 1963, 7; Hebblethwaite, *In the Vatican*, 31–32; Macmillan, *Blast of War*, 460; Rhodes, *Power,* 37; Wall, *Vatican Story*, 72, 77; Heer, "The Need for Confession," *Commonweal*, 20 Feb. 1964,

78. Schneider, *Verhtüllter Tag*, 174; EPV, 212, 214. Quigley, *Peace*, 55; Leiber, "Pius XII."

79. "Cahiers Jacques Maritain," 4, L' Ambassade au Vatican (1945–1948), File Ambassade I, Le Centre d' Archives Maritain de Kolbsheim.

80. Popes who led armies include, most notably, Pope Julius the Second, fl . 1502.

81. Hatch and Walshe, *Crown*, 147, 187.

82. Cianfarra, *Vatican and the War*, 187; Tardini, *Memories*, 40.

83. Graham, *Vatican and Communism*, 46; Hollis, *Jesuits*, 101.

84. OSS, SAINT London to SAINT Washington, 26 Nov. 1945, NARA, RG 226, Entry 174, Box 104, Folder 799; Charles-Roux to Bonnet, 6 Oct. 1939, QO, Vatican, no. 30, 105.

85. Hassell, diary, 19 Oct. 1939, 79; Kershaw, *Nemesis*, 243 n 71, and Cianfarra, *Vatican and the War*, 207; Weigel, *Witness*, 52 n 27; Wytwycky, *Other Holocaust*, 51, calculates 2.4 million Gentile Polish victims; Wistrich, *Hitler and the Holocaust*, 3, credits the figure of 3 million.

86. Pius XII, *Summi Pontificatus*, 20 Oct. 1939.

87. *New York Times*, 28 Oct. 1939, 1, 4. Cavalli, "Jewish Praise for Pius XII," *Inside the Vatican*, Oct. 2000, 72–77; Osborne to Halifax, 3 Nov. 1939, UKNA, FO 371/23791/37– 39; Chadwick, *Britain and the Vatican*, 85; Graham, "Summi Pontifi catus," *Civiltà Cattolica*, Oct. 1984, 139–140.

88. Groscurth, "Diensttagebuch," 20 Oct. 1939, *Tagebücher*, 299.

第 2 章　德意志的终结

1. Heydecker and Leeb, *Nuremberg Trials*, 192.

2. Gisevius, *Bitter End*, 361. Baumgart, "Ansprache," VfZ 19 (1971); cf. Kershaw, *Nemesis*, 207.

3. Canaris, "Notizen," 22 Aug. 1939, *DGFP*, D, VII, 204, no. 192.

4. Baumgart, "Ansprache," VfZ 16 (1978): 143, 148.

5. Schlabrendorff, "Events," 1945, DNTC, 31.

6. Albrecht, Kriegstagbuch, 22 Aug. 1939, VfZ 16 (1978): 149.

7. IMT, Doc. 798– PS. Liepmann, "Persönliche Erlebnisse," IFZ, ED 1/3, 30.

8.   Below, *At Hitler's Side*, 28; cf. Speer, *Inside*, 224.

9.   Canaris, "Notizen," 22 Aug. 1939, *DGFP*, D, VII, 204, Doc. 192. Hitler, "Tischgespräche," 3 May 1942, HT, no. 98.

10. Canaris, "Notizen," 22 Aug. 1939, *DGFP*, D, VII, 205–206, Doc. 193. Hitler, "Tischgespräche," 3 May 1942, HT, no. 98. Hitler, "Tischgespräche," 3 May 1942, HT, no. 97. Hitler, "Tischgespräche," 3 May 1942, HT, no. 97.

11. Groscurth, "Privattagbuch," 24 Aug. 1939, *Tagebücher*, 179. Gisevius, *Bitter End*, 361.

12. Hassell, diary, and Reck, diary, passim; cf. Trevor- Roper, "Canaris," 102; Kershaw, *Nemesis*, 401, 406; Mommsen, *Alternatives*, 60–61. Schlabrendorff, "Events," c. July 1945, DNTC/93, 25; Buchheit, *Geheimdienst*, 307–308. Weizsäcker, *Memoirs*, 142. OSS, Special Report 81, "Ecclesiastical Contact with Allied Intelligence," 6 March 1945, Appendix IV, NARA, RG 226, Entry 180, Box 1, vol. 1, Roll 5, A 3303. US Army, CIC, "Dr. Mueller, a Good German," 9 June 1945, NARA, RG 226, Entry 125, Box 29.

13. Fest, *Plotting Hitler's Death*, 109.

14. Testimony of Louis P. Lochner, taken at Berlin, 25 July 1945, by Colonel John A. Amen, NARA, RG 238; Lochner, *What About Germany?*, 1–5 (includes extracts from the document).

15. Weizsäcker, diary, 25 Aug. 1939, WP, 161. Gundalena von Weizsäcker, affidavit, IMT, Case 11, Tribunal IV, vol. 28 (1948). Kordt, *Nicht aus den Akten*, 370.

16. Gisevius, *Bitter End*, 374–375.

17. Kershaw, *Nemesis*, 222. Groscurth, "Privattagebuch," 8 Sept. 1939,*Tagebücher*, 201.

18. "Hitler's Itinerary," HPS, xxi. Canaris, diary, 12 Sept. 1939, IMT, NCA 3047– PS, V, 769.

19. Breitman, *Architect*, 70–71. Lahousen, interrogation, 19 Sept. 1945, NARA, RG 238, M– 1270/R. Halder, testimony, 26 Feb. 1946, IMT, NCA, B/20.

20. Mueller, *Canaris*, 169; Schellenberg, *Labyrinth*, 58; Tolischus, "Last Warsaw Fort Yields to the Germans," *New York Times*, 29 Sept. 1939. Imperial War Museum, 08.131/1, Adam Kruczkiewitz manuscript, 168; Hastings, Inferno, 21. CSDIC, "Halder on Hitler," Report GRGG 8– 13 Aug. 1945, Lord Dacre Papers, DJ 38, Folder 6. Deutsch, "The Opposition Regroups," CHTW, 57. Hassell, diary, 10 Oct. 1939, 48–50.

21. Kessel, "Verborgene Saat," 12 April 1945, VS, 191. Surveillance transcript, GRGG 210, 11–12 Oct. 44, UKNA, WO 208/4364, ADG, Doc. 111. Keitel, *Memoirs*, 97–98; Buchheit, *Geheimdienst*, 313; Kessel, "Verborgene Saat," 12 April 1945, VS, 186.

22. Weizsäcker, *Memoirs*, 142.Heinz, "Von Wilhelm Canaris zum NKVD," c. 1949, NARA, Microfilm R 60.6.7, 82. Heinz, testimony, 7 Feb. 1951, HDP; Huppenkothen, trial transcript, 245, HDP.

23. Trevor– Roper, "Admiral Canaris," 113. Schellenberg, *Labyrinth*, 347.Bartz, *Tragödie*, 12; Abshagen, *Canaris*, 45ff. Abshagen, *Canaris*, 34; Höhne, *Canaris*, 41. Deutsch, "Pius XII," HDP, VII, 4/8, 5, 2 Dec. 1965.

24. Burton, *Witness*, 68. Leiber, "Aussage," 7 April 1966; Müller, "Aussage," 22 Sept. 1966, HDP, III, 1/7; Lehnert, "Aussage," 19 Feb. 1967, HDP.

25. Hesemann, "Defensor civitas," *Der Papst, der Hitler trotze*, 136.

第 3 章 公牛乔伊

1. Müller, transcript, 24 March 1966, HDP, III, 1/7; Müller, "Ochsensepp," LK, 19–20, 22.

2. Müller, "Aussage," 31 March 1958, HDP. Müller, "Sturm auf die Kaserne," LK, 33. Schwarz, *Adenauer*, 427. *Süddeutsche Zeitung* obituary, in Pross, *Paying for the Past*, 8.

3. MBM/155, 3.3 (Koch to Hettler, 3 Nov. 1988; Hettler, "Gespräch mit Josef Feulner," 17 Oct. 1989; Christa Müller to Hettler, 31 Oct. 1989); Gumpel, interviews, 17 May and 1 June 2014.

4. Roeder, "Anklagverfügung," Sept. 1943, LK, 184. Deutsch, *Conspiracy*, 113. Müller, "Neuer Anfang," LK, 326. Müller, "Drohungen und Geschrei," LK, 190. Müller, "Hart auf Hart," LK, 175.

5. Müller, "Hitler wird Reichskanzler," LK, 37.

6. Müller, "Machtübernahme," LK, 40.

7. Ibid., 41.

8. Ibid., 42.

9. Ibid., 44.

10. Ibid., 45; but cf. Hettler, "Gespräch mit Dr. Philipp Held," 7 Dec. 1988, MBM/155.

11. Broszat, "Concentration Camps 1933–35," in Krausnick, ed., *Anatomy*, 404. Müller, "Machtübernahme," LK, 47, 48. IMT, XX, 471, 455–456.

12. Müller, "Kampf gegen die Kirche," LK, 54.

13. "Reichsverband der deutschen Zeitungsverleger an die Polizeidirektion München," 16 Oct. 1934, IfZ, ED 120/331; cf. "Dr. Josef Müller—Koalitionspartner Hitlers," *Süddeutsche*

Zeitung, no. 92, 12 Nov. 1946; Schattenhofer, Chronik, 211; "Diskussion um Dr. Müller," ACSP, Nachlass Zwicknagl; Hettler, "Schlusszusammenfassung," MBM/155.6.Cf. Moltke to Freya, 11 Jan. 1945, LF, 412. "Reichsverband der deutschen Zeitungsverleger an die Polizeidirektion München," 16 Oct. 1934, IfZ, ED 120/331; "Dr. Josef Müller—Koalitionspartner Hitlers," *Süddeutsche Zeitung*, no. 92, 12 Nov. 1946; Schattenhofer, *Chronik*, 211.

14. Müller, "Befragung," 21 May 1970, IfZ, ZS 659/4, 163.

15. Müller, "Die Vernehmung," LK, 59; cf. Reichsverband der deutschen Zeitungsverleger an die Polizeidirektion München, 16 Oct. 1934, IfZ, ED 120/331; "Dr. Josef Müller—Koalitionspartner Hitlers," *Süddeutsche Zeitung*, no. 92, 12 Nov. 1946; Schattenhofer, Chronik, 211. Müller, "Die Vernehmung," LK, 62; cf. Müller, "Befragung," 21 May 1970, IfZ, ZS 659/4, 169; Müller, "Lebenslauf," 7 Nov. 1945, DNTC, vol. XVII, Sub. 53, Pt. 2, Sec. 53.041.

16. Müller, transcript, 31 June 1958, HDP, III, 1/7. Müller, "Vernehmung," LK, 63.

17. Müller "Vernehmung," LK, 61; Müller, "Lebenslauf," 7 Nov. 1945, DNTC, Vol. XVII, Sub. 53, Pt. 2, Sec. 53.041. Gumpel, interview, 1 June 2014. Müller, "Der Papst bleibt unbeirrt," LK, 116.

18. Keller, *Bible as History*, 345.

19. Barnes, "The Discipline of the Secret," *CE*.

20. Tacitus, *Annals*, Vol. XV, Ch. 44. Packard, *Peter's Kingdom*, 18. Doyle, *Life*, 207. Bunson, *Pope Encyclopedia*, 29, 236.

21. Cormenin, *History*, I, 84, 117, 148, 178, 180 , 201, 208, 400–401,

476; Shaw, *Julius II*, 213. Aquinas, *Summa Theologica*, Part II, Question 40. Hogge, *God's Secret Agents*, passim, and Gerard, *Hunted Priest*, passim. Rhodes, *Power*, 35.

22. Neuhäusler, "Ein schwerer Auftrag," AH, 14–15.

23. Neuhäusler, "Gespräche in Rom," AH, 21–23.

24. Ibid. Neuhäusler, "Augen und Ohren auf für alles!", AH, 15–16.

25. Neuhäusler, "Augen und Ohren auf für alles!", AH, 15–16. Müller, "Mit dem 'Abbas' auf Reisen," LK, 73.

26. "[B]etr: Besprechnung mit Dr. Jos Müller," 23 Feb. 1952, IfZ, ZS A– 49, 45.

27. Müller, "Interference with the Teaching of the Church," PCCTR, 2/II, 59. OSS, "Persecution of the Christian Churches," 6 July 1945, DNTC, XVIII/3. Müller, "Evidence from the German Hierarchy," PCCTR, 1/II, 13ff. Müller, transcript, 8 Aug. 1963, Tape VI, HDP, III, I/7. OSS, "Persecution of the Christian Churches," 6 July 1945, DNTC, XVIII/3.Kahn, *The Codebreakers*, 112ff. Wynn, *Keepers of the Keys*, 120–121. Cabasés, "Cronistoria Documentata e Contestualizzata della Radio Vaticana."

28. DBW, 16, "Index of Names," 819. Confidential information; but cf. the description of her as the girlfriend, housemate, and traveling companion of "Mrs. Anna Jenny Meyer, born Liepmann," in Marga Schindele to Munich Central Collecting Point, 20 Dec. 1945, NARA, Ardelia Hall Collection: Munich Administrative Records, Restitution Claim Records, Jewish Claims, 0164– 0174 (J–0173), and Gudrun Wedel, *Autobiographien von Frauen: ein Lexikon* (Böhlau Verlag Köln Weimar, 2010), 287 (*"with a girlfriend since* about 1903").

Neuhäusler, "Papstbitte," AH, 130. Isarflösse.de, "'Sie lebten mitten unter uns," accessed 12 July 2014 at: http:// www.isarfl oesser .de /nachrichtenleser / items /sie – lebten – mitten – unter– uns – aktion – gehdenksteine – 9.html.

29. Gumpel, interview, 1 June 2014. Neuhäusler, "Meine Briefträger ins Ausland," AH, 131.

30. Neuhäusler, "Aussage," 25 March 1966, HDP. Müller, "Trauung in Rom," LK, 63–66.

31. Neuhäusler, "Ein altes Buch verbirgt viel Neues," AH, 133–134.

32. Müller, transcript, July 1963, HDP, III, 1/7; cf. Groppe, *Ein Kampf um Recht und Sitte,* 2:10, 56; Groppe, "The Church's Struggle in the Third Reich," *Fidelity*, Oct. 1983, 13; Müller, "Mit dem 'Abbas' auf Reisen," LK, 71; Müller, "Training in the Ordensburgen," PCCTR, 3/III/5, 348, 350.

33. Müller, "Letzte Hilfe für Cossmann," LK, 155.

34. Müller, "Meine Rettung," LK, 228,278.

35. Müller, transcript, 3 Aug. 1963, Tape I, HDP, III, 1/7.

36. Sonderegger, "Mitteilungen," c. 1954, Bartz, *Tragödie*, 154–155.

37. Müller, transcript, April 1958, HDP, III, 1/7.

38. Müller, "Geheimnisvolle," LK, 13. Deutsch, *Conspiracy*, 112.

39. Müller, transcript, April 1958, HDP, III, 1/7.

40. Müller, transcript, 31 June 1958, HDP, III, 1/7.

41. Ibid. Müller, "Geheimnisvolle Einladung," LK, 17.

42. Müller, transcript, Aug. 1960, HDP, III, 1/7.

43. Müller, transcript, 22 Sept. 1966, HDP, III, 1/7.

44. Müller, transcript, 2 Sept. 1954, IfZ, ZS 659 /1, 60. Gisevius, *Wo ist Nebe?* 222. Müller, transcript, 5 Aug. 1963, Tape IV, HDP, III, 1/7. Müller, transcript, 8 Aug. 1963,Tape VI, HDP, III, 1/7;

cf. Höttl, "Vatican Policy and the Third Reich," 26 Nov. 1945, NARA, RG 226, Entry 174, Box 104, Folder 799.

45. Müller, transcript, 31 June 1958, HDP, III, 1/7.

46. Rothfels, *German Opposition*, 100. Cf. Macaulay, "Lord Clive," *Essays*. Trevor- Roper, *Last Days*, 238. Müller, "Aussage," 11 June 1952, IfZ, ZS 659/2, 22.

47. Müller, transcripts (5 Aug. 1963, Tape II; 3 Aug. 1963, Tape I; 22 Sept. 1966, 31 June 1958), HDP, III, 1/7.

48. Müller, transcript, 22 Sept. 1966, HDP, III, 1/7.

49. Gumpel, interview, 1 June 2014.

50. Müller, "Meine Römischen Gespräche," LK, 82–83.

51. Müller, "Quo Vadis," LK, 18; cf. "Acts of Peter," Apocryphal New Testament. *National Catholic Register*, 1 April 2010.

52. "Gespräch mit Dr. Philipp Held," 7 Dec. 1988, MBM/155; Josef Held to Fr. W. Braunmiller, 12 Nov. 1946, NL Ehard, 884; Müller, "Die Dolchstofilegende entsteht," LK, 34. Müller, "Der 'Ochsensepp,'" LK, 19.

53. Müller, "Wer ist dieser X?" , LK, 215. Müller, transcript, 3 Aug. 1963, Tape I, HDP, III, 1/7.

第 4 章　杀死暴君

1. Huppenkothen testimony, 5 Feb. 1951, 222, HDP.

2. Leiber, "Pius XII." "by temperament important decisions do not come easy to Pius" ("Vatican Matters, 1945," NARA, RG 59, Box 34).Memorandum to the State Department, Paris, 19 July 1949, Myron C. Taylor Papers, Truman Library, Box 49. CHTW, 111.

3. Hoek, *Pius XII*, 30. On Gasparri see Cianfarra, *Vatican and*

the War, 74–75; Hebblethwaite, *Paul VI*, 9 ("charming but slippery"); Howard, diary, 15 April 1917, in CHTW, 109 ("portly, dwarfl ike").

4. Quigley, *Peace*, 54. Cianfarra, *Vatican and the War*, 76.

5. Hales, *Church*, 232; Rhodes, *Power*, 208.

6. Rhodes, *Power*, 207. Alvarez, *Spies*, 58.

7. Padellaro, *Portrait*, 24. On the role of the nuncios, see Segretaria di stato, "Exposito," 11 May 1862 (Graham, *Vatican Diplomacy*, 235); Blet, "Response," *L'Osservatore Romano*, 29 April 1998; Graham, *Vatican Diplomacy*, 125; Graham and Alvarez, *Nothing Sacred*, 62; Reese, *Inside the Vatican*, 266. ADSS, IV, 162–163. ADSS IV, 121–123, 140–142; Graham, *Vatican and Russia*, 2; Alvarez (1991), 594–595; Alvarez, *Spies*, 60 n 19; Pius X, *Il Fermo Proposito*, 11 June 1905; Benigni, "Leo XII" ; Doyle, *Life*, 123.

8. On Benigni, see Alvarez, *Spies*, 74–77; Aveling, *Jesuits*, 334; Cornwell, *Hitler's Pope*, 36–37; Peters, *Benedict*, 46, 51; Godman, *Hitler and the Vatican*, 24; Chadwick, *History of the Popes*, 357; Scoppola, *DBI*, 8, 506–508; Lernoux, *People of God*, 54.

9. Graham, *Vatican Diplomacy*, 136; Alvarez, "Vatican Intelligence," INS 6, no. 3 (1991): 605; Poulat, *Integrisme et Catholicisme integral*, 524–528; Alvarez, *Spies*, 84.

10. Bertini to Questore di Roma, 25 Nov. 1914, A4, Spionaggio: Gerlach, busta 144, DCPS, ACS; Questore di Roma to Direttore Generale di Publicca Sicurezza, 27 Feb. 1917, DGPS, ACS; Gerlach to Benedict XV, 30 June 1917, Italia, 480, Affare Gerlach, SCAES; Gerlach to Erzberger, 9 May 1916, Erzberger

Papers, Bundesarchiv, File 33; Rennell Rodd to A. J. Balfour, 9 March 1917, UKNA, FO 371/2946; Henry Howard memorandum, 27 May 1915, UKNA, FO 371/2377; Count de Dalis, "Report on the Mission to the Holy See," 22 Oct. 1922, UKNA, FO 371/7671; unsigned memorandum, 24 March 1917, Ufficio Centrale d' Investigazione, busta 3, f. 39, DGPS, ACS; Alvarez, *Spies*, 99, 100, 102–103.

11. Kaas, "Pacelli," 12 Dec. 1929, *Reden*, 7.

12. Leiber, "Pius XII" and 7 April 1966, transcript (Deutsch, *Conspiracy*, 108); Alvarez, *Spies*, 116; Howard to Franz von Recum, 10 Dec.1950 (Deutsch, *Conspiracy*, 109–110); Howard, diary, 15 April 1917, 118 (Deutsch, *Conspiracy*, 109); Peters, *Benedict*, 199; Cianfarra, *Vatican and the War*, 85; Erzberger to Hertling, 8 Jan.1917, Hertling Papers (Epstein, *Erzberger*, 150); Doyle, *Life*, 40; Hatch and Walshe, *Crown*, 72.

13. Griesinger, *Jesuits*, 2:227. For the Bavarian backstory, see Cheetham, *History*, 283; Cormenin, *History*, 2:213; Kampers and Spahn, "Germany," in *CE*, vol. 6 (1909); Graham, *Vatican Diplomacy*, 119; Griesinger, *Jesuits*, 2:219, 227, 239; Hales, *Church*, 20; Leo XIII, *Officio Sanctissimo*, 22 Dec. 1887, and *Militantis Ecclesiae*, 1 Aug. 1897; Hollis, *Jesuits*, 24; Kahn, *Codebreakers*, 89, 112ff.; Leiber, "Pius XII" ; Padellaro, *Portrait*, 53; Rhodes, *Power*, 77–78; Schnürer, "Papal States," in *CE*, vol. 14 (1912); Tardini, *Memories*, 51; Wittmann, "Bavaria," in *CE*, vol. 2 (1907).

14. On Erzberger, see especially Alvarez, *Spies*, 91–93, 95, 97–98, 104; A4, Spionaggio: Gerlach, busta 144, Direzione Generale della Publica Sicurezza (DGPS), Ministero dell' Interno, Archivo

Centrale dello Stato (ACS), Rome; Howard, diary, 28 Jan. 1915, Vigliani to Questura di Roma, 27 Feb. 1915, A4, Spionaggio: Gerlach, busta 144, DCPS, ACS; Erzberger Papers, Files 41 and 42; Erzberger, "Memorandum Concerning the Future Position of the Holy See," 11 Nov. 1915, F.O., File 1498; Erzberger, Report to Bethmann, n.d. [c. March 1915], Erzberger Papers, File 34; Erzberger, *Third Report*, 1; Farnesina, Serie Politici P., Pacco 30, Stamped letter 050580, 14 Sept. 1891. For Erzberger's evolution from German loyalist to an agent of the papal peace plan, see Erzberger memorandum, 15 July 1917, Erzberger Papers, File 18; Erzberger to Gerlach, 28 July 1915 (Erzberger Papers, File 6); Erzberger to Hertling, 8 Jan. 1917 (Erzberger Papers, File 32); Erzberger to Ludendorff, 7 June 1917 (Erzberger Papers, File 6); Erzberger to Gerlach, 6 May 1916 (Erzberger Papers, File 6); Gerlach to Erzberger, 17 Aug. 1915 (Erzberger Papers, File 6); Bell to Bachem, 5 and 22 Feb. 1932, Bachem Papers, File 90; Vatican SRS, Guerra Europa, 1914–1918, 1, viii, 17, vol. 3, folios 5051.

15. On the revolutionary mood in postwar Germany and Munich, see Evans, *Coming*, preface; Steigmann– Gall, *Holy Reich*, 13; Gallagher, "Personal, Private Views," *America*, 1 Sept. 2003; Erzberger to Pacelli, 31 Oct. 1918, Erzberger Papers, File 56; Padellaro, *Portrait*, 44; Payne, *Life and Death*, 122; Rhodes, *Power*, 69; Stromberg, *Intellectual History*, 367. Kessler, diary, 21 Aug. 1919, cited in Kaes et al., *Weimar Republic Sourcebook*, 52; Murphy, *Popessa*, 48; SRS, *Baviera*, Fasc. 40, folio 37(the first letter extant in the fi les from Pacelli in Munich in 1919 is dated 3 Feb.); Pacelli to Gasparri, 18 April 1919, SRS,

Baviera. Feldkamp, "A Future Pope in Germany"; Hatch and Walshe, *Crown*, 83; Hoek, *Pius XII*, 49; Brusher, "Pope Pius XII," *CE*; Lehnert, *Ich durfte*, 15f.; Stehle, *Eastern Politics*, 18. Burton, *Witness*, 50–51; Burleigh, *Third Reich*, 40; Doyle, *Life*, 52; Feldkamp, "Future Pope"; Hatch and Walshe, *Crown*, 83; Brusher, "Pius XII," in *CE*; SRS, *Baviera*, folios 4647 RV; Toland, *Hitler*, 81. Murphy, *Popessa*, 49, 51. Weisbrod, "Assassinations of Walther Rathenau and Hanns– Martin Schleyer," in *Control of Violence*, 365–394.

16.   On the last days and assassination of Erzberger, see Epstein, *Erzberger*, 149n, 373, 384, 286; Mommsen, *Alternatives*, 210, and 298 n 15; Alvarez, *Spies*, 128; Padellaro, *Portrait*, 49; Kohler, diary, *Kölnische Volkszeitung*, 27 Aug. 1921, at Erzberger Papers, File 43; *Badische Zeitung*, 29 Nov. and 3 Dec.1946.

17.   On Pacelli and Faulhaber, see Burton, *Witness*, 116; Padellaro, *Portrait*, 152; Mommsen, *Alternatives*, 289 n 9; GSTA, Ges. Papstl. Stuhl 996, Ritter to BFM, 9 Nov. 1923 (Stehlin, *Weimar and the Vatican*, 285); Leugers, *Mauer*, 139; Hamerow, *Road*, 60; Pridham, *Hitler's Rise*, 154. Kaas, "Pacelli," 13.

18.   On Pacelli's ignorance about Hitler, see Lapide, *Three Popes*, 118; Payne, *Life and Death*, 165; Doyle, *Life*, 97. For Mayer and Hitler, see Renshaw, "Apostle of Munich"; Müller, "Sturm auf die Kaserne," LK, 31; Dornberg, *Munich*, 251; Steigmann-Gall, *Holy Reich*, 50; Lapomarda, *Jesuits*, 1 n 6. Ritter to BFM, 9 Nov. 1923, GSTA, Ges. Papstl. Stuhl 996.

19.   On the Vatican's putsch– related apprehension about Ludendorff, the French, and the prospects for a Bavarian concordat, see Stehlin, *Weimar and the Vatican*, 285–286; GSTA, Ges. Papstl.

Stuhl 996, Ritter to BFM, 9 Nov. 1923; Stehlin, *Weimar and the Vatican*, 285.

20. For denunciations by the lower clergy, see Gordon, *Putsch*, 448. For the Vatican's decision to leave direct action to the BVP, see Stehlin, *Weimar and the Vatican*, 286; Gordon, *Putsch*, 448. Matt's counter– putsch is detailed in Dornberg, *Munich*, 148–149. On Mayer's break with Hitler, see Holmes, *Papacy*, 146–147. Gordon, *Putsch*, 448; Stehlin, *Weimar*, 286, 289, Pridham, *Hitler's Rise*, 152.

21. On Catholic denunciations of popular nationalism before the putsch, see Biesinger, *Concordats*, 122; Pridham, *Hitler's Rise*, 153; Rychlak, *Hitler, the War, and the Pope*, 18, citing Pacelli in *Bayerischer Kurier*, 21 Oct. 1921; Holmes, *Papacy*, 101. On the nationalists' disdain for Rome, see especially Rhodes, *Power*, 82. For Father Schlund, see his *Neugermanisches Heidentrum in heutigen Deutschland*; Stehlin, *Weimar and the Vatican*, 286; *L'Osservatore Romano*, "Manifestazioni neopagane," 28 Feb. 1924. Murphy, *Diplomat*, 204–205; Cheetham, *Popes*, 283.

22. Hesemann, *Der Papst*, 72.

23. Ibid., 84.

24. Ibid., 85.

25. Schellenberg, *Labyrinth*, 5. Conway, *Nazi Persecution*, 92–93; Burleigh, *Third Reich*, 678; Payne, *Life and Death*, 275; Forschback, *Edgar J. Jung*; Payne, *Rise and Fall*, 278.

26. Prittie, *Germans*, 80. Holmes, *Papacy*, 108. Cianfarra, *Vatican and the War*, 100.

27. Godman, *Hitler and the Vatican*, 124. AES, Germania 1936–1938, Pos. 719, fasc. 312, 5ff.

28. Volk, *Akten Faulhaber*, 2:28.

29. Blet, *Pius XII*, 52. Benz and Pehle, *Encyclopedia*, 94. Prittie, *Germans Against Hitler*, 77. Rychlak, *Hitler, the War, and the Pope*, 93; Chadwick, *Britain and the Vatican*, 20.

30. Müller and Neuhäusler, "Attacks on Catholic Bishops," PCCTR, 259.

31. Cornwell, *Hitler's Pope*, 217, quoting *Berliner Morgenpost*, 3 March 1939. Ley, "Wir oder die Juden," *Die Hoheitsträger* 3 (May 1939): 4–6.

32. Lehnert, *Servant*, 115–116, 128–129, 132–133. Müller, transcript, Aug. 1960, HDP, III, 1/7; Leiber to Deutsch, 26 Aug. 1960 and 21 May 1965, HDP, VII, 4/8, "Pius XII," 10; Leiber to Müller, 28 Oct. 1953, IfZ, ZS 660, 11; Leiber, 26–27 Aug. 1960, IfZ, ZS 660, 8.

33. Aquinas, *Summa Theologica*, 1a 2ae, q. 21, art. 4, ad 3.

34. Bride, "Tyrannicide," *Dictionnaire de Theologie Catholique*, vol. 15 (1950), 2011; Lewy, "Secret Papal Brief on Tyrannicide," *Church History* 26, no. 4 (1957); Mariana, *De rege et regis institutione*, Lib. I, c. vi; Pastor, *History of the Popes*, 26:27–28; Rance, "L'Arret contra Suarez (26 June 1614)," *Revue des Questions Historiques* 37 (1885): 603–606; Suarez, *Defensio fidei Catholieae et Apostolicae adversus Anglieanae seetae errores*, Lib. VI, c. iv, secs. 14–18.

35. Müller, "Attacks on the Honor of the Church," PCCTR, 2/X, 282, quoting Rosenberg, remarks at Troppau, 31 March 1939.

36. ADSS, III, p. 12–13. Müller, "Meine Römischen Gespräche," LK, 82–83. Müller, statement, 2 Sept. 1954, IfZ, ZS 659 /1, 60.

37. Kershaw, *Hitler Myth*, 106; cf. Pius XII, Address to College of

Cardinals, 2 June 1945. Höhne, *Death's Head*, 48. Speer, *Inside*, 142. Ludecke, *I Knew Hitler*, 46–56. Begsen, *Der stille Befehl*, 77. PCCTR, "Preface," vii. Pius XII to Schulte, 18 Jan. 1940, BPDB, no. 33. Gallagher, *Vatican Secret Diplomacy*, 88, quoting Alfred W. Klieforth to Jay Pierrepont Moffat, 3 March 1939, Moffat Papers, MS Am 1407, vol. 16, Houghton Library, Harvard University.

38. Müller, "Befragung des Staatsministers," 2 Sept. 1954, IfZ, ZS 659/1, 50; Müller, "Unkorr. NS üb. Gespräch," 1963, IfZ, ZS 659/3, 23, 25; Müller, transcripts, 31 June 1958, 24 March and 22 Sept. 1966, HDP, III, 1/7.

39. Leiber, transcript, 21 May 1965, HDP. Chadwick, *Britain and the Vatican*, 91. Deutsch, "Pius XII," 2 Dec. 1965, HDP, VII, 4/8. Leiber, "Unterredung," 26–27 Aug. 1960, IfZ, ZS 660, 2. Leiber, transcript, 21 May 1965; Deutsch, "Pius XII," 12–13, HDP, VII, 4/8.

40. Leiber to Deutsch, 26 Aug. 1960 and 21 May 1965, HDP, VII, 4/8, "Pius XII," 10. Leiber, "Unterredung," 26–27 Aug. 1960, IfZ, ZS 660, 3; Christine von Dohnanyi to Deutsch, 26 June 1958, "Pius XII," HDP, VII, 4/8; Müller, transcript, 24 March 1966, HDP, III, 1/7; Müller, transcript, 22 Sept. 1966, HDP, III, 1/7; Müller, "Befragungen [Widerstand II]," 26 March 1963, IfZ, ZS 659/4, 208. Huppenkothen, trial transcript, 5 Feb. 1952, 225; Huppenkothen, transcript, 5 Feb. 1951, HDP, 2/10; Müller, "Gefahrliche Reise," LK, 106; cf. "Informations sur les Antécédents et le Sujet de la Mission de Mr. Myron Taylor," ADSS, V, no. 500, 15 Oct. 1942.

第 5 章 行刺的人

1. Müller, transcript, 24 March 1966, HDP, III, 1/7. Huppenkothen, transcript, 5 Feb. 1951, 222, HDP, 2/10. Müller, "Meine Römischen Gespräche," LK, 85.

2. Dulles, "Elements of Intelligence Work," n.d. [1943–1945], AWDP, Series 15a. Müller, "Unschätzbar wertvolle Dokumente," LK, 108.

3. Groscurth, *Tagebücher*, 20 Oct. 1939.

4. Chadwick, *Britain and the Vatican*, 83–84, catalogs *Times* reports on the writing of the encyclical. Huppenkothen, transcript, 5 Feb. 1951, 222, HDP, 2/10. Tittmann to Taylor, 4 June 1945, Taylor Papers, FDRL.

5. Pius XII, *Summi Pontifi catus*, 20 Oct. 1939.

6. Ruffner, "Eagle and Swastika," CIA Draft Working Paper, April 2003, II, 30.

7. The account in "Geheimnisvolle Einladung," LK, 17, places the initial meeting with Canaris on the day after Müller's meeting with Oster, that is, to a day after c. 28–29 Sept.; but in Müller's HDP debriefings he spoke as if the meeting came later (transcript, 29 May 1958, HDP, III, 1/7). Lina Heydrich, "Aussage," c. 1953–1954, Bartz, *Tragödie*, 82; Gutterer, "Mitteilungen," c. 1953, Bartz, *Tragödie*, 95.

8. Müller, "Geheimnisvolle Einladung," LK, 16.

9. Müller, transcript, July 1963, HDP, III, 1/7.

10. The phrase "Polish atrocities" appears by c. 13 Nov. 1939, in the summary of a talk with Leiber (Müller, "Besprechung in Rom beim Vatikan," IfZ, ZS 659); cf. Halder, transcript, 7 Aug. 1945,

CSDIC, TRP, DJ 38, Folder 6. Halder, transcript, 26 Feb. 1946, NCA, B/20; cf. Hassell, diary, 19 March 1940, 82.

11. Schlabrendorff, "Events," 1945, DNTC/93, 46.

12. Müller, "Unkorr. NS üb. Gespräch," 1963, IfZ, ZS 659/3, 23–24; Gisevius, *Wo ist Nebe?* 227. Müller, transcript, 5 Aug. 1963, Tape IV, HDP, III, 1/7. "Besprechung mit Dr. Jos Müller," 23 Feb. 1952, IfZ, ZS A– 49, 45; Müller, transcript, 8 Aug. 1963, Tape V, HDP, III, 1/7; Müller, "Befragung [Fritschkrisse]," 11 Oct. 1969, IfZ, ZS 649/4,154; Müller, "Geheimberichte und Planspiele," LK, 103; Müller, "Befragungen [Widerstand II]," 26 March 1963, IfZ, ZS 659/4, 200; cf. Müller and Hofmeister, 8 Aug. 1963, HDP, III, 1/7.

13. Müller, transcript, 24 March 1966, HDP, III, 1/7.

14. Müller, "Der Papst bleibt unbeirrt," LK, 116.

15. Müller, transcript, April 1958, HDP, III, 1/7; CHTW, 117.

16. Müller, "Befragung," 2 Sept. 1954, IfZ, ZS 659/1, 56. Müller, "Geheimnisvolle Einladung," LK,16.Müller, "Meine Römischen Gespräche," LK, 83. Pius XII, radio message, 24 Aug. 1939, ADSS, I, no. 113; cf. Blet, *Pius XII*, 21. Müller, transcript, 31 May 1958, HDP, III, 1/7; CHTW, 62.

17. Müller, "Geheimberichete und Planspiele," LK, 102.

18. Müller, "In der zweiten Heimat," LK, 89. Müller, "Fehlgeschlagen," LK, 158. Romans 13:1 (US Conference of Catholic Bishops, 2011). Smith, *Age of the Reformation*, 594–595. Luther, *Selected Letters*, Lulu.com, 223; Luther, *Works* (1915 Muhlenberg ed.), 1:242–248.

19. Griesinger, *Jesuits*, 2:69. Ranke, *History*, 216n. Cormenin, *History*, 2:288. Hoffmann, "Maurice Bavaud's Attempt to

Assassinate Hitler in 1938," *Police Forces in History* 2 (1975): 173–204.

20. Müller, "Gefährliche Reise," LK, 107. Müller, n.d., in Deutsch, *Conspiracy*, 196.

21. Leeb to Brauchitsch and Halder, 11 Oct. 1939, and 31 Oct . 1939, in Kosthorst, *Die Deutsche Opposition*, 51,160–168.

22. Maier, transcript, 27 July 1967, HDP. Hoffmann, *History*, 136.

23. Kordt, "Denkschrift der Vortagenden Legationsräte im Auswärtigen Amt Dr. Hasso von Etzdorf under Dr. Erich Kordt," Oct. 1939, Groscurth, *Tagebücher*, Anhang II, no. 70; Halder, "Erklärung," 8 March 1952, IfZ, ZS 240; Groscurth, *Tagebücher*, 219 n 566. Kaltfl eiter and Oswald, *Spione im Vatikan*, 133. Kordt, *Nicht aus den Akten*, 370–371.

24. Lahousen, "Zur Vorgeschichte des Anschlages vom 20. Juli 1944," IfZ, ZS 658.

25. Kordt, *Nicht aus den Akten*, 371, 373.

第 6 章　魔鬼的运气

1. Deutsch, *Conspiracy*, 34.

2. Wheeler- Bennett, *Nemesis*, 470–472. Keitel, "Erinnerungen," 226. Groscurth, diary, 5 Nov. 1939.

3. John, *Twice*, 61. Keitel, "Erinnerungen," 226.

4. Hoffmann, *History*, 137. Höhne, *Canaris*, 391; Klaus- Jürgen Müller, *Der deutsche Widerstand*, 521; Deutsch, *Conspiracy*, 226ff.

5. Engel, "Aussprache Hitler- Oberbefehlshaber des Heeres Am 5 November 1939 im grossen Kongressaal der alten Reichkanzleri,"

May 1966, HDP. Höhne, *Canaris*, 392; Deutsch, *Conspiracy*, 226.
Halder, statement, CSDIC, 7 Aug. 1945, TRP, DJ 38, Folder 6.
Kosthorst, *Die Deutsche Oppostion*, 98–99.

6. Kessel, "Verborgene Saat," 12 April 1945, VS, 190. Müller, "In der Zweiten Heimat," LK, 90.

7. Müller, transcript, Aug. 1963, HDP, III, 1/7. Deutsch, "Pius XII," Jan. 1966, HDP, VII, 4/8, 9 n 19.

8. Müller, transcript, 31 June 1958, HDP, III, 1/7. Müller, "Unkorr. NS üb. Gespräch," 1963, IfZ, ZS 659/3, 17; Müller, "Der X– Bericht entsteht," LK, 125. Müller, "Meine Römischen Gespräche," LK, 85.

9. Müller, report, c. 13 Nov. 1939, HDP, II, 3/7. Müller, "Der Papst bleibt unbeirrt," LK, 116. Müller, transcript, 31 June 1958, HDP, III, 1/7.

10. Gaupro-pagandaleiter Pg. Karl Wenzl," BA, NS 10/126.

11. Hoch, "Das Attentat auf Hitler im Münchner Bürgerbräukeller 1939," VfZ, 17, 1969, passim; NARA, RG 242– HL ML 941, 942. Duffy, *Target Hitler*, 26f.

12. Hitler, speech, 8 Nov. 1939, ed. Domarus, *Reden* 3:1865ff.; Hitler, Koeppen, Bericht no. 28, 7 Sept. 1941; Hitler, remarks, 3 May 1942, BV, no. 204.

13. "Hitler Escapes Bomb Explosion by 15 Minutes," *New York Times*, 9 Nov. 1939.

14. Below, *At Hitler's Side*, 44.

15. Müller, "In der zweiten Heimat," LK, 91.

16. Müller, "Der 20 Juli 1944," LK, 197.

17. Ueberschär, *Generaloberst Halder*, 28; Müller, "Aussage," 4 June 1952, IfZ, ZS 659/2, 11. Kordt, *Nicht aus den Akten*, 374.

18. Frank, *Im Angesicht des Galgens*, 408.

19. Cadogan, diary, 29 Sept. 1939, 220. Huppenkothen, "Verhaltnis Wehrmacht Sicherpolitzei," HDP, 2/10.

20. Best, *Venlo Incident*, 16–17.

21. Schellenberg, *Labyrinth*, 79–80.

22. MI6, "Final Report [Schellenberg]," 29 Nov. 1945, NARA, RG 319, IRR, IS, Box 5, ed. Doerries, 69–70; Gisevius to Dulles, "Political Background," 1945–1946, AWD, Box 29, Folder 2; Müller, "Befragungen [Widerstand II]," 26 March 1963, IfZ, ZS 659/4, 202; Müller, transcript, 5 Aug. 1963, Tape IV, HDP, III, 1/7; Hettler, "Der Venlo Zwischenfall," MBM/155, 4.3.1.

23. Osborne to Halifax, 21 Nov. 1939, UKNA, FO C 197497/13005/18 (1939): PP, Doc. III, 326–328. Cadogan, minutes, 24 Jan. 1940, UKNA, FO 371/24363/C/267/62.

24. Rattenhuber, circular, 22 Feb. 1940, BA, NS 10/137. Dispatch, "Mr. Osborne to Viscount Halifax (Received November 26) (No. 221. Confidential.), Rome, November 21, 1939," FO C 197497/13005/18 (1939): PP, Doc. III, 326–328.

第 7 章　黑色礼拜堂

1. Deutsch, *Conspiracy*, 129. Müller, transcript, 8 Aug. 1963, HDP, III, 1/7.

2. Burns, *Papa Spy*, 191, citing research by Jesuit historian Robert Graham. Hartl, interrogation, 9 Jan. 1947, CI– FIR/123.

3. Müller and Hofmeister, transcript, 8 Aug. 1963, HDP, III, 1/7. Stein to Pius XI, 12 April 1933, AES, Germania, Pos. 643, PO fasc. 158, 16r–17r; Besier, *Holy See*, 126; Wolf, *Papst und Teufel*,

210, 214–216; Godman, *Hitler and the Vatican*, 34–35. Keller, "Zeugenschriftum," 4 July 1967, IfZ, ZS 2424.

4.　Keller, "Zeugenschriftum," 4 July 1967, IfZ, ZS 2424.

5.　Müller, "Die Andre Keller," LK, 96.

6.　Keller, "Zeugenschriftum," 4 July 1967, IfZ, ZS 2424.Hartl, interrogation, 9 Jan. 1947, CI– FIR/123.

7.　Müller, "Die Andere Keller," LK, 95. Keller, "Zeugenschriftum," 4 July 1967, IfZ, ZS 2424.

8.　Maier, transcript, 17 July 1967, HDP. Lukacs, "Diplomacy of the Holy See during World War II," *Catholic Historical Review* 60, no. 2 (1974): 271ff. Bernardini to Maglione, 22 Nov. 1939, rec. 23 Nov., Telegram 52, AES 8790/39, ADSS, I, no. 221.

9.　Müller, "Die Andre Keller," LK, 97. Müller and Hofmeister, transcript, 9 Aug. 1963, HDP, III, 1/7. Keller, "Zeugenschriftum," 4 July 1967, IfZ, ZS 2424.

10.　Müller, transcripts, Aug. 1958 and 8 Aug. 1963 HDP, III, 1/7.

11.　Ibid.

12.　Halder, transcript, 9 Aug. 1960, HDP.

13.　Lehnert, transcript, 19 Feb. 1967, HDP.

14.　Müller, transcript, Aug. 1958, HDP, III, 1/7; Leiber, transcript, 9 April 1966, HDP.

15.　Müller, transcripts, 8 Aug. 1958, and 8 Aug. 1963, HDP, III, 1/7. Keller, "Zeugenschriftum," 4 July 1967, IfZ, ZS 2424.

16.　Schellenberg, *Labyrinth*, 348. All other quotations from this conversation are from that source.

17.　Schellenberg, *Labyrinth*, 347. Schellenberg, *Memorien*, 322 (not in English translation).

第 8 章　绝对机密

1. Osborne to London, 1 Dec. 1939, UKNA, FO C 19745/13005/18 (1939); PP, Doc. IV, 528–529.

2. Müller, transcripts of 29 May 1958 and 6 Aug. 1963, HDP, III, 1/7.

3. Krieg, transcript, 22 Feb. 1967, HDP, III, 1/7. Weizsäcker, *Memoirs*, 222.

4. Hofmeister, transcript, 6 Aug. 1963, HDP, III, 1/7. Kurz, transcript, 22 Aug. 1958, HDP.

5. Osborne to Halifax, 9 Jan. 1940, UKNA, FO C 770/89/18 (1940); PP, Doc. V, 529–530.

6. Osborne to Halifax, "12th January 1940 Secret," Halifax Papers, FO 800/318, copy in FO C 1137/89/18 (1940): PP, Doc. VI, 330–332.

7. Deutsch, *Conspiracy*, 140.

8. Charles– Roux to Ministère des Affaires Etrangères, 17 Jan. 1940, HDP.

9. Charles– Roux to Ministère des Affaires Etrangères, 16 Jan. 1940, HDP. Charles– Roux to Ministère des Affaires Etrangères, 17 Jan. 1940, HDP.

10. Maglione to Micara, 9 Jan. 1940, ADSS, I, no. 241.Giobbe to Maglione, 14 Jan. 1940, and Maglione to Giobbe, 15 Jan.1940, ADDS, I, nos. 243/244.

11. Leiber to Deutsch, 26 Aug. 1960, HDP; cf. Attolico to Maglione, AES 1752/40, 20 Feb. 1940, ADSS, III, no. 116. Gumpel, interview, 17 May 2014.

12. Cf. Jacobsen, "10. January 40 — *Die Affäre* Mechlin,"

Wehrwissenschaftliche Rundschau 4 (1954): 497–515.

13. Osborne to Halifax, "7 Feb. 1940, Halifax Papers, UKNA, FO 800/318; PP, Doc. IX, 333–335.

14. Osborne to Halifax, "Personal and Secret," 7 Feb. 1940, Halifax Papers, UKNA, FO 800/318, copy in FO C 2522/89/18 (1940): PP, Doc. IX, 333–335.

15. Ibid. Chamberlain, notation, c. 15 Feb. 1940, UKNA, FO C 2522/89/18 (1940): PP, Doc. X, 335.

16. Osborne to Halifax, 19 Feb. 1940, Halifax Papers, UKNA, FO 800/518: PP, Doc. XIII, 337.

17. Halifax to Osborne, 17 Feb. 1940, UKNA, C 2522/89/18 (1940): PP, Doc. XII, 336–337.

18. Halifax to Osborne, 17 Feb. 1940, UKNA, FO C 2522/89/18. (1940): PP, Doc. XII, 336–337. Chadwick, *Britain and the Vatican*, 94, states that the message arrived on 26 Feb. 1940; Meehan, *Unnecessary War*, gives the date as the 23rd; neither cites an archival source. Müller, testimony, Huppenkothen trial, 9 Feb. 1951, 222, HDP. Müller, "Der X- Bericht entsteht," LK, 124; cf. Leiber to Deutsch, 26 Aug. 1960, in "Pius XII," HDP, VII, 4/8; Müller, transcript, 22 Sept. 1966, HDP, III, 1/7; Müller, "Befragungen [Widerstand II]," 26 March 1963, IfZ, ZS 659/4, 218–219; Leiber, "Unterredung," 26–27 Aug. 1960, IfZ, ZS 660, 9; Leiber to Müller, 28 Oct. 1953, IfZ, ZS, 660, 12.

第 9 章 X 报告

1. Leiber, debriefi ng, 26 Aug. 1960, HDP. Leiber to Deutsch, 21 May 1965, "Pius XII," HDP, VII, 4/8.

2. Leiber, "Unterredung," 26–27 Aug. 1960, IfZ, ZS 660, 2–3, 9; Müller, 5 Aug. 1963, Tape II, HDP, III, 1/7.

3. Müller, "Unkorr. NS üb. Gespräch," 1963, IfZ, ZS 659/3, 17; Müller, "In der zweiten Heimat," LK, 88. Müller, transcript, 9 April 1966, HDP, III, 1/7. Müller, transcripts, 8 Aug. 1963 and 24 March 1966, HDP, III, 1/7.

4. Osborne to Halifax, 23 Feb. 1940, UKNA, FO C 3044/89/18 (1940): PP, Doc. XIV, 337–338.

5. Cadogan, diary, 28 Feb. 1940, ed. Dilks, 256–257. Foreign Office (London) telegram to Osborne, 4 March 1940, PP, Doc. XVI, 339 n 48. Cited in Osborne to Nichols, 21 March 1940, UKNA, FO R 3781/3237/22 (1940): PP, Doc. XV, 338–339.

6. Osborne to Nichols, 21 March 1940, UKNA, FO R 3781/3237/22 (1940): PP, Doc. XV, 338–339.

7. Leiber, "Unterredung," 26–27 Aug. 1960, IfZ, ZS 660. Leiber, debriefing, 26 Aug. 1960, HDP.

8. Müller, testimony, Huppenkothen trial, 9 Feb. 1951, 222, HDP. Müller, "Diskussionen," LK, 133.

9. Leiber, debriefi ng, 26 Aug. 1960, HDP.

10. Müller, transcript, 9 Feb. 1967, HDP.

11. Müller, testimony, Huppenkothen trial, 5 Feb. 1951, transcript, 178.Deutsch, "British Territorial Terms as Reportedly Stated in the X– Report" (chart), CH, 302; Leiber to Müller, 28 Oct. 1953, IfZ, ZS, 660, 13–14. Responding to such an accusation in the Prague journal *Prace*, Pius XII dictated and corrected in his own hand a démenti that appeared in *L'Osservatore Romano*, 11–12 Feb. 1946: ADSS, I, 514–515. Hassell, diary, 19 March 1940, 83.

12. Osborne to London, 27 March 1940, UKNA, FO C 4743/5/18

(1940): PP, Doc. XVI, 339–340.

13. Osborne to Halifax, 3 April 1940, Halifax Papers, FO 800/318: PP, Doc. XVIII, 340–341.

14. Osborne to Halifax, 3 April 1940, Halifax Papers, FO 800/318: PP, Doc. XVIII, 340–341. Hassell, diary, 6 April 1940, 87–88.

15. Halder, transcript, 9 Aug. 1960, HDP; Groscurth, diary, 1 Nov. 1939. Müller, transcript, 27 May 1970, IfZ, ZS 659/4, 180; Müller, transcript, 22 Sept. 1966, HDP, III, 1/7.

16. Hassell, diary, 19 March 1940, 83. Hassell, diary, 6 April 1940, 86. Halder, transcript, 9 Aug. 1960, HDP.

17. Hassell, diary, 6 April 1940, 88. Bethge, *Bonhoeffer*, 674.

18. Halder, transcript, 9 Aug. 1960, HDP.

19. Sendtner in E.P., *Die Vollmacht des Gewissens*, 1:473.

20. Halder, transcript, 9 Aug. 1960, HDP. Thomas, "Mein Beitrag zum Kampf gegen Hitler," 4.

21. Hassell, *Diaries*, 129; Liedig, transcript, 9 Aug. 1960, HDP. Müller, transcript, 22 Sept. 1966, HDP, III, 1/7. Osborne to London, 27 March 1940, UKNA, FO C 4743/5/18 (1940); PP, Doc. XVI, 339–340.

22. Müller, transcript, 22 Sept. 1966, HDP.

23. Leiber to Deutsch, 26 Aug. 1960, "Pius XII," HDP, VII, 4/8.

24. Leiber, "Unterredung," 26–27 Aug. 1960, IfZ, ZS 660, 5.

第 10 章　警告西方

1. Christine von Dohnanyi, "Vollmacht des Gewissens," Publikation e.V 1956, 487, IfZ, ZS/A 28., Bd. 13.

2. Müller and Christine von Dohnanyi, testimony, E.P., 1 Dec. 1958,

IfZ, ZS 659.

3. Rohleder, testimony, E.P., 25 Feb. 1952, HDP; Müller and Hofmeister, transcript, 9 Aug. 1963, HDP, III, 1/7. Deutsch, *Conspiracy*, 336 n 17, citing "conversations with Dr. Müller" .

4. Müller, transcript, 23 Feb. 1967, HDP, III, 1/7.

5. Jacobsen, *Fall Gelb*, 141; Sas, "Het begon in Mai 1940," Part II, 16.Müller, transcript, 22 Sept. 1966, HDP, III, 1/7.

6. Schmidhuber, transcript, 6 Aug. 1958, HDP; Leiber, transcript, 26 Aug. 1960, HDP; Müller, transcript, 28 Feb. 1967, HDP, III, 1/7. Leiber, transcripts, 26 Aug. 1960 and 9 April 1966, HDP.

7. Tardini, notation, 9 May 1940, HDP. ADSS, I, 436. Tardini, *Memories*, 118–119.

8. Charles– Roux, report summary 7 May 1940, HDP; Charles– Roux, *Huit ans au Vatican*, 384.

9. Leiber, transcript, 26 Aug. 1960, HDP.

10. Nieuwenhuys to Brussels, telegram no. 7, 4 May 1940, Service Historique, Belgian Ministry of Foreign Affairs.

11. The warnings were ample. See Maglione to Micara and Giobbe, Telegram no. 30 (A. E. S. 3994/40), and Telegram no. 18 (A.E.S. 3993/40), 3 May 1940, ADSS, I, no. 293; Maglione, note, AES 2895/40, ADSS, I, no. 295, n. 1; minutes, War Cabinet meeting, 7 May 1940, UKNA, FO, WM 114 (40), 5 (PP, Doc. XVIII, n. 57); Osborne to London, 6 May 1940, UKNA, FO C 6584/5/18 (1940): PP, Doc. XVIII, 54. Osborne to London, 6 May 1940, UKNA, FO C 6584/5/18 (1940): PP, Doc. XVIII, 541. Osborne to London, 19 March 1940, UKNA, FO, R 3546/57/22, PP, Doc. XVI, n. 51.

12. Tardini, *Memories*, 116–119; ADSS, I, 444–447.

13. Müller, "Attacken auf den Papst," LK, 142.

14. Montini, note, 13 May 1940, A.S.S. no. 13628, ADSS, I.

15. Osborne, diary, 5 Jan. 1941, in Chadwick, *Britain and the Vatican*, 140.Ibid., 174, citing Italian Embassy to the Holy See, memorandum, 10 May 1943, AE, Santa Sede, 1943, Busta 66. Osborne to Halifax, 3 May 1940, UKNA, FO 371/24935/69; Maglione to Alfieri, 8–10 May 1940, AE, Sante Sede, 1940, Busta 49. *Tablet* (London), 30 Aug. 1941.

16. Rousmaniere 121, Padellaro, *Portrait*, 188; Hatch and Walshe, *Crown*, 155.

17. Osborne to Halifax, 9 Jan. 1940, UKNA, FO, C 770/89/18 (1940) (PP, Doc. V, 529–530). Müller, transcripts, 31 June 1958, 24 March 1966, 5 Aug. 1963, Tape II, HDP, III, 1/7. Noots, transcript, 9 Sept. 1960, HDP.

18. Gasbarri, *Quando il Vaticano confinava con il Terzo Reich*, 1217; Hofmann, *O Vatican!* 28; Graham and Alvarez, *Nothing Sacred*, 92–93; Holmes, *Papacy*, 152.

第 11 章　棕色鸟

1. Höttl, "The Jesuit Intelligence Service (General Commando Munich)," 26 Nov. 1945, NARA, RG 226, 174/104/799. Müller, transcript, 21 Feb. 1967, HDP.

2. Müller, "Die Braunen Vögel," LK, 148.

3. Ibid.

4. Ibid., 148–149.

5. Nieuwenhuys to Brussels, telegram no. 7, 4 May 1940, Service Historique, Belgian Ministry of Foreign Affairs.

6. Neuhäusler, transcript, 25 March 1966, HDP. Müller, "Die

Braunen Vögel," LK, 150: "Der Admiral hatte mich zu meinem eigenen Untersuchungsführer gemacht."

7. Deutsch, *Conspiracy*, 345. "Landsmann, wird gesucht," LK, 152.

8. Müller, transcript, Aug. 1958, HDP, III, 1/7; Leiber, transcript, 9 April 1966, HDP.

9. Deutsch, *Conspiracy*, 346.

10. Weitz, *Hitler's Diplomat*, 234–235.

11. Rohleder, testimony, E.P., 25 Feb. 1952.

12. Müller, transcript, 25 Feb. 1967, HDP, III, 1/7.

13. Deutsch, *Conspiracy*, 348.

14. Huppenkothen, "Verhältnis Wehrmacht– Sicherheitspolizei," HDP. Müller, transcript, 25 Feb. 1967, HDP, III, 1/7.

15. Müller, "Unkorr. NS üb. Gespräch," 1963, IfZ, ZS 659/3, 20.

16. UKNA, FO 371/26542/C 610/324/P.

17. Leiber, transcript, 26 Aug. 1960, HDP. Müller, "Fehlgeschlagen," LK, 161. Müller, "Italien nach Befreiung," LK, 284.

18. Curran, "Bones," in *Classics Ireland* 3 (1996).

19. Müller, transcript, 4 Aug. 1960, HDP. Müller, "Der X-Bericht entseht," LK, 124. Müller, testimony to E.P., 31 Aug. 1953, IfZ.

20. On Müller and Bonhoeffer, see Bonhoeffer to Bethge, 18 Nov. 1940, DBW, 16, 1/29; Bonhoeffer to Bethge, from Ettal, postmarked "Munich, 10–31–40," DBW, 16, 1/24; Müller, transcript, 8 Aug. 1963, Tape III, HDP, III, 1/7.

21. "Die Benediktinerabtei Ettal," 405; "Festschrift Dr. Josef Müller– zum 80. Geburtstag– 27. März 1978," Munich, 1978.

22. Bonhoeffer, "Sketch," c. 2 Dec. 1940, DBW, 16:498. Bonhoeffer to Bethge, 29 Nov. 1940, ibid., 96. Editor's Afterword, ibid., 652 n 26, citing Bethge, 14 Feb. 1987.

23. Bonhoeffer to Bethge, 16 Nov. 1940, DBW, 16, 1/27; Bonhoeffer to Hans– Werner Jensen, 26 Dec. 1940, DBW, 16, 1/52; Bonhoeffer to Paula Bonhoeffer, from Ettal, 28 Dec. 1940, DBW, 16, 1/53; Bethge, *Bonhoeffer*, 725, and 1003 n 129; "Vernehmung von Pater Zeiger," 9 July 1948, IfZ, ZS A– 49, 25ff.; Dulles, *Germany's Underground*, 118; Lange, "Der Pfarrer in der Gemeinde Heute," *Monatsschrift für Pastoraltheologie* 6 (1966):199–229; Schlabrendorff, "Betrifft: Haltung dar Kirchen Deutschlands zu Hitler," 25 Oct. 1945, DNTC, vol. X, 18:4; Schlabrendorff, "Events," 8.

24. Rösch, "Aufzeichnung," 31 Aug. 1941, KGN, 91; Lang, *Der Sekretär*, 193ff.; Bormann to Gauleiters, 13 Jan. 1941,Volk, *Akten*, V, 314 n 2, 543; AD, 191; Volk, *Akten*, V, 543; Ditscheid, "Pater Laurentius Siemer—Widerstandskämpfer im Dritten Reich," Radio Vatican, 21 July 2006. Graham, *Vatican and Russia*, 185.

25. Schlabrendorff, "Events," 8.

26. Landrat Parsberg 939, 26 Sept. 1941; GP Velsburg, 21 Sept. 1941; KLB, IV, 294; Kershaw, *Popular Opinion and Political Dissent*, 346. BDSG, 655 n 2. Epp to Lammers, 23 Dec. 1941, GSA, Reichsstaathalder 157; Siebert to Wagner, 29 Jan. 1942, GSA, MA 105248.

27. Duschl to Bertram, 1 Dec. 1940, AAW, IA25c57. Lapomarda, *Jesuits*, 13.

第 12 章 铸造钢铁

1. Moltke, 11 Aug. 1940, LF, 104–106.

2. Moltke, 13 Aug. 1940, LF, 97–98.

3. Moltke, 8 Aug. 1940, LF, 86–87.

4. Moltke to Curtis, [15?] April 1942; Balfour and Frisby, *Moltke*, 185 (not in BF or LF).

5. Moltke, 28 Sept. 1941, LF, 166.

6. Moltke, 13 Oct. 1941, BF, 303. Moltke, 10 April 1943, LF.

7. Korherr, "Guttenberg," *Deutsche Tagenpost,* 28 April 1965. Moltke to Freya, LF, 16.

8. Rösch, "Delp †," 22 Jan. 1956, AR, 308.

9. Rösch, "Kirchenkampf 1937–1945," 22 Oct. 1945, AR, 220–222. Roon, *German Resistance*, 108.

10. Rösch, "Kirchenkampf 1937–1945," 22 Oct. 1945, AR, 220–222.

11. Balfour and Frisby, *Moltke*, 165.

12. "Completing the Reformation: The Protestant Reich Church," Steigmann-Gall, *Holy Reich*, 185–189. Norden, "Opposition by Churches and Christians," EGR, 49. Balfour and Frisby, *Moltke*, 165.

13. Rösch, "Delp †," 22 Jan. 1956, AR, 308.

14. Bleistein, Rösch, "Kampf," KGN, Doc. 26, 263f. Rösch, Jan. 1956. Rösch, "Delp †," 22 Jan. 1956, AR, 306.

15. Leiber, transcript, 9 April 1966, HDP. For the Vatican's advance intelligence on Operation Barbarossa, see also: Appunto Tardini, ADSS, IV, 60, n. 2; Muckermann, *Im Kampf zwischen zwei Epochen,* 643; Bernardini to Maglione, 28 April 1941, ADSSS, IV, no. 331; Count Dalla Torre, 15 May 1941, ADSS, IV, 474, n 4; CSDIC, GG Report 346, 24 Aug. 1945, Lord Dacre Papers, DJ 38, Folder 7(d); Dippel, *Two Against Hitler,* 103, 106; Gisevius, "Information given [to Dulles] under date of December 19,

1946," AWDP, Subseries 15c; Höttl, "Miscellaneous notes on the activities of the Japanese intelligence service in Europe," 7 July 1945, NARA, RG 226, 174/104/799; Höttl, The Secret Front, 289; Hudal, *Romische Tagebücher,* 213; Müller, "Aussagen," 4 June 1952, IfZ, ZS 659/2, 31– 32; Müller, transcript, 24 March 1966, HDP, III, I/7; Müller, transcript, 31 Aug. 1955, IfZ, ZS 659/1, 41.

16. Eidenschink, interrogation (with Müller), 6 Nov. 1945, DNTC, vol. XVII, Sec. 53.015; Schlabrendorff, "Events," 93, 42; CSDIC, GG Report 346, 24 Aug. 1945, TRP, DJ 38, Folder 7(d); surveillance transcript, 20–21 Nov. 1944, GRGG 226, UKNA, WO 208/4364 (ADG, Doc. 115).

17. Canaris, "Betr.: Anordnung für die Behandlung sowjetischer Kriegsgefangener, Berlin, 15.9.1941," Uberschär and Wette, Überfall, 301–305.

18. [B]etr: Besprechung mit Dr. Jos Müller, 23 Feb. 1952, IfZ, ZS A– 49,44. Müller, transcript, 31 Aug. 1955, IfZ, ZS 659/1, 37.

19. Hoffmann, Hitler's Personal Security, 226–227.

20. "Protokoll aus der Verhandlung Halder [vor der] Spruchkammer X München," 124 (Schacht's evidence at hearing on Halder before Denazification Court); Marianne Grafin Schwerin von Schwanenfeld, "Ulrich- Wilhelm Graf Schwerin von Schwanenfeld," typescript, n.d.; Pechel, *Deutscher Widerstand,* 156; Hassell, diary, 19 Jan. 1941, 108–109; Ritter, *Goerdeler,* 274; Hoffmann, *History,* 229. Goebbels, diary, 13 May 1941, 362. Hassell, diary, 4 Oct. 1941, 143; Schlabrendorff, "Events," 93, 48; Schwerin, "Von Moskau bis Stalingrad," *Köpfe,* 229–246; Vollmer, *Doppelleben,* 155; Fest, *Hitler's Death,* 179–186.

21. Hoffmann, *Stauffenberg,* 137 (without source). Burleigh, *Third*

Reich, 712, citing Hoffmann, *Stauffenberg*, 137, where the quote does not, however, appear; but cf. Scheurig, *Tresckow*, 112–113. Scheurig, *Tresckow*, 115. Hassell, diary, 4 Oct. 1941, 142–144.

22. Kaltenbrunner to Bormann, 15 Sept. 1944, KB, 390–391. Hassell, diary, 4 Oct. 1941; Zeller, *Flame*, 159.

第 13 章 委员会

1. Müller, transcript, 8 Aug. 1963, Tape VI, HDP, III, 1/7. Rösch, report on anticlerical graffiti in Sept. 1935, OSS, "Persecution," 6 July 1945, DNTC, vol. XVIII, 3. Müller, "Befragung des Staatsministers," 2 Sept. 1954, IfZ, ZS 659/1, 51.

2. Hartl, "Vatican Intelligence Service," 9 Jan. 1947, CI– FIR/123, Annex I; Leiber, transcript, 17 May 1966, 40; Hartl, interrogation, 9 Jan. 1947, CI– FIR/123; cf. Höttl, *Secret Front*, 40.

3. Ahaus, "Holy Orders," in *CE*, vol. 11 (1911); in Nazi– occupied Europe, Kwitny, *Man of the Century*, 60. Müller, "Unkorr. NS üb. Gespräch," 1963, IfZ, ZS 659/3, 14. Phayer, "Questions about Catholic Resistance," *Church History* 70, no. 2 (2001): 339. Pius XI, *Inviti All'eroismo. Discorsi di S.S.Pio XI nell'occasione della lettura dei Brevi per le Canonizzazioni, le Beatifi cazioni, le proclamazioni dell'eroicità delle virtù dei Santi, Beati e Servi di Dio*, 3 vols.; Godman, *Hitler and the Vatican*, 167.

4. Rösch, "Bericht über die Tagung der Superioren– Vereinigung in Berlin am 26. und 27. Mai 1941," 1 June 1941, KGN, Doc. 2, 63–66. "Vorschlage fur einen kirchlichen Informationsdienst, Mitte Juni 1941," ADB, V, no. 664 (AAW, 1Az5b57, with heading, "Das Kirchliche Nachrichtenwesen. 7 Tatsachen–

Vorschlage, Juni 1941," inscribed by hand: "Antrag Würzburg");
Rösch, "Denkschrift," c. 20 June 1941, ADB, VI, no. 665;
Rösch, "Aufzeichnung," 31 Aug. 1941, KGN, Doc. 6, 89ff.;
transcript, "Diözesan– Intelligences– Dienst [Diocesan
Intelligence Service]," 14 Sept. 1941, OAM, GAI2p; Rösch,
"Lagebericht aus dem Ausschuss für Ordensangelegenheiten,"
28 Sept. 1941, KGN, Doc. 7, 98ff.; Conference of Bavarian
Ordinariat Representatives, 14 Oct. 1941, ADB, V, 570f.;
Angermaier to Faulhaber, 2 Feb. 1942, ADB, V, II, 865; Siemer,
Erinnerungen, vol. 2, 415–441. Rösch, "Lagebericht aus dem
Ausschuss für Ordensangelegenheiten," 28 Sept. 1941, KGN,
Doc. 7, 98ff.; Rösch, report, 23 April 1942, ADB, II, 915;
Siemer, "Erinnerungen," vol. 2, 415, ACDP, I, 096; Bleistein,
"Lothar König," DKK," 16–19; Höllen, *Heinrich Wienken*,
101; Ordensangelegenheiten, 17 Aug. 1941, AEM, Faulhaber
papers, 8189; Bauer, statement, c. Nov. 1979, NLB; Leugers,
"Besprechungen," GM, 180.

5. König to Rösch, 31 Jan. and 6 Feb. 1941; telephone call from
Munich, 18 April 1941; Leugers, "Gruppenprofi l," GM, 136–
140; Orders Committee report, 14 June 1942, ADB, II, no. 893;
Rösch to Brust, 22 April 1942, KGN, Doc. 12, 160ff.; Rösch,
"Aus meinem Kriegstagebuch," *Mitteilungen aus der Deutschen
Provinz* 8 (1918–1920), 284; Rösch, "Bericht und Stellungnahme
aus dem Ausschuss für Ordensangelegenheiten," 14 June 1942,
KGN, Doc. 14, 181ff.; Superiors Association report, 1 June
1941, GM, 189; Schmidlin, memo, Aug. 1941, ADB, V, 496 n 4;
Transcript, Fulda Bishops Conference, 18–20 Aug. 1942, ADB, V,
851.

316 / 间谍教廷: 教宗对抗希特勒的秘密战争

6.   Vogelsberg to Leugers, 27–28 Sept. 1987, and Galandi to Leugers, 13 Oct. 1987, GM, 183.

7.   Abel to Leugers, 14 Jan. 1988, GM, 300.

8.   Halder, diary, 23 Feb. 1941, *Kriegstagebuch*, vol. 2, 291; Müller, transcripts (27 May 1970, IfZ, ZS 659/4, 180; 22 Sept. 1966; c. 1966–1967), HDP, III, 1/7. Father König met Halder on 6 and 7 April ("Datenüberblick," 6–7 April 1941, GM, 376). For Rösch and Halder, see Rösch, memo, c. 20 June 1941, ADB, II, V, 400; Volk, *Akten*, V, 397n; "Anhang," GM, 476 n 459; Bleistein, "Im Kreisauer Kreis," AD, 280. cf. Delp, "Verteidigung," c. 9 Jan. 1945, GS, IV, 350, 355. Halder to Volk, 7 June 1966, AD, 280.

9.   Bleistein, "Alfred Delp und Augustin Rösch," AD, 418; Kempner, *Priester*, 66; Delp to Luise Oestreicher, 22 Dec. 1944, GS, IV, 129; Lewy, "Pius XII, the Jews, and the German Catholic Church," *Commentary* 37, no. 2 (Feb. 1964): 23–35; Menke, "Thy Will Be Done: German Catholics and National Identity in the Twentieth Century," *Catholic Historical Review* 91, no. 2 (2005): 300–320.

10. Rösch, "Eine Klarstellung," 6 July 1945, KGN, Doc. 23, 230ff.; Delp, "Bereitschaft," 1935, GS, I, 83; Delp, "Der Kranke Held," GS, II, 205; Delp, "Die Moderne Welt und Die Katholische Aktion," 1935, GS, I, 70; Delp, "Entschlossenheit," 1935, GS, I, 100; Delp, "Kirchlicher und Völkischer Mensch," 1935, GS, I, 102; Kreuser, "Remembering Father Alfred Delp" ; Marion Dönhoff, *In memoriam 20 Juli 1944*; Phayer, "Questions about Catholic Resistance," *Church History* 70, no. 2 (2001): 341.

11. Hans Hutter to Bleistein, 16 Sept. 1987, AD, 289.

12. Rösch to Brust, Feb. 1943, KGN, Doc. 17, 203ff. Rösch,

"Kirchenkampf," 1945, KGN, 222 *("Ich erbat Bedenzkeit, habe mich mit ernsten Leuten besprochen und später zugesagt").* Roon, *German Resistance to Hitler*, 140; Moltke, 9 April 1943, LF, 294.

13. Pius XII to Preysing, 30 Sept. 1941, BPDB, no. 76.

14. "A Papal Audience in War-Time," *Palestine Post*, 28 April 1944.

15. Klemperer, diary, 7 Oct. 1941, tr. Chalmers, *Witness 1933–1941*, 439. Roncalli, diary entry for 10 Oct. 1941 audience with Pius XII, in Alberto Melloni, *Fra Istanbul, Atene e la guerra. La missione di A.G. Roncalli (1935–1944)* (Rome: Marietti, 1993), 240 ("Si diffuse a dirmi della sua larghezza di tratto coi Germani che vengono a visitarlo. Mi chiese se il suo silenzio circa il contegno del nazismo non è giudicato male").

16. Gumpel, interview, 1 June 2014.

17. Kennan, *Memoirs*, 121.

18. Roon, *German Resistance*, 82.

19. Hassell, diary, 4, Oct. 1941, 142–144. Siemer, Erinnerungen, vol. 2, 415, ACDP, I, 096. Gumpel, interview, 17 May 2014; Mommsen, "Nikolaus Gross," *Archiv für Sozialgeschichte* 44 (2004): 704–706; Bücker, "Kölner Kreis" ; Bücker, "Mitglieder des Kölner Kreises: Bernhard Letterhaus."

20. NARA, RG 226, Entry 106, Box 0013, Folders 103–105; Lochner to White House (Lauchlin Currie), 19 June 1942, FDRL, OF 198a; Lochner to Prince Louis Ferdinand and Princess Kira, 2 June 1941, Lochner Papers; John, *Twice*, 69–70, 71–72, 73–74, 127; Lochner, *Stets das Unerwartete*, 355–357; Prince Louis Ferdinand, *Rebel Prince*, 306–324; Lochner, *Always the Unexpected*, 295; Klemperer, *German Resistance*, 132–133, 193,

218, 233–234, 295; Hoffmann, *History*, 109, 214–215; Bartz, *Tragödie*, 229; Rothfels, *German Opposition*, 134–137; Zeller, *Flame*, 252; Fest, *Hitler's Death*, 210.

21. MI9, audio surveillance transcript, 26 Jan. 1943, UKNA, SRX 150 (ADG, Doc. 84). Etzdorf, affi davit, 1947, Weizsäcker trial, IMT, Case XI, Defense Doc. no. 140.

22. Dippel, *Two Against Hitler*, 104–106, citing Valeska Hoffmann, interview, 22 March 1986, and Agnes Dreimann, interview, 26 July 1986; Maria Schachtner, letter, 30 Nov. 1986; cf. State Department to Woods, 2 Dec. 1941, no. 2892, RG 59, NARA, RG 59, Woods, Sam E., Decimal File 123; Woods to Cordell Hull, 28 June 1945, NARA, RG 59, 740.00119 Control (Germany)/6–2845. Müller, "Protokoll des Colloquiums am 31. August 1955," IfZ, ZS 659/1, 44; Müller, "Unkorr. NS üb. Gespräch," 1963, IfZ, ZS 659/3, 32; Müller, transcript, 27 May 1970, IfZ, ZS 659/4, 183.

23. Tittmann, *Inside the Vatican of Pius XII*, 130. Lochner, *Always the Unexpected*, 295; cf. Donovan to FDR, 24 Jan. 1945, NARA, RG 226, Entry 210, Box 364, and Joseph Rodrigo memo to Hugh Wilson, 27 Aug. 1944, NARA, RG 226, Entry 210, Box 344.

24. Halder, statement, CSDIC, 7 Aug.1945, TRP, DJ 38, Folder 6; Hassell, diary, 21 and 23 Dec. 1941, 150, 152; Halder, *Kriegstagebuch*, vol. 3, 354–356; Hassell, diary, 22 Dec. 1941, 152; Kessel, "Verborgene Saat," 12 April 1945, VS, 216–217, 221; Schwerin, *Köpfe*, 309; surveillance transcript, GRGG 210, 11–12 Oct. 1944, UKNA, WO 208/4364, ADG, Doc. 111. Moltke to Curtis, [15?] April 1942, Balfour and Frisby, *Moltke*, 185 (not in BF or LF).

25. Freya von Moltke, *Memories of Kreisau*, 28. Idem to Bleistein,

12 Aug. 1986, AR, 123.

26.   Moltke, 9 May 1942, LF, 217, BF, 271. Moltke, 9 May 1942, LF, 218.Rösch/König/Delp, "Ziele und Vorstellungen des Kreises," Erste Kreisauer Tagung, no. 1, DKK, 61–83. Moltke, 3 Sept. 1939, LF, 32, and n. 1.

27.   Mommsen, *Alternatives*, 31, 140, 54. Mommsen, *Alternatives*, 137; cf. Prittie, "The Opposition of the Church of Rome," in Jacobsen, ed., *July 20, 1944*; Roon, *German Resistance*, 29–99; Rothfels, German Opposition, 102; Zeller, *Geist der Freiheit*, 227.

28.   Cf. Aquinas, *In II Sent.*, d. XLIV, Q. ii, a. 2; Suarez, *Def. fidei*, VI, iv, 7; Harty, "Tyrannicide," *CE*, vol. 15 (1912). Roon, *Neuordnung*, 241; Bleistein, AR, 288; Bleistein, "Delps Vermächtnis," AD, 427; cf. Phayer on Delp and tyrannicide in "Questions about Catholic Resistance," *Church History* 70, no. 2 (2001): 341. Rösch, "Kirchenkampf," 22 Oct. 1945, AR, 210. Rösch, "Kirchenkampf," 22 Oct. 1945, AR, 210.

29.   Roon, *German Resistance*, 152.

第 14 章 墓穴会谈

1.   Müller, transcripts (3 Aug. 1963, Tape I, HDP, III, 1/7; 31 Aug. 1955, IfZ, ZS 659/1, 32); Bonhoeffer to Leibholz Family, from Rome, 9 July 1942, DBW, 16, 1/189; Bonhoeffer, LPP, 164, and DBW, 8, 238; Bonhoeffer, letter, 7 July 1942, DBW, 16, 339; Christine Dohnanyi, IfZ, ZS 603, 66–67; Müller, "Fahrt in die Oberpfalz," LK, 241; cf. Hesemann, "Pius XII, Stauffenberg und Der Ochsensepp," *Kath.Net*, 19 July 2009.

2. Müller, "Fahrt in die Oberpfalz," see, e.g., Gisevius, "Information given [to Dulles] under date of December 19, 1946," AWDP, Subseries 15c; and Thomas, statement, 6 Nov. 1945, DNTC, vol. V, sec. 10.08. Müller, "Fahrt in die Oberpfalz," 240.

3. Cologne pastoral letter outline, 28 June 1943, ADB, VI, 195. Dritte Kreisauer Tagung, no. 2, "Zur Befriedung Europas," DKK, 249–259. Bleistein, "Schriftsteller und Seelsorger," AD, 174 ("kümmerte sich um verfolgte Juden und pfl egte nich zuletzt zahlreiche herzliche Freundschaften"). Phayer, "Questions about Catholic Resistance," *Church History* 70, no. 2 (2001): 334, citing Luckner and Marie Schiffer interview transcript, 98.

4. Bürkner to Wohltat, 15 Jan. 1948, HStAD, NW 10021/49193. For the bare facts, see Schneersohn to Cordell Hull, 25 March 1940, WNRC, RG 59, CDF, 811.111. Herman to Maglione, 22 Dec. 1943, ADSS, IX, no. 482; cf. Wilhelm de Vries to Lapomarda, 3 Nov. 1985, in Lapomarda, *Jesuits*, 220–221. On the use of Catholic monasteries in Jewish rescue, see Gilbert, "Italy and the Vatican," in *The Righteous*, 246–380. Steinacher, "The Vatican Network," *Nazis on the Run*, 101–158; similarly, Phayer, "The Origin of the Vatican Ratlines," *Pius XII*, 173–207. For a Catholic but not uncritical perspective, see Ventresca, "Vatican Ratlines," *Soldier of Christ*, 253–270. Gehlen, "From Hitler's Bunker to the Pentagon," *The Service*, 1–20; cf. Naftali, "Reinhard Gehlen and the United States," in Breitman, ed., *U.S. Intelligence and the Nazis*, 375–418. See Chadwick, *Britain and the Vatican*, 294ff., and more colorfully but less reliably, Gallagher, *The Scarlet and the Black*; and Derry, *The Rome Escape Line*, passim. On Müller and Operation U– 7, see Meyer, *Unternehmen Sieben*, 21ff., 18f.,

354–358, 363ff., 367–370.

5.　Höhne, *Canaris*, 502. Bartz, *Tragödie*, 129, 133. Final Report by Staatsanwalt Dr. Finck, Lüneberg, Verfahren Roeder, Ministry of Justice Archives, Land Niedersachsen, 688, 707, 710; cf. Müller's response to Schmidhuber's allegations, IfZ, ZS 659/3, 2–11.

6.　Müller, transcript, 3 Aug. 1963, Tape I, HDP, III, 1/7. Leiber, "Unterredung," 26–27 Aug. 1960, IfZ, ZS 660, 5–6; Müller, transcripts, 5 and 8 Aug. 1963, Tape III, HDP, III, 1/7. Schmidhuber, "Mitteilungen," c. 1954, Bartz, *Tragödie*, 130–131.

7.　Sapieha to Pius XII, 28 Feb. 1942, ADSS, III, no. 357. Falconi, *Silence*, 148. Sapieha to Pius XII, 28 Feb. 1942, ADSS, III, no. 357. ADSS, III, p. 15–16. Stehle, *Eastern Politics*, 214.

8.　Gisevius, *Wo ist Nebe?*, 233. Hesemann, *Der Papst*, 153– 54; cf. Gröber to Pius XII, 14 June 1942, ADB, V, 788; Tittmann to Stettinius, 16 June 1942, Decimal File 1940– 1944, Box 5689, File 866A.001/103, RG 59, NARA; Tittmann, *Inside the Vatican of Pius XII*, 115. Orsenigo to Montini, 28 July 1942, ADSS, VIII, no. 438; cf. Leugers, "Datenüberblick," GM, 391–392.

9.　Orsenigo to Montini, 28 July 1942, ADSS, VIII, no. 438. Carroll, "The Saint and the Holocaust," *New Yorker,* 7 June 1999; Wills, *Papal Sin*, 47–60. "What Would Jesus Have Done?" *New Republic,* 21 June 2002. Lehnert, sworn testimony, 29 Oct. 1968, Tribunal of the Vicariate of Rome (Pacelli), I, 77, 85. Sworn testimony, 9 May 1969, ibid., I, 173–174; cf. Lehnert, *Servant,* 116–117; Rychlak, *Hitler,* 301–302.

10.　Pius XII, "Vatican Radiomessage de Noël de Pie XII," 24 Dec. 1942, ADSS, VII, no. 71; cf. Phayer, "Pius XII's Christmas Message: Genocide Decried," *Pius XII,* 42–64. Office of Taylor to State Department, 28 Dec. 1943, NARA, RG 59, Box 5689, location 250/34/11/1. Cf. Phayer, *Pius XII*, 57; Tittmann to Hull, 30 Dec. 1942, NARA, RG 59, Box 29, Entry 1071; Tittmann to Hull, 7 Jan. 1943, NARA, RG 59, Entry 1071, Box 29, location 250/48/29/05.

11.   Chadwick, *Britain and the Vatican*, 219, citing "RSHA report on the broadcast" ; Ribbentrop to Bergen, 24 Jan. 1943; Bergen to Ribbentrop, 26 Jan. 1943; Rhodes, *Vatican*, 272–274.Bergen to Weizsäcker, 27 Dec. 1942, StS, V, AA Bonn, Friedländer, *Pius XII*, 175–176. "For Berlin, Pius XII Was a Subversive: Radio Operator's Experience of Spreading Papal Christmas Message," Zenit.org, 14 May 2002.

12.   Rösch, Delp, König, 2 Aug. 1943, DKK, 195ff.

13.   Final Report by Staatsanwalt Dr. Finck, Lüneberg, Verfahren Roeder, Ministry of Justice Archives, Land Niedersachsen, 688, 707, 710; cf. Müller's response to Schmidhuber's allegations, ZS 659/3, 2–11. Müller, "Die Depositenkasse," LK, 168. Verfahren Roeder, MB 6/1, 144. Sonderegger, "Brief," 17 Oct. 1952, IfZ, ZS 303/1, 32; Ficht, "Eidesstattliche Versicherung," 8 May 1950, IfZ, ED 92, 248; Verfahren Roeder, MB 6/2, 186; Schmidhuber, "Aussage," IfZ, ZS 616, 7; Schmidhuber, deposition, 20 July 1950, LStA, IX, 222; Wappenhensch, deposition, 16 Sept. 1950, LStA, XIV, 23; Huppenkothen, "Verhaltnis Wehrmacht Sicherpolitzei," HDP, 2/10; Müller, transcript, 1958, HDP, III, 1/7; Wild, "Eidesstattliche Versicherung," 15 Nov. 1955, IfZ, ED 92, 245–246.

14.   Moltke, 7 Nov. 1942, LF, 259.

第 15 章　大教堂里的交火

1.　Pannwitz, "Das Attentat auf Heydrich," March 1959, VfZ 33, 681. Muckermann, "In der Tschoslowakei," 26 June 1942, *Kampf*, 469, 468.

2.　Cf: Deutsch, "Questions," *Central European History*, Vol. 14, No. 4, Dec. 1981, 325.

3.　"Mitteilung Frau Heydrich," c. 1953, Bartz, *Tragödie*, 83– 84; Pannwitz, "Das Attentat auf Heydrich," March 1959, VfZ 33, 681; Müller, "Fahrt in die Oberpfalz," LK, 243; CIA, "The Assassination of Reinhard Heydrich," SI 2– 14– 1, 1960; MacDonald, *Killing,* 164; Schellenberg, *The Labyrinth*, 405. Brissaud, *Canaris*, 266.

4.　MacDonald, *Killing*, 166–167; Wiener, *Assassination*, 84–86. See "Vernehmung von Pater Zeiger," 9 July 1948, IfZ, ZS A– 49, 25ff. Rösch, "Kirchenkampf 1937–1945," 22 Oct. 1945, AR, 225. König, "Aufzeichnung," 15 May 1945, ADOPSJ; Leugers, "Die Ordensaussschussmitgleider und ihr Engagement," GM, 328.

5.　CIA, "The Assassination of Reinhard Heydrich," SI 2–14–1, 1960; Burian, "Assassination," Czech Republic Ministry of Defense, 2002.

6.　Pannwitz, "Das Attentat auf Heydrich March 1959, VfZ 33, 679– 680.

7.　Vanek, "The Chemistry Teacher's Account," in Miroslav Ivanov, *Target Heydrich* (New York: Macmillan, 1974), 223–224.

8.　Pannwitz, "Attentat," 688, citing Amort, *Heydrichiada,* 241.

9.　Pannwitz, "Attentat," 695.

10.　Ibid.

11. Ibid.

12. Ibid., 696.

13. Ibid.

14. CIA, "The Assassination of Reinhard Heydrich," SI 2–14–1, 1960; Pannwitz, "Attentat," 697.

15. Pius XI, *Motu Proprio,* 26 July 1926, Neveu Papers, Archivio dei Padri Assunzionisti, Rome; EPV, 101. Hartl, interrogation, 9 Jan. 1947, CI– FIR/123. Hartl, "The Orthodox Church," 9 Jan. 1947, CI– FIR/123, Annex VIII. "Veliky cin male cirkve," 42. Pannwitz, "Attentat," 700.

16. Jan Krajcar to Lapomarda, 7 Feb. 1984, in Lapomarda, *Jesuits and the Third Reich,* 92; Kempner, *Priester,* 14–15; Gumpel, interview, 1 June 2014, citing information from Father Josef Kolakovic, SJ. Hitler, remarks at dinner, 4 July 1942, TT (Cameron– Stevens), no. 248, 554.

17. Hitler, remarks at dinner, 4 July 1942, TT (Cameron– Stevens), no. 248, 554.

18. Hoffmann, *Hitler's Personal Security,* 240 n 33, citing Gerhard Engel, 16 Nov. 1942, and Linge, statement. Toland, *Hitler,* 926, citing Florian, interview.

19. Müller, "Depositenkasse," LK, 162–164, citing Huppenkothen trial transcript.

20. Christine von Dohnanyi, IfZ, ZS 603; Ficht, "Eidesstattliche Versicherung," 8 May 1950, IfZ, ED 92, 248; Hettler, "Der Fall Depositenkasse oder die 'Schwarze Kapelle,'" MBM/155, 4.11.1; Huppenkothen, "Verhaltnis Wehrmacht Sicherpolitzei," HDP, 2/10; Müller, transcript, 1958, HDP, III, 1/7; Schmidhuber, deposition, 20 July 1950, LStA, IX, 222; Wappenhensch,

deposition, 16 Sept. 1950, LStA, XIV, 23; Sonderegger, "Brief," 17 Oct. 1952, IfZ, ZS 303/1, 32; Ficht, "Eidesstattliche Versicherung," 8 May 1950, IfZ, ED 92, 248; Verfahren Roeder, MB 6/2, 186; Schmidhuber, "Aussage," IfZ, ZS 616, 7; Wild, "Eidesstattliche Versicherung," 15 Nov. 1955, IfZ, ED 92, 245–246. Roeder, IfZ, ED 92, 356; Schellenberg, *Memoiren*, 326–327.

21. DBW, 16, Chronology," 691. Huppenkothen, "The 20 July Plot," Interrogation Report, 17 May 1946, DJ 38, Folder 31. Bonhoeffer to Bethge, 29 Nov. 1942, DBW, 16, 1/211. Moltke, 26 Nov. 1942, LF, 265. Christine Dohnanyi, IfZ, ZS 603, 66–67. Müller, 2 Sept. 1954, IfZ, ZS 659 /1, 60; Christine von Dohnanyi, "Aufzeichnung," 3 of 3, c. 1946, IfZ, ZS 603.

22. Verfahren Roeder, MB 6/1, 145. Müller, transcript, 3 Aug. 1963, Tape I, HDP, III, 1/7. Müller, "Die Depositenkasse," LK, 165.

23. Müller, transcript, 1958, HDP, III, 1/7. Müller, "Depositenkasse," LK, 165.

24. Müller, transcript, 1958, HDP, III, 1/7. Müller, "Depositenkasse," LK, 168.

25. Müller, "Depositenkasse," LK, 166.

26. Ibid.

27. Müller, IfZ, ZS 659/3, 230. Müller, "Unkorr. NS üb. Gespräch," 1963,IfZ, ZS 659/3, 30.

28. Müller, "Depositenkasse," LK, 168.

第16章 两瓶白兰地

1. Kreuser, "Remembering Father Alfred Delp."

2. Müller, testimony to the E.P, 31 Aug. 1953, IfZ, ZS/A 28/13;

CHTW, 359; Schlabrendorff, *Revolt*, 68–69; Gersdorff, "Beitrag zur Geschichte des 20. Juli 1944," typescript, 1946.

3. Hassell, diary, 26 Sept. and 13 Nov. 1942, 174–175, 179–180; Maria Müller, "Aussage," Verfahren Roeder, MB 6/5, 708; Rösch to Brust, Feb. 1943, KGN, Doc. 17, 203ff.

4. Schlabrendorff, "Events," 54; Hassell, diary, 4 Sept. 1942, 173; Ritter, *German Resistance*, 233; Schlabrendorff, *Revolt*, 72. Scheurig, *Tresckow*, 136–137; Stieff in Peter, *Spiegelbild*, 87–88, and IMT, XXXIII, 307–308; Ili Stieff to Ricarda Huch, 17 July 1947, IfZ, ZS A 26/3; Stieff, *Briefe*, 170; Hassell, *Vom andern Deutschland*, 350; Gersdorff in Graml, "Militaropposition," 473–474; Hoffmann, *Stauffenberg*, 185. Boeselager, *Valkyrie*, 113; Gersdorff, *Soldat im Untergang*, 124; Roon, "Hermann Kaiser und der deutsche Widerstand," VfZ, 1976, 278ff., 334ff., 259.Kaiser, diary 6 April 1943, NARA, RG 338, MS B– 285; Schlabrendorff, *Revolt*, 65–66. Bancroft, *Autobiography of a Spy*, 259.

5. Schlabrendorff, "Events," 55; Indictment against Klaus Bonhoeffer et al., 20 Dec. 1944, DBW, 16, 1/236.

6. "Datenüberlick 1940–1945," TB König, GM, 398.

7. Kessel, "Verborgene Saat," 182. Goerdeler to Pius XII, 23 March 1939, Ritter, *German Resistance*, 123.

8. Delp to Tattenbach, 18 Dec.1944, GS, IV, 123–126. Presying, statement, c. 1950, CH, 14. Müller, "Unkorr. NS üb. Gespräch," 1963, IfZ, ZS 659/3, 14. Müller, "Aussage," 11 June 1952, IfZ, ZS 659/2, 26. Wuermling, "Der Mann aus dem Widerstand— Josef Müller," 28. Nebgen, *Kaiser*, 136–138; Kaltenbrunner to Bormann, 18 Sept. 1944, KB, 393–394.

9. Roon, German Resistance, 154. Müller, "Aussage," 11 June 1952, IfZ, ZS 659/2, 27. Gerstenmaier, "Kreisauer Kreis," VfZ 15 (1967), 228–236.

10. Delp to Tattenbach, 18 Dec.1944, GS, IV, 123–126. Henk, "Events Leading up to 20 July Putsch," 7th Army Interrogation Center, 22 April 1945, DNTC, vol. XCIX; Müller, "Aussage," 11 June 1952, IfZ, ZS 659/2, 27.

11. Peter, ed., *Spiegelbild*, 2:701–702. Dritte Kreisauer Tagung, no. 2, "Zur Befriedung Europas," DKK, 249–259.

12. Hoffmann, *Beyond Valkyrie*, 66–67. The basic sources are Hassell, diary, 22 Jan. 1943, 184–185; Moltke, 8 and 9 Jan. 1943, LF, 270f.; Gisevius, testimony, IMT, II, 240–242; Gisevius, *Bitter End*, 255–256; Gerstenmaier, *Streit und Friede hat seine Zeit*, 169; Gerstenmaier, "Kreisauer Kreis," VfZ 15 (1967): 245; Kaltenbrunner to Bormann, 18 Sept. 1944, KB, 393–394. Valuable secondary treatments include Roon, *Neuordnung*, 270–271, 277; Hoffmann, *Beyond Valkyrie*, 66–67; Hoffmann, *History*, 359; Marion Grafin Yorck von Wartenburg, interview, 5 Sept 1963, in Kramarz, *Stauffenberg*, 158; Osas, *Walküre*, 16; Mommsen, "Gesellschaftsbild," in *Der deutsche Widerstand*, 73–167; Nebgen, *Kaiser*, 136–138.

13. Hassell, diary, 22 Jan. 1943, 184–185. Hermann Kaiser, diary, BA EAP 105/30.

14. Mommsen, "Gesellschaftsbild," in *Der deutsche Widerstand*, 73–167.Hoffmann, *History*, 359. Gerstenmaier, "Der Kreisauer Kreis: Zu dem Buch Gerrit van Roons' Neuordnung im Widerstand," 245; cf. Gerstenmaier, *Streit und Friede hat seine Zeit*, 169. Moltke, 9 Jan. 1943, LF.

15. Mommsen, "Gesellschaftsbild." Hoffmann, *History*, 360. Moltke, 9 Jan. 1943, LF. Hoffmann, *History*, 359.

16. Kaltenbrunner to Bormann, 3 Aug. 1944, KB, 128; War Office (UK), *Field Engineering and Mine Warfare Pamphlet No. 7: Booby Traps* (1952), 26–28; Hoffmannn, *History*, 273, citing information from Gersdorff, 25 May 1964.

17. Hoffmann, *History*, 274.

18. Schlabrendorff, "Events," 1945, DNTC/93, 61.

19. Liedig, "Aussage," IfZ, ZS 2125, 28; Witzleben, IfZ, ZS 196, 42. Müller, "Tresckow Attentat," LK, 159.

20. Müller, "Protokoll des Colloquiums am 31. August 1955," IfZ, ZS 659/1, 46. Müller, "Aussagen," 4 June 1952, IfZ, ZS 659/2, 27–28. Müller, "Tresckow Attentat," LK, 159.

21. Müller, "Unkorr. NS üb. Gespräch," 1963, IfZ, ZS 659/3, 25.

22. Triangulated from Bonhoeffer to Bethge, 29 Nov. 1942, DBW, 16, 1/211; DBW, 16, Chronology, 690; Dulles, Telegram 898, 9 Feb.194, NARA, RG 226, Entry 134, Box 307; McCormick, diary, 11 Feb. 1943, ed. Hennessey, 39– 40; Goebbels, diary, 3 March 1943, GT, II, 271. Lahousen, testimony, 1 Dec. 945, IMT/II.

23. Rösch to Brust, Feb. 1943, KGN, Doc. 17, 203ff.

24. Wuermeling, "Der Mann aus dem Widerstand – Josef Müller," 28; Pius XII, "Discorso," Pontificia Accademia Delle Scienze, 21 Feb. 1943; Hartl, "The Vatican Intelligence Service," 9 Jan. 1947, CI– FIR/123, Annex I; Hinsley, *British Intelligence in the Second World War*, Vol. 3, Part 2, 584; Joint Anglo– US Report to the Chancellor of the Exchequer and Major General L.R. Groves, "TA Project: Enemy Intelligence," November 28, 1944, quoted in Hinsley, op. cit., 934; cf. Powers, *Heisenberg's War*, 283, and

542, n. 5. For these other controversial aspects of Millikan see: "California Institute of Technology," *Dictionary of American History*, 2003; "Jewish Refugee Scientist Makes Discovery Which May Bring New Era in Technology," *Jewish Telegraph Agency*," 17 Jan. 1944; "Robert A. Millikan," n.d., Pontifical Academy of Sciences; David Goodstein, "In the Case of Robert Andrews," *American Scientist*, Jan– Feb 2001, 54– 60; idem., "It's Been Cosmic From the Start," *Los Angeles* Times, 2 Jan. 1991; Ernest C. Watson, unpublished lecture, remarks at the dedication, Millikan Laboratory, Pomona College, Caltech Archives, Watson papers, box 3.12; Harold Agnew, oral history, 20 Nov. 1992 (Los Alamos); Judith R. Goodstein, *Millikan's School* (Norton, 1991), 97; Margaret Rossiter, *Women Scientists in America: Struggles and Strategies to 1940* (Johns Hopkins, 1982), 192; Matt Hormann, "When a Master of Suspense Met a Caltech Scientist, the Results Were 'Explosive,' " *Hometown Pasadena*, 1 Sept. 2011; Sharon Waxman, "Judgment at Pasadena The Nuremberg Laws Were in California Since 1945. Who Knew?" *Washington Post*, 16 March 2000, C– 1.

25. Müller, "Unkorr. NS üb. Gespräch," 1963, IfZ, ZS 659/3, 25. Müller, 11 June 1952, IfZ, ZS 659/1, 41. Leiber, interview, OSS 2677th Regiment, 18 Aug. 1944, NARA, RG 226, Entry 136, Box 14. For corroboration of Leiber's account (especially on the role of Manstein), see Audiosurveillance, 21 July 1944, CSDIC (UK), SR Report, SRGG 962 [TNA, WO 208/41681371], Neitzel, ed., *Abgehört*, Doc. 146. Müller, "Tresckow Attentat," LK, 161.

26. Müller, transcript, 22 Sept. 1966, HDP, III, I/7; Müller, "Aussagen," 4 June 1952, IfZ, ZS 659/2, 27– 28. Müller, 4 June

1952, IfZ, ZS 659/2, 7; Müller, 11 June 1952, IfZ, ZS 659/2, 24. Stehle, "For Fear of Stalin's Victory," EPV, 239. Leiber, comments, 17 May 1966, 48. Graham, "Voleva Hitler," 232–233. Müller, 31 Aug. 1955, IfZ, ZS 659/1, 46; Müller, "Aussage," 11 June 1952, IfZ, ZS 659/2, 23, 39. Hoffmann, *History*, 283–284, citing Gersdorff, "Bericht über meine Beteiligung am aktiven Widerstand gegen Nationalsozialismus," 1963. Goebbels, diary, 3 March 1943, GT, II, 271; Kallay to Pius XII, 24 Feb. 1943, ADSS, VII, no. 126; Tardini, note, 26 Feb. 1943, ADSS, VII, no. 113., p. 228, n. 6; "Memorial inédit de la famille Russo," 12 March 1945, ADSS, VII, no. 113., p. 228, n. 6.

27. Müller, "Unkorr. NS üb. Gespräch," 1963, IfZ, ZS 659/3, 25; Leiber, "Unterredung," 26–27 Aug. 1960, IfZ, ZS 660, 11; Sendtner, "Die deutsche Militaropposition im ersten Kriegsjahr," *Die Vollmacht des Gewissens*, 1956, 470– 2; Chadwick, *Britain and the Vatican*, 252–253, 274. Trevor- Roper, "The Philby Affair," in *The Secret World*, 106–107.

28. McCormick, diary, 11 Feb. 1943, ed. Hennessey, 39–40. Holtsman to X– 2, Germany, "Dr. Josef Mueller," 31 Aug. 1945, X 2874, in Mueller, [redacted], CIA DO Records. See especially Gisevius, "Information given [to Dulles] under date of December 19, 1946," AWDP, Subseries 15c.

29. Pfuhlstein, interrogation report, 10 April 1945, DNTC, XCIC, Sec. 3, and CSDIC (UK), GRGG 286, Report on information obtained from Senior Officers (PW) on 19–21 Feb. 1945 [TNA, WO 208/4177], Neitzel, ed., *Abgehört*, Doc. 165. Müller, transcript, July 1963, HDP, III, I/7. Müller, transcript, 22 Sept. 1966, HDP, III, I/7. Müller, 4 June 1952, IfZ, ZS 659/2, 7; Müller,

11 June 1952, IfZ, ZS 659/2, 24. Müller, "Privataudienz beim Papst," LK, 294.

30. Leugers, GM, 188, citing Braun's diary, and Pius to Galen, 24 Feb. 1943, BPDB. Marianne Hapig, in *Alfred Delp*. Matthias Defregger to Roman Bleistein, 28 Feb. 1980, AD, 288.

31. Müller, "Unkorr. NS üb. Gespräch," 1963, IfZ, ZS 659/3, 25. Interview with Josef Muller (26 March 1962), at Lewy, 316.

32. Müller, "Fehlgeschlagen: Das Tresckow Attentat," LK, 161.

33. Scholl, *Die weisse Rose*, 44, 126–128; Scholl, *Briefe und Aufzeichnungen*, 235, 239; cf. Scholl, *Students Against Tyranny*, 17–20, 22–23, 73–74, 76–83, 86–87, 89–90, 93, 129–130.

34. Mayr, "White Rose," EGR, 250–251; Mommsen, *Alternatives*, 187, 295 n 5; Ritter, *German Resistance*, 163, 235–236; Rothfels, *German Opposition*, 13–14; Bethge, *Bonhoeffer*, 778; Hauser, *Deutschland zuliebe*, 293, 341.

35. Koch, *Volksgerichtshof*, 227ff.; cf. Hoffmann, *History*, 292; Hassell, diary, 28 March 1943, 192–193.

36. Smolka to Bleistein, 12 April 1979, AD, 284; cf. AD, 278–279; Brink, *Revolutio humana*, 79; Coady, *Bound Hands*, 55–56. Moltke, 18 March 1943, LF, 279n; Moltke, BF, 463 n 5, 465 n 1; Balfour and Frisby, *Moltke*, 212. Müller, transcript, 24 March 1966, HDP, III, 1/7; cf. Klemperer, *German Resistance*, 311 n 185, citing "Notizen über eine Aussprache mit Dr. Josef Müller, 1 April 1953, BA/K, Ritter 131.

37. Wheeler- Bennett, *Nemesis*, 540.

38. Boeselager, *Valkyrie*, 116–17. Müller, "Tresckow Attentat," LK, 159–160. Lahousen, "Zur Vorgeschichte des Anschlages vom 20. Juli 1944," 1953, IfZ ZS 652; Dohnanyi, "Aufzeichnungen," IFZ,

ZS 603, 9–10. Schlabrendorff, "Events," 1945, DNTC/93, 62.

39. Schlabrendorff, "Events," 1945, DNTC/93, 61.

40. Gaevernitz, *They Almost Killed Hitler*, 51.

41. "Pope Marks Anniversary," *New York Times*, 13 March 1939. Tittmann, *Inside the Vatican of Pius XII*, 145. Müller, "Protokoll des Colloquiums," 31 Aug. 1955, IfZ, ZS 659/1, 46; Müller, transcript, 22 Sept. 1966, HDP, III/1/7. Müller, "Italien nach der Befreiung," LK, 284, 287. Holtsman to X– 2, Germany, "Dr. Josef Mueller," 31 Aug. 1945, X 2874, in Mueller, [redacted], CIA DO Records.

42. Gersdorff, "Beitrag zur Geschichte des 20. Juli 1944," 1 Jan. 1946, IfZ; Hoffmann, *Hitler's Personal Security*, 151f. Schlabrendorff, "Events," 1945, DNTC/93, 63.

43. Schlabrendorff, "Events," 1945, DNTC/93, 63.

44. Müller, "Tresckow Attentat," LK, 161; Schlabrendorff, "Events," 1945, DNTC/93, 64.

第 17 章　齐格菲蓝图

1. Müller, "Tresckow Attentat," LK, 162.

2. Schlabrendorff, "Events," 1945, DNTC/93, 65.

3. Schlabrendorff, *Secret War*, 230. Schlabrendorff, "Events," 1945, DNTC/93, 65, 66.

4. Gersdorff, "Beitrag zur Geschichte des 20. Juli 1944," 1 Jan. 1946, IfZ; Hoffmann, *Hitler's Personal Security,* 151. Hoffmann, *History*, 283, citing Hans Baur, 10 Jan. 1969; Schlabrendorff, "Events," 1945, DNTC/93, 66.

5. Schlabrendorff, "Events," 1945, DNTC/93, 66.

6.　Schlabrendorff, *Revolt*, 86; Hoffmann, "The Attempt to Assassinate Hitler on March 21, 1943," *Annales Canadiennes d'Histoire* 2 (1967): 67–83.

7.　Schlabrendorff, *Revolt*, 86. Schlabrendorff, "Events," 1945, DNTC/93, 67.

8.　On Gersdorff's attempt, see Himmler, Terminkalender, NARA, T–84, Roll R25; Daily Digest of World Broadcasts (From Germany and German– occupied territory), pt. 1, no. 1343, 22 March 1943 (BBC Monitoring Service: London, 1943); U.K. War Office, *Field Engineering and Mine Warfare Pamphlet no. 7: Booby Traps* (1952), 26–28; Hoffmannn, *History*, 287, citing information from Gersdorff (16 Nov. 1964) and Strachwitz (20 Jan. 1966); Schlabrendorff, "Events," 1945, DNTC/93, 67; UK War Office, *Field Engineering and Mine Warfare Pamphlet no. 7: Booby Traps*, 19–23, 26–28; Hoffmannn, *History*, 286; Boselager, *Valkyrie*, 120.

9.　Moltke, 4 March 1943, BF, 458.

10.　Hoffmann, *Hitler's Personal Security*, 257; Sonderegger, "Mitteilungen," c. 1954, Bartz, *Trägodie*, 168–169. Rösch, "P. Alfred Delp † 2.22. 1945 Berlin Plötzensee," 22 Jan. 1956, AR, 305; Rösch, "Lebenslauf," 4 Jan. 1947, AR, 274; Rösch to Ledochowski, 5 Nov. 1941, KGN, Doc. 8, 106ff. Linge, "Kronzeuge Linge," *Revue*, Munich, 1955/56, 4 Folge, 46. Müller, "Breidbachberichte und Führerbunker," LK, 178.

11.　Bormann, "Daten," 9 Nov. 1942. Bleistein, "Besuch bei Stauffenberg," AD, 286.

12.　Bleistein to Hettler, 17 July and 17 Oct. 1988, MBM/155, 4.11.2; Bleistein, AR, 31–32. On the vents as possible ingress routes for assassins, see, e.g., Heydrich, "Betrifft: Sicherungsmassnahmen zum Schutze führender Persönlichkeiten des Staates und der Partei 9 March 1940 and Reichssicherheitshauptamt—Amt IV, Richtlinien für die Handhabung des Sicherungsdienstes," Feb. 1940, NARA, T– I 75 Roll 383. Roeder, IfZ, ED 92, 264; "Bericht Depositenkasse," NL Panholzer 237, 7; Verfahren Roeder, MB 6/3, 461. Müller, "Breidbachberichte und Führerbunker," LK, 179. Hoffmann, "Hitler's Itinerary," xxx.

13. Dohnanyi, statement, 12 May 1943, BA Berlin-Lichterfelde, Nachlass Dohnanyi, 13 II/33,16. Bericht Depositenkasse," NL Panholzer 237, 2; Ficht, "Eidesstattliche Versicherung," 8 May 1950, IfZ, ED 92, 249; Huppenkothen, "Aussage," IfZ, ZS 249/1, 22–23; Kraell to Witzleben, 3 Nov. 1952, IfZ, ZS 657, 1; Verfahren Roeder, MB 6/3, 399–400. Schmidhuber, IfZ, ZS 616, 7; Kraell to Witzleben, 3 Nov. 1952, IfZ, ZS 657, 1; Verfahren Roeder, MB 6/3, 399–400; Hettler, "Das Verfahren beginnt," MBM/155, 4.11.2. Roeder, deposition, II, 329.

14. Roeder, "Deeds of the Accused," 21 Sept. 1943, DBW, 16, 1/229.2. Gisevius, *Bitter End*, 472. Bethge, *Bonhoeffer*, 686–692. "Indictment against Dohnanyi and Oster," 9–10.

15. Gisevius, *Bitter End*, 472. "Indictment against Dohnanyi and Oster," 9.

16. Müller, "Die ersten Verhaftungen," LK, 168.

17. Ficht, Verfahren Roeder, MB 6/1, 146.

18. Müller, "Die ersten Verhaftungen," LK, 169. Roeder, Göring, Müller, "Statement," OSS/MI6, Capri, 23 May 1945, NARA, RG 226, Entry 125, Box 29. Hoffmann, *Stauffenberg*, 185. Sonderegger, "Bericht," Verfahren Sonderegger, MC– 5, 207.

19. Müller, "Die ersten Verhaftungen," LK, 168.

20. Müller, "Breidbachberichte und Führerbunker," LK, 177.

21. 4 Aug. 1943, HDP, III, I/7.

22. Müller, "Die ersten Verhaftungen," LK, 169.

23. Müller, "Die Ersten Verhaftungen," LK, 173; cf. Ficht, Verfahren Roeder, MB 6/5, 662.

24. Pfuhlstein, interrogation report, 10 April 1945, DNTC, XCIC, Sec. 31; Müller, "Statement," OSS/MI6, Capri, 23 May 1945, NARA, RG 226, Entry 125, Box 29. Müller, "Drohungen und Geschrei," LK, 190.

25. Müller, "Lebenslauf," 7 No. 1945, DNTC, vol. XVII, Sub. 53, Pt. 2, Sec. 53.041.

第 18 章 白色骑士

1. Gisevius, *Wo ist Nebe?*, 231.

2. Ibid., 230–233, 221.

3. Moltke, 9 April 1943, LF, 294.

4. Gisevius, *Bitter End*, 483.

5. Hoffmann, *Stauffenberg*, 179–180, citing Balser, statements, 23 Jan., 4 March 1991; Schönfeldt, statement, 22 March 1991; Schotts, statement, 13 March, 20, 26 April 1991; Nina Stauffenberg to Hoffmann, 9 Aug. 1991; Schott, statement, 20 April 1991; Burk, statement, 28 Feb. 1991.

6. Nina Stauffenberg to Hoffmann, 30 July 1968, SFH, 180; Deutsche Dinstelle, 30 Oct. 1991, BA- MA, 15 Nov. 1991; cf. Zeller, *Flame,* 182, 184, 195; Huppenkothen, "The 20 July Plot," Interrogation Report, 17 May 1946, DJ 38, Folder 31;

Schlabrendorff, "Events," 1945, DNTC/93, 71.

7. surveillance, 18–19 Sept. 1944, CSDIC (UK), GRGG 196 [UKNA, WO 208/4363], THG, doc. 158. undated surveillance [after 20 July 1944], CSDIC (UK), GRGG 161 [UKNA, WO 208/4363], THG, doc. 145. surveillance, 18– 19 Sept. 1944, THG, Doc. 158.

8. Halder, letter, 26 Jan. 1962, Kramarz, *Stauffenberg,* 81. Erwin Topf in *Die Zeit,* 18 July 1946. Trevor– Roper, "Germans," March 1947, *Wartime Journals,* 293. Reile, statement, 17 March 1991, SFH, 165. Berthold Stauffenberg to Fahrner, 2 Sept. 1943, Nachlass Fahrner, StGA, SFH, 190. Broich, statements, 14 and 20 June 1962, SFH, 164.

9. Trevor– Roper, "Germans," March 1947, *Wartime Journal*s, 294, n 27. Herre, statement, 7 Dec. 1986, and Berger, statement, 7 May 1984, SFH, 151–152. Walter Reerink, report, June 1963, Kramarz, *Stauffenberg,* 71. "Gleaming eyes" Trevor– Roper, "Germans," March 1947, *Wartime Journals,* 291. Hoffmann, *Stauffenberg,* 106. Zeller, *Flame,* 186.

10. Guttenberg, *Holding the Stirrup,* 194.

11. See, e.g., Schlabrendorff, "Events," 1945, DNTC/93, 71, 73; Kaltenbrunner to Bormann (22 Oct. 1944, KB, 465–466; 4 Oct. 1944, KB, 435; 7 Aug. 1944, KB, 167; 8 Oct. 1944, KB, 434–439; 4 Oct. 1944, KB, 434–439; Kaltenbrunner to Bormann, 16 Oct. 1944, KB, 448–450); Staedke, statement, 13 Jan. 1963, SFH, 118; Elsbet Zeller, statement, 23 Sept. 1984, SFH, 2, 17; Alfons Bopp, statement, 6 Aug. 1983, SFH, 27; Kramarz, *Stauffenberg* (27–28, citing Dietz Freiherr von Thungen, memo, 1946; Halder, statement, 26 Jan. 1962; Nina Stauffenberg, letter, 17 March

1962; Ulrich de Maiziere, statement, 20 Jan. 1963); Pfi zer, "Die Brüder Stauffenberg," *Freundesgabe fur Robert Boehringer,* 491; Wassen, "Hie Stauffenberg—Hie Remer," *Die österreichische Furche* 7 (Feb. 1953). Kaltenbrunner to Bormann, 4 Oct. 1944, KB, 434 (*"kirchlichen Beziehungen in der Verschwörer- clique eine* große Rolle *gespielt haben"*). Kaltenbrunner to Bormann, 7 Aug. 1944, KB, 167. Zeller, *Flame,* 173. Hoffmann, *Stauffenberg,* 15. Caroline Schenk, "Aufzeichungen," Sept. 1916, SFH, 8. Berger, statements, 7 May and 12 July 1984, SFH, 152.

12.   Stauffenberg to Partsch, 22 April 1940, SFH, 78 (in April 1940, Stauffenberg was reading Frederick II's state papers). Zeller, *Flame,* 175. Hoffmann, *Stauffenberg,* 65.

13.   Bussche, statement, 6–7 Dec. 1992, in Baigent and Leigh, *Secret Germany,* 158. Kaltenbrunner to Bormann, 4 Oct. 1944, KB, 435. Berger, statements, 7 May and 12 July 1984, SFH, 152. Kramarz, *Stauffenberg,* 148.See the discussion of his visit to Stauffenberg on 6 June 1944, *supra.*

14.   Guttenberg, *Holding the Stirrup,* 1972, 190. Angermaier to Berninger, 9 May 1943, in Leugers, *Angermaier,* 111– 12.

15.   Roeder, "Eidesstattliche Erklärung," 23 May 1947, HStAH, Nds. 721 Lüneburg, Acc. 69/76, II, 213.

16.   Müller, "Lebenslauf," 7 Nov. 1945, DNTC, vol. XVII, Sub. 53, Pt. 2, Sec. 53.041.

17.   Müller, "Die Ersten Verhaftungen," LK, 173.

18.   Müller, "Breidbachberichte und Führerbunker," LK, 180.

19.   Müller, "Die ersten Verhaftungen," LK, 170. "Bericht Depositenkasse," NL Panholzer 237, 7–8; Verfahren Roeder, MB 6/3, 406. "Die ersten Verhaftungen," LK, 169.

20. Müller, "Die ersten Verhaftungen," LK, 170. Hapig, diary, 15 Aug. 1944, *Tagebuch,* 35. Maria Müller, statement, 12 Nov. 1948, IfZ, ZS 659, 88.

21. Heinrich Kreutzberg, *Franz Renisch, Ein Martyrer unserer Zeit* (Limburg, 1952); Müller, "Pfarrer Kreutzer," LK, 205. Müller, "Pfarrer Kreutzberg," LK, 206.

22. Müller, "Pfarrer Kreutzberg," LK, 206. Müller, "Die ersten Verhaftungen," LK, 170. Müller, "Hart auf hart," LK, 175.

23. Müller, "Die ersten Verhaftungen," LK, 169, 173; "Pfarrer Kreutzberg," LK, 206; "Drohungen und Geschrei," LK, 187. Müller, "Drohungen und Geschrei," LK, 189.

24. Müller, "Breidbachberichte und Führerbunker," LK, 177. Müller, "Breidbachberichte und Führerbunker," LK, 179. Müller, "Unsichtbare Helfer," LK, 184. Roeder, IfZ, ED 92, 264; "Bericht Depositenkasse," NL Panholzer 237, 7; Verfahren Roeder, MB 6/3, 461.

25. Müller, "Aussage," 23 May 1945, 1.

26. Müller, "Pfarrer Kreutzberg," LK, 204, 207.

27. Kreutzberg, statement, Verfahren Roeder, MB 6/6, 732.

28. "Datenüberblick," GM, 402 (König in Munich on 30 April, back to Munich, 2 May; on 4 May, "König: Vortrag in Führerhauptquartier München von Hitler wg. Pullach" ; on 6 May, "König sick, fever").

29. Tacchi Venturi to Maglione, 14 April1943, ADSS, IX, no. 152. Constantini, diary, 20 April 1943, SVC, 162. Preysing to Pius XII, 6 Nov. 1943, quoted in BPDB, no. 105.

30. Pius XII to Preysing, 30 April 1943, BPDB, no. 105. "Questions about Catholic Resistance," *Church History,* 70: 2 (2001), 332,

citing Friedlander, *Pius XII* , 135–145. Cornwell, *Hitler's Pope,* 124, quoting Brüning manuscript, memoirs, 351352, Harvard University Archive FP 93.4, in Patch, *Heinrich Brüning,* 295296.

31.   Preysing, sermon, 15 Nov. 1942, quoted in BPDB, No. 105. Pius XII to Preysing, 30 April 1943, BPDB, No. 105.

32.   Ibid.

33.   Ibid.

34.   Hoffmann, *Stauffenberg*, 184. Zeller, *Flame,* 195.

35.   Homer, *Odyssey*, 7:58–59, 235.

36.   Moltke, LF, 321. Bleistein, "Dritte Kreisauer Tagung," DKK, 239–240; Delp, "Neuordnung," Dritte Kreisauer Tagung, no. 7, DKK, 278–295; Mommsen, *Alternatives to Hitler,* 218–219; Roon, *German Resistance,* 343–347; Schwerin, *Köpfe,* 313.

37.   Schmäing, "Aussage," Verfahren Roeder, MB 6/6, 786.

38.   Moltke, 20 June 1943, LF, 315. Protective hand" Müller, transcript, 8 Aug. 1963, Tape VI, HDP, III, I/7. Moltke, 20 June 1943, LF, 315. Müller, "Drohungen und Geschrei," LK, 189; Keller, "Zeugenschriftum," 4 July 1967, IfZ, ZS 2424. "Minutes of Proceedings of an Interrogation of Wilhelm Canaris," 15 June 1943, DBW, 16, 1/227; BA Berlin-Lichterfelde, Nachlaß Dohnanyi 1311/33,17–18; hectograph.

39.   Müller, "Hart auf hart," LK, 175; Hettler, "Gespräch mit Josef Feulner," 26 Oct. 1989; Hettler, "Die Verhaftung," MBM/155, 4.11.2. Müller, "Unsichtbare Helfer," LK, 181.

40.   Müller, "Drohungen und Geschrei," LK, 187.

41.   Müller, "Unsichtbare Helfer," LK, 182.

42.   Huppenkothen, "Verhaltnis Wehrmacht Sicherpolitzei," HDP, Box 2, Folder 10. Huppenkothen, "Verhaltnis Wehrmacht

Sicherpolitzei," HDP, Box 2, Folder 10. Kraell, "Bericht Depositenkasse," NL Panholzer 237, 13–14; Roeder, "Aussage," IfZ, ED 92, 266.

43.　Christine von Dohnanyi, IfZ, ZS 603, 77. "Information obtained from Gentile [Gisevius]," 10 Sept. 1943, AWDP, 15a. Schwerin, *Köpfe,* 297. Christine von Dohnanyi, IfZ, ZS 603, 77.

第 19 章　梵蒂冈囚犯

1.　Constantini, diary, 27 July 1943, SVC, 186. Idem, 19 July 1943, SVC, 172–174.

2.　Magruder to JCS, 16 March 1945, NARA, RG 226, Entry 180, Box 376. Weizsäcker, *Memoirs,* 289. Kessel, "Verborgene," 12 April 1945, VS, 241.

3.　Müller, transcript, 31 Aug. 1955, IfZ, ZS 659/1, 35. Müller, "Die Depositenkasse," LK, 167. Müller, transcript, 31 Aug. 1955, IfZ, ZS 659/1, 34. Müller, transcript, 27 May 1970, IfZ, ZS 659/4, 183. Müller, "Colloquium," 31 Aug. 1955, IfZ, ZS 659/1, 35. Müller, "Aussage," 11 June 1952, IfZ, ZS 659/2, 25.

4.　Müller, "Colloquium," 31 Aug. 1955, IfZ, ZS 659/1, 35. Montini, notes, 24 Nov. 1942, ADSS, VII, no. 32. Müller, "Unkorr. NS üb. Gespräch," 1963, IfZ, ZS 659/3, 30. Müller, "Die Depositenkasse," LK, 167. Badoglio to Maglione, 21 Dec. 1942, ADSS, VII, no. 67.Müller, "Protokoll des Colloquiums am 31. August 1955," IfZ, ZS 659/1, 44–45.

5.　Gumpel, interview, 1 June 2014.Taylor to Roosevelt, 10 Nov. 1944, Taylor Papers, FDRL.

6.　Pius XII to Mussolini, 12 May 1943, ADSS, VII, no. 186.

Maglione, notes, 12 May 1943, ADSS, VII, no. 187; Gumpel, interview, 1 June 2014.

7. Gumpel, interview, 1 June 2014.

8. Gumpel, interview, 1 June 2014. Tardini, notes, 31 May 1943, ADSS, VII, no. 223

9. Tardini, notes, 11 June 1943, ADSS, VII, no. 242; Montini, notes, 11 June 1943, ADSS, VII, no. 243. Borgongini Duca to Maglione, 17 June 1943, ADSS, VII, no. 252.

10. Constantini, diary, 22 July 1943, SVC, 180. Idem, 18 July 1943, SVC, 171.

11. Tittmann, *Inside the Vatican,* 172.

12. ADSS, VII, p. 55. Blet, *Pius XII*, 212. Hatch and Walshe, *Crown*, 163.Derry, *Rome Escape Line*, 61.

13. Constantini, diary, 11 Sept. 1943, SVC, 195. Weizsäcker, "Rundbrief," 10 Sept. 1943, WP, 349. Graham, "Voleva Hitler," *Civiltà Cattolica* (1972), 1:319ff, 321.

14. Transcript, 26 July 1943, 12.25 a.m. to 12.45 a.m., ed. Gilbert, *Hitler Directs*, 54.

15. Goebbels, diary, 27 July 1943, ed. Lochner, 409,416.

16. Karl Wolff, testimony, IMT, Case 11, Book 1e; Book 5, Doc. 68; Enno von Rintelen, testimony, IMT, Case 11, Book 1e, Doc. 195, also in Rintelen, *Mussolini als Bundesgenosse. Erinnerungen des deutschen Militärattaches in Rom 1936–1945* (Tübingen, 1951), 235; record of Erwin Lahousen interrogation, 15 March 1946, United States Counsel for the Prosecution of Axis Criminality, Interrogations and Interrogation Summaries, NARA, RG 238, Box 11, "Kesselring- Lammers."

17. Wolff, "Niederschrift," *Posito Summ* II, 28 March 1972; Wolff,

"Excerpts from Testimony," 26 Oct. 1945, IMT, XXVIII; Record of Karl Wolff interrogation, 27 Oct. 1945, NARA, RG- 238, Box 24, "Wolf- Zolling"；cf. Müller, "Vor dem Reichskriegsgericht," LK, 197.

18. Constantini, diary, 27 July 1943, SVC, 186. Ritter, *Goerdeler,* 246. Goebbels, diary, 27 July 1943, ed. Lochner, 411. Mommsen, *Alternatives,* 243; Rothfels, *German Opposition,* 75; KB, 157; Kramarz, *Stauffenberg,* 135; Hoffmann, *History,* 301–311. Balfour and Frisby, *Molt*ke, 235; Hoffmann, *History,* 201, 360; Hoffmann, *Stauffenberg,* 187, 190, 295; Kaltenbrunner to Bormann, KB, 145; Osas, ed., *Walküre* (case v. Goerdeler); KB, 357; Zeller, *Flame,* 195, 219, 227, 232, 232–233, 248, 272, 273. John, *Twice,* 120. Goldmann as cutout to Kessel: *Shadow,* 84–87, 91, 133, 139, 140–146. "Positioned clergy," etc.: Kaltenbrunner to Bormann, 29 Nov. 1944, "Verbindungen zum Ausland," KB, 503. Schwarz, *Adenauer,* 272. Alvarez, *Nothing Sacred,* 34.

19. AA, Politisches Archiv, Inland Ilg. 83, Italien, Berichtverzeichnisse des Pol. Att. in Rom, Ka2302: Paul Franken. Alvarez, *Spies,* 185.

20. "An interview with Father Georg [*sic*] Leiber in the Vatican," 18 Aug. 1944, NARA, RG 226, Entry 136, Box 14.

21. On the plot c. mid- October 1943, see Goerdeler, "Idee," Nov. 1944, Bundesarchiv, Coblenz, Nachlass Goerdeler, 25; Ritter, *Goerdeler,* 337; Hoffmann, *Stauffenberg,* 188; Rudolf Fahrner, statement, 9 May 1977, SFH, 226; Zeller, Oberst, 362; Ritter, *Goerdeler,* 337; Bleistein, "Nach der dritten Kreisauer Tagung," DKK, 301; Alvarez, *Spies,* 186, citing Franken interview, 26 April 1969, Graham Papers; Hesslein, "Material Axel von dem Bussche, Teil I [1968–1993], Kopien Korrespondenz [Franken]," IfZ, ED

447/62; Engert, "Er wollte Hitler töten. Ein Porträt des Axel v. dem Bussche," Sendemanuskript, 20 July 1984 [Franken], IfZ, ED 447/62; Hoffmann, *Stauffenberg,* 225, citing I. Stieff, "Helmuth Stieff," 75; Goerdeler, "Idee," Nov. 1944, Bundesarchiv, Coblenz, Nachlass Goerdeler, 25; Zeller, Oberst, 525 n 1; Schlabrendorff, "Events," 1945, DNTC/93, 84; Leiber, interview, OSS 2677th Regiment, 18 Aug. 1944, NARA, RG 226, Entry 136, Box 14.

22. Gumpel, interview, 17 May 2014; Graham and Alvarez, *Nothing Sacred,* 33, citing information from Mother Pascalina.

23. "Mordplan Hitlers gegen Der Pabst," *Salzburger Nachrichten,* 20 Jan. 1946.

24. Lahousen, testimony, 1 Feb. 1946, Nachlass Loringhoven, PWF; Wolff, "Niederschrift," *Posito Summ,* II, 28 March 1972; Nicholas Freiherr Freytag von Loringhoven to Egr. Sig. Dino Boffo, 16 March 2010, PWF.

25. Toscano, *Nuova Antologia,* March 1961, 299ff., and *Pagine di Storia diplomatica contemporanea* (Milan, 1963), 249–281.

26. Balfour and Frisby, *Moltke,* 300. Deichmann, "Mitteilung," c. 1953; Bartz, *Tragödie,* 189.

27. Schwerdtfeger, *Preysing,* 128; Kramarz, *Stauffenberg,* German ed., 160; Knauft, *Christen,* 35f.; Adolph, *Kardinal,* 181; Kaltenbrunner to Bormann, 4 Oct. 1944, *Spiegelbild,* 437f.

28. Alexander Stauffenberg, "Erinnerung at Stefan George," address, 4 Dec 1958, Kramarz, *Stauffenberg,* 148. Wassen, "Hie Stauffenberg—Hie Remer," *Die Österreichische Furche,* 7 Feb. 1953. Leiber to Preysing, 22 April 1944, ADSS, X, no. 163.

29. Alexander Stauffenberg, "Erinnerung an Stefan George," address, 4 Dec. 1958; Kramarz, *Stauffenberg,* 148.

30. Müller, "Aussage," 23 May 1945, 2.

31. Müller, "Vor dem Reichskriegsgericht," LK, 191.

32. "Bericht Depositenkasse," NL Panholzer 237, 7.

33. Hettler, "Vor dem Reichskriegsgericht," MBM/155, 4.12.5.

34. Müller, transcript, 8 Aug. 1963, Tape VI, HDP, III, 1/7.

35. Sonderegger, "Aussage," IfZ, ZS 303/2, 19; Sachs to Witzleben, 19 Nov. 1952, IfZ, ZS 1983, 3.

36. Müller, "Statement," OSS/MI6, Capri, 23 May 1945, NARA, RG 226, Entry 125, Box 29.

37. Müller, "Lebenslauf," 7 Nov. 1945, DNTC, vol. XVII, Sub. 53, Pt. 2, Sec. 53.041.

38. Kraell to Witzleben, 3 Nov. 1952, IfZ, ZS 657, 2–3.

39. Pius XII on Vatican Radio, 2 June 1944; text in Giovanetti, *Roma,* 287–288.

40. Tittmann, *Inside,* 208–209.

41. Clark, *Calculated Risk,* 365.

42. Sevareid, *Not So Wild,* 412. Clark, *Calculated Risk,* 365–366.

43. Giovannetti, *Roma,* 298n.

44. Scrivener, *Inside Rome,* 202.

45. Text of Pius XII's speech in AG, 297.

46. Giovanetti, *Roma,* 297.

47. Kurzman, *Race,* 409–410. Sevareid, *Not So Wild,* 415.

48. Barrett, *Shepherd of Mankind,* 200.

49. Chadwick, *Britain and the Vatican*, 288- 89; Gilbert, *The Righteous*, 314; Zuccotti, *Under His Very Windows*, 181–186, 200.

第 20 章　此事必发生

1.　On these events, Kershaw, *Nemesis,* accepts Irving, *Hitler's War,* 634–638; cf. Fest, *Hitler,* 704–705, Atkinson, *Guns,* 83–83.

2.　MVD to Stalin, 29 Dec. 1949, CPSU/462a, 2148–2149.

3.　Below, *Hitler's Side,* 202–203.

4.　Gerhard Boss to Bleistein, 31 July 1984 and 1 Oct. 1987, AD, 283. "Anklage des Volksgerichtofs gegen Alfred Delp," 16 Dec. 1944, AD, 365.

5.　Kaltenbrunner to Bormann, 31 Aug. 1944, KB 331–332; cf. Coady, *Bound Hands,* 65.

6.　Gerhard Boss to Bleistein, 31 July 1984 and 1 Oct. 1987, AD, 283; cf. Coady, *Bound Hands,* 65.

7.　Kuningunde Kemmer to Dr. H. Oeller, 25 Feb. 1985, AD, 284. Bleistein, "Besuch bei Stauffenberg," AD, 286 n 18.

8.　Delp, "Gespräch mit Stauffenberg," c. 9 Jan. 1945, GS, IV, 349–356.

9.　Moltke, LF, 400n.

10.　Smolka to Bleistein, 12 April 1979, AD, 284.

11.　Kuningunde Kemmer to Dr. H. Oeller, 25 Feb. 1985, AD, 284.

12.　Hans Hutter to Bleistein, 16 Sept. 1987, AD, 288–289.

13.　Bonhoeffer to Bethge, 30 June 1944, LPP, 340–341.

14.　Müller, "Der 20. Juli 1944," LK, 197–198; Hettler, "Episoden aus der Lehrterstrasse," MBM/155, 4.12.6.

15.　For example, Wassen, "Hie Stuffenberg—Hie Remer," *Die österreichische Furche*, 7 Feb. 1953. Nina Stauffenberg, letter, 17 March 1962; Kramarz, *Stauffenberg,* 27–28. Hanna, "Sacrament of Penance," in *CE,* vol. 11, citing Leo, *Epistles,* cviii. Braun, "Widerstand aus Glauben," c. 1951, ACDP, 1–429.

Sykes, *Troubled Loyalty*, 432. Moltke, 20 April 1943, LF, 299.

For variant accounts, see, esp., SFH, 263: Karl Schweizer,

Stauffenberg's driver, statement, 18 June 1965, places the church

in Steglitz; Schweizer, interview by Joachim Fest, "Operation

Valküre," Bavaria Atelier GmbH, Munich, 1971, places the

church in Wannsee; Zeller, *Flame*, 300, 376, citing information

from Schweizer's sister, places the church in Dahlem. See also

Kramarz, *Stauffenberg*, 200; FitzGibbon, *20 July*, 150–152.

Galante, *Valkyire*, 5.

16. Hoffmann, *Stauffenberg*, 263.

第 21 章　神圣德意志

1. Huppenkothen, "Der 20. Juli 1944," HDP, 2/10.

2. On events at Führer headquarters on 20 July see, esp., Hoffmann,
   "Zu dem Attentat im Führerhauptquartier 'Wolfschanze' am 20.
   Juli 1944," VfZ 12 (1964): 266–284.Joachimsthaler, *Last Days of
   Hitler*, 65. On the timing of the conference: Below to Hoffmann,
   15 May 1964; Interrogation Report 032/Case no. 0279, typescript,
   23 Jan. 1946; and "Hitlers Adjutant über den 20. Juli im FHQu,"
   Echo der Woche, 15 July 1949; Heinz Buchholz, "Das Attentat
   auf Adolf Hitler am 20. Juli 1944," typescript, Berchtesgaden,
   14 July 1945, University of Pennsylvania Library 46 M– 25;
   Buchholz quoted in Knauth, "The Hitler Bomb Plot," *Life*, 28
   May 1945, 17–18, 20, 23; and Knauth, *Germany in Defeat*, 175–
   182.

3. Peter, *Spiegelbild*, 85; Wehner, "Spiel'," 31.

4.   Hoffmann, *History*, 398.

5.   Heusinger to Hoffmann, 6 Aug. 1964, in Hoffman, *History*, 400.

6.   Peter, *Spiegelbild*, 85–86; "Tätigkeitsbericht des Chefs des Heerespersonalamts," NARA, NA microcopy T- 78, Roll 39; Scheidt, "Wahrheit gegen Karikatur," *Neue Politik*, 27 May 1948, 1–2; Hoffmann, *History*, 400–401.

7.   Huppenkothen, "The 20 July Plot," Interrogation Report, 17 May 1946, DJ 38, Folder 31; CSDIC, GG Report, RGG 1295(c), 10 June 1945, TRP, DJ 38, Folder 26; BAOR Interrogation Report 032/CAS no. 0279/von Below, 23 Jan. 1946, TRP, DJ- 38; Neitzel, ed., Abgehört, Doc. 153, CSDIC (UK), GRGG 183, Report on information obtained from Senior Officers (PW) on 29 Aug. 1944 [TNA, WO 208/4363].

8.   "Eyewitness Account July 20th," n.d. [1945–1946], CSDIC, SIR–1583, TRP, DJ 28, Folder 26; Hoffmann, *Hitler's Personal Security*, 248–249.

9.   Galante, *Valkyire*, 4–5; Hoffmann, *History*, 397; Hoffmann, *Stauffenberg*, 264–267; Fest, *Plotting*, 308; Toland, *Hitler*, 903–904; Papen, *Memoirs*, 496; Schlabrendorff, *Secret War*, 287–288.

10. Toland, *Hitler*, 799; Loringhoven, *In the Bunker with Hitler*, 49.

11. Zeller, *Flame*, 306.

12. Gisevius, *Bitter End*, 546–547; Schlabrendorff, *Secret War*, 287–288; SFS, 270; Hoffmann, *History*, 422–423.

13. Hoffmann, *History*, 422–423, 501–503, 507–508; Hoffmann, *Stauffenberg*, 267–270; RSHA Report, 7 Aug. 1944 (US Dept. of the Army, MS, 105/22); Teleprint Message II, 20 July 1944, in Hoffmann, *History*, Appendix 2, 755–756.

14. "Record of Hitler's activities 11 August 1943–30 December

1943," NARA, RG 242 Miscellaneous Box 13 EAP 105/19; Hoffmann, *History*, 300; yet Eugen Gerstenmaier in "Der Kreisauer Kreis:Zu dem Buch Gerrit van Roons "Neuordnung im Widerstand," VfZ 15 (1967): 231 repeats Lukaschek's story as "reliable, I think."

15. Müller, "Aussage," April 1958, HDCP; Müller, "Tresckow-Attentat," LK, 160; Müller, "Der 20. Juli 1944," LK, 198.

16. Tattenbach, "Das enstsheidende Gespräch," *Stimmen der Zeit* 155 (1954–1955): 321–329; Delp, GS, IV, 343 n 58; Siemer, AB, 132.

17. Toland, *Hitler*, 799.

18. Bross, *Gespräche mit Hermann Göring*, 221.

19. Toland, *Hitler*, 801–802; Hoffmann, *Hitler's Personal Security*, 252.

20. Hoffmann, *Stauffenberg*, 193; Hassell, *Vom andern Deutschland*, 394, 399, 418, 608 n 9; Hoffmann, *Widerstand*, 367–368.

21. Buchholz, "Das Attentat Adolf Hitler," University of Pennsylvania Library (manuscript 46M- 25).

22. Hoepner, 7 Aug. 1944, in IMT, XXXIII, 41.

23. Hoffmann, *History*, 422ff., 501–503, 507–508; Hoffmann, *Stauffenberg*, 267–270; Speer, *Inside*, 494; RSHA Report, 7 Aug. 1944 (US Dept. of the Army, MS, 105/22).

第 22 章　档案库

1. Hitler, radio speech, 20 July 1944, 4:2924–2925; cf. "Hitler's Six- Minute Broadcast," *Guardian* (London), 21 July 1944.

2. Bleistein, "Die Verhaftung," AD, 294–295.

3. Tattenbach to Volk, 2 Nov. 1964, and Tattenbach to Bleistein, 25

April 1979, AD, 295. Papecke to Bleistein, 10 Jan. 1979, AD, 293.

4. Tattenbach, interview by Bleistein, 25 April 1979; and Tattenbach, interview by Volk, 2 Nov. 1964 (AD).

5. Müller, "Der 20. Juli 1944," LK, 198.

6. Ibid., 199.

7. Smolka to Bleistein, 12 April 1979, AD, 296.

8. Kessler, statement, 25 April 1979, AD, 296.

9. Coady, *Bound Hands*, 70.

10. "Prayer of St. Ignatius of Loyola," in *Handbook for Catholics*, 2. Kessler, statement, 25 April 1979, AD, 296.

11. Geisler, "Gespräch," 3 Feb. 1981, AD, 297.

12. Oestreicher, in Hapig, *Alfred Delp: Kämpfer*, AD, 30.

13. Rocca, interview, Jan. 1992.

14. Frend, "Ein Beweis der tiefen Uneinigkeit," *Frankfurter Allgemeine Zeitung*, 12 July 1997, B3.

15. OSS, "Informed German Sources in Rome," 22 July 1944, NARA, RG 226, Entry 16, Box 1015.

16. Rocca, interview, Jan. 1992.

17. OSS, "The Protestant and the Catholic Churches in Germany," 22 July 1944, NARA, RG 59, R&A 1655.22. Brandt, "Oppositional Movements in Germany," 25 Sept. 1943, NA, RG 226, Entry 100 (AIGR, 103ff). OSS Morale Branch (London), "The Hamilton Plan and the Organization of the German Underground," 31 Aug. 1943, NARA, RG 226, Box 175, Folder 2316, AIGRH, Doc. 17.

18. Brandt, "Oppositional Movements in Germany," 25 Sept. 1943, NA, RG 226, Entry 100 (AIGRH, 103ff.). Rocca, interview, Jan. 1992.

19. Scheffer, Annex E, Poole to Dulles, 10 Oct. 1944, NARA, RG 226, 16/1131.

20. Rocca, interview, Jan. 1992.

21. Leiber, interview, OSS 2677th Regiment, 18 Aug. 1944, NARA, RG 226, Entry 136, Box 14.

22. On Siemer's escape, see: Siemer, DB, 132, 134, 135; "Rundbrief Siemers," 18 Aug. 1945, DPB. For details on Braun's escape, see: Reimann to Leugers, 30 Aug. 1989, GM, 305; Braun, "Lebendig"; Vogelsberg, clandestine message, Feb. 1945, ACDP, I, 429; Bauer, statement, c. Nov. 1979, NLB; Vogelsberg to Leugers, 27/28 Sept. 1987, GM, 185, 305.

23. Müller, "Neue Verhare–alte Fragen," LK, 222.

24. Müller, "Im Kellergefängnis der Gestapo," ibid., 212.

25. Ibid., 213.

26. Bormann to his wife, 30 Sept. 1944, in *Bormann Letters*, 127. Bormann to his wife, 1 Oct. 1944, in *Bormann Letters*, 128–129. Junge, *Final Hour*, 144.

27. Günsche, statement, n.d., in Morrell, *Diaries*, 188.

28. Files on 26 September: Bormann to his wife, 26 Sept. 1944, in *Letters*, 123–124. Morrell, entry for 28–29 Sept. 1944, *Diaries*, 190–191n2.

29. Joachimsthaler, *Last Days of Hitler*, 65–67.

30. Giesing, diary, and statement, 1971, in Toland, *Hitler*, 826.

31. Morrell, *Diaries*, 177; Giesing, "Protokol von Hitlers Hals-Nasen– und Ohrenarzt Dr. Erwin Giesing vom 12.6.1945 über den 22.7.1944," NARA, RG 242, HL- 7241-3; Giesing, in "Hitler as Seen by His Doctors," Annexes II, IV, Headquarters USETMISC Consolidated Interrogation Report no. 4, 29 Nov. 1945. MVD to

Stalin, 29 Dec. 1949, CPSU/462a, 160.

32.　Giesing, diary, and statement, 1971, Toland, *Hitler*, 827, cf. Schenk, *Patient Hitler: Eine medizinische Biographie*, 131. Kaltenbrunner to Bormann, 29 Nov. 1944, KB, 509.

第 23 章　地狱

1.　Müller, "Lebenslauf," 7 Nov. 1945. Hettler, "In der Prinz–Albrecht- Strasse," MBM/155, 4.13; Müller, "Aussage," Verfahren Huppenkothen, MB/5/T, 157; Müller, "Pfarrer Kreutzberg," LK, 212.

2.　Kessel, "Verborgene," 12 April 1945, VS, 245. Müller, "Aussage 10 Oct. 1947, IfZ, ED 92, 59.

3.　Müller, "Im Kellergefängnis der Gestapo," LK, 213.

4.　Pfuhlstein, Interrogation Report, 10 April 1945, DNTC, vol. XCIC, Sec. 31; CSDIC (UK), GRGG 286, Report on information obtained from Senior Officers (PW) on 19–21 Feb. 45, Neitzel, ed., *Abgehört*, Doc. 165 (UKNA, WO 208/4177).

5.　Müller, "Letztes Gespräch mit Canaris," LK, 226.

6.　Müller, "Aussage," IfZ, ED 92, 86. Müller, "Statement," OSS/MI6, Capri, 23 May 1945, NARA, RG 226, Entry 125, Box 29.

7.　Müller, "Neue Verhare–alte Fragen," LK, 220.

8.　Müller, "Meine Rettung," LK, 281.

9.　Müller, "Neue Verhare–alte Fragen," LK, 221.

10.　Sonderegger, "Brief," 14 Jan. 1951, IfZ, ZS 303/1, 13.

11.　Müller, "Aussage," Verfahren Huppenhothen, MB 3/5/T, 156.

12.　Hettler, "Der Leiber- Brief," MBM/155, 4.13.1.1.

13.　Müller, "Neue Verhare–alte Fragen," LK, 222.

14. Sonderegger, "Brief," 14 Jan. 1951, IfZ, ZS 303/1, 13; Sonderegger, "Aussage," IfZ, ZS 303/2, 17–16.

15. Müller, "Neue Verhare–alte Fragen," LK, 223.

16. Moltke, LF, 22. Moltke, 28 Dec. 1944, LF, 394–395.

17. Hapig/Pünder, note, 17 Dec. 1944, Ehrle, 203. Moltke, LF, 386.

18. Moltke to Freya, 11 Jan. 1945, LF, 397.

19. Delp to M., 3 Jan. 1945, GS, IV, 86. Delp, "Mediationen V: Epiphanie 1945," GS, IV, 125–124.

20. Delp to M., 29 Dec. 1944, GS, IV, 71–72. Delp to M., "Neujahrsnacht 1944/45," GS, IV, 78–83.

21. Delp to M., "Neujahrsnacht 1944/45," GS, IV, 78–83.

22. Delp to Marianne Hapig and Marianne Pünder, 11 Jan. 1945, GS, IV, 73.

23. Balfour and Frisby, *Moltke*, 316. Bleistein, "Prozess," AD, 376. Coady, *Bound Hands*, 161.

24. Kempner, *Priester*, 66; cf. "Prozess," AD, 376. Delp to Tattenbach, 10 Jan. 1945, GS, IV, 97–98.

25. Kempner, *Priester*, 66; cf. "Prozess," AD, 377.

26. "Mitteilung des Oberreichsanwalts beim Volksgerichtshof," 15 Feb. 1945 (O J 21/44 g Rs); Kempner, *Priester*, 70. Bleistein, "Prozess," AD, 380–381. Moltke, 10 Jan. 1945, LF, 400.

27. Moltke, 11 Jan. 1945, LF, 412.

28. Rösch, "Kampf," 17–22 Oct. 1945, KGN, 270ff; Rösch, affi davit, 8 Oct. 1945; Leugers, *Mauer*, 309. Rösch, "Dem Tode entronnen," 1945–1946, KGN, Doc. 29, 301f.

29. Bleistein, "In Händen der Gestapo," AR, 132. Bleistein, "König," *Stimmen der Zeit* 204 (1986): 313f. Rösch, "Konfrontation mit der Gestapo," 10–17 Feb. 1946, AR, 260.

30. "Lieber ein Scharskopf als gar kein Kopf." Gerstenmaier, "Gespräche," 14 May 1982, AR, 392.

31. Delp, "Nach der Verteilung," c. 11 Jan. 1945, GS, IV, no. 70.

32. Coady, *Bound Hands*, xiii, 173.

33. Delp to Luise Oestreicher, 11 Jan. 1945, GS, IV, no. 72. Delp to Hapig and Pünder, 26 Jan. 1945, GS, IV, 146.

第 24 章 绞刑架

1. Hapig, diary, 18 Oct. 1944, *Tagebuch*, 50. Bleistein, "Im Gestapogefängnis Berlin– Moabit," AR, 135.

2. Delp to Braun, 14 and 18 Jan. 1945, GS, IV, 180–184. Rösch to Braun, Feb. 1945, ACDP, I, 429 (GM, 308). Rösch, "Kassiber," 12 Feb. 1945, ACDP, I, 429 (GM, 310). Rösch, "Kirchenkampf," 22 Oct. 1945, AR, 229. Leugers, *Mauer,* 309, citing Simmel, "Rösch," 101.

3. Rösch, "Escape," 321; Rösch, "Lebenslauf," 4 Jan. 1947. Bleistein, "Im Gestapogefängnis Berlin– Moabit," AR, 135.

4. Rösch, "Kirchenkampf 1937–1945," 22 Oct. 1945, AR, 230. Rösch, "Zum Gedächtnis von P. Alfred Delp SJ," 26 Jan. 1946, AR, 255. Coady, *Bound Hands,* 209.

5. Rösch, "Zum Gedächtnis von P. Alfred Delp SJ," 26 Jan. 1946, AR, 257.

6. Bleistein, "Verhaftung," AD, 302.

7. Gernstenmaier, *Streit,* 204f.; cf. Schlabrendorff, *Offizieire,* 138; Bleistein, "Verhaftung," AD, 305–306. Kempner, *Priester,* 64; cf. Hartl on Nehauus, "The Orthodox Church," 9 Jan. 1947, CI–FIR/123, Annex VIII.

8. Neuhaus to Bleistein, 11 July 1989, AD, 307. Rösch, "Gedächtnis," 26 Jan. 1946, AR, 255.

9. Gersteinmaier in Delp, *Kämpfer,* 41; Gerstenmaier to Bleistein, 22 Jan. 1988, AR, 304. Hoffmann, *History,* 522–523.

10. Bleistein, "Verhaftung," AD, 305.Hoffmann, *History,* 528, citing Erich Stoll, statement, 1 July 1971; and Heniz Sasse, statement, 20 Nov. 1964; Maser, *Hitler,* 255, 472; Stegmann, "Betreft: Fillmmaterial zum Attentat auf Hitler am 20. July 1944," typescript, Deutsche Wochenschau GmbH, 3 June 1970; Kiesel, "SS– Bericht uber den 20 Juli: Aus den Papieren des SS–Obersturmbahnführeres Dr Georg Kiesel," *Nordwestdeutsche Hefte* 2 (1947), no. 1/2, 34. Fraser, "Revelations sur l' execution des conjures antinazis," *XX Siecle,* 3 Jan. 1946.

11. Helmsdorffer, "Scharfrichter seit 200 Jahren," *Pivatal* 7 (1949): 22–24; "Der Henker des 20 Juli," *Hannoversche Neuste Nachrichten,* 24 Aug. 1946; Rossa, *Todesstraffen,* 31–40; Poelchau, *Die letzen Stunden,* 53–54, 86–87, 100, 107–108. Coady, *Bound Hands,* 199–200.

12. Leugers, *Mauer,* 309, citing Hapig/Pünder notes of 13 Feb. and 5 March 5 1945, in Ehrle, *Licht über dem Abgrund,* 221, 223.

13. Rösch, letter [to unknown person], after 15 Feb. 1945, ACDP/ St. Augustin, Estate of Odlio Braun, 1–429–008/3.

14. Edmund Rampsberger SJ, "Einige Angaben zur Flucht von P. August Rösch," 26 Feb. 1982, AR, 199. Rösch to Leiber, 8 July 1945, KGN, Doc. 24, 234ff.

15. Schlabrendorff, "In Prison," IKDB, 218; Müller, "Letztes Gespräch mit Canaris," LK, 230.

16. Ibid., 231.

17. Huppenkothen, "The 20 July Plot," Interrogation Report, 17 May 1946, DJ 38, Folder 31. O'Donnell, *Bunker*, 181n. Müller, "Wieder in Deutschland," LK, 303.

18. Müller, "Statement," OSS/MI6, Capri, 23 May 1945, NARA, RG 226, Entry 125, Box 29.

19. Müller, "Letzes Gespräch mit Oster," LK, 233.

20. Müller, "Buchenwald," LK, 238.

21. Müller, "Flossenbürg," LK, 246.

22. Huppenkothen, transcript, 5 Feb. 1951, HDP, 2/10.

23. Hoffmann, *Stauffenberg*, 476. Höhne, *Canaris*, 591. Huppenkothen deposition, record of witnesses' testimony, 4–14 Feb., Day 1, 193; photocopy in IfZ.

24. 和穆勒一起在面包车里的，有科科林、盖雷上尉（Captain Gehre）、西班牙前大使休·法尔科内（Hugh Falconer）、埃里希·赫柏林博士（Dr. Erich Heberlein）和他的妻子、弗朗茨·里迪哥少校（Lieutenant Commander Franz Liedig）、外交部前部长赫尔曼·彭德（Hermann Pünder）、法尔肯豪森将军（General Falkenhausen）和冯·拉伯瑙将军（General von Rabenau），潘霍华，以及臭名昭著的党卫队医生西格蒙德·拉舍尔（Sigmund Rascher）。

25. Müller, "Fahrt in die Oberpfalz," LK, 243.

26. Müller, Ibid., 242.

27. According to Brissaud, *Canaris*, 330, Rattenhuber gave Kaltenbrunner the "diaries" on 6 April.

28. Buchheit, *Der deutsche Geheimdienst*, 445; Fest, *Plotting*, 310; Höhne, *Canaris*, 591.

29. Müller, "Fahrt in die Oberpfalz," LK, 243. Sullivan and Frode, "Facsimile of the Message Forms for Nr. 14 and 24." Höhne,

Canaris, 592.

30. Dünninger, "Prisoners," 11; Müller, "Fahrt in die Oberpfalz," LK, 244.

31. Irmingard, *Jugend- Erinnerunge*, 313ff.

32. Müller, "Flossenbürg," LK, 247. Brissaud, *Canaris,* 328.

33. Thompson, "Flossenbürg," 14 Jan. 1989; Müller, "Augenzeuge," LK, 256.

34. Müller, "Eidesstattliche Erklarung," 16 Jan. 1946, S.3, WNRC, RG 332, ETO– MIS– YSect., Box 66.

35. Buchheit, *Geheimdienst,* 478.

36. Höhne, *Canaris,* 594.

37. Augsburg Judgment, 31.

38. *Die Welt*, 14 Feb. 1951.

39. Toland, *Last 100 Days*, 404.

40. Müller, "Ein Augenzuege berichtet," LK, 256.

41. Müller, "Flossenbürg," LK, 246.

42. Müller, "Flossenbürg," LK, 251; cf. Bonhoeffer, "Night Voices in Tegel," c. 8 July 1944, LPP, 349–356. Müller, "Augenzeuge," LK, 256.

43. Müller, "Lebenslauf," 7 Nov. 1945, DNTC, vol. XVII, Sub. 53, Pt. 2, Sec. 53.041; Fischer, "Aussage," Augsburg, c. Oct. 1955, Bartz, *Downfall,* 198.

第 25 章 一个死人

1. Kirschbaum, in Hollis, *The Papacy*; Guarducci, *Retrouvé*, 118–122.

2. Curran, "Bones of Saint Peter?" *Classics Ireland*, vol. 3 (1996).

3. "St Peter's Bones," *The Express*, 21 April 2000. Guarducci, *Reliquie- messa*, 65–74; "Pope Says Bones Found Under Altar Are Peter's," *New York Times*, 27 June 1968, 1; Guarducci, *Retrouvé*, 147–148; Guarducci, *Le Reliquie di Pietro*, 96–103.

4. Inge Haberzettel, debriefi ng, c. Nov. 1945, Trevor– Roper, *Last Days*, 100; cf. Fest, *Hitler: Eine Biographie*, 734; cf. Rösch, "Kirchenkampf 1937– 1945," 22 Oct. 1945, AR, 231.

5. Müller, "Meine Rettung," LK, 280.

6. Plaut, "Report on Trip to Italy," 5 May 1945, NARA, RG 226, Entry 174, Box 123, Folder 933.

7. "Verborgene," 12 April 1945, VS, 252.

8. Pius XII to Truman, 13 April 1945, ADSS, XI.

9. Pius XII, "Interpreter of Universal Anguish," 15 April 1945.

10. Schroeder, shorthand notes, May 1945; Irving, *Hitler's War*, 794.

11. Rösch, "Kirchenkampf 1937–1945," 22 Oct. 1945, AR, 232. Leugers, *Mauer*, 312; Rösch, "Dem Tode Entronnen," KGN, 328.

12. Guttenberg, *Holding the Stirrup*, 255. Rösch, "Dem Tode," 1945/46, KGN, 313.

13. Thompson, "Flossenbürg Concentration Camp," 14 Jan. 1989.

14. Müller, "Meine Rettung," LK, 280.

15. Müller, "Dachau," LK, 259. Müller, "Schlusswort," LK, 360– 361. Müller, "Dachau," LK, 260.

16. Ibid., 260.

第 26 章　翡翠湖

1. Anna Oster to Richardi, 25 June 2004, SSHAF, 338 n 8. Loringhoven, transcript, 13 March 1948, MMC, FF 51, Folder 41.

2. Matteson, "Last Days of Ernst Kaltenbrunner," CIA, 1960, NARA, 263, 2–11–6; Lischka, interrogation, 10 April 1946, and Kopkow, report, 9 April 1946, TRP, DJ 38, Folder 25; Deutsch, "Questions," *Central European History* 14, no. 4 (Dec. 1981): 325. report of Interrogation No. 5747 (von Rintelen), 6 Sept. 1945, DNTC, vol. VIII, Sec. 14.07.

3. Judgment v. Huppenkothen, 2 Dec. 1952, HJ, I, 1 StR 658/51; Kunkel, transcript, 8 Oct. 1951, 2nd Regional Court, File 1 Js Gen. 106/50, Dachau Memorial Archive; Kaltenbrunner to Bormann, 20 Aug. 1944, Anlage 1, KB, 275–278; cf. Hitler, "Night and Fog Decree," 7 Dec. 1941 NCA, vol. 7, Doc. No. L– 90.

4. Müller, "Meine Rettung," LK, 280.

5. Müller, "Statement," OSS/MI6, Capri, 23 May 1945, NARA, RG 226, Entry 125, Box 29."

6. Russo, "Mémoire," 12 March 1945, 7–18, 10–14, 16, HDP, III, 1/9.

7. Anni Oster to Richardi, 25 June 2004, SSHAF, 338 n 8.

8. Müller, "Flossenbürg," LK, 249. Loringhoven, "Kaltenbrunner und 'Der Ochsensepp' Josef Müller," May 2010; Müller, "Statement," OSS/MI6, Capri, 23 May 1945, NARA, RG 226, Entry 125, Box 29.

9. Müller, "Statement," OSS/MI6, Capri, 23 May 1945, NARA, RG 226, Entry 125, Box 29. Müller, "Flossenbürg," LK, 249.

10. Gumpel, interview, 1 June 2014; Müller, "Statement," 23 May 1945, NARA, RG 226, Entry 125, Box 29. Müller, "Unkorr. NS üb. Gespräch," 1963, IfZ, ZS 659/3, 25. Müller, "Flossenbürg," LK, 250.

11. Müller, "Statement," 23 May 1945, NARA, RG 226, Entry 125,

Box 29.

12. Müller, "Aussage," Verfahren Huppenkothen, MB 3/5/T, 182–183; Thomas, "Gedanken und Ereignisse," IfZ, ZS 310/1, 21; Bonin, "Aussage," 21 Nov. 1951, IfZ, ZS 520, 3. Müller, "Flossenbürg," LK, 250–251. Loringhoven, "Kaltenbrunner und 'Der Ochsensepp' Josef Müller," May 2010; Müller, "Flossenbürg," LK, 252.

13. Müller, "Statement," OSS/MI6, Capri, 23 May 1945, NARA, RG 226, Entry 125, Box 29. Müller, "Flossenbürg," LK, 251–252. Müller, "Aussage," Verfahren Huppenhothen, MB 3/5/T, 183–184.

14. Müller, Vermahren Huppenkothen, MB 3/5/T, 184. Müller, testimony to E.P., 31 Aug. 1953, IfZ.

15. Fest, *Plotting Hitler's Death*, 310. Müller, "Augenzeuge," LK, 254.

16. Müller, "Statement," 23 May 1945, NARA, RG 226, Entry 125, Box 29; Richardi, "Consolidation of the Special Prisoners," SSHAF; Müller, "Augenzeuge," LK, 257.

17. Müller, "Buchenwald," LK, 238.

18. Müller, "Dachau," LK, 263.

19. Weidling, *Voennoistoricheskii Zhurnal,* Oct.–Nov. 1961.

20. Trevor-Roper, *Wartime Journals*, 247, dating the scene to 22 April; cf. Trevor– Roper, *Last Days,* 127, dated to 23 April, and with Trevor– Roper's description of Hitler put in Berger's voice.

21. Berger, debriefi ng, c. Nov. 1945, in "Götterdammerung."

22. Müller, "Dachau," LK, 265.

23. Müller, "Dahinten ist Schuschnigg," LK, 269.

24. Rösch, "Kirchenkampf 1937–1945," 22 Oct. 1945, AR, 234.

Rösch, "Zum Gedächtnis von P. Alfred Delp SJ," 26 Jan. 1946, AR, 257; Rösch, "Dem Tode entronnen," 1945/1946, KGN, Doc. 29, 332f.

25. Rösch, "Kirchenkampf 1937–1945," 22 Oct. 1945, AR, 235. Bleistein, "Dem Tode Ertronnen," KGN, 332.

26. James, "Great Escape".

27. Müller, "Dachau," LK, 265. Müller, *"Dahinten ist Schuschnigg,"* *LK, 268.*

28. Müller, "Protokoll des Colloquiums am 31. August 1955," IfZ, ZS 659/1, 45. Müller, "Dahinten ist Schuschnigg," LK, 271.

29. James, "Great Escape."

30. Müller, "Dahinten ist Schuschnigg," LK, 271.

31. James, "Great Escape."

32. Müller, "Dahinten ist Schuschnigg," LK, 271. Müller, "Befreiung und Abschied," LK, 274. Müller, "Befreiung," LK, 273.

33. Müller, "Dahinten ist Schuschnigg," LK, 271. James, "Great Escape."

34. Trevor- Roper, *Last Days,* 193.

35. Payne, *Life and Death,* 567.

36. MVD to Stalin, 29 Dec. 1949, CPSU/462a, 268–269, 271, 288; Joachimsthaler, *Ende,* 339, 346–347, 349.

37. Payne, *Life and Death,* 568; O'Donnell, *The Bunker,* 230. CSDIC, interrogations of Kempka, Gerda Christian, Traudl Junge, and Ilse Krüger, TRP.

38. Fest, *Inside Hitler's Bunker,* 188.

39. James, "The Great Escape." Müller, "Befreiung," LK, 273. James, "Great Escape."

40. Heiss-Hellenstainer, "[Original Report]," 13 Aug. 1945, Heiss

family (Dr. Caroline M. Heiss), 2f.; Niemöller, diary entry, 30 April 1945, Lutheran Archives Hesse/Nassau, vol. 35/376; Auer, "Fall Niederdorf," 23 June 1956, IfZ, ZS 1131; Bonin, "Aussage," 21 Nov. 1951, IfZ, ZS 520, 5. Müller, "Befreiung und Abschied," LK, 274.

41. Müller, "Befreiung," LK, 275. Müller, "Befreiung," LK, 276.

42. Reitlinger, *SS*, 439.

43. Junge, *Final Hour,* 193.

44. Ibid., 193–194.

45. Müller, "Italien," LK, 282. Thomas, "Thoughts and Events," 20 July 1945, DNTC, vol. II, 6.13.

46. Neuhäusler, "Nochmals in grösster Gefahr," AH, 200.

47. Müller, "Meine Rettung," LK, 277. Müller, "Italien," LK, 282. NTNT.

尾　声

1. "Pope Pius XII's Radio Broadcast on War's End," *New York Times*, 9 May 1945.

2. Gisevius, *Wo Ist Nebe?*, 221, 230–233; cf. Müller, "Unternehmen Avignon," LK, 197.

3. Gavernitz, *They Almost Killed Hitler*, 2.

4. Ibid., 3.

5. Gaevernitz, "Between Caserta and Capri," 5.

6. Müller, "Italien," LK, 281.

7. Gaevernitz, "Between Caserta and Capri," 6.

8. Müller, "Italien nach der Befreiung," LK, 285.

9. Gavernitz, *They Almost Killed Hitler*, 6.

10.　Müller, "Italien," LK, 283.

11.　Hartl, interrogation, 9 Jan. 1947, CI– FIR/123.

12.　Ibid., Annex IX, "Hartl's Trip to Russia."

13.　Hartl, interrogation, 9 Jan. 1947, CI– FIR/123.

14.　Hartl, *Lebe gesund, lange und glücklich!*

15.　Leugers, *Mauer*, 312. Rösch, "Dem Tode entronnen," KGN, Doc. 29, 334–335.

16.　Bleistein, "Heimweg nach Munich," 22 Oct. 1945, AR, 140–141.

17.　Rösch, "Dem Tode entronnen," 1945/1946, KGN, Doc. 29, 375f.

18.　Bleistein, "Heimweg nach Munich," AR, 142.

19.　Neuhäusler to Pius XII, [11] May 1945, ADSS, X, App. 8, n. 6, ref. "fogli d' Udienze."

20.　Müller, "Privataudienz beim Papst," LK, 291.

21.　Ibid., 292.

22.　Müller, "Privataudienz beim Papst," LK, 293; Müller, "Befragungen [Widerstand II]," 26 March 1963, IfZ, ZS 659/4, 217–218.

23.　Müller, "Privataudienz beim Papst," LK, 294; "Besprechung mit Josef Müller," Feb. 1952, IfZ, ZS, A– 49, 22.

24.　Müller, "Privataudienz beim Papst," LK, 295; Gumpel, interview, 1 June 2014; Leiber, "Gespräch mit Elsen," 10 and 23 April [no year], NL Elsen.

25.　Müller, "Privataudienz beim Papst," LK, 294–295; Müller, transcript, 22 Sept. 1966, HDP, III, 1/7.

26.　Müller, "Privataudienz beim Papst," LK, 294–295; Müller, transcript, 3 Aug. 1963, Tape I, HDP, III, 1/7.

27.　Müller, "Privataudienz beim Papst," LK, 295; Müller to CSU, 5 April 1978, HDP, IV, 20/5.

28. Pius XII, Address to Sacred College, 2 June 1945, ADSS, III, no. 600. Tittmann to Taylor, 4 June 1945, Taylor Papers, FDRL.

29. SCI Detachment, Munich to Commanding Officer, OSS/X- 2 Germany, "Semi- Monthly Operations Report SCI Munich," 30 September 1945, GTSX- 3747, in DO Records, [redacted] Box 3, Folder 21, CIA ARC; Ruffner, "Eagle and Swastika," CIA, Draft Working Paper, II 37, citing "SC Munich Present and Discontinued Contacts"；NARA, "Research Aid: Cryptonyms and Terms in Declassified CIA Files, Nazi War Crimes and Japanese Imperial Government Records Disclosure Acts," June 2007, pp. 40, 50 (PDF). Franklin Ford [Perry Miller], "Political Implications of the 20th of July," 15 Oct. 1945, US Army Military Archives, Lexington, VA. Francis P. Miller Papers, Box 8, Folder 10. Müller, "Buchenwald," LK, 239.

30. See, in particular, Kaiser, *Christian Democracy and the Origins of European Union*, 119, 193, 214, 242, and, more generally, 22–42. Collignon and Schwarzer, *Private Sector Involvement in the Euro*, 179.

31. Tittmann to Taylor, 4 June 1945, Taylor Papers, FDRL.

32. Tittmann, *Inside the Vatican,* 116–117, 123. F.C.G. [Francis C. Gowen] to Taylor, 7 Nov. 1944, NARA, RG 59, Entry 1069, Box 4, location 250/48/29/05.

33. SSU (London), covering memorandum to Müller CIC Interrogation, 24 Oct.1945, in Ruffner, CIA Draft Working Paper, April. 2003, III, 32. A captured transcript from the Führer's stenographic service quoted him saying to General Keitel on 25 July 1943. Hitler, conference transcript, 25 July 1943, ed. Gilbert, 46. AB- 17 [identity unknown] to Holtsman, "Summary

of Preliminary Vetting of Dr. Josef Mueller," 31 December 1945, LX– 003– 1231, in Ruffner, in Ruffner, CIA Draft Working Paper, April 2003, III, 33. No. 10 Schafl achstrasse: 30 Oct. 1955 debrief, "Johan Rattenhuber (Brigadenführer, Chef RSD)," IfZ, ZS 0637.

34. Loringhoven, "Kaltenbrunner und 'Der Ochsensepp' Josef Müller." On Müller's luck, cf. Nazi court politics in April 1945 as an agglomeration of "random infl uences" and the machinations of "flatulent clowns" at Trevor-Roper, *Last Days of Hitler*, 33. Cf. Luke 17:33, Matthew 16:25, Mark 8:35.

资料来源

This list excludes editions of classic authors (e.g., Aquinas) referenced by standard chapter/section numbers. Where a source appears just once in the Notes, bibliographical information is provided there and reference to the source omitted here.

Abshagen, Karl Heinz. *Canaris: Patriot und Welburger*. Stuttgart: Union Deutsche Verlagsantalt, 1950.

Actes et Documents du Saint Siege relatifs a la Seconde Guerre mondiale. Ed. Pierre Blet et al. 11 vols. Vatican City: Liberia Editrice Vaticana, 1965–1981. In English: Vol. 1 (only), *The Holy See and the War in Europe March 1939–August 1940*. Ed. Gerard Noel. Dublin: Clonmore and Reynolds, 1968.

Albrecht, Conrad. "Kriegstagbuch, 22 August 1939," in Winfried Baumgart, "Zur Ansprache Hitlers vor den Führern der Wehrmacht am 22. August 1939," VfZ 16:2, 120–149.

Albrecht, Dieter, ed. *Der Notenwechsel zwischen dem heiligen Stuhl und der deutschen Reichsregierung*. 2 vols. Mainz: KfZ, 1965.

Albrecht, Johannes. "Erinnerungen (nach Diktat aufgez. v. P. Thomas Niggl . . .)." Ettal [Benedictine Monastery], private printing, 1962.

Alvarez, David. "Faded Lustre: Vatican Cryptography, 1815–1920." *Cryptologia* 20 (April 1996): 97–131.

———. *The Pope's Soldiers*. Lawrence: University Press of Kansas, 2003.

———. "The Professionalization of the Papal Diplomatic Service, 1909–1967." *Catholic Historical Review* 72 (April 1989): 233–248.

———. *Secret Messages: Codebreaking and American Diplomacy, 1930–1945*. Lawrence: University Press of Kansas, 2000.

————. *Spies in the Vatican*. Lawrence: University Press of Kansas, 2003.

Alvarez, David, and Robert Graham. *Nothing Sacred: Nazi Espionage Against the Vatican, 1939–1945*. London: Frank Cass, 1997.

Amè, Cesare. *Guerra segreta in Italia, 1940–1943*. Rome: Gherado Casini, 1954.

Amort, Cestmir. *Heydrichiada*. Prague: Nase Vojsko-SPB, 1965.

Anon. "Roman Tombs Beneath the Crypt of St. Peter's." *Classical Journal* 42, no. 3 (1946): 155–156.

Appolonj-Ghetti, B. M., et al., eds. *Esplorazioni sotto la Confessione di san Pietro in Vaticano*. 2 vols. Vatican City: Tipografia Poliglotta Vaticana, 1951.

Atkinson, Rick. *Guns at Last Light: The War in Western Europe 1944–1945*. New York: Henry Holt, 2013.

Aveling, J. H. C. *The Jesuits*. New York: Stein and Day, 1982.

Baigent, Michael, and Richard Leigh. *Secret Germany: Claus von Stauffenberg and the True Story of Operation Valkyrie*. New York: Skyhorse, 2008.

Baker, W. J. *A History of the Marconi Company, 1874–1965*. London: Routledge, 2013.

Balfour, Michael, and Julian Frisby. *Helmuth von Moltke: A Leader against Hitler*. London: Macmillan, 1972.

Bancroft, Mary. *Autobiography of a Spy*. New York: Morrow, 1983.

Barrett, William. *Shepherd of Mankind: A Biography of Pope Paul VI*. New York: Doubleday, 1964.

Bartoloni, Bruno. *Le orecchie del Vaticano*. Florence: Mauro Pagliai Editore, 2012. Excerpted as "All the Mystery Surrounding St. Peter's Tomb." *L'Osservatore Romano*, 29 Aug. 2012, 6. Weekly edition in English.

Bartz, Karl. *Die Tragödie der deutschen Abwehr*. Salzburg: Pilgrim, 1955. In English: *The Downfall of the German Secret Service*. Tr. Edward Fitzgerald. London: William Kimber, 1956.

Bauer, Klaus. "Die Tätigkeit von Pater Johannes Albrecht für das Kloster Ettal und seine Verbindung zum Müllerkreis während der nationalsozialistischen Herrschaft (Facharbeit für das Abitur)." Ettal [Benedictine Monastery], private printing, 1979.

Baumgart, Winfried. "Zur Ansprache Hitlers vor den Führern der Wehrmacht am 22. August 1939 (Erwiderung)." VfZ 19 (1971): 301ff.

Bedeschi, Lorenzo. "Un episodio di spionaggio antimodernista." *Nuova revista storica* 56 (May-Aug. 1972): 389–423.

Below, Nicholas von. *At Hitler's Side: The Memoirs of Hitler's Adjutant 1937–1945*. South Yorkshire: Pen and Sword, 2012.

Belvederi, G. "La tomba di san Pietro e I recenti lavori nelle Grotte Vaticane." *Bolletino degli Amici Catacombe* 13 (1943): 1–16.

Benz, Wolfgang, and Walter H. Pehle, eds. *Lexikon des deutschen Widerstandes*. Frankfurt am Main: S. Fischer, 1994. In English: *Encylopedia of German Resistance to the Nazi Movement*. Tr. Lance W. Garmer. New York: Continuum, 1997.

Berger, John. "High Treason." Unpublished manuscript, 21 March 2000. Author's collection.

Bernabei, Domenico. *Orchestra Nera*. Turin: ERI, 1991.

Bertolami, Ugo. "Dossier: La Vera Tomba Di San Pietro." Unpublished paper, 2008, author's collection.

Besier, Gerhard. *Die Kirchen und das Dritte Reich*. Berlin: Propyläen, 2001. In English: *The Holy See and Hitler's Germany*. Tr. W. R. Ward. New York: Palgrave, 2007.

Best, S. Payne. *The Venlo Incident*. London: Hutchinson, 1950.

Bethge, Eberhard. *Dietrich Bonhoeffer: A Biography*. Rev. ed. Minneapolis: Fortress, 2000.

Bierbaum, Max. "Pius XII: Ein Lebensbild." Pamphlet. Cologne: Bachem, 1939.

Biesinger, Joseph A. "The Reich Concordat of 1933." In *Controversial Concordats*, ed. Frank J. Coppa. Washington, DC: Catholic University of America Press, 1999.

Biffi, Monica. *Monsignore Cesare Orsenigo: Nuncio Apostolico in Germania*. Milan: NED, 1997.

Bleistein, Roman. *Alfred Delp: Geschichte eines Zeugen*. Frankfurt am Main: Knecht, 1989.

———. *Augustinus Rösch: Leben im Widerstrand: Biographie und Dokumente*. Frankfurt am Main: Knecht, 1998.

———. *Dossier: Kreisau Kreis. Dokumente aus dem Widerstand gegen den Nationalsozialismus Aus dem Nachlass von Lothar König, SJ*. Frankfurt am Main: Knecht, 1987.

———. "Jesuiten im Kreisauer Kreis." *Stimmen der Zeit* 200 (1982): 595–607.

———. "Josef Roth und Albert Hartl: Priesterkarrieren im Dritten Reich." *Beiträge zur altbayerischen Kirchengeschichte* 42 (1996): 71–109.

———. "Kirche und Politik im Dritten Reich." *Stimmen der Zeit* 205 (1987): 147–158.

———. "Lothar König." *Stimmen der Zeit* 204 (1986): 313–126.

———. "Nationalsozialischte Kirchenpolitik und Katholische Orden." *Stimmen der Zeit* 203 (1985).

———. "Rösch Kreis." In Benz and Pehle, eds. *Lexikon des deutschen Widerstandes*. Frankfurt am Main: S. Fischer, 1994.

———. "Überlaufer im Sold der Kirchenfeinde: Joseph Roth und Albert Hartl, Preisterkarrieren im Dritten Reich." *Beiträge zur Altbayrischen Kirchensgeschichte* 42 (1996): 71–110.

Blet, Pierre. *Pius XII and the Second World War*. New York: Paulist Press, 1999.

Boberach, Heinz. *Berichte des SD und der Gestapo über Kirchen und Kirchenvolk in Deutschland, 1934–1944*. Mainz: Kommission für Zeitgeschichte, 1971.

Boeselager, Phillipp Freiherr von. *Valkyrie: The Story of the Plot to Kill Hitler, by Its Last Member*. Tr. Steven Rendall. New York: Vintage, 2010.

Bolton, John Robert. *Roman Century: A Portrait of Rome as the Capital of Itlay, 1870–1970*. New York: Viking, 1971.

Bonhoeffer, Dietrich. *Ethics*. Ed. Eberhard Bethge. Tr. Neville Horton Smith. New York: Touchstone, 1995.

———. *Works*. 16 vols. Minneapolis: Fortress, 1993–2006.

Boothe, Claire. *Europe in the Spring*. New York: Knopf, 1940.

Bormann, Martin. *The Bormann Letters: The Private Correspondence Between Martin Bormann and His Wife from January 1943 to April 1945*. Ed. H. R. Trevor-Roper. London: Weidenfeld and Nicholson, 1954.

Brakelmann, Günter. *Peter Yorck von Wartenburg 1904–1944*. Eine Biographie. Munich: C.H. Beck, 2012.

Braun, Odlio. "Lebendig in der Erinnerung." In Alfred Delp, *Kämpfer, Beter, Zeuge*, 111–114. Freiburg: Herder, 1962.

———. "Wie sie ihren Kreuzweg gingen: Ansprache zur Gedenkfeier der Opfer des 20 Juli 1944 in Berlin-Plötzensee am 20 Juli 1954." In *Bekenntnis und Verpflichtung: Reden und Aufsätze zur zehnjährigen Wiederkehr des 20. Juli 1944*. Stuttgart: Stuttgart Vorwerk, 1955.

Breitman, Richard. *Architect of Genocide: Himmler and the Final Solution*. New York: Knopf, 1991.

———. *Official Secrets: What the Nazis Planned, What the British and Americans Knew*. New York: Hill and Wang, 1998.

Breitman, Richard, ed. *U.S. Intelligence and the Nazis*. Washington, DC: National Archives Trust Fund Board, n.d. [2005].

Breitman, Richard, and Norman J. W. Goda. "OSS Knowledge of the Holocaust." US National Archives Trust Fund Board, Nazi War Crimes, and Japanese Imperial Government Records Interagency Working Group, Washington, DC, 2005.

Brissaud, André. *Canaris*. Tr. and ed. Ian Colvin. New York: Grosset and Dunlap, 1970.

Broszat, Martin. *Der Staat Hitlers*. Wiesbaden: Marix, 2007.

———. *Nationalsozialistiche Polenpolitik, 1939–1945*. Stuttgart: Deutsche Verlagsantalt, 1961.

———"Zur Perversion der Strafjustiz im Dritten Reich." *Vierteljahrshefte für Zeitgesichte* 4 (1958).

Broszat, Martin, with E. Frohlich and F. Wiesemann, eds. *Bayern in der NS-Zeit: Soziale Lage und politisches Verhalten der Bevölkerung im Spiegel vertraulicher Berichte*. Munich: Institute für Zeitgeschichte, 1977.

Browder, George. *Foundations of the Nazi Police State: The Formation of Sipo and SD*. Lexington: University Press of Kentucky, 1990.

Buchheit, Gert. *Der deutsche Geheimdienst*. Belthheim-Schnellbach: Lindenbaum, 2010.

Buchstab, Gert, et al. *Christliche Demokraten gegen Hitler: Aus Verfolgung und Widerstand zur Union*. Freiburg: Herter, 2004.

Bunson, Mathew. *The Pope Encyclopedia*. New York: Crown, 1995.

Burian, Michal, et al. "Assassination: Operation Anthropoid, 1941–1942." PDF file. Prague: Czech Republic Ministry of Defense, 2002.

Burleigh, Michael. *The Third Reich: A New History*. New York: Hill and Wang, 2001.

Burns, James MacGregor. *Roosevelt: The Soldier of Freedom, 1940–1945*. Francis Parkman Prize ed. History Book Club, 2006.

Burns, Tom. *The Use of Memory*. London: Sheed and Ward, 1993.

Burton, Katherine. *Witness of the Light: The Life of Pope Pius XII*. New York: Longmans, Green, 1958.

Butow, Robert. "The FDR Tapes." *American Heritage*, Feb./March 1982, 13–14.

———"How FDR Got His Tape Recorder." *American Heritage*, Oct./Nov. 1982, 109–112.

Cabasés, Félix Juan, ed. "Cronistoria Documentata e Contestualizzata della Radio Vaticana." Radio Vaticana, Vatican City, 2011, www.radiovaticana.va/it1/cronistoria.asp?pag. Accessed 22 May 2014.

Cadogan, Alexander. *The Diaries of Sir Alexander Cadogan, 1938–1945*. Ed. David Dilks. New York: G. P. Putnam's Sons, 1971.

Castagna, Luca. *A Bridge Across the Ocean: The United States and the Holy See Between the Two World Wars*. Washington, DC: Catholic University of America Press, 2014.

Cavalli, Dimitri. "Jewish Praise for Pius XII." *Inside the Vatican*, Oct. 2000, 72–77.

Chadwick, Owen. *Britain and the Vatican During the Second World War*. New York: Cambridge University Press, 1986.

———. *A History of the Popes, 1830–1914*. New York: Oxford University Press, 1998.

———. *Master Spy*. New York: McGraw-Hill, 1951.

Chalou, George, ed. *The Secrets War: The Office of Strategic Services in World War II*. Washington, DC: National Archives and Records Administration, 1992.

Charles-Roux, François. *Huit ans au Vatican, 1932–1940*. Paris: Flammarion, 1947.

Cheetham, Nicolas. *A History of the Popes*. New York: Scribners, 1982.

Chenaux, Philippe. *Pio XII, Diplomatico e Pastore*. Milan: Cinisello Balsamo, 2004.

Cianfarra, Camille. *The Vatican and the War*. New York: Dutton, 1944.

Ciano, Galeazzo. *The Ciano Diaries*. Ed. Hugh Gibson. New York: Doubleday, 1946.

Clark, Mark W. *Calculated Risk*. New York: Enigma Books, 2007.

Coady, Mary Frances. *With Bound Hands: A Jesuit in Nazi Germany. The Life and Selected Prison Letters of Alfred Delp*. Chicago: Loyola Press, 2003.

Collignon, Stefan, and Daniela Schwarzer, eds. *Private Sector Involvement in the Euro: The Power of Ideas*. London: Routledge, 2003.

Colvin, Ian. *Chief of Intelligence*. London: Victor Gollancz, 1951.

———. *Master Spy*. New York: McGraw-Hill, 1951.

———. *Vansittart in Office*. London: Victor Gollancz, 1965.

Connelly, John. *From Enemy to Brother: The Revolution in Catholic Teaching on the Jews, 1933–1965*. Cambridge, MA: Harvard University Press, 2012.

Constantini, Celso. *Ai margini della Guerra (1838–1947): Diario inedito del Cardinale Celso Constantini*. Venice: Marcianum Press, 2010. In English: *The Secrets of a Vatican Cardinal: Celso Constantini's Wartime Diaries, 1938–1947*. Ed. Bruno

Fabio Pighin. Tr. Laurence B. Mussio. Montreal: McGill-Queen's University Press, 2014.

Conway, John. "The Meeting Between Pope Pius XII and Ribbentrop." *CCHA Study Sessions* 35 (1968): 103–116.

———. "Myron C. Taylor's Mission to the Vatican, 1940–1950." *Church History* 44, no. 1 (1975): 85–99.

———. *The Nazi Persecution of the Churches, 1933–1945.* New York: Basic Books, 1968.

———. "Pope Pius XII and the German Church: An Unpublished Gestapo Report." *Canadian Journal of History* 2 (March 1967): 72–83.

Cooper, H. H. "English Mission: Clandestine Methods of the Jesuits in Elizabethan England as illustrated in an Operative's Own Classic Account." *Studies in Intelligence* 5, no. 2 (Spring 1961): A43–A50.

Coppa, Frank. *Cardinal Giacomo Antonelli and Papal Politics in European Affairs.* Albany: State University of New York Press, 1990.

———. *The Italian Wars of Independence.* New York: Longman, 1992.

———. *The Modern Papacy Since 1789.* New York: Addison Wesley Longman, 1998.

Coppa, Frank, ed. *Controversial Concordats: The Vatican's Relations with Napoleon, Mussolini, and Hitler.* Washington, DC: Catholic University of America Press, 1999.

Cormenin, Louis Marie de. *A Complete History of the Popes of Rome.* 2 Vol. Philadelphia: J. B. Smith, 1850.

Cornwell, John. *Hitler's Pope: The Secret History of Pius XII.* New York: Viking, 1999.

———. *The Pontiff in Winter: Triumph and Conflict in the Reign of John Paul II.* New York: Doubleday, 2005.

Cousins, Norman. *The Improbable Triumvirate: John F. Kennedy, Pope John, Nikita Khrushchev.* New York: W. W. Norton, 1972.

Curran, John. "The Bones of Saint Peter?" *Classics Ireland* 3 (1996): 18–46.

Dederichs, Mario. *Heydrich: The Face of Evil.* London: Greenhill, 2006.

Delp, Alfred. "Bereitschaft." *Chrysologus* 75 (1935): 353–357.

———. "Die Moderne Welt und Die Katholische Aktion." *Chrysologus* 75 (1935): 170–178.

———. *Gesammelte Schriften.* Ed. Roman Bleistein. 5 vols. Frankfurt am Main: Knecht: 1982–1984, 1988.

———. *Kämpfer, Beter, Zeuge.* Freiburg: Herder, 1962.

Derry, Sam. *The Rome Escape Line.* New York: Norton, 1960.

Deschner, Gunther. *Heydrich: The Pursuit of Total Power.* London: Orbis, 1981.

Deutsch, Harold C. *The Conspiracy Against Hitler in the Twilight War.* Minneapolis: University of Minnesota Press, 1968.

———. "The German Resistance: Answered and Unanswered Questions." *Central European History* 14, no. 4 (1981): 322–331.

———. Letter to Josef Müller. 2 Dec. 1965, HDP, II, 1/7.

————. "Pius XII and the German Opposition in World War II." Paper read to the Congress of the American Historical Association, Dec. 1965, HDP, VII, 4/8.

Dippel, John V. H. *Two Against Hitler: Stealing the Nazis' Best-Kept Secrets.* New York: Praeger, 1992.

Documents on British Foreign Policy, 1919–1939. D Series, Vol. 5. London: Her Majesty's Stationery Office, 1956.

Dohnanyi, Christine von. "Aufzeichnung (Mier das Schicksal der Dokumentensammlung meines Mannes)." IfZ, ZS 603.

————. Statement, 26 June 1958, HDP.

Domarus, Max, ed. *Hitler: Reden und Proklamationen, 1932 bis 1945.* Wiesbaden: Löwit, 1973. In English: *Hitler—Speeches and Proclamations, 1932–1945.* Tr. Mary Fran Golbert. Wauconda, IL: Bolchazy-Carducci, 1990.

Dornberg, John. *Munich 1923: The Story of Hitler's First Grab for Power.* New York: Harper and Row, 1982.

Doyle, Charles Hugo. *The Life of Pope Pius XII.* Sydney: Invincible Press, 1947.

Dreher, K. *Der Weg zum Kanzler: Adenauers Griff nach der Macht.* Düsseldorf: Econ, 1972.

Duce, Alessandro. *Pio XII e la Polonia (1939–1945).* Rome: Edizioni Studium, 1997.

Duffy, James P., and Vincent Ricci. *Target Hitler.* Boulder: Praeger, 1992.

Dulles, Allen. *Germany's Underground.* New York: Macmillan, 1947.

Eddy, Mary Frances Coady. *With Bound Hands: A Jesuit in Nazi Germany. The Life and Selected Prison Letters of Alfred Delp.* Chicago: Loyola University Press, 2003.

Edsel, Robert. *Saving Italy: The Race to Rescue a Nation's Treasures from the Nazis.* New York: W. W. Norton, 2013.

Ehrle, Gertrud, and Regina Broel. *Licht über dem Abgrund.* Freiburg im Breisgau: Herder, 1951.

Eidenschink, Georg. "Interrogation [statement taken] by Capt. O. N. Nordon (Present: Dr. Josef Müller)." 6 Nov. 1945. DNTC, vol. XVII, Sec. 53.015.

Ennio, Caretto. "Olocausto, le denunce ignorate dagli Alleati." *Corriere della Sera,* 4 Sept. 2001, 16.

Epstein, Klaus. *Mathias Erzberger and the Dilemma of German Democracy.* Princeton, NJ: Princeton University Press, 1959.

Evans, Richard J. *The Coming of the Third Reich.* New York: Penguin, 2004.

————. *The Third Reich at War.* New York: Penguin, 2009.

————. *The Third Reich in Power.* New York: Penguin, 2005.

Falconi, Carlo. *Silence of Pius XII.* Tr. Bernard Wall. Boston: Little, Brown, 1970.

Fattorini, Emma. *Germania e Santa Sede: Le nunziature de Pacelli tra la Grande guerra e la Repubblica di Weimar.* Bologna: Societa editrice il Mulino, 1992.

Faulhaber, Michael von. *Judentum, Christentum, Germanentum: Adventspredigten gehalten in St. Michael zu München.* Munich: Druck und Verlag der Graphischen Kunstanstalt A. Huber, 1934.

Feldkamp, Michael F. "Paul Franken." In Gert Buchstab et al. *Christliche Demokraten gegen Hitler: Aus Verfolgung und Widerstand zur Union*, 172–178. Freiburg: Herter, 2004.

———. *Pius XII und Deutschland*. Göttingen: Vandenhoeck and Ruprecht, 2000.

Ferdinand, Louis. *The Rebel Prince: Memoirs of Prince Louis Ferdinand of Prussia*. Chicago: Henry Regnery Co., 1952.

Ferrua, Antonio. "Il sepolcro di san Pietro e di certo nella Basilica Vaticana." *Il Messaggero*, 16 Jan. 1952.

———. "La crittografia mistica ed i graffiti Vaticana." *Rivista di Archeologia Cristiana* 35 (1959): 231–247.

———. "La storia del sepolcro di san Pietro." *La Civiltà Cattolica* 103 (1952): 15–29.

———. "Nelle Grotte di san Pietro." *La Civiltà Cattolica* 92 (1941): 358–365, 424–433.

———. "Nuove scoperte sotto san Pietro." *La Civiltà Cattolica* 92 (1942): 72–83, 228–241.

———. "Sulle orme san Pietro." *La Civiltà Cattolica* 94 (1943): 81–102.

Fest, Joachim C. *Hitler: Eine Biographie*. 2 vols. Frankfurt am Main: Ullstein, 1978. In English: *Hitler*. Tr. Richard and Clara Winston. New York: Harcourt Brace, 1974.

———. *Plotting Hitler's Death: The Story of the German Resistance*. New York: Owl, 1996.

FitzGibbon, Constantine. *20 July*. New York: Norton, 1956.

Flynn, George Q. "Franklin Roosevelt and the Vatican: The Myron Taylor Appointment." *Catholic Historical Review* 58, no. 2 (July 1972): 171–194.

Forschback, Edmund. *Edgar J. Jung: Ein konservativer Revolutionar 30. Juni 1934*. Pfullingen: G. Neske, 1984.

Frale, Barbara. "Petrusgrab: Ort einer Verschwörung gegen Hitler?" Vatikanische Dokumente (rv 21.03.2012 gs), Radio Vatican (de), 2 Feb. 2012.

Frank, Hans. *Im Angesicht des Galgens: Deutung Hitlers und seiner Zeit auf Grund eigener Erlebnisse und Erkenntnisse*. Munich: Neuhaus, 1953.

Franken, Paul. "20 Jahre später." In *Akademische Monatsblätter des KV* 68 (Jan. 1956).

Freemantle, Anne, ed. *A Treasury of Early Christianity*. New York: Viking, 1953.

Frend, William. "Ein Beweis der tiefen Uneinigkeit." *Frankfurter Allgemeine Zeitung*, 12 July 1997, B3.

———. "The Vatican Germans and the Anti-Hitler Plot." *History Today* 54 (2004): 62ff.

Friedländer, Saul. *Pius XII and the Third Reich*. New York: Knopf, 1966.

———. *The Years of Extermination: Nazi Germany and the Jews 1939–1945*. New York: HarperCollins, 2007.

Frohlich, Elke, ed. *Die Tagebücher von Joseph Goebbels, Teil I Aufzeichnungen 1923–1941*. Munich: K. G. Saur, 1998.

Gaevernitz, Gero von. "From Caserta to Capri." In Schlabrendorff, *They Almost Killed Hitler*, 1–7. New York: Macmillan, 1947.

Galante, Pierre. *Operation Valkyrie: The German Generals' Plot Against Hitler.* New York: Harper and Row, 1981.

Gallagher, Charles. "Cassock and Dagger: Monsignor Joseph P. Hurley and American Anti-Fascism in Mussolini's Italy, 1938–1940." Paper presented at the meeting of the American Catholic Historical Association, Indianapolis, 28 March 1998.

———. "Personal, Private Views: Newly Discovered Report from 1938 Reveals Cardinal Pacelli's Anti-Nazi Stance." *America* 189, no. 5 (2003).

———. *Vatican Secret Diplomacy: Joseph Hurley and Pope Pius XII.* New Haven, CT: Yale University Press, 2008.

Gallagher, J.P. *The Scarlet and the Black: The True Story of Monsignor Hugh O'Flaherty.* San Francisco: Ignatius Press, 2009.

Gasbarri, Carlo. *Quando il Vaticano confinava con it Terzo Reich.* Padua: Edizioni Messaggero, 1984.

Gerard, John. *The Autobiography of a Hunted Priest.* Tr. Philip Caraman. San Francisco: Ignatius Press, 1988.

Gersdorff, Rudolf-Christoph von. *Soldat im Untergang.* Berlin/Frankfurt a-M: Ullstein, 1977.

Gerstenmaier, Eugen. *Streit und Friede hat seine Zeit.* Berlin: Propylaen: 1981.

———. "Zur Geschichte des Umsturzversuchs vom 20. Juli 1944." *Neue Züricher Zeitung*, 23–24 June 1945.

Ghetti, B. M., et al. *Esplorazioni Sotta La Confessione Di San Pietro in Vaticano Eseguite Negli Anni, 1940–1949.* 2 vols. Vatican City: Tipografia Poliglotta Vaticana, 1951.

Gilbert, Felix, ed. *Hitler Directs His War: The Secret Records of His Daily Military Conferences.* Oxford: Oxford University Press, 1950.

Gilbert, Martin. *Auschwitz and the Allies.* London: Michael Joseph/Rainbird, 1981.

Giovanetti, Alberto. *Roma: Citta aperta.* Milan: Ancora, 1962.

Gisevius, Hans Bernd. "Political Background of the German Resistance Movement and of the Events Which Led to the Conspiracy Against Hitler and the Up-Rising Attempt of July 20th, 1944." Undated [1945–1946]. AWDP, Box 29 Folder 2 (PDF, 29–37).

———. *To the Bitter End: An Insider's Account of the Plot to Kill Hitler.* New York: Da Capo, 1998.

———. *Wo ist Nebe?* Zurich: Droemersche Verlangstalt, 1966.

Giskes, Hermann J. *Spione überspielen Spione.* Hamburg: Thoth, 1951.

Godman, Peter. *Der Vatikan und Hitler.* Munich: Knaur TB, 2005. In English: *Hitler and the Vatican.* New York: Basic Books, 2004.

Goebbels, Josef. *Final Entries 1945: The Diaries of Josef Goebbels.* Tr. Richard Barry. New York: G. P. Putnam's sons, 1978.

———. *The Goebbels Diaries 1939–1941.* Tr. Fred Taylor. New York: G. P Putnam's Sons, 1983.

———. *The Goebbels Diaries 1942–43.* Ed. Louis P. Lochner. Garden City, NY: Doubleday, 1948.

————. *Journal 1939–1942*. Paris: Tallandier (Archives contemporaines), 2009.

Goldmann, Gereon Karl. *The Shadow of His Wings*. San Francisco: Ignatius Press, 2000.

Gordon, Harold J. *Hitler and the Beer Hall Putsch*. Princeton, NJ: Princeton University Press, 1972.

Graham, Robert A. "II vaticanista falsario: L'incredibile successo di Virgilio Scattolini." *Civiltà Cattolica* 3 (Sept. 1973): 467–478.

————. "La strana condotta di E. von Weizsäcker ambasciatore del Reich in Vaticano." *Civiltà Cattolica* 2 (1970): 455–471.

————. "The 'Right to Kill' in the Third Reich: Prelude to Genocide." *Catholic Historical Review* 62, no. 1 (Jan. 1976): 56–76.

————. "Spie naziste attorno al Vaticano durante la seconda guerra mondiale." *Civiltà Cattolica* 1 (Jan. 1970): 21–31.

————. *The Vatican and Communism During World War II: What Really Happened?* San Francisco: Ignatius, 1996.

————. *Vatican Diplomacy: A Sudy of Church and State on the International Plane*. Princeton, NJ: Princeton University Press, 1959.

————. "Voleva Hitler allontanare da Roma Pio XII?" *Civiltà Cattolica* 1 (Feb. 1972): 319–327.

————. "Voleva Hitler Che Fosse Pio XII A Negoziare La Pace?" *La Civiltà Cattolicà* 4 (1976): 219–233.

Griesinger, Theodor. *The Jesuits: A Complete History of Their Open and Secret Proceedings from the Foundation of the Order to the Present Time*, 2nd ed. London: W. H. Allen, 1885.

Grisar, Hartmann. *Analecta Romana*. Vol. 1. Rome: Desclée Lefebvre, 1899.

————. *La Tombe Apostoliche di Rome*. Rome: Tipografia Vaticana, 1892.

Gritschneider, Otto. "Die Akten des Sondergerichts uber Pater Rupert Mayer S.J." *Beiträge zur altbayerischen Kirchengeschichte* 28 (1974).

Groscurth, Helmuth. *Tagebücher Eines Abwehroffizers, 1938–1940. Mit weiteren Dokumenten zur Militäropposition gegen Hitler*. Ed. Harold C. Deutsch et al. Stuttgart: Deutsche Verlags-Anstalt, 1970.

Guarducci, Margherita. *Cristo e san Pietro in un documento presconstantiniano della Necropoli Vaticana*. Rome: Bretschneider, 1953.

————. *Dal gioco letterale alla crittografia mistica*. Berlin: Walter de Gruyter, 1978.

————. *I Graffiti sotto La Confessione di san Pietro in Vaticana*. 3 vols. Vatican City: Libreria Editrice Vaticana, 1957.

————. "Il fenomino orientale dal simbolismo alfabetico e i svoi svilluppi nel mondo cristiano d'occidente." *Accademia Nazionale dei Lincei* 62 (1964): 467–497.

————. "Infundate reserve sulle Reliquie di Pietro." *Archeologia Classica* 2 (1968): 352–373.

————. *Le Reliquie di Pietro*. Vatican City: Libreria Editrice Vaticana, 1965.

————. *Le Reliquie di Pietro: Una messa a punto*. Rome: Coletti Editore, 1967.

———. *Peter: The Rock on Which the Church Is Built. A Visit to the Excavations Beneath the Vatican Basilica*. Vatican City: Rev. Fabricca di S. Pietro, 1977.

———. *St. Pierre Retrouve*. Paris: Editions St. Paul, 1974.

———. *The Tomb of St. Peter*. New York: Hawthorn, 1960.

Guiducci, Pier Luigi. *Il Terzo Reich Contro Pio XII: Papa Pacelli nei documenti nazisti*. Milan: Edizioni San Paolo, 2013.

Gumpel, Peter. Interviews by author, 17 May and 1 June 2014.

Guttenberg, Elisabeth von. *Holding the Stirrup*. New York: Little, Brown, 1952.

Guttenberg, Karl Ludwig Freiherr zu. "Zusammenmassung meiner Angaben vor Standartenführer Huppenkothen," 7 Nov. 1944. Reprinted in Donahoe, *Hitler's Conservtive Opponents in Bavaria*, Appendix F, 258–267.

Gvosdev, Nikolas K. "Espionage and the Ecclesia." *Journal of Church and State*, 22 Sept. 2000, 803ff.

Haasis, Hellmut G. *Tod in Prag: Das Attentat auf Reinhard Heydrich*. Reinbek: Rowohlt, 2002.

Halder, Franz. *The Halder War Diary, 1939–1943*. Eds. Charles Burdick and Hans-Adolf Jacobsen. Novato, CA: Presidio, 1988.

———. *Kriegstagebuch: Tägliche Aufz. des Chefs des Generalstabes des Heeres, 1939–1942*. 3 Vols. Stuttgart: Kohlhammer, 1962–1964.

Hales, E. E. Y. *The Catholic Church in the Modern World: A Survey from the French Revolution to the Present*. Garden City, NY: Hanover House, 1958.

Hapig, Marianne. *Tagebuch und Erinnerung*. Ed. Elisabeth Prégardier. Plöger: Edition Mooshausen, 2007.

Harrison, E. D. R. "The Nazi Dissolution of the Monasteries: A Case-Study." *English Historical Review* 99 (1994).

Hartl, Albert [as Dieter Schwarz, with Reinhard Heydrich]. *Attack Against the National Socialist World-View*. Lincoln, NE: Preuss, 2001. Translation of *Angriff auf die nationalsozialistische Weltanschauung* (1936).

Hartl, Albert [as Alfred Harder]. "Papst Pius XII. Der Mensch—der Politker." Berlin: Theodor Fritsch, 1939. Pamphlet prepared under SS auspices; references no events after mid-March 1939.

Hartl, Albert [as Anton Holzner]. *Priestermacht*. Berlin: Nordlandverlag, 1939. In English: *Priest Power*. Lincoln, NE: Preuss, 2001.

Hartl, Albert, ed. *Lebe gesund, lange und glücklich!* Schlachters bei Lindau: Wohlmuth, 1956.

Hassell, Ulrich von. *Die Hassell-Tagebücher, 1938–1944: Aufzeichnungen vom Andern Deutschland*. Berlin: Siedler, 1988.

———. *The Ulrich von Hassell Diaries: The Story of the Forces Against Hitler Inside Germany*. Tr. Geoffrey Brooks. South Yorkshire, UK: Frontline Books/Pen and Sword, 2011.

Hastings, Derek. *Catholicism and the Roots of Nazism: Religious Identity and National Socialism*. New York: Oxford University Press, 2010.

Hatch, Alden, and Seamus Walshe. *Crown of Glory: The Life of Pope Pius XII.* New York: Hawthorn Books, 1956.

Hebblethwaite, Peter. *In the Vatican.* Bethesda, MD: Adler and Adler, 1968.

———. *Paul VI: The First Modern Pope.* New York: Paulist Press, 1993.

Hehl, Ulrich von. *Priester unter Hitlers Terror: Eine biographische und statistische Erhebung.* Mainz: Matthias Grünewald, 1985.

Heiden, Conrad. *A History of National Socialism.* Reprint ed. London: Routledge, 2013.

Held, Heinrich. "Ditkiert Minsterpräsident Dr. Heinrich Held unmittelbar nach dem 9 Marz 1933 über die Vorgange bei der Machübernahme der Nationalsozialisten in Bayern." Müller, "Niederschrift," LK, 373–378.

Held, Joseph. *Heinrich Held: Ein Leben fur Bayern.* Regensburg: Held, 1958.

Helmreich, Ernst. *The German Churches Under Hitler.* Detroit: Wayne State University Press, 1979.

Hennessey, James. "An American Jesuit in Wartime Rome: The Diary of Vincent A. McCormick, S.J., 1942–1945." *Mid-America* 56, no. 1 (Jan. 1974).

Hessemann, Michael. *Der Papst, der Hitler trotzte: Die Wahrheit über Pius XII.* Augsburg: Sankt Ulrich, 2008.

———. "Pius XII, Stauffenberg und Der Ochsensepp," *Kath.Net,* 19 July 2009.

Hettler, Friedrich Hermann. "Josef Müller (Ochsensepp): Mann des Widerstandes und erster CSU-Vorsitzender." *Miscellanea Bavarica Monacensia,* vol. 55, Kommissionsverlag UNI-Druck München, Neue Schriftenreihe des Stadtarchivs. Munich, 1991.

Heydecker, Joe J, and Johannes Leeb. *The Nuremberg Trial: A History of Nazi Germany as Revealed Through the Testimony at Nuremberg.* Tr. R. A. Downie. London: Heinemann, 1962.

Hilberg, Raul. *The Destruction of the European Jews.* New York: Octagon, 1978.

Hilgenreiner, K. "Tyrannenmord." In *Lexicon für Theologie und Kirche,* 10:346–348. Freiburg im Breisgau: Herder, 1938.

Hill, Leonidas. "The Vatican Embassy of Ernst von Weizsäcker, 1943–1945." *Journal of Modern History* 39 (June 1967): 138–159.

Hilton, Stanley E. "The Welles Mission to Europe, February-March 1940: Illusion or Realism?" *Journal of American History* 58, no. 1 (June 1971): 93–120.

Himmler, Heinrich. *Rassenpolitik.* Pamphlet. Berlin, n.d. [c. 1943]. Tr. Randall Bytwerk. German Propaganda Archive.

Hinsley, F. H. *British Intelligence in the Second World War.* Abridged ed. New York: Cambridge University Press, 1993.

Hitler, Adolf. *Hitlers Tischgespräche.* Ed. Henry Picker. Wiesbaden: VMA-Verlag, 1983.

Hoek, Kies van. *Pope Pius XII: Priest and Statesman.* New York: Philosophical Library, 1945.

Hoffmann, Peter. *The History of the German Resitstance 1939–1945*, 3rd ed. Cambridge, MA: MIT Press, 1996.

———. *Hitler's Personal Security*. New York: Da Capo, 2000.

———. *Stauffenberg: A Family History*. New York: Cambridge University Press, 1995.

Hoffmann, Peter, ed. *Beyond Valkyrie: German Resitance to Hitler: Documents*. Montreal: McGill-Queen's University Press, 2011.

Hofmann, Paul. *O Vatican! A Slightly Wicked View of the Holy See*. New York: Congdon and Weed, 1982.

Hofmeister, Corbinian. Transcript. 6 Aug. 1963, HDP, III, 1/7.

Höhne, Heinz. *Canaris: Hitler's Master Spy*. New York: Doubleday, 1979.

———. *The Order of the Death's Head: The Story of Hitler's S.S.* Tr. Richard Barry. New York: Coward-McGann, 1970.

Höllen, Martin. *Heinrich Wienken, der "unpolitische" Kirchenpolitiker. Eine Biographie aus drei Epochen des deutschen Katholizismus*. Mainz: Veröffentlichungen der Kommission für Zeitgeschichte, 1981.

Hollis, Christopher. *The Jesuits: A History*. New York: Macmillan, 1968.

Holmes, Derek J. *The Papacy in the Modern World: 1914–1978*. New York: Crossroad, 1981.

———. *The Triumph of the Holy See*. London: Burns and Oates, 1978.

Höttl, Wilhelm [under pseud. Walter Hagen]. *Die geheime Front*. Vienna: Nibelungen, 1950. In English: Wilhelm Hoettel, *The Secret Front: The Inside Story of Nazi Political Espionage*. London: Phoenix, 2000.

Hudec, L. E. "Recent Excavations Under St. Peter's Basilica in Rome." *Journal of Bible and Religion* 20, no. 1 (1952): 13–18.

Hughes, John Jay. "Hitler, the War, and the Pope." *First Things*, Oct. 2000.

Huppenkothen, Walter. "Der 20. Juli 1944." Undated statement. HDP, 2/10.

———. "The 20 July Plot Answers of Walter Huppenkothen." USFET/CIC Interrogation Report, Hersbruck, 17 May 1946. Answers in German (19 pp.) to a 3-page English questionnaire. Carbon copies. Lord Dacre Papers, DJ 38, Folder 21.

———. "Verhältnis Wehrmacht Sicherpolitzei. . . ." Statement, n.d., HDP, 2/10.

Ihnhass, Michael J. [L. M. Telepun]. "The Bloody Footprints." Privately printed, 1954.

Irmingard von Bayern. *Jugend-Erinnerungen: 1923–1950*. Erzabtei St. Ottilien: EOS, 2010.

Irving, David. *Hitler's War*. New York: Viking, 1977.

Jacobsen, Hans-Adolf. "10. Januar 40–Die Affäre Mechlin." *Wehrwissenschaftliche Rundschau* 4 (1954): 497–515.

———. *Fall Gelb*. Wiesbaden: Steiner, 1957.

Jacobsen, Hans-Adolf, ed. *July 20, 1944: Germans Against Hitler*. Bonn: Federal Government of Germany, 1969.

Joachimsthaler, Anton. *Hitlers Ende*. Munich: Herbig, 2004.

Joachimsthaler, Anton, and Helmut Bögler. *The Last Days of Hitler*. London: Brockhampton, 1999.

John, Otto. *Twice Through the Lines: The Autobiography of Otto John*. New York: Harper and Row, 1972.

Josi, Enrico. "Gli scavi nelle Sacre Grotte Vaticana," 2–13. In *Il Vaticano nel 1944*. Rome: Tipographia Vaticana, 1945.

———. "Ritrovamenti Archeologici." *L'Osservatore Romano*, 13 March 1941, 6.

Junge, Traudl. Until the *Final Hour: Hitler's Last Secretary*. Tr. Anthea Bell. New York: Arcade, 2004.

Kaas, Ludwig. "The Search for the Bones of St. Peter." *Life*, 27 March 1950, 79–85.

Kahn, David. *The Codebreakers: The Story of Secret Writing*. New York: Macmillan, 1967.

———. *Hitler's Spies: German Military Intelligence in World War II*. New York: Macmillan, 1978.

Kaiser, Wolfram. *Christian Democracy and the Origins of European Union*. New York: Cambridge University Press, 2007.

Kaltefleiter, Werner, and Hanspeter Ochswald. *Spione im Vatikan: Die Päptse im Visier der Geheimdienste*. Munich: Pattloch, 2006.

Kaltenbrunner, Ernest. "The Defense Case. VII. Final Argument" with "Final Plea," 20 Nov. 1945, NCA, II, Pt. 1, 275ff. Kurt Kauffmann was defense counsel.

Keitel, Wilhelm. *The Memoirs of Field-Marshal Keitel*. Ed. Walter Gorlitz. New York: Stein and Day, 1966.

Keller, Hermann. "Zeugenschriftum," 4 July 1967, IfZ, ZS 2424.

Kempner, Benedicta Maria. *Priester vor Hitlers Tribunalen*. Leipzig: Rütten u. Loening, 1966.

Kennan, George. *Memoirs, 1925–1950*. New York: Pantheon, 1983.

Kershaw, Ian. *Hitler 1889–1936: Nemesis*. New York: W. W. Norton, 1998.

———. *Hitler 1936–1945: Nemesis*. New York: W. W. Norton, 2000.

———. *The 'Hitler Myth': Image and Reality in the Third Reich*. New York: Oxford University Press, 2001.

———. *Hitler, the Germans and the Final Solution*. New Haven, CT: Yale University Press, 2008.

———. *Popular Opinion and Political Dissent in the Third Reich: Bavaria, 1933–1945*. Oxford: Clarendon, 1983.

———. *The Nazi Dictatorship: Problems and Perspectives of Interpretation*, 3rd ed. London: Arnold, 2000.

Kertzer, David I. *The Pope and Mussolini: The Secret History of Pius XI and the Rise of Fascism in Europe*. New York: Random House, 2014.

Kessel, Albrecht von. "Umschwung in D." Handwritten manusucript, n.d., c. 6 Nov. 1942, Nachlass Kessel. Reprinted in Schwerin, *Köpfe*, 447–452.

———. *Verborgene Saat: Aufzeichnungen aus dem Widerstand, 1933 bis 1945*. Ed. Peter Steinbach. Berlin: Ullstein, 1992.

Kimball, Warren F., ed. *Churchill and Roosevelt: The Complete Correspondence.* Vol. 3, Alliance Declining, February 1944–April 1945. Princeton, NJ: Princeton University Press, 1984.

Kirschbaum, Engelbert. "Gli scavi sotto la Basilica di San Pietro." *Gregorianum* 29: 3–4 (1948): 544–557.

———. *The Tombs of St. Peter and St. Paul.* New York: St. Martin's, 1959.

———. "Zu den Neuesten Entdeckengen unter der Peterskirche in Rom." *Archivum Historiae Pontificiae* 3 (1965): 309–316.

Klemperer, Klemens von. *German Resistance Against Hitler: The Search for Allies Abroad, 1938–1945.* New York: Oxford University Press, 1992.

Knauth, Percy. *Germany in Defeat.* New York: Knopf, 1945.

Koch, Laurentius. "Die Benediktinerabtei Ettal." In Schwaiger, ed. *Das Erzbistum München und Freising in der Zeit der nationalsozialistischen,* 2:381–413.

Kochendörfer, Sonja. "Freising unter dem Hakenkreuz Schicksale der katholischen Kirche." In Schwaiger, ed., *Das Erzbistum München und Freising in der Zeit der nationalsozialistischen,* no. 1: 676–683.

Kolakovic, Tomislav. *God's Underground.* New York: Appleton-Century Crofts, 1949. [Originally bylined: "Father George as told to Greta Palmer."]

Kordt, Erich. *Nicht aus den Akten.* Stuttgart: Union Deutsche Verlagsgellschaft, 1950.

Kramarz, Joachim. *Stauffenberg: Architect of the Famous July 20th Conspiracy to Assassinate Hitler.* Tr. R. H. Barry. New York: Macmillan, 1967.

Kurtz, Lester. *The Politics of Heresy: The Modernist Crisis in Roman Catholicism.* Berkeley: University of California Press, 1986.

Kurzman, Dan. *Special Mission: Hitler's Secret Plot to Seize the Vatican and Kidnap Pius XII.* New York: Da Capo, 2007.

Kwitny, Jonathan. *Man of the Century: The Life and Times of Pope John Paul II.* Henry Holt, 1997.

Ladd, Brian. *The Ghosts of Berlin: Confronting German History in the Urban Landscape.* Chicago: University of Chicago Press, 2008.

Lahousen, Erwin. "Testimony of Erwin Lahousen taken at Nurnberg, Germany, 1 Feb. 1946 1330–1430 by Lt Col Smith W. Brookhart, Jr., IGD. Also present: Leo Katz, Interpreter; John Wm. Gunsser, Reporter." Facsimile, 16 March 2010, Nachlass Loringhoven, PWF.

Lapide, Pinchas. *Three Popes and the Jews.* New York: Hawthorn, 1967.

Lapomarda, Vincent A. *The Jesuits and the Third Reich.* Lewiston, NY: Edwin Mellen, 1989.

Laqueur, Walter. *The Terrible Secret.* Boston: Little, Brown, 1980.

Large, David Clay. *Where Ghosts Walked: Munich's Road to the Third Reich.* New York: Norton, 1977.

Lavelle, Elise. *The Man Who Was Chosen: Story of Pope Pius XII.* New York: McGraw-Hill, 1957.

Lease, Gary. "Denunciation as a Tool of Ecclesiastical Control: The Case of Roman Catholic Modernism." *Journal of Modern History* 68, no. 4 (1996): 819–830.

Lees-Milne, James. *Saint Peter's: The Story of Saint Peter's Basilica in Rome.* Boston: Little, Brown, 1967.

Lehnert, Sister M. Pascalina. *His Humble Servant.* Tr. Susan Johnson. South Bend, IN: St. Augustine's Press, 2014. In German: *Ich durfte ihm dienen: Erinnerungen an Papst Pius XII,* 10th ed. Würzburg: Naumann, 1996.

Leiber, Robert. "Bandaufnahme eines Vortrages von HH Pater Leiber am . . . mit angeliessender Diskussion." Undated transcript from tape-recorded lecture and discussion, Berlin Pastoral Conference [c. Autumn] 1963. Title: Juliusz Stroynowski Collection (CN 92019), Hoover Institution, Palo Alto, CA.

———. "Mit Brennender Sorge." *Stimmen der Zeit* 169 (1961–1962): 417–426.

———. "Pius XII." *Stimmen der Zeit,* Nov. 1958. Reprinted in *Der Streit um Hochhuth's Stellvertreter* (Basel: Bassillius Presse, 1963); and in Bentley, ed. *The Storm Over the Deputy,* Tr. Salvator Attars, 173–194.

———. "Pius XII and the Third Reich." Written comments. Tr. Charles Fullman. Excerpted in *Look,* 17 May 1966, 36–49.

———. "Unterredung," 26–27 Aug. 1960. IfZ, ZS, 660, 2–7.

———. "Zum Gutachten Seiner Eminenz Card. Faulhaber," 5 [or 6] March 1939, ADSS, II, Annex IV, "Note du Secretariat privé de Pie XII."

———. "Zweite Konferenz des Heiligen Vaters mit den deutschen Kardinälen 9 März 1939. Zu behandelnde Punkte," 7 [or 8] March 1939, ADSS, II, Annex VII, "Note du Secrétariat privé de Pie XII."

Lernoux, Penny. *People of God.* New York: Viking, 1989.

Lesourd, Paul. *Entre Rome et Moscou: Le jesuite clandestine, Mgr Michel d'Herbigny.* Paris: Editions Lethielleux, 1976.

Leugers, Antonia. *Gegen eine Mauer bischöflichen Schweigens: Der Ausschuss für Ordensangelegenheiten und seine Widerstandskonzeption, 1941 bis 1945.* Frankfurt am Main: Knecht, 1996.

Lewy, Guenter. "Pius XII, the Jews, and the German Catholic Church," *Commentary* 37:2 (Feb. 1964): 23–35.

———. "Secret Papal Brief on Tyrannicide." *Church History* 26:4 (1957), 319–324.

Lichten, Joseph. *A Question of Judgment.* Washington, DC: National Catholic Welfare Conference, 1963.

Lochner, Louis. *Always the Unexpected: A Book of Reminiscences.* New York: Macmillan, 1956.

Loringhoven, Bernd Freytag von. *In the Bunker with Hitler: The Last Witness Speaks.* London: Weidenfeld and Nicolson, 2006.

———. "Kaltenbrunner und 'Der Ochsensepp' Josef Müller." *Austria-Forum,* May 2010.

Ludecke, Kurt G.W. *I Knew Hitler.* London: Jarrolds, 1938.

Ludlow, Peter. "Papst Pius XII, die britische Regierung und die deutsche Opposition im Winter 1939/40." VfZ no. 3 (1974).

Lugli, G. "Recent Archaeological Discoveries in Rome and Italy." *Journal of Roman Studies* 36, no. 1–2 (1946): 1–17.

Lukacs, John. *At the End of an Age*. New Haven, CT: Yale University Press, 2002.

———. "The Diplomacy of the Holy See During World War II." *Catholic Historical Review* 60 (July 1974).

———. *Historical Consciousness: Or, the Remembered Past*. New York: Harper and Row, 1968.

———. *The Hitler of History*. New York: Knopf, 1997.

———. "In Defense of Pius." *National Review* 51, no. 22, 22 Nov. 1999.

———. *The Last European War, 1939–1941*. New York: Doubleday, 1976.

———. "Questions About Pius XII." *Continuum*, Summer 1964, 183–192. Reprinted in Mark G. Malvasi and Jeffrey O. Nelson, eds., *Remembered Past: Johan Lukacs on History, Historians, and Historical Knowledge*. Wilmington, DE: ISI Books, 2005.

Machiavelli, Nicolo. *Discourses on the First Decade of Titus Livius*. Tr. Ninian Hill Thomson. Pennsylvania State University Electronic Classics, 2007.

Marchasson, Yves. *La Diplomatic Romaine et la République Française*. Paris: Beauchesne, 1974.

Matteson, Robert E. "The Last Days of Ernst Kaltenbrunner." *Studies in Intelligence* (CIA), Spring 1960; CIA Historical Review Program Release, 22 Sept. 1993, NARA, RG 263, 2–11–6.

McCargar, James [as Christopher Felix]. *A Short Course in the Secret War*, 3rd ed. Lanham, MD: Madison, 1992.

McKay, C.G. *From Information to Intrigue: Studies in Secret Service Based on the Swedish Experience, 1939–1945*. London: Frank Cass, 1993.

Meehan, Patricia. *The Unnecessary War: Whitehall and the German Resistance to Hitler*. London: Sinclar-Stevenson, 1992.

Menges, Franz. "Müller, Josef." *Neue Deutsch Biographie* 18 (1997): 430–432.

Meyer, Winifred. *Unternehmen Sieben: Eine Rettungsaktion für vom Holocaust Bedrohte aus sem Amt Ausland/Abwehr im Oberkommando der Wehrmacht*. Frankfurt am Main: Hain, 1993.

Moltke, Freya von. *Memories of Kreisau and the German Resistance*. Tr. Julie M. Winter. Lincoln: University of Nebraska Press, 2005.

Moltke, Helmuth James von. *Briefe an Freya, 1939–1945*. Munich: C. H. Beck'sche Verlagsbuchhandlung, 1988. In English: *Letters to Freya*. New York: Knopf, 1990.

———. "Ueber die Grundlagen der Staatslehre" [On the Foundations of Political Science], Oct. 1940. In Moltke, Papers, Bundesarchiv, Koblenz N 1750 Bd. 1, Tr. Hoffmann, BV, 44–53.

Mommsen, Hans. *Alternatives to Hitler: German Resistance in the Third Reich*. Tr. Angus McGeoch. Princeton, NJ: Princeton University Press, 2003.

Moorhouse, Roger. *Berlin at War*. New York: Basic Books, 2012.

Morrell, Theo. *The Secret Diaries of Hitler's Doctor*. Ed. David Irving. New York: Macmillan, 1983.

Morsey, Rudolf. "Gelehrter, Kulturpolitiker und Wissenschaftsorgnisator in vier Epochen deutscher Geschichte: Georg Schreiber (1882–1963)." In Bastin Hein et al., eds. *Gesichter der Demokratie: Porträts zur deutschen Zeitgeschichte: Eine Veröffentlichung des Instituts für Zeitgeschichte München-Berlin*, 7–20. Munich: Oldenbourg, 2012.

Muckermann, Friedrich. *Der Deutsche Weg: Aus der Widerstandsbewegungen der deutschen Katholischen von 1930–1945*. Zurich: NZN, 1945.

———. *Im Kampf zwischen zwei Epochen*. Ed. Nikolaus Junk. Mainz: Matthias Grünewald, 1973.

Muckermann, Hermann. "April 2, 1946-Friedrich Muckermann SJ." *Mitteilungen aus den deutschen Provinzen der Gesellschaft Jesu XVII* 113–116 (1953–1956): 325–328.

Mueller, Michael. *Canaris: The Life and Death of Hitler's Spymaster*. Tr. Geoffrey Brooks. Annapolis, MD: Naval Institute Press.

Mueller, Richard, and Allan J. Lichtman. *FDR and the Jews*. Cambridge, MA: Belknap Press of Harvard University Press, 2013.

Müller, Josef. "Besprechung in Rom beim Vatikan 612.11.39." Reprinted in Groscurth, *Tagebücher*, 506–509.

———. "Betrift: Halder." Unsigned, undated statement of early postwar origin, probably prepared for US Office of Strategic Services, HDP.

———. *Bis Zur Letzen Konsequenz*. Munich: Süddeutscher, 1975.

———. "Fragen und Erläuterungen von Dr. Müller," July 1947. LStA (Roeder), Vol. 5, Land Niedersachsen, Luneburg, 1951.

———. [Josef Müller Private Papiere, 1947–1956.] IfZ, ED 63.

———. "Lebenslauf," 7 Nov. 1945. 5 pp, German (typewritten carbon), DNTC, vol. XVII, Subdivision 53, "Others Investigated or Interrogated," 53.041.

———. [Papers and documents.] IfZ, ZS 659.

———. "Protokoll der Siztung vom 1.2.1952." IfZ, ZS 603.

———. "Statement by Josef Müller," 21 Oct. 1948. LStA (Roeder), Vol. 5, Land Niedersachsen, Luneburg, 1951.

———. "Statement of Mueller Josep[f], Lawyer (Munich) Gedonstrasse A. Munich." Capri, 23 May 1945, NARA, RG 226, Entry 125, Box 29.

———. Transcripts of debriefngs by Harold C. Deutsch (1958; April 1958; 5 and 31 May 1958; June 1958; 31 June 1958; 3 Aug. 1958; 12 Aug. 1958; 4 Aug. 1960; July 1963; Aug. 1963; 5 Aug. 1963; 6 Aug. 1963; 8 Aug. 1963; 1966–1967?; 23 and 24 March 1966; Sept. 1966; 22 Sept. 1966; c. 1966). HDP, III, 1/7.

———. "Vernehmung des Zeugen Dr. Josef Müller, 49 Jahre Alt, Rechtsanwalt in München." Unpublished manuscript, 29 April 1947, HDP.

Müller, Klaus-Jürgen. *Der deutsche Widerstand 1933–1945*. Paderborn: Schöningh, 1990.

Murphy, Paul I. *La Popessa*. New York: Warner, 1983.

Naftali, Timothy. "ARTIFICE: James Angleton and X2 Operations in Italy." In *The Secrets War: The Office of Strategic Services in World War II*, 218–245. Ed. George C. Chalou. Washington, DC: National Archives and Records Administration, 1992.

National Security Agency [US Signal Security Agency]. "Vatican Code Systems," n.d. [25 Sept. 1944]. NARA, RG 437, HCC, Box 1284 (document NR 3823 ZEMA100 37012A 19430000 Cryptographic Codes and Ciphers: Vatican Code Systems).

Nebgen, Elfriede. *Jakob Kaiser*. Stuttgart: Kohlhammer, 1967.

Neitzel, Sönke. *Abgehört: Deutsche Generäle in britischer Kriegsgefangenschaft, 1942–1945*. Berlin: Ullstein Buchverlage, 2005. In English: Tapping Hitler's Generals: Transcripts of Secret Conversations, 1942–45. Tr. Geoffrey Brooks. St. Paul: MBI, 2007.

Neuhäusler, Johannes. *Amboss und Hammer: Erlebnisse im Kirchenkampf des Dritten Reiches*. Munich: Manz, 1967.

———. *What Was It Like in the Concentration Camp at Dachau?* 31st ed. Dachau: Trustees for the Monument of Atonement in the Concentration Camp at Dachau, 2002.

Nicolosi, Giuseppe. "I lavori ampliamento risanamento e sistemanzione delle Sacre Grotte Vaticane." *L'Osservatore Romano*, 13 March 1941, 6.

O'Callaghan, Roger T. "Recent Excavations Underneath the Vatican Crypts." *Biblical Archaeologist* 12, no. 1 (Feb. 1949): 1–23.

———. "Vatican Excavations and the Tomb of Peter." *Biblical Archaeologist* 16, no. 4 (Dec. 1953): 69–87.

O'Donnell, James. *The Bunker*. New York: Da Capo, 2001.

Oesterreicher, John M. *Wider die Tyrannei des Rassenwahns: Rundfunkansprachen aus dem ersten Jahr von Hitlers Krieg*. Vienna: Geyer, 1986.

Osas, Veit. *Walküre*. Hamburg: Adolf Ernst Schulze, 1953.

Pacelli, Eugenio. *Gesammelte Reden*. Ed. Ludwig Kaas. Berlin: Buchverlag Germania, 1930.

Pacepa, Ion Mihai, and Ronald J. Rychlak. *Disinformation*. Washington, DC: WND, 2013.

Padellaro, Nazareno. *Portrait of Pius XII*. Tr. Michael Derrick. New York: Dutton, 1957.

Pagano, Sergio. "Documenti sul modernismo romano dal Fondo Benigni." *Ricerche per la storia religiosa di Roma* 8 (1990): 223–300.

Papen, Franz von. *Memoirs*. Tr. Brian Connell. New York: Dutton, 1953.

Parparov, Fyodor, and Saleyev, Igor [MVD/NKVD]. "Dyelo" [Dossier] [to Stalin], 29 Dec. 1949, CPSU, Doc. 462a. In English: *The Hitler Book: The Secret Dossier*

Prepared for Stalin from the Interrogations of Hitler's Personal Aides. Eds. Henrik Eberle and Matthias Uhl. Trans Giles Macdonough. New York: Public Affairs, 2005.

Patin, Wilhelm. "Beiträge zur Geschichte der Deutsch-Vatikanischen Beziehungen in den letzen Jahrzehnten. Quellen und Darstellungen zur politischen Kirche, Sonderband A." Copy 0470 SD, 1942, author's collection. Internal SS study for Heinrich Himmler.

———. "Document Room Intelligence Analysis: Dr. Wilhelm August Patin." Office of US Chief of Counsel for the Prosecution of Axis Criminality [Col. Brundage], Nuremburg, 24 Sept. 1945.

———. "Preliminary Interrogation Report: Patin, Wilhelm," US 7th Army Interrogation Center, 14 July 1945. Author's collection.

———. "Testimony of Dr. Wilhelm August Patin, taken at Nuremberg, Germany, 24 Sept 1945, 1050–1230, by Howard A. Brundage, Colonel." Office of US Chief of Counsel for the Prosecution of Axis Criminality [Nuremburg].

———. "Testimony of Wilhelm Patin, taken at Nurnberg, Germany, 3 November 1945, 1030–1130, by Lt. John B. Martin." Author's collection.

Pawley, Edward. *BBC Engineering, 1922–1972*. London: British Broadcasting Corporation, 1972.

Payne, Robert. *The Life and Death of Adolf Hitler*. New York: Barnes and Noble, 1995.

———. The *Rise and Fall of Stalin*. New York: Macmillan, 1968.

Perrin, Henri. *Priest-Workman in Germany*. Tr. Rosemary Sheed. New York: Sheed and Ward, 1948.

Persico, Joseph. *Roosevelt's Secret War: FDR and World War II Espionage*. New York: Random House, 2001.

Peter, Karl Heinrich, ed. *Spiegelbild einer Verschörung*. Stuttgart: Seewald, 1961.

Peters, Walter H. *The Life of Benedict XV*. Milwaukee: Bruce Publishing, 1959.

Petrarch [Francesco Petrarca]. *Petrarch's Remedies for Fortune Fair and Foul*. Ed. Conrad H. Rawski. 5 vols. Bloomington: University of Indiana, 1991.

Petrova, Ada, and Watson, Peter. *The Death of Hitler: The Full Story with New Evidence from Secret Russian Archives*. New York: Norton, 1995.

Phayer, Michael. *The Catholic Church and the Holocaust, 1930–1965*. Bloomington: Indiana University Press, 2000.

———. *Pius XII, the Holocaust, and the Cold War*. Bloomington: Indiana University Press, 2008.

———. "Questions about Catholic Resistance." *Church History* 70, no. 2 (June 2001): 328–344.

Pius XII. *Summi Pontificatus*. Vatican City: Libreria Editrice Vaticana, 1939.

Pollard, John. *The Papacy in the Age of Totalitarianism*. New York: Oxford University Press, 2014.

———. *The Unknown Pope: Benedict XV (1914–1922) and the Pursuit of Peace*. London: Geoffrey Chapman, 1999.

————. *The Vatican and Italian Fascism, 1929–32.* New York: Cambridge University Press, 1985.

Poulat, Emile. *Integrisme et Catholicisme integral.* Tournai: Casterman, 1969.

Prados, John. *The White House Tapes: Eavesdropping on the President.* New York: New Press, 2003.

Prandi, Adriano. *La zona archeologica della Confessio Vaticana del II secolo.* Vatican City: Tipografia Poliglotta Vaticana, 1957.

Pridham, Geoffrey. *Hitler's Rise to Power: The Nazi Movement in Bavaria, 1923–1933.* New York: Harper and Row, 1973.

Prittie, Terence. *Germans Against Hitler.* Boston: Little, Brown, 1964.

Quigley, Martin. *Peace Without Hiroshima: Secret Action at the Vatican in the Spring of 1945.* Lanham, MD: Madison, 1991.

Radio Vaticana. "Summario," 1 April 2014, www.aireradio.org/articoli/img/vaticano_2.pdf. Accessed 27 May 2014.

Rauscher, Anton, ed. *Wider den Rassismus: Entwurf einer nicht erschienenen Enzyklika (1938). Texte aus dem Nachlass von Gustav Gundlach SJ.* Paderborn: Ferdinand Schöningh, 2001.

Rauschning, Hermann. *The Revolution of Nihilism and Warning to the West.* New York: Alliance Book Corporation, 1939.

Reck-Malleczewen, Friedrich Percyval. *Diary of a Man in Despair.* Tr. Paul Rubens. London: Duck Editions, 2000. In German: *Tagebuch eines Verzweifelten.* Stuggart: Buerger, 1947.

Reese, Thomas J. *Inside the Vatican.* Cambridge, MA: Harvard University Press, 1996.

Reilly, Michael F. *Reilly of the White House.* New York: Simon and Schuster, 1947.

Reitlinger, Gerald. *The SS: Alibi of a Nation, 1922–1945.* New York: Viking, 1957.

Respighi, C. "Esplorazioni recenti nella Confessione Beati Petri." *Rivista di Archeologia Cristiana* 19 (1942): 19–26.

Rhodes, Anthony. *The Power of Rome in the Twentieth Century.* New York: Franklin Watts, 1983.

————. *The Vatican in the Age of the Dictators.* New York: Holt, Rinehart and Winston, 1973.

Ribbentrop, Joachim von. "Testimony of Joachim von Ribbentrop taken at Nurnberg, Germany, on 5 October 1945, by Mr. Justice Robert H. Jackson, OUSCC." Office of United States Chief Counsel for Prosecution of Axis Criminality. *Nazi Conspiracy and Aggression. Supplement B* [Red Book], 1232–1239. Washington, DC: US Government Printing Office, 1948.

Ritter, Gerhard. *Carl Goerdeler und die deutsche Widerstandsbewegung.* Stuttgart: Deutsche Verlags-Anstalt, 1956.

————. *The German Resistance: Carl Goerdeler's Struggle Against Tyranny.* Tr. R. T. Clark. London: Allen and Unwin, 1958.

Roon, Ger van. *German Resistance to Hiden Count von Molike and the Kreisau Circle.* Tr. Peter Ludlow. London: Van Nostrand Reinhold, 1971.

——. *Neuordnung im Widerstand: Der Kreisauer Kreis innerhalb der deutschen Widerstandsbewegung*. Munich: Oldenbourg, 1967.

Rösch, Augustinus. "Dem Tode entronnen," 1946, KN, 398–301.

——. "Gottes Gnade in Feuer und Flamme," 1947, KN, 412–453.

——. *Kampf gegen den Nationalsozialismus*. Ed. Roman Bleistein. Frankfurt am Main: Knecht, 1985.

——. "Kampf gegen den NS," 22 Oct. 1945, KN, 268–270.

——. "Lebenslauf," 14 Dec. 1916, BHStAM, War Archives Department, OP2455.

——. "Zum Abschiedsbrief Moltkes," 1945–1946, KN, 286, 288f.

Rothe, Alfred. "Pater Georg von Sachsen." *Mitteilungen aus den deutschen Provinzen der Gesellschaft Jesu* 17, no. 113 (1953–1956).

Rothfels, Hans. *The German Opposition to Hitler: An Assessment*. Tr. Lawrence Wilson. London: Oswald Wolff, 1961.

Ruffner, Kevin Conley. "Eagle and Swastika: CIA and Nazi War Criminals and Collaborators." Draft Working Paper, US Central Intelligence Agency History Staff, Washington, DC, April 2003. Declassified in 2007.

Rürup, Reinhard, ed. *Topographie des Terrors*, 4th ed. Berlin: Verlag Willmuth Arenhövel, 1987.

Russo, Domenico. Untitled manuscript ["Mémoire"], 12 March 1945. (20 pp.), HDP, III, 1/9.

Rychlak, Ronald J. *Hitler, the War and the Pope*. Huntington, IN: Genesis Press, 2000.

Safire, William. "Essay: Happy to Watergate You." *New York Times*, 14 June 1982.

Sale, Giovanni. "L'Attentato a Hitler, La Sante Sede e i Gesuiti." *La Civiltà Cattolica* 1 (2003): 466–479.

Sanchez, Jose. *Pius XII and the Holocaust: Understanding the Controversy*. Washington, DC: Catholic University of America Press, 2002.

Schellenberg, Walter. *The Labyrinth*. Harper and Brothers, 1956.

——. *Memorien*. Cologne: Verlag fur Politik und Wirtschaft, 1956.

Scheurig, Bodo. *Henning von Tresckow ein Preuße gegen Hitler*. Berlin : Propyläen, 2004.

Schlabrendorff, Fabian von. "Events Leading Up to the Putsch of 20 July (1944)." Typescript for US Office of Strategic Services, (copy), n.d. [c. July 1945]. DNTC, vol. XCIII.

——. *Offiziere gegen Hitler*. Berlin: Siedler, 1984.

——. *Revolt Against Hitler: The Personal Account of Fabian von Schlabrendorff*. London: Eyre and Spottiswoode, 1948.

——. *The Secret War Against Hitler*. Tr. Hilda Simon. Boulder: Westview, 1994.

——. *They Almost Killed Hitler*. New York: Macmillan, 1947.

Schmuhl, Hans-Walter. *The Kaiser Wilhelm Institute for Anthropology, Human Heredity, and Eugenics, 1927–1945*. Dordrecht: Springer Science and Business Media, 2008.

Schneider, Burkhart, ed., with Pierre Blet and Angelo Martini. *Die Briefe Pius XII an die Deutschen Bischöfe, 1939–1944*. Mainz: Matthias Grünewald, 1966.

Scholl, Inge. *Students Against Tyranny: The Resistance of the White Rose, Munich, 1942–1943*. Tr. Arthur R. Schultz. Middletown, CT: Wesleyan University Press, 1970.

———. *The White Rose: Munich, 1942–1943*. Tr. Arthur R. Schultz. Middletown, CT: Wesleyan University Press, 1983.

Schramm, Percy Ernst. "Ahlmann, Wilhelm." In *Neue Deutsche Biographie*. Berlin: Duncker and Humblot, 1953.

Schuschnigg, Kurt. *Im Kampf gegen Hitler: Die Überwindung der Anschlussidee*. Vienna and Munich: Fritz Molden, 1969.

Schwaiger, Georg ed. *Das Erzbistum München und Freising in der Zeit der nationalsozialistischen*. 2 vols. Munich: Schnell and Steiner, 1984.

Schwarz, Hans-Peter. *Konrad Adenauer: A German Politician and Statesman in a Period of War, Revolution, and Reconstruction*. Vol. 1. Providence, RI: Berghahn, 1995.

Schwerin, Deltef von. *"Dann Sind's die Besten Köpfe, Die Man Henkt." Die junge Generation im deutschen Widerstand*. Munich: Piper, 1991.

Scoccianti, Sandro. "Apunti sul servizio informazioni pontificio nelle Marche nel 1859–60." *Atti e memorie della deputazione di storia patria per le Marche* 88 (1983): 293–350.

Scrivener, Jane. *Inside Rome with the Germans*. New York: Macmillan, 1945.

Sevareid, Eric. *Not So Wild a Dream*. New York: Knopf, 1946.

Sheridan, Michael. *Romans: Their Lives and Times*. New York: St. Martin's, 1994.

Shuster, G. N. *In Amerika und Deutschland: Erinnerungen eines amerikanischen College Präsidenten*. Frankfurt am Main: Knecht, 1965.

Siemer, Laurentius. *Erinnerungen: Aufzeichungen und Breife*. Frankfurt am Main: Knecht, 1957.

Slezkine, Yuri. *The Jewish Century*. Princeton, NJ: Princeton University Press, 2004.

Smothers, Edgar. "The Bones of St. Peter." *Theological Studies* 27 (March 1966): 79–88.

———. "The Excavations Under St. Peters." *Theological Studies* 17 (1956): 293–321.

Sorondo, Marcelo Sánchez. "The Pontifical Academy of Sciences: A Historical Profile." *Pontificia Academia Scientiarum*, extra series 16, 2003.

Speer, Albert. *Inside the Third Reich*. Tr. Richard and Clara Winston. New York: Macmillan, 1970.

Spengler, Oswald. *The Decline of the West*. Vol. 2, *Perspectives of World-History*. Tr. Charles Francis Atkinson. New York: Knopf, 1928.

Stehle, Hansjakob. *Eastern Politics of the Vatican, 1917–1979*. Athens: Ohio University Press, 1981.

———. "Ein Eiferer in der Gesellschaft von Mördern: Albert Hartl, der Chef des anti-kirchlichen Spitzeldienstes der SS." *Die Zeit*, 7 Oct. 1983, www.zeit.de/1983/41/ein-eiferer-in-der-gesellschaft-von-moerdern. Accessed 28 Aug. 2104.

Stehlin, Stewart. *Weimar and the Vatican, 1919–1933: German-Vatican Diplomatic Relations in the Interwar Years*. Princeton, NJ: Princeton University Press, 1983.

Steigmann-Gall, David. *The Holy Reich: Nazi Conceptions of Christianity, 1919–1945*. Cambridge, UK: Cambridge University Press, 2002.

Steinacher, Gerald. *Nazis on the Run: How Hitler's Henchmen Fled Justice*. New York: Oxford University Press, 2012.

Steinhoff, Johannes, et al., *Voices from the Third Reich: An Oral History*. Washington, DC: Regnery Gateway, 1989.

Stickler, Wolfgang. "Odlio Braun: Dominikaner im Nationalsozialismus." Unpublished paper, Oct. 1998, Cloister of the Domican Order, Braunschweig.

Stone, I. F. *The War Years, 1939–1945: A Nonconformist History of Our Times*. Boston: Little, Brown, 1988.

Strauss, Franz Josef. Address, 6 April 1978, Munich. HDP, IV, 20/5.

Sullivan, Geoff, and Frode Weierud. "Breaking German Army Ciphers." *Cryptologia* 29, no. 3 (2005): 193–232.

Sykes, Christopher. *Troubled Loyalty: A Biography of Adam von Trott*. London: Collins, 1968.

Tardini, Domenico. *Memories of Pius XII*. Tr. Rosemary Goldie. Westminster, MD: Newman Press, 1961.

Tattenbach, Franz. "Das enstsheidende Gespräch." *Stimmen der Zeit* 155 (1954–1955): 321–329.

Thompson, Leslie A. "Flossenbürg Concentration Camp." 14 Jan. 1989. Unpublished paper in the author's collection.

Tilley, John, and Stephen Gaselee. *The Foreign Office*. London: Putnam's, 1933.

Tittmann, Harold H. *Inside the Vatican of Pius XII*. New York: Image, 2004.

———. "Vatican Mission." *Social Order* 10 (March 1960): 113–117.

Toland, John. *Adolf Hitler*. New York: Doubleday, 1976.

Townend, Gavi. "The Circus of Nero and the Vatican Excavations." *American Journal of Archaeology* 62, no. 2 (1958): 216–218.

Toynbee, Jocelyn. "The Shrine of St. Peter and Its Setting." *Journal of Roman Studies* 43 (1953): 1–26.

Toynbee, Jocelyn, and J. W. Perkins. *The Shrine of St. Peter and the Vatican Excavations*. New York: Pantheon, 1957.

Trevor-Roper, Hugh. "Admiral Canaris." In *The Philby Affair: Espionage, Treason, and Secret Services*, 102–120. London: William Kimber, 1968.

———. "The European Witch-craze of the Sixteenth and Seventeenth Centuries." In *The Crisis of the Seventeenth Century: Religion, the Reformation, and Social Change*, 90–192. New York: Harper and Row, 1968.

———. *The Last Days of Hitler*. New York: Macmillan, 1947.

———. *The Philby Affair*. London: William Kimber, 1968.

———. *The Secret World*. Ed. Edward Harrison. London: I. B. Tauris, 2014.

———. *The Wartime Journals*. Ed. Richard Davenport-Hines. London: I. B. Tauris, 2012.

Tully, Grace. *F.D.R.: My Boss*. New York: Charles Scribner's Sons, 1949.

United Kingdon War Office. *Field Engineering and Mine Warfare Pamphlet No. 7: Booby Traps*. London: The Office: 1952.

US Army. Headquarters Counter Intelligence Corps. "Dr. Mueller, a Good German, Tells of 'Resistance in Reich.'" Allied Force Headquarters, Naples, 9 June 1945. NARA, RG 226, Entry 125, Box 29.

US Forces in Austria, Air Division Headquarters. "The Last Days in Hitler's Air Raid Shelter." Interrogation summary, 8 Oct. 1945. 16 pp. DNTC, vol. IV, 8.14.

US National Security Agency. *Eavesdropping on Hell: Historical Guide to Western Communications Intelligence and the Holocaust, 1939–1945*, 2nd ed. Ed. Robert J. Hanyok. United States Cryptologic History, Series IV, Vol. 9. Washington, DC: Center for Cryptologic History, 2005.

US Seventh Army. "Hitler's Last Session in the Reichs Chancellery, 24 Feb 45." Interrogation report, Karl Wahl and Max Amann, 24 May 1945, DNTC, vol. IV, 8.14.

Ventresca, Robert A. *Soldier of Christ: The Life of Pope Pius XII*. Cambridge, MA: Belknap Press of Harvard University Press, 2009.

Veyne, Paul. *Writing History: Essay on Epistemology*. Tr. Mina-Moore Rinvolucri. Middletwon, CT: Wesleyan University Press, 1984.

Vocke, Harald. Albrecht von Kessel. *Als Diplomat für Versöhnung mit Osteruropa*. Freiburg: Herder, 2001.

Volk, Ludwig, ed. *Akten Kardinal Michael von Faulhabers (1917–1945)*. 3 Vols. Mainz: VfZ, 1975, 1984.

Vollmer, Antje. *Doppelleben. Heinrich und Gottliebe von Lehndorf im Widerstand gegen Hitler und von Ribbentrop*. Berlin: Die Andere Bibliotek, 2012.

Waigel, Theo. *Pact for Stability and Growth*. Brussels: Europe Documents No. 1962 (24 Nov. 1995), 1–3.

Wall, Bernard. *The Vatican Story*. New York: Harper and Brothers, 1956.

Wall, Donald D. "The Reports of the Sicherheitsdienst on the Church and Religious Affairs in Germany, 1939–1944." *Church History* 40, no. 4 (Dec. 1971): 437–456.

Wallace, Robert, H. Keith Melton, and Henry R. Schlesinger. *Spycraft: The Secret History of the CIA's Spytechs from Communism to Al-Qaeda*. New York: Dutton, 2008.

Walpole, Hugh. "The Watch on St. Peter's Square." Excerpted from idem. *Roman Fountain* (London: Rupert Hart-Davis, 1940), reprinted in Sweeney, ed., *Vatican Impressions*, 205–221.

Walsh, John Evangelist. *The Bones of St. Peter: The First Full Account of the Search for the Apostle's Body*. New York: Doubleday, 1982.

Ward, Geoffrey C., ed. *Closest Companion: The Unknown Story of the Intiimate Friendship Between Franklin Roosevelt and Margaret Stuckley*. New York: Simon and Schuster, 1989.

Weber, Max. "Politik Als Beruf." In *Gesammelte Politische Schriften*, 2nd ed., 533–548. Tübingen: J. C. B. Mohr (Paul Siebeck), 1958. In English: "Politics as a Vocation," 212–225. *Max Weber, Selections in Translation*. Ed. W. G. Runciman. Tr. E. Matthews. New York: Cambridge University Press, 1978.

Wehner, Bernd. "Das Spiel ist aus." *Der Spiegel*, no. 12, March 1950, 31.

Weigel, George. *Witness to Hope: The Biography of Pope John Paul II*. New York: Harper Perennial, 2005.

Weinberg, Gerhard. *The World at Arms: A Global History of World War II*. New York: Cambridge University Press, 1994.

Weisbrod, Bernd. "Terrorism and Performance: The Assassinations of Walther Rathenau and Hanns-Martin Schleyer." *Control of Violence* 2011, 365–394.

Weissauer, Ludwig. *Die Zukunft der Gewerkschaften*. Stuttgart: Neske, 1970.

Weitz, John. *Hitler's Diplomat*. London: Ticknor and Fields, 1992.

Weizsäcker, Ernst von. *Die Weizsäcker-Papiere, 1933–1950*. Ed. Leonidas E. Hill. Frankfurt am Main: Propyläen, 1974.

———. *Memoirs*. Chicago: Regnery, 1951.

Welles, Sumner. "Report by the Under Secretary of State (Welles) on His Special Mission to Europe," 29 March 1940, FRUS, 1940, I, 21–113.

———. *Time for Decision*. New York: Harper Brothers, 1944.

Wenger, Antoine. *Catholiques en Russie d'apres les archives du KGB, 1920–1960*. Paris: Desclee de Brouwer, 1998.

———. *Rome et Moscou, 1900–1950*. Paris: Desclee de Brouwer, 1987.

Wheeler-Bennett, John W. *The Nemesis of Power: The German Army in Politics, 1918–1945*. London: Macmillan, 1953.

Wiener, Jan G. *Assassination of Heydrich*. New York: Grossman, 1969.

Wilson, Hugh. *Diplomat Between the Wars*. New York: Longmans, 1941.

Wistrich, Robert S. *Hitler and the Holocaust*. New York: Modern Library, 2001.

———. "Reassessing Pope Pius XII's Attitudes toward the Holocaust." Interview by Manfred Gerstenfeld. Jerusalem Center for Public Affairs, 19 Oct. 2009.

Wolf, Hubert. *Papst and Teufel: Die Archive des Vatikan und Das Dritte Reich*, 2nd ed. Munich: C.H. Beck, 2009. In English: *Pope and Devil: The Vatican's Archives and the Third Reich*. Tr. Kenneth Kroneburg. Cambridge, MA: Belknap Press of Harvard University Press, 2010.

Wolf, Kilian. "Erinnerungen an Erlebnisse des Ettaler Konvents während der Nazizeit." Ettal [Benedictine Monastery], private printing, 1979.

Wolff, Karl. "Excerpts from Testimony of Karl Wolf, taken at Nuremberg, Germany, 26 October 1945, 1430–1650, by Col. Curtis L. Williams, IGD," IMT, Vol. XXVIII.

———. "Niederschrift über meine Besprechungen mit Adolf Hitler September 1943 über die Anweisungen zur Besitzung das Vatikans under die Verschalung des Papsten Pius XII." *Posito Summ*, Pars. II, 836 ff, 28 March 1972, PWF.

World Jewish Committee et al. *The Black Book: The Nazi Crime Against the Jewish People*. New York: Jewish Black Book Committee/American Book-Stratford Press, 1946.

Wuermeling, Henric L. *Die weisse Liste*. Frankfurt am Main: Ullsteinhaus, 1981.

Wulf, Peter. "Vom Konservativen zum Widerständler. Wilhelm Ahlmann (1895–1944). Eine biografische Skizze." *Zeitschrift für Geschichtswissenschaft* 59, no. 1 (2011): 5–26.

Wyman, David. *The Abandonment of the Jews: America and the Holocaust, 1941–1945.* New York: Pantheon, 1984.

Wytwycky, Bohdan. *The Other Holocaust.* Washington, DC: Novak Report, 1982.

Zeiger, Ivo. "Betr.: Vernehmung von Pater Zeiger durch Dr. Kempner und Dr. Becker, Nürnberg, 9. Juli 1948." Aktennotiz Nr. 12 Prinz Konstantin [ed. Pflieger], IfZ, ZS A-49, 25ff.

Ziegler, Walter. "Nationalsozialismus und kirchliches Leben in Bayern, 1933–1945." In Schwaiger, ed., *Das Erzbistum München und Freising in der Zeit der nationalsozialistischen*, 2:49–76.

Zeller, Eberhard. *The Flame of Freedom: The German Struggle Against Hitler.* Tr. R. P. Heller and D. R. Masters. Boulder: Westview, 1994.

———. *Oberst Claus Graf Stauffenberg: Ein Lebensbild.* Paderborn: Schöningh, 2008.

Zipfel, Friedrich. *Kirchenkampf in Deutschland 1933–1945.* Berlin: Walter De Gruyter, 1965.

Zuccotti, Susan. *Under His Very Windows: The Vatican and the Holocaust in Italy.* New Haven, CT: Yale University Press, 2000.

索 引

（此部分页码为原书页码，即本书页边码）

图书在版编目（CIP）数据

间谍教廷：教宗对抗希特勒的秘密战争 /（美）马克·里布林（Mark Riebling）著；焦静姝译. -- 北京：社会科学文献出版社，2025.6. -- ISBN 978-7-5228 -4574-6

Ⅰ.K516.44

中国国家版本馆 CIP 数据核字第 2025HF3887 号

间谍教廷：教宗对抗希特勒的秘密战争

著　　者 /〔美〕马克·里布林（Mark Riebling）
译　　者 / 焦静姝

出 版 人 / 冀祥德
责任编辑 / 段其刚
责任印制 / 岳　阳

出　　版 / 社会科学文献出版社（010）59367151
　　　　　地址：北京市北三环中路甲29号院华龙大厦　邮编：100029
　　　　　网址：www. ssap. com. cn
发　　行 / 社会科学文献出版社（010）59367028
印　　装 / 北京盛通印刷股份有限公司

规　　格 / 开本：889mm × 1194mm　1/32
　　　　　印张：13.125　字数：327千字
版　　次 / 2025年6月第1版　2025年6月第1次印刷
书　　号 / ISBN 978-7-5228-4574-6
著作权合同
登 记 号 / 图字01-2025-2101号
定　　价 / 89.00元

读者服务电话：4008918866